佐高信 評伝選4

友好の井戸を掘った政治家

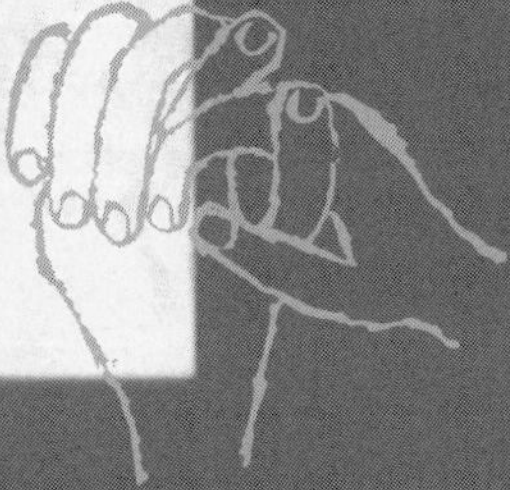

❶田中角栄の魅力と魔力
❷正言は反のごとし 松村謙三と河野謙三
❸友好の井戸を掘った人たち（保利茂、三木武夫、大平正芳、村山富市）
❹護憲派列伝（宮澤喜一、後藤田正晴、野中広務）

旬報社

佐高信評伝選4　友好の井戸を掘った政治家

目次

田中角栄（たなか・かくえい）

一九一八年新潟県生まれ。中央工学校卒業。土建会社を設立。一九四七年現行憲法下初の衆議院議員選挙で新潟三区から初当選。岸内閣の郵政相、池田、佐藤内閣の蔵相、通産相を歴任し、一九七二年に五四歳で首相就任。同年、日中国交正常化を実現するが、金脈問題で七四年内閣総辞職。七六年ロッキード事件で逮捕、起訴。八五年脳梗塞で倒れ、九〇年政界引退。一九九三年逝去。

田中角栄の魅力と魔力

田中角栄の魅力と魔力

目次

序章　テレビに伸びた母の手

そのとき、田中フメの手がスーッとテレビの画面に伸びた。そして、ブラウン管の中の息子、角栄の顔の汗をハンカチでぬぐった。

一九七二年七月五日、総理就任記者会見を新潟の家で見ていた時だった。

『新潟日報』の柏崎支局長が、『文藝春秋』一九七二年九月号の「角栄よ　デカいことというでねえ」というフメの談話記事の中で、それをこう伝える。

「どこの母親がブラウン管の倅《せがれ》の汗をふいたりしますか。しかも、そのあとのおバアちゃんをじっと見ていると、角さんが額をぬぐうと、おバアちゃんも自分の額をぬぐう、角さんが首すじをふくと、やっぱりおバアちゃんも首すじをふく。まったく一心同体になっていましたね」

これに対しては、フメがこんな感想をもらしている。

「いえ、なに、おらはほんとに馬鹿でござんしてね、アニがあんまり汗をかくもんで、せつのうてな、ふいてやったんでござんすよ。あとで家のものに笑われやした。だども、なんだね、人さまは、ほんとにもう、よう見とるもんでございますな」

フメの談話の副題は「『今太閤』を生みだした雪の中の〝明治の母〟」だが、私はこれを作家の城山三郎に教えられて知った。

城山と「男の美学」と題して『週刊東洋経済』の一九九一年六月八日号で対談した時、城山は自ら編んでベストセラーとなった『「男の生き方」四〇選』上下（文藝春秋）に収録を断られた二篇について、こう語ったのである。

「ひとつは将棋の升田幸三《ますだこうぞう》さん。あの人自身が晩年、マスコミに出たくないということだったらしい。遺族が、本人の遺志だからということでやめた。あの人の談話だけど、牛と女房はどついて使えかな（笑）。それは奥さんに対する愛情があるんだよ。

もうひとつ断られたのは田中角栄のお母さん。タイトルに使おうと考えていた談話は、角栄よ、威張るんじゃねえぞかな、角栄よ、調子に乗るんじゃねえぞか、ちょっと覚えていないけど。これは文春と田中家の関係もあって、断られた。なかなかのお母さんだという気がしたけどね。全く息子が偉くなったと思っていないみたいですね。威張るのがめだつことのほうが、気になると言うんだね」

「文春と田中家の関係」云々は、いまとなっては注釈が要るかもしれない。『文藝春秋』が一九七四年十一月号で立花隆と児玉隆也による「田中角栄研究」を載せ、それが総理失脚の契機となったことを指す。

私は、城山が田中の金権政治を厳しく批判していただけに、「角栄よデカいことというでねえ」を収録しようとしたと聞いて、いささかならず驚いた。

では、未収録となったその談話の要《かなめ》の部分を紹介しよう。最初の小見出しは「総理大臣も出かせぎだ」で、こう始まる。

「七月五日は、はい、顔がへるほど写真をとられやしたよ。暑い日でござんしてね、えらい騒ぎになりまして、申しわけないことだと思うております。こんな田舎に、多勢のヒトが来ていただきやして、ご苦労さまなことだと思うております。

はい、おらはもう八十一の年寄りのことだで、朝は早うござんすよ。五時におきて、お茶をわかし、仏壇にお経をあげます。それから仏壇の花を切りに庭にでるんでございます。あの日も庭にでると、もうふたり、新聞のヒトが門のところに立っとられやした。気がつかんことで申しわけないことをしましたな。そのあとのことは、ようわかりません。おらは政治にゃ、関係いたしません。〝角さん、角さん〟いうて来てくだすったみなさんのお陰でございますよ。はい、ありがたいことだと思うとります。

角栄がこれから大変だなんて、テレビのヒトに聞かれやしたが、おらはそう思いません。アニは大変なことを知って、なったんでございますから、おらは大変だろうなどとは思いません。

アニというのは土地の言葉で、跡とりでございますよ。ま、大蔵大臣みてえなもんだな。

ほれ、あそこ、家の前に諏訪神社さまがあるでしょ。五日の日に立ったノボリは、捨吉爺さまの作ったもんだ。娘三人のあとに、角栄が生れたもんで、爺さまは喜んでくれやしてな、奉納のノボリをアニのためにつくってくれやした。大正七年、もう、むかしのことでございますよ。

総理大臣がなんぼ偉かろうが、あれは出かせぎでござんしてね。アニもそう思うとります。いまでも鮭の頭と大根煮が好きで、あぶら味噌も食べとる。あれは、アニが目白に家をたてたころだったな、妹の幸子が上京すると、夏なのに扇風機がねえ。どうしてだときいたら、オフクロが野良仕事にいくのに扇風機をもっていくか、家の中のものが扇風機にあたったりするのはゼイタクだ、そういったそうだね。ま、越後の出かせぎだな。アニは国のために東京へ働きにいって、毎日、意見くれてるんでございますよ。しくじったら、いつ帰ってきてもええ、おらはその留守番だ。東京が忙しゅうてこれから帰れねえども、これは仕方ねえことだ。おらはテレビで毎日見とりますからな。電話もちょくちょくかけてくるよ。いま国会から帰ってきたとか、いまなんとかで、まあまあ毎晩のようにあるこってしてね。内閣をつくった晩も電話してきたな。なんも政治にゃ関係しやせん。バアちゃん、元気か、身体を大事にしろな、それだけでございますよ」

総理の母だなどと「てめえで高ぶることは嫌いでござんす」というフメの言葉は、誰よりも倅《せがれ》に伝わっていただろう。この母に田中は育てられた。

フメによれば、田中は「身体の弱《よえ》え子」で「冬になると首に綿をまかねばならねぇ子」だった。

しかし、芯は強く、一度だけ叱った時には、暗くなっても家に帰って来ず、井戸囲いの中で膝小僧をかかえて眠っていたという。

フメの話を続けよう。

「アニは身体は弱かったども、よう、おらの仕事を手伝《てつど》うてくれましたな。家の裏に稲をかけるハゼキがありやしたが、アニは毎朝、このハゼキにカバンをひっかけて、おらが稲をかけるのを手伝ってくれたもんだ。学校の鐘がなると、ハゼキからとびおりて、一目散に走っていきやしたよ。

成績がよかったで、腹の中じゃ、アニも上の学校へいきたかったかも知れねえな。分家にゃ一町の田畑を手ばなして東大まで進んだ叔父もおりやしたからな。アニが小学校をでてからは、おらとふたりで野良仕事もやりましたが、おらがちょっくら家に帰ってもどってくると、アニはタンボに大の字になりましてね、空の雲をじっと眺めてるようなことも、いまにしてみりゃ、ござんしたよ。さあて、なにを考えてたか」

フメのツレアイの角次、つまり角栄の父親は「タンボがきらいで牛や馬の商売」をやっていた。角栄の祖父の捨吉は宮大工の棟梁《とうりょう》。フメによれば「三代つづいて、人に使われるのが嫌《きれ》えな性分」だという。

その角次の血を引いて、角栄は「空がふってくるような、でけえホラ」をふいた。

フメが語る。

「気のやさしい子だども、空がふってくるような、どえれえことをもくろむのは、主人の角次の血だな。これは村の人から聞いたことなんだが、村には地蔵峠という難所がありやした。この峠に穴があけば、村はずいぶん楽になる。アニは、おれが偉くならねば、この山に穴はあかねえ。そういったそうだな」

この後に「昭和三十五年に田中氏の実力で開通」と注がついている。

それから、フメの話は角次の死の時のことになる。

「晩年に運勢がよくなった主人は、おれは百まで生きる、いや、百三十まで生きるというとりましたが、亡くなったのは昭和三十九年の四月（享年七十九）、急でござんした。アニは、大蔵大臣をやっとりましたか。アニが駆けつけたときは、はやもう意識はありません」

この時、角栄の姉のフジ江がとりわけ激しく泣いた。

というのは、角次が意識がなくなる前に、

「アニと男同士の話がある。アニはまだか、アニはまだか」

と言っていたのに間に合わなかったからである。

フジ江はそれが切なくて、

「おらがもっと早《はよ》う電話すりゃよかったんだ、アニさん、堪忍してくれ」

と角栄の手をつかんで泣き崩れたが、角栄は、

「わかっとる、親父がおれにサシでいいたかったことぐらいわかっとる。男ならわかるんだ」

と言って慰めていた。

角次は芯から政治家が嫌いで、角栄にも、

「政治家は引きどきが肝心だぞ」

と口癖のように言っていた。また、角栄のむかしからの友だちの中西に、

「角は進むことしか知らねえ、あんたが止め役になってくれ」

と頼んでいたから、そんなことを念押ししたかったのかもしれない。

「主人の葬式は、えらく暑い日でございましたな」

こう回顧したフメの談話は、最後、次のように結ばれる。

「アニに注文なんて、ござんせんよ。人さまに迷惑をかけちゃならねえ。この気持ちだけだな。これだけありゃ、世の中、しくじりはござんせん。他人の思惑は関係ねえです。働いて、働いて、精一杯やって、それでダメなら帰ってくればええ、おらは待っとるだ。

アニがどこでなんで命を終えるか、これはもう生れたときから決ってんでございますよ。おらは覚悟はできとります。八十一の年寄りが、クルマは危ねぇぞ、ヒコーキは危ねぇぞ、どうやってくれ、こうやってくれなんて、気をつかうのはよくないことだな。

政治の家のものは、どうしたって多勢の人に会わねばならねぇで、疲れるこってしてね。おらは野良仕事や草とりがよっぽど楽だ。ただ、疲れるだども、人さまにいやな顔をするのは、まーだ、腹がたらん思うとる。人さまは人さま、迷惑にならねえことを、精一杯働くことだ。総理大臣がなんぼ偉かろうが、そんなこと関係しません。人の恩も忘れちゃならねえ。はい、苦あれば楽あり、楽あれば苦あり、枯木に咲いた花はいつまでもねえぞ。みんな、定めでございますよ。政治家なんて、喜んでくれる人が七分なら、怒ってくる

人も三分はある。それを我慢しなきゃ。人間、棺オケに入《へえ》るまで、いい気になっちゃいけねえだ。でけえことも、ほどほどだね。おらは百姓、働くいっぽうの人間でございますよ。政治家は、もうコリゴリだで、こんだの世には、はい、政治家の家にゃ関係しません。こんだの世に生れるときは、働くいっぽうの人のところへ、嫁にいきてえもんだな」

この母は田中の評判が悪いと、電話をかけ、

「角よ、だめでないか、あんなことをして」

と叱りつけたらしい。それに対して田中は一切弁解をせず、電話を切ってから、

「アタマにくる、アタマにくる」

と顔を真っ赤にしていたとか。

「でもオフクロだからな」

と唸《うな》るしかなかったのである。

選挙区の人間の、こんな証言もある。

「母親フメさんとのことを見ておれば分かるように、角栄先生はマザーコンプレックスのかたまりだすけ、八つ年上の女性にターッと突進したちゅうこってさ」

「八つ年上の女性」は、はな夫人を指す。

この母は、田中が金権批判に首相退陣を決意して電話をかけた時、ただ一言、

「ご苦労さま」

と言った。田中はそのぬくもりに、

「やっぱり、母は母だなあ」

と目を細めたという。

息子にはけっこう厳しかったフメも、孫には甘く、田中の娘の眞紀子がアメリカに留学していた時、何度も手紙を出した。元気でいるか、おまえが帰ってくる日を首を長く長くして待っていますという内容で、末尾に「坂田の老母より」とある。旧二田村《ふただむら》坂田の坂田である。

眞紀子は私との共著『問答有用』（朝日新聞社）で、「これが胸を打つんですよ」「望郷の念がフツフツと湧いて苦しかった」と述懐している。

「いくら孫娘であってもふつうはちょっと言えない言葉ですもんね」

と彼女は目頭を熱くしたのである。

第1章　魅力の源泉、三つの宿命

田中には三つの宿命ともいうべきものがある。それを田中は魅力の源泉に転じた。

第一に「女の中の男」だということ。第二に、吃音《きつおん》に悩んだということ、そして第三に、高等小学校卒で学歴がないということである。

1　女の中の男

第一については、かつて私は『人生のうた』（講談社）に「田中角栄と石川啄木の共通点」と題して、次のように書いた。

〈田中角栄と石川啄木を結ぶ共通点がある。姉や妹に囲まれた「ただ一人の男の子」だということである。つまり、「女の中の男」なのだ。

ただ一人の
をとこの子なる我はかく育てり
父母もかなしかるらむ

啄木はこう歌った。

実は私も「ただ一人の男の子」なのだが、この歌は、ある種の苦い思いなしには口ずさめない歌である。田中角栄もおそらく、姉妹の中で育ったゆえのやさしさを振り捨てるために、いや、やさしさに剛直さを加えるために歯をくいしばったことがあるだろう。

田中の秘書の早坂茂三は『オヤジとわたし』（集英社文庫）という本の中で、「七人姉妹の真ン中で男ひとり」の角栄少年は、母親の寝顔を見たことがなかった、と書いている。

「少年が朝、眼を覚ますと、母親はいつも起きていた。台所で働いている。夜、彼が寝るときは、いつも枕もとで繕いものをしている。それで日中は泥田に腰までつかって、百姓仕事をしている」

私の母も、百姓仕事こそしなかったが、いつも働いていた。息子はどうしても母親に対する思いが深くなるとはいえ、「ひとり息子」の場合は、さらにそれが強くなるのではないか。

田中角栄も啄木も、母親には生涯、頭が上がらなかった。啄木は、そのために、「恋妻」の節子にいっそうの苦労をさせている。

その親にも
親の親にも似るなかれ――
かく汝《な》が父は思へるぞ、子よ

田中の父親はヤマッ気の多い馬喰《ばくろう》であり、啄木の父親は宗費滞納で本山から住職を罷免《ひめん》されるような人だった。共に、生活をその肩に負ってしっかりと歩く人ではない。

たはむれに母を背負ひて
そのあまり軽きに泣きて
三歩あゆまず

啄木には父についての歌もあるが、やはり母への思いのほうが強い。

フメという田中の母親は、角栄少年が十五歳で上京する時、こう言ったという。

「いいかい、人間には休養が必要だよ。でも、休んでから働くか、働いてから休むかって言えば、働いてから休むほうがいい。一人前になって金が稼げるようになって、ひと様に金を貸してあげられる身分になったら、貸した金は忘れなさい。借りた金は絶対に忘れるナ。一生懸命に返しなさい。悪いことをして、手がうしろに回るようなことをしなければ生きていけなくなったら、いつでも帰っておいで。お前は田中家のアニ（長男）だ。ここはお前の家です」

こう教えられて育った田中は後年、政治家になってから、若い新聞記者を次のようにからかった。

「オレは新聞の一面、二面は読まない。あれは物ごとをよく知らない人たちが、自分でも何を書いているのか、実はよくわからないで書いている記事が多い。だから、それを読まされる人たちは、ますます政治のことがわからなくなる。そういうバカな記事に毎日、つき合っていられるほど人生は長くない。だから、オレは読まないんだ」

その新聞で田中が信用したのは、死亡記事、株の値段、テレビの案内欄の三つだった。

啄木が校正係などを含めて、生活の糧《かて》を得たのは新聞社である。その点では、田中と啄木は対蹠《たいせき》的な位置にいる。しかし、「ただ一人の男の子」として育って、弱さにも似たやさしさを持っていた点では共通していた。

啄木は一八八六年二月二十日に生まれ、一九一二年四月十三日に亡くなった。わずか二十六年余りの生涯である。

その六年後の一九一八年に角栄が生まれている。角栄が啄木の歌を好んだかどうかはわからない。早坂によれば、揮毫《きごう》を頼まれると、田中は「微風和暖」とか「不動心」、あるいは「明朗闊達《かったつ》」と色紙に書いたという。

「ウジウジして陰気くさいやつはダメだ」というのだが、「これは自分で努力して、後天的に性格を変えていったんだと思う」という早坂の評はさすがに側近の言である。

田中はまた、「末ついに海となるべき山水もしばし木の葉の下くぐるなり」とも色紙に書いた。

しかし、啄木には、その生前に「海」にたとえられるべき栄光が訪れることはなかった。「木の葉の下」をくぐる貧苦の生活だけが続いたのである。二十六歳にして生を終えたのだから、あるいは、致し方ないのかもしれない。

その夭折《ようせつ》の天才の「わがまま」に命を縮められ、啄木の死の一年後に、二十七歳で亡くなったのが妻の節子だった。

澤地久枝は『石川節子』（文春文庫）という評伝で、「常に啄木の歌よりは現実の世界の方がはるかに過酷である」と指摘している。（中略）

「啄木ひとりをみつめつづけている節子に対して、啄木の心はあこがれのままにただよいはじめている」と澤地は書く。二十歳にもならぬうちに結ばれた二人だが、その結婚に反対する友人に、節子は「吾《わ》れはあく迄《まで》愛の永遠性なると言ふ事を信じ度候《たく》」と答えた。

しかし、啄木は「あこがれ」を食う男だった。啄木は二十四歳の時に、こんなことも書いている。

「『英雄』といふ言葉は劇薬である。然し『天才』といふ言葉は毒薬――余程質《たち》の悪い毒薬である。一度それを服《の》んだ少年は、一生骨が硬まらない」

たしかに、啄木の骨は一生硬まらなかった。ただ、硬まらなかったがゆえに、いまも愛される数々の歌を生みだしたとも言える。

啄木の歌は、そのときどきで、光を変える。十代、二十代、三十代、そして四十代と、誦したい歌が変わるのである。

寂寞《せきばく》を敵とし友とし
雪のなかに
長き一生を送る人もあり

この歌は三十代までは、ほとんど感興を呼びおこさなかった。ところが、いまは違う。

札幌に
かの秋われの持てゆきし
しかして今も持てるかなしみ

逆にこうした歌は十代以来、いまも誦してやまない歌である。

コニヤツクのゑひのあとなる
やはらかき
このかなしみのすずろなるかな

この歌は、今回、『啄木のうた』（現代教養文庫）を読み返して、はじめて印をつけた。「寂寞」とか、「かなしみ」という言葉に惹《ひ》かれるようになっているのかもしれない。

ところで啄木は、「変わる」時間もないうちにその生涯を終えた。もう一人の「ただ一人の男の子」である角栄はどうだったか。

「ゴルフ？　あんなものは、年寄りの金持ちがやるもんだ。ブルジョワの遊びだよ」

一九六五年夏、田中が大蔵大臣をやめて自民党の幹事長になった時、早坂がゴルフをすすめたら、言下にこう否定されたという。

「何だ、止まってる球じゃないか。あんなものはアホでも打てる……」

とも田中は言っていたとか。

そのゴルフを田中はまもなく始めた。

もちろん、人間は変わる。しかし、変わることによって何を得、何を失ったかだろう。

世の中の明るさのみを吸ふごとき
黒き瞳の
今も目にあり

これは啄木の恋歌だが、啄木に「変わる」時間がなかったことは、ある意味で幸せだった。生活は苦しかったとはいえ、この時点では、「明るさを吸ふ」精神的な力が、まだあったからである。〉
「ただ一人の男の子」であることについて田中は、徳川夢声との対談『問答有用』で、こう言っている。
「わたしは表面はきついようですけどもね、きついようでいて、気が弱いんです。これは性格というよりも、環境からきてる。七人きょうだいのまんなかで、たったひとりの男の子なんです。しかも、からだが弱かったんですよ。いずれにしても、見かけと実際は非常にちがう。孤独も愛するしね」
同じように「ただ一人の男の子」として育った私は、あるとき、作家の落合恵子に、女性に差別的でないと言われ、

「姉たちを軽視したら生きてこられなかったですからね」と笑って返したことがあるが、田中もいわゆるマッチョではない。それも、ある種の人気の秘密なのだろう。

田中の秘書として権勢を揮《ふる》った佐藤昭子について語った甲斐《かい》正子の『証言　ひとりぼっちの女王』(双葉社)で、自らも政治評論家の戸川猪佐武《いさむ》の秘書だった甲斐が、こう指摘している。

「(佐藤は)男と女の関係だけで、田中先生の力を借りて、越山会の女王になった、というひともいますが、それだけでできるものではない。女が男と一緒に偉くなる裏には、並みはずれた才能と努力が必要だったと思います。その意味で田中先生は、女性の能力を認めた珍しいタイプの政治家、ウーマンリブに批判されるのは筋違いのひと、といえるのではないでしょうか」

もちろん、これにはウーマンリブから反論の矢が飛ぶだろう。しかし、「当たらずといえども遠からず」とは言えるのではないか。

同い年の中曽根康弘と比べると、それははっきりする。中曽根についての、こんな証言がある。

中曽根の「陰の指南役」といわれた四元《よつもと》義隆が作家の大下英治のインタビューに答えて語っているもので、四元によれば中曽根は「昔から芸者の評判がえらく悪かった」という。

芸者が口々に四元にこう言ったとか。

「四元先生、どうして中曽根さんをかわいがるの？　あの人は、性格に裏表があって、先生とは違う。先生のお座敷では、きちんとしてるけど、ほかのお座敷ではひどいのよ」

私がある経営者から聞いたところでは、中曽根が一緒の席で、その経営者の隣にいた芸者が、向こう側の

中曽根に聞こえるように、

「私、あの人大嫌い」

と言った。しかし、中曽根は聞こえないふりをしている。すると、

「聞こえないふりをするところがなお嫌い」

と追い撃ちをかけた。

この話をネタに私はエッセイストの吉永みち子と『男の魅力　女の引力』（労働旬報社）で、こんなヤリトリをした。吉永が、

「芸者さんってずっと同じ席にいるわけだよね。だから、一個の人間に見られていると思えば、そうそう人の前で自分というものを変えられないんだよね。それを豹変できちゃうっていうことは、芸者さんの目を人間の目と見ていないっていうことなんだろうね」

と言ったのに、私が、

「なるほどね。置物みたいに思っているわけか」

と応じ、吉永が、

「そうそう。だから芸者さんを人間として認めなかったら、その前で何でもできるじゃない」

と解説したので、私が、

「ちゃんと見られていると思ったら恥ずかしい」

と受けたら、吉永は、

「恥ずかしいでしょう。だって、人間には感情もあれば記憶もある。それをきれいに無視できるっていう

のは、やっぱり人間として認めていないということなんだ。だから、その芸者さんに、あんた芸がうまいねとか、きれいだねとか言ったところで、基本のところで、馬脚が現われているのよ。チップをたくさんやろうがね。

昔見た『侠客芸者』って映画で、権力をカサに着る不愉快な客に、芸者が啖呵《たんか》を切るのね、『たかが芸者にも、人としての意地もあれば誇りもあります。それを踏みにじってまでの仰せなら、さあ、切るなり突くなりご勝手に』と。人間としての格の違いを感じるよね」

と結んだのである。

田中は中曽根とは対照的に、大事にし過ぎて問題を起こすほどに大事にした。田中と親しかった〝異色官僚〟の佐橋滋《しげる》や元日本銀行総裁の前川春雄も芸者にもてたが、共に肩書や序列を捨てられる人だった。ある芸者は私に、

「佐橋さんは本気で芸を見ようとする」

と言っていたが、彼女たちには男のホンネが怖いほどに見えるのだろう。

2　吃音者

その性急さとも関係があるのだろうが、田中は吃音に悩んだ。

徳川夢声との対談で、それをこう告白している。

「大臣になって、故郷の駅頭で壇上に立ったときに、下をみると、旗をもった少年少女がいて、泣きたくなるんで、ひょっと上をみた。そのときに感じたのは、故郷の山河はいいナということです。しみじみとし

て、こうべを深くたれた。そういうふうに、十五、六の女の子みたいなロマンティックなものが、たえずつきまとっておるんです。ひとつは、わたしがどもりだったということもあるんですね。十歳ぐらいまではしゃべれなかったんです。

吃音者というものは、演壇でまじめな話をするとつかえる。ヤジがはいると、三味線にのった浪花節みたいで、流暢《りゅうちょう》に出るんです。瞋恚《しんい》の炎を燃やすと、どもりという先入観がなくなって、いくらでもしゃべれる。ふつうにマをおいてしゃべろうとすれば、つかえちゃうんです。自分の出たとこ勝負でなんでもいわなくちゃいかん。わたしゃ文章を書くと、きめがこまかいといわれる文章を書くが、口でいうと、相当ごつく相手を刺激するんですな。それが若いということにむすびついて、『はったり屋だ』『気おいたってる』とみられる。こりゃかわいそうですよ」

弱冠三十九歳で大臣になった田中は、自らを「かわいそうですよ」と言いながら、全国から舞い込む「どもりをなおすには」という問いに答えるように続ける。

「しゃべるのはかならず下アゴですが、どもりの人は、下アゴの動きがすこしのろい。あたまの回転ははやい。あたまの回転と下アゴの動きと、スピードがあわない。だから、あたまのなかのダイアルが二回まわるときに、下アゴをあわしていくと、マをおいてしゃべれるんです。ふつうに一回転で歯車をかませると、たいへんなんですよ。機械でも、大きな歯車とちっちゃな歯車をうまくまわしてるでしょう。あれがどもりをなおす方法です。

たえず下アゴを動かして、たえずしゃべってることですな。どもりがなおった人というのは、みんな饒舌《じょうぜつ》家《か》です。実は饒舌家じゃない。たえずしゃべってれば、どもりを自然に忘れるんです」

火事とかでびっくりして、

「火事だ、火事だ、火事だ」

と言っている時や、相撲の勝負に熱中している時にはどもらないし、歌を歌ったり、浪花節を唸っている時にもどもらないのだから、どもりをなおすには、とにかく、たえずじゃべっていることだ、と田中は忠告する。

「うまいことをしゃべろうとするといけない」

夢声がこう合いの手を入れると、

「そうです。正しい標準語をやろうとしたらいかんです。『あなた』なんていわんでも、『きみ』でも『おまえ』でもいい。自分のとっさの表現でやる。だから、『あいつは低級だ』といわれるしゃべりかたにもなるんです。もうひとつは、非常にむずかしい本を朗読するんですな。むずかしいのに神経をとられて、つっかえない。わたしが法律を勉強したときも、むずかしい法律用語や判決文を、声をあげて読んだもんです」

と田中は応じている。

ここで夢声は、落語家の三遊亭圓歌《えんか》が楽屋で話している時にはどもるのに、高座で落語をやっている時にはどもらないという例を挙げる。

夢声は先代圓歌のことを言っているのだろうが、新潟出身で訛《なま》りもあった圓歌は吃音と二つのハンディを克服して落語家となった。

その弟子が、「山のアナアナ」の「授業中」で知られる三遊亭歌奴こと現圓歌である。やはり吃音に悩んだ現圓歌が師匠の先代圓歌から稽古をつけられる。

「おい、前に囲いが出来たな」

「へーい」

最初にこれをやってみろと言われて、やろうとしても、どうしても「前」と言えない。

「ンン……」

とどもっていると、パーンと豆をぶつけられた。

「痛えと思ったら、どもるな」

というわけで、どもるたびに、それがとんでくる。そして、

「豆拾って来い」

と言われて、拾うと千いくつあった。

それが一カ月経《た》つと五百になり、二カ月で三百になり、三カ月で百になって、最後は十ぐらいまでになった。

「師匠はね、弟子をなぐるんですよ。おれの気持ちがどうしてわかんねえんだってね。その時にひょいと見ると、師匠泣いているんですよ」

現圓歌はこう語っている。

落語をやっている時にはどもらないという先代圓歌の話に、田中は、

「そりゃそうです。しかし、そういう人の話には、くせがあるでしょう」

と言って、さらにこう続ける。

「自分のマにあわしてるからです。わたしなんかでも、自分が自然にしゃべってるときは、なんでもな

いが、さて、あれはなんだったっけナと考えると、つっかえちゃう。だから、あたまの回転は、非常にはやくないと、だめなんですな。つぎつぎと自動的にしゃべってる。科学的な発声法を研究して、『アー』『イー』ってやらしてるでしょう。あれじゃなおらんです。むかしの寒げいこは、たたきこまれてるうちに、芸が達者になる。ありゃ自然ですよ。神経がそこへいっちゃう。どもりをなおすのもあれ式です」

田中の語調のくせを下品と受け取る人もいるだろう。そう批判した人が、田中が吃音者だったことを知っていたかどうかはわからないが、下品と難詰したのが日本社会党（現社民党）の幹部だったので、私は怒った。それこそ、いまから半世紀も前のことである。

そして、二〇一三年の夏、社民党を支持する社会主義協会の研修会に招かれ、その講演の口火を次のように切った。

「私は学生時代あまりまじめに大学に通っていませんでしたが、御徒町《おかちまち》で降りてアメ横でバナナの叩き売りを見るのがけっこう好きだったんです。彼らはパッとお客をつかんで買わせようとする。その呼吸は見事なんですね。しばらくいて帰ろうかなと思うと、そういう気配を察するのか、『いま動こうとする人はスリです』とか言うので動けなくなる。

そうしたころに、社会党の人が『田中角栄の演説は大道芸人的で品がない』と批判したというのを新聞で知って腹が立ちました。大道芸人ほどにあなた方は大衆の心をつかんでいるのかという非難の言葉を投げつけてやろうかと思った。自分たちは内輪の、外には通じない言葉で労戦統一（労働戦線統一）だとかしゃべっているくせに何だとね。田中の演説を品がないとして退ける政党に未来はあるのかとさえ思ったんです。

しかし、そう思った政党に、後年ここまで深く関わることになるとは予想しませんでしたが、大衆政党を標榜しているわけでしょう。ならば、むしろ、大道芸人に学ぶべきではないのか」

社会主義協会の人たちは私の講演を「耳の痛い、インパクトの強い問題提起」と受けとめたらしいが、ある意味で、社民党は田中に先を越されたのである。田中角栄こそが社会民主主義者だったということについては後述したい。

二〇〇九年から一二年にかけて放送された「朝日ニュースター」の「西部邁《すすむ》・佐高信の学問のすゝめ」という番組で、私が毎週一回対談をした西部邁も吃音者だった。『難局の思想』（角川ｏｎｅテーマ21）に収録した「田中角栄論」で、西部がそれを次のように告白している。

「彼は少年の頃、僕と同じ、吃音なんですよね。吃音を直すのに浪花節を唸って直したと。一方の僕は直らずに十八歳までどもっていた。僕が直したのは浪花節じゃなくて、街頭の演説。もちろんどもりを直すために演説したんじゃないですけどね。ある舞台でウワッと喋ってね」

学生運動でのアジ演説だが、吃音者として田中に「隠れた連帯感を感じる」という西部の話は次のように続く。

「元吃音患者の経験から言うと、やはり次の言葉が自分でわかっていながら出てこないんです。そのときに、たとえば、『これはまあ、この』ってやると、次の言葉がスッと入ってくるということがある。言葉じゃなくてもいいんです。手に持っているペンをクルッと回すことによってフッと言葉が出てくる。だから角栄さんを見たときに、ああ、やってるなということがわかったですよ。世間の人が『こりゃまあ、この』ということを冷やかし半分で真似していますがね」

田中には「人知れず涙ぐましい努力」があった。「田舎の少年の切実な、そういう努力の跡を感じて」西部は好意を寄せるという。

そして、田中の演説の魅力を次のように説き明かす。

「僕ね、半世紀も前に、突如として街頭に立って、いわゆるアジテーターですけどね。煽動活動をやった。そんなことはどうでもいいんだけど。僕はやはり日本人のインテリの学者さん、わりに典型的に見られる、本当に自分一個で、要するに数千、数万、数十万の、それこそ万余の大衆の前に自分が立って、そこで人々が何を感じるか。退屈しているか、あるいは興奮しているか、あるいは臆病風を吹かしているか、おのずとわかった。そういう種類の雰囲気というものを身体に感じた。僕が過敏だったせいもあるけど、恐らく政治というアクション、実戦の活動の前面にいる人だけが迫力のある言葉を使えるんですよね。

だからひょっとしたら田中角栄さんの演説というのは、僕もちゃんと聞いたことがないけど、仮に録音してみて、文章を整理したら、ほとんど大したことを言ってない可能性もある。しかしながら、『まあ、このの』という感じ、そういう音の調子ね。ほとんど音楽の世界だろうと思う。彼の場合は、浪花節だったのかもしれませんけど。やはりそういう生きた現実の中に身を置いていた。マスメディアを使ってとか。やはり新潟県の選挙区に入っていって、自分で身体をさらして、何かを感じて、そこで言葉を紡《つむ》いだんでしょうね」

この時、西部が吃音を告白したので、私は寝小便を自白した。そうしたら、それを見ていた西部の兄が半世紀経《た》っての懺悔《ざんげ》をしたという。その兄も寝小便の癖があり、ある夜、一つ布団の寝ている位置をずらして、眠っている弟に責任を転嫁したのだとか。

それを聞いて私も大笑いしたが、田中はやはり、「弱さ」を知る政治家だった。それに関連して私はこんな一文を書いたことがある。

〈小さい頃、私は寝小便たれでした。小学校の高学年になるまで、ときどき寝小便をし、布団を濡らしてしまってから、「あっ、またやってしまった」と目をさましたものです。そして悲しそうな顔をして後始末をしている母さんを見ながら、すまない気持で胸がいっぱいでした。僕より小さい妹がちゃんと起きることができるのに、どうして僕は眠ったままで〝発射〟してしまうのか。そして疲れている母さんを夜中に起こさなければならなくなるのか。今日こそは絶対に寝小便をしないぞ、と心に誓いながら、やはりまた、布団を濡らしてしまう日がつづいて、僕はどうしてダメなんだろう、と本当に悩みました。今夜は眠らずに起きていようと思ったこともあります。

そんなときに明治維新の先覚者坂本龍馬の伝記を読み、龍馬も小さい頃、寝小便たれだったことを知って何か救われるような気がしました。空一面の黒い雲の中から一筋の光が射し込むような気持ちだったのです。

私は、この世の中には百点満点の完全な人間はいないと思います。どんな人間にも弱点や欠点があります。ないと思っている人はそう思っていることが欠点なのです。本当に強い人間は、自分の弱点や欠点を知り、それを直すことをあきらめなかった人だと私は思います。弱点や欠点に負けなかった人、何度も何度も負けそうになっても、また起《た》ちあがった人、「もうダメだ」と思って投げ出しても、しばらくして「いや、しかし」とまた歩き始める人が本当に強い人だと私は思うのです。

たとえば脳性マヒで身体障害者の花田春兆《しゅんちょう》さんは、そのために学校にも通えませんでしたが、何度もくじけそうになりながら、しかし決して人主に絶望せず、俳句を杖として、今日まで五十余年の人生を生きて来ました。「五月雨《さみだれ》や起き上りたる根無草」と、根無草まで起き上るという俳句を作った村上鬼城《きじょう》も、聾者《ろう》で苦しい人生を送った人でした。しかし決して人生に負けなかったのです。

自分の弱さを知っている人は他人にも優しくなります。秋の夜道は栗のいがが多くて危ないから、月の光が射すのを待ってお帰りなさい、という歌をつくった良寛のような優しさを私たちは持ちたいものです。そういう優しさを持った人間こそ、本当に強い人間だと私は思うからです。〉

これは『少年少女の生活日記』（婦人之友社）に寄せたもので、拙著『親と子と教師への手紙』（現代教養文庫）の序文とした。ちなみに、それから三十年近く経って、いまなお花田は元気である。

3 高等小学校卒

中澤雄大著『角栄のお庭番　朝賀昭《あさかあきら》』（講談社）に、まだ高校生だった朝賀が田中に怒られる場面が出てくる。

一九六一年夏、都立日比谷高校の三年生だった朝賀は、アルバイトで自民党政調会長室で働くことになる。政調会長の田中はせわしなく扇子を動かしながら、

「キミの出身地はどこだ?」

と尋ねた。

朝賀によれば、そのダミ声はどこか人を引きつける魅力があり、不思議と心の奥底までしみ入ってきたという。

「ハ、ハイ、僕は生まれも育ちも東京・芝ですが……、生まれてすぐに母の実家がある新潟県刈羽郡高柳町に疎開しました。小学一年まで高柳で暮らしました」

ガチガチに緊張して答える朝賀に田中は、

「なんだ、そりゃ、キミ、オレの選挙区じゃないか！　わははは」

と応じた。

時に田中は四十三歳。

「よろしくな。頑張ってくれ！」

と破顔一笑した田中を、朝賀はいっぺんで好きになった。

そして数日通った頃、田中に、

「朝賀、キミは来年、高校を卒業したら、大学はどこを受けるんだい」

と尋ねられる。

母子家庭で、小料理屋を一人で切り盛りしていた母にこれ以上苦労をかけられないと思っていた朝賀は、

「いや、僕は大学には行かずに板前になろうかと思っています」

と答えた。

途端に田中の怒りが爆発した。

「なんで大学に行かないんだ！　若い者が勉強をおろそかに考えているとは、なにごとだ。そんなやつは出入り禁止だ」

さらに凄い剣幕で田中は続ける。

「キミはオレのそばにいて、オレが学校を出ていないことがどれだけハンディになっているのか、分からんのか。学問はどれだけやっても人生の邪魔にはならんぞ。オレは実力では、誰にも負けない。でも彼らは一流の大学を出ている。しかしオレは学校を出ていないんだよ。おい、分かるか……」

東大卒が当たり前の政財官界のエスタブリッシュメントを相手に、田中がどれほど苦労したかを思いながら黙っていると、田中は空気を変えるように、扇子で膝を叩き、

「ユーは、外国のお客が来たらどうするんだい。ペラペラと英語を話せたら店員からも尊敬されるし、オマエさんだって気分がいいだろう」

と言う。

おもしろいことを言うもんだなあ、と吹き出しそうになりながら、朝賀は、ええい、なるようになれだ、と、

「分かりました。大学に行きます。その代わり、卒業したら、先生の秘書として雇ってもらえますか」

と返した。

田中はニッコリ笑って頷く。

そして朝賀は中央大学に入り、卒業して秘書となるのだが、田中が生涯抱えていた鬱屈《うっくつ》をクリアカットに表出した場面として、この一件は忘れ難い。

これを読んで、私は数多《あまた》の田中論の中で佐木隆三の『越山 田中角栄』（七つ森書館）が傑出している理由がわかった。佐木もまた、大学には行かなかった作家であり、その視線は、いわば小津安二郎のように徹底したローアングルである。

大学に毒されていないが故に、田中も佐木も、わかりやすさと親しみやすさを身につけた。その人柄に於《お》いても文章に於てもである。

ジャーナリズム観でも、多分、二人は大いに共鳴し合っただろう。

佐木隆三の忘れられないエッセイがある。佐木の『人生漂泊』(時事通信社)に収められているもので、佐木が沖縄に〝漂泊〟していた頃の話である。

ある時、『琉球新報』の記者と一緒に、親しくなった娼婦と話をしていたら、突然、彼女がこう言った。

「私もう、ものすごく頭にきたことがあるんだ。『琉球新報』に投書させて」

その記者が、

「いいよ」

と応ずると、彼女は、

「それで、いくら」

と聞く。

佐木たちは、原稿料のことかと思って、答えにとまどっていたら、彼女は逆に、いくら出せば投書欄に載せてくれるのかと尋ねていたのだった。

これについて、佐木はこう言っている。

「よく考えてみれば、彼女の感覚は、そんなに間違っていないわけです。自分のことを考えてみても、思い当たることがたくさんあるしね。そのとき大げさに言えば、目のうろこが落ちた気がした。つまり、ジャーナリズムというのは大変正義を愛し、公平であるけれども、彼女のほうから見れば、金を出した人間がものを書けるというか、金のある人間が意見を述べることのできるところであるみたいな思い込みがある。彼女なりの新聞の読み方で、新聞というのはそういうものだと彼女は思っているわけです。あとで、新聞記者と二人で頭を抱えましたけれどもね」

『人生漂泊』の巻末で、佐木と対談している作家の畑山博によれば、佐木が『復讐するは我にあり』（講談社）で直木賞を受賞した時、その受賞パーティの席上、佐木の目の前で、

「ただ調べたってだけのくせに」

と聞こえよがしに言った作家がいたという。

しかし、何を、どう調べるか——何に注目して、それをどんな視点から調べるか。そこには、隠しようもなく、書き手の「人生」が表れるのである。

畑山は、佐木に妬心《としん》に満ちた言葉を吐いた作家のような〝人種〟に、「本をめくって得た知識でなく、風土と人の中に飛び込んで全身に浴びてくる事実とか智恵とかいうものがあることを、その種の人たちは極端に怖《おそ》れているようである」と書いている。

『復讐するは我にあり』も、この『越山　田中角栄』も、佐木でなければ書きえなかった。佐木によってはじめて、角栄がここまで身近に、そして彫り深く描かれたのである。

佐木の『わが沖縄ノート』（潮出版社）には、ある娼婦の手記が紹介されているが、佐木にでなければ、彼女はこんなにも自分をさらけだすことはなかっただろう。

沖縄の本土復帰騒ぎの中で、彼女はこう書く。

「今までは、仕事をしたくない時は、ブルーデーよとか、私ばいどくよっていってやることもできたけど、客をえらぶことなんてできなくなりそう。かせがないでいると、ママに呼ばれ、借金早く返したいなら、しっかりかせがなければっていわれてしまう。そういう時はスタンドからビールを一本一ドルで買って、向かい側の石垣に力いっぱい投げつける。本土復帰は、政治家のためにだけ役に立ったと思う。一般住民はかえって生活が苦しくなっただけ」

後半生の田中は別として、前半の田中はこの娼婦の怒りと悲しみを自分のものとすることができる人だった。佐木の『越山　田中角栄』はそれを鮮やかに解き明かしている。

直木賞受賞前に団地に住んでいた頃、酔っ払って明け方に帰って来た佐木は、まちがって他人の家のドアを叩いた。苦情を持ち込まれた奥さんが、

「もうイヤ」

と言って怒る前で、佐木はしょんぼりとうなだれる。それを読んで私は思わず笑ってしまったが、この本を含めて佐木作品にはユーモアが溢《あふ》れている。拙著『現代を読む　100冊のノンフィクション』(岩波新書)を『越山　田中角栄』から始めて次のように書いたのも、それが一つの理由だった。

〈田中角栄については多くの人が書いている。しかし、私は佐木隆三の『越山　田中角栄』をベストとして推したい。ここからはあの独特の田中のダミ声がはっきりと聞こえてくる。

第一章「雪国の絶叫」から始まる全編に、地元新潟の支持者の方言まるだしの話が入り、田中という政治家はどこから出てきたのか、そして、雪に閉ざされる地方の人びととのやり場のない怨念を負って何をしよ

うとしているのかが鮮やかに浮かびあがる。

佐木のノンフィクションのユニークさは、ごくふつうの人びとの会話の絶妙な生かし方にあり、それが独特のユーモアを生んでいる。佐木は決して高みから彼らの話を聞こうとせず、地べたに並んで腰を下ろして、あの人なつっこい笑顔で語りかけるのである。そのフランクさが、口の重い人たちの警戒心をゆるめ、堰《せき》を切ったような感じで、彼らを饒舌にする。

「先生はどんどん、演説が上手になるでのぅ。『総理大臣になるのは大変なことです、田舎から出て行った娘が、料亭の下働きをふり出しに、女中さんになり、仲居になり、とうとう女将《おかみ》になるようなものであります』と、こうだから、聞く者にはジーンとくるんだのぅ。越後の人間はたいてい、つらーい出稼ぎの経験をもってンど根性で耐え抜いておるから、先生の苦労もよーくわかるこってさ」

こうした越山会の人間たちがロッキード事件で逮捕された田中を、圧倒的な得票数で再び国会に送り出したのである。

田中角栄とは何者であり、田中政治をわれわれは克服したのか、まだだとすれば、果たして、克服できるのかという問題を根っこから考えるために、佐木のこの本は第一級資料である。

『復讐するは我にあり』で佐木が直木賞を受賞した年の作品だけに脂が乗り切っている。よく、佐木の作品はフィクションとノンフィクションの境目がはっきりしないと言われるが、私は、大切なのは事実か小説かではなく、どちらがより「タブー」に迫っているかであり、全体としてリアリティという「本当らしさ」を獲得しているかどうかだと思う。

佐木によれば、「小説の便利さとは、いうまでもなく、ウソが許されること」だが、「しかし、ウソが許される世界だからといって、それは方法における虚構であり、描かれる人間がウソなのではつまらない」のである。

佐木はまた、「現実をストレートに伝えるルポルタージュを書いていると、小説がいかにも現実から目をそむけているように見えてくるものなのだ」とも書いている。

佐木の作品には犯罪者を描いたものが多く、『曠野へ』（講談社文庫）なども傑作だが、どの作品からも「事実に近づく興奮」が伝わってくるのである。〉

ロッキード事件で投獄され、保釈で出てきた田中は言ったという。

「やられた、やられた。東大と共産党にやられた。おれが学歴がないもんでよってたかっていじめやがる。やられた、やられた」

これを田中の被害妄想と一蹴することはできない。

第2章　さまざまな田中角栄像

1　「田中に老婆心あり」と言った保利茂

「田中角栄って人は、世間では金権政治の権化みたいに思われてるけど、お金だけであれほど人の心をつかむことはないんですよ。お金だけで人は動かない。

角さんは、金によって人間が左右されるなんていうことは一つも言ってないわけだよ。金を使ってきた人間だけど、金に使われてきた人間ではない。

角さんは金を使って自分の理想を実現させようとした。しかしいまの政治家は、ただ人を金で釣っているだけでしょう。金の奴隷なんだ。安倍（晋三）さんだって、美しい日本の国って言うけど、ただ金をばらまいたって、日本の美しい心なんていうのは取り戻すことはできませんよ」

これは参議院のドンといわれた村上正邦の近著『だから政治家は嫌われる』（小学館）の中の村上の発言である。中曽根康弘の側近だった村上は、決して田中に近かった政治家ではない。しかし、田中の政治を〝情〟の政治として、次のような逸話を明かす。

佐藤栄作の長期政権の後、田中は福田赳夫と争って首相となるわけだが、佐藤の腹心の保利茂は、佐藤の意中の人が福田であることを知りながら、田中を支持した。

それで、ある人が、

「あなたはどうして田中を推したのか」

と尋ねると、保利はただ一言、

「福田に老婆心なし」

と答えた。

そして、田中の唯一の宝物は老婆心で、政治にはこれが欠けてはならないのだ、と続けたのである。

その問答を聞いていた村上が、その人に、

「老婆心とは？」

と質問すると、寒い冬に孫がコタツでうたた寝している時に、風邪を引いてはいけないと自分の羽織《はおり》を脱いでかけてやる心だ、と解説してくれたという。

その人とは道元の研究家の田中忠雄なのだが、道元は重い病気を患って永平寺を後にし、京都の医者のところへ行くことになった。その時、道元は愛弟子《まなでし》の義介《ぎかい》ではなく、第一の高弟の懐奘《えじょう》を連れて行く。そして義介に、

「教義や哲理の理解において、お前の右に出る者はいない。最高の弟子である。しかし、惜しむらくはお前には老婆心がない」

と告げる。

それで義介はショックを受け、悩みに悩んで、遂に一つの道を開き、道元の後継者となった。

一九七四年に村上は初めて参議院議員選挙に立ち、田中の老婆心を実感する体験をする。

当時、田中は首相で、告示日に候補者を全員集め、その後、村上を含む三、四人が残された。後で考える

と、当落線上の危うい候補者だった。

そして、村上には、

「お前は一万五千票足りないから頑張れ、何だったら手伝おうか」

と言ったけれども、強気に村上はそれを断る。

それでも田中は選挙期間中に何度も電話をよこし、

「いつ東京に来る？」

「お前が福岡に入る日に俺は選挙カーに乗るよ」

と声をかけた。しかし、当時、福田（赳夫）派に属していた村上は、

「いや、福田大蔵大臣に車に乗ってもらいますので結構です」

と断った。それに対して田中は、

「俺は何も田中派にお前が欲しいから応援すると言ってるんじゃないんだよ。俺は自民党総裁として、公認した以上はお前を当選させたいんだ」

と言い、

「派閥は関係ない」

と怒った。

もちろん、田中に下心が皆無だったわけではないだろう。

しかし、村上は、

「ははあ、なるほど、これが老婆心だな」

と思ったのだった。

話はこれで終わらない。

自信満々だった村上の票は伸びず、結局、次点に沈んだ。

深夜に結果が出て、翌朝八時ごろ、銷沈《しょうちん》して家に帰ると、夫人が、

「電話がありましたよ」

と言う。

「誰から?」

と尋ねると、

「田中総理から」

田中は夫人に、

「困ったことがあったら、あんたが来いよ」

と言った。

「俺は、一万五千票足りないよ、足りないよと、あれだけ言ったのに、お前のオヤジ(村上)は『自分の力で』って言うから、その言葉を俺も信じた。お前のオヤジというのはそういうオヤジだから、俺のところに来いと言ったって来やせん。だから、困ったことがあったら、奥さん、あんたが来なさい」

こう続けられて夫人は感涙にむせんだ。

村上は落選のショックが大きくて、その時はそれほど思わなかったけれども、落ちついてから、老婆心っていうのはこういうものなんだな、と思ったという。

「みんな角さんは金だけの人だと思っているけど、そうではなかった。私は、もう、実感としてそれを知ってるわけだ」

と村上はこの話を結ぶ。

「福田に老婆心なく、田中に老婆心あり」と言った保利茂は、いぶし銀の如き政治家だった。自らも老婆心を持った人であることを私は『友好の井戸を掘った人たち』(岩波書店)を書く過程で知った。

一九七一年に保利が自民党の幹事長になってまもなく、アメリカの大統領ニクソンが日本の頭越しに中国を訪問すると発表し、時の首相、佐藤栄作は驚天動地の出来事と動揺する。それまで、反共の中国嫌いで台湾派だった佐藤は、アメリカに従って中国を敵視してきた。

しかし、こうなった以上、日本は日本で何とかしなければならない。そう考えた保利は、革新都知事だった美濃部亮吉に託して、中国の首相、周恩来に手紙を出そうとする。いわゆる「保利書簡」である。

そもそもは、美濃部が訪中に先立って、自民党は中国との関係をどう考えているのか聞いておきたいと、保利に会うことを望み、三度ほど話したことが契機だった。

いかにして日中関係打開の糸口を見つけるか懸命の努力を続けているのだと保利が言うと、「ストップ・ザ・サトウ」をスローガンにして都知事に再選された美濃部はこう応じた。

「それなら考えは私どもとほとんど同じだ。しかし、そのことが先方によく伝わっていないのではないか。内容については全面的に賛成というわけにはいかないが、自民党の責任者であるあなたが、そういう考えを持っていることは相手方に通じさせる必要がありはしないか」

そして手紙を書くことを勧め、保利は美濃部が出発する直前にそれを書く。

しかし、保利書簡は圧倒的に「親台湾、反中国」派が多かった自民党で歓迎されたわけではなかったし、一方、それを持って行こうとした美濃部にも美濃部支持者から批判があった。

それを思って保利は美濃部に、

「あなた方からすれば、私どもは保守反動ということになるでしょう。こういうものを持って行ってご迷惑になることはありませんか」

と尋ねた。すると美濃部は、

「いいえ、おそらくそうなるかもしれませんが、とにかく日中関係を改善しなければならんということは、美濃部個人が得するとか損するとかいう問題ではありません。少なくとも共産党からは相当叩かれるでしょうが、あえて覚悟の上です」

と答えたのである。

この「保利書簡」は周から、

「自民党の書簡は、北京政府を中国の正統政府と認めているが、〝唯一〟とは言っていない。また、台湾を中国の領土と認めているが、台湾の独立運動に対する考えがはっきりしていない」

として突っぱねられたが、これは表向きの口上であり、実は周は、保利の労を非常に多としたのだった。

この保利書簡が重要な布石となって、翌年、田中による日中国交回復が実現する。

田中が首相になった後、政敵の福田赳夫との間で、いわゆる「角福戦争」が再燃するが、その調整役として双方から頼りにされたのも保利だった。

毎日新聞政治部『政変』（角川文庫）に拠《よ》って、しばらく、その動きを追ってみよう。

『文藝春秋』に発表された田中金脈批判で田中政権が揺らぎ、まず、三木武夫が副総理を辞任する。大蔵大臣の福田が続けて辞任するかどうかが焦点になっていた時、保利は福田の説得にかかる。

「田中は困っている。悩んでいることもわかっている。しかし、政権を投げだすほど深刻なショックも必要も感じていない。つまり、そんな要求をされたところで、受けて立つ心境にあるのだ。ここの見きわめを誤ると失敗する。それでもやるとなると、理由がどうあれ、クーデターだ。危機のときはなおさら、やられた方のうらみは想像を絶するものになるのじゃないか。キミが辞めるときは全面対決、宣戦布告しかない。党は分裂の危機にさらされる」

こう繰り返す保利に、福田は持論の自民党の出直し的改革を主張する。田中がトップではそれはできないというのである。

そのころ、保利はある人にこんなことを言っていた。

「福田君は三木君に乗せられてしまう。三木君は辞めたといっても閣外協力を誓っているんだ。彼には二つの道がある。いつでも戻れるし、福田君を道づれにもできる。道づれにしてもだめとなれば、また戻れる。ところが福田君は、辞めたとなったらその道はない。結局追いつめられて、その先は、新党しかなくなる。これは一本道なんだ。危険な賭けなんだ。そんなことはさせられない」

しかし、福田は保利の意志に反して辞めることを決意する。

「いまから辞表を出したい。ついては〝しかじか、こうこうで辞める〟ということを総理に言いたい」

こう切り出した福田に保利は、

「それを言ったとき、総理が〝キミの言うことはわかる。そこは反省する。再考する〟と言って、強く慰留した場合に、キミはとどまる気はあるのか」

と尋ねる。

「それはない」

と福田が答えると、保利は、

「そうか、ここまできたら、総理に会っても、もう何も言わないでほしいのだ。それだけの良識は、お互いに残そうじゃないか」

と頼む。

「いや、やはり徹底的に話し合うつもりだ。そうでなければ角さんにはわからない」

と突っぱねる福田に、保利は、

「キミ自身の将来も考えてほしい。ここで決定的にシコリを残すことは決していいことではないよ。総裁になった時、必ず同じ目にあうんだ」

と忠告したが、福田は、

「しかし、何も話さないわけにはいかない」

と言う。

「慰留してもなお辞任するというなら、きれいに辞めなさいよ。これは聞き届けてもらいたい。最後はせめて手を握って笑って別れてほしい。それが男の姿じゃないか」

こう諭《さと》す保利に、福田も遂に、

「わかった。そうしましょう」

と折れた。

その後、保利は福田より早く行政管理庁長官の辞表を出す。福田引き留めに失敗した責任を取った形だった。

これを受け取って田中は、

「預かっておく」

と言いながらも、

「さすがにキャリアの違いだなあ。あんたの政治的な献身には深い感銘を受けたねェ……」

と保利の手を固く握った。

この後、椎名悦三郎の「裁定」によって福田赳夫でも大平正芳でもなく、三木武夫が田中の後継首相となり、ロッキード事件が発覚して田中は逮捕される。

そうさせたのは三木だとして「三木降ろし」が始まるが、その先頭に立ったのは椎名と保利だった。

それを考えると、保利の〝予言〟が不気味なまでに当たっていることに気づく。

時間を引き戻して、中央突破か辞任か迷う田中に保利はこう忠告する。

「総理、あんたの外遊中、オレはおそらくあんた以上に、総理と党のことを考えぬいてきた。そのつもりで黙って聞いてほしい」

珍しく神妙な田中を前に保利は続ける。

「総理、いろいろ言いたいこともあるじゃろう。しかし、なにが決定的かと言えば、総理大臣という最高権力の座にある人に対して『文春』などに書かれているということだ。総理でもなく、政治に無関係な人のことなら書く価値もない。よしんば取り上げても、一つの成功美談になったじゃろう。だが、政治はやはり最高の道徳だ」

故郷の佐賀の訛りのある口調で保利は直言する。

「こんな問題で、いちいち総理たる地位の人が弁明しなけりゃならんということは残念だ。これが中央突破ということで、一言でも国会の議場で口にするのは、政治の信頼を回復するどころか逆効果になる。ここは自由な身になって、釈明に国民が素直に耳を傾ける立場になることが、一番大事じゃないのか。フォード大統領の歓迎を終えたら一大決意をすべきだ」

これを聞いて田中はしんみりと、

「十分心得ている。心からの友情に感謝している」

と言ったという。

実力者ながら保利は利権に疎く、一度、落選している。そんな保利が田中に「心からの友情」を寄せ、田中もその保利を得難い政治家として遇している。政治に欠かせない「老婆心」が二人をつないでいたのだろうか。

2　田中に惚れこんだ河野謙三

佐藤栄作の長期政権は参議院議長、重宗雄三との連携によって可能だった。〝重宗王国〟といわれたそれを、河野謙三が自民党の一部と共産党まで含めた野党の共闘によって突き崩す。ある種のクーデターだった河野参議院議長の誕生がなければ、田中はその後すぐ首相になれなかったかもしれない。

そのドラマについては拙著『正言は反のごとし』（講談社文庫）を参照してほしいが、謙三は田中に似た党人政治家の河野一郎（河野洋平の父）の弟である。

河野謙三は歴代首相を、後年、次のように月旦《げったん》している。

まず、佐藤栄作評。

「ときの政界の流れを正確に押さえて常に先に手を打っていた。余人がまねできないところがあった。一番えらかったのは、何といっても田中角栄をうまく使ったことだ。人を使いこなす点では、佐藤の右に出る者はいないんじゃないか。しかし『エイちゃんと呼ばれたい』といっていたが、ついに『エイちゃん』とは呼ばれなかった。国民もわかっているんですよ。親しみを持たれる人と、そうでない人の違いがね」

次に田中角栄評。

「決断の早い逸材だ。百年二百年に一人、といった男だよ。先が見えすぎるものだから、いつも世の中よりテンポが早すぎる。その辻《つじ》つま合わせを金の力でやるのが、失敗のもとになっている。金脈とロッキード事件、田中のやったことは倫理的には許せない。とんだことをしてくれたなあ。残念だなあ、と思っている」

福田赳夫評は驚くほどに辛い。

「とても完投できるピッチャーじゃない。経済だって、ちっともわかっちゃいないよ。国民に消費や借金を奨励するなんて政治は人類史上にないね。体質そのものがタカ派で考え方が堅い。取りえは根性。がまん強く妥協しないところがいいね」

三木武夫評や大平正芳評は省いて、最後に中曽根康弘評を引こう。

「フットボールじゃないが、前に出てボールを追いかける者のところには球はいかんものだ」

総じて官僚出身者に厳しく、党人派に甘い。前掲の佐藤評も表向きのものであり、ホンネはこうだった。

「ボクは佐藤とは基本的に相いれなかったな。（自民党の）総裁選でも一度も佐藤に入れたことはない。要するに彼は官僚ですよ。ボクは、佐藤というよりも、官僚がきらいだな。なぜかというと、権力を一番巧みに使っているのが官僚ですよ。その代表が官僚政治家だ。官僚というのはハラで国民をバカにしている。国民もよくないんだ。役人というと、くだらんことまで陳情する。それをまた高いところにすわって『聞いてやる』だ。そういう中で育ったのが官僚だよ。長い歴史の中で国民自体がそういうものをつくってしまったんだな。だから、選挙といえば役人がむやみに出て来る。これは日本の民主政治の大きなガンだと思いますよ」

河野は参議院の副議長時代に中国に行った。アメリカの顔色をうかがって中国との国交回復に消極的だった当時の首相、佐藤栄作はそのとき河野に、行くのをやめてくれないか、と言った。

それに対して河野は、スポーツのことで行くので政治とは関係がないから、と蹴って出かける。

ところが、その後、国会で野党議員に、

「首相は中国との国交回復に積極的でない」

と詰問された佐藤は、何と、

「いや、そんなことはない。現に副議長に行ってもらっている」

と答えたのである。

さて、時は移って、一九七四年十月十四日に発売されたアメリカの雑誌『ニューズウィーク』は「品格ある新聞雑誌は、政府要人の私事をあまり深くせんさくしないという日本の伝統に反して、日本の有力な知的月刊誌『文藝春秋』が、田中（角栄）氏はいかにしてその私財を蓄えたかという長文かつ極めて詳細な記事を掲載した。米国のウォーターゲート事件の刺激を受け……」という書き出しで、同年十月九日に売り出された『文春』十一月号の「田中角栄研究」の概略を紹介した。日本よりも海外で田中の「金脈」は問題となったのである。

そして、進退に迷った田中は、ついに辞任を決意する。

十月二十五日夜、河野謙三は選挙区の静岡県三島市にいた栗原祐幸《ゆうこう》に電話をし、

「オイ、えらいことになった。田中は辞めるよ」

と伝えた。栗原は河野一郎が亡くなって、大平派の宏池会に移っていた。

「どうして」と、いぶかる栗原に、河野は、夕方、田中と会ったときのやりとりを話す。

その日の朝、田中は神奈川県平塚市の河野の家に電話をかけてきた。

「外遊に出かける前にいっぺん会いたい、と思ったが、電話でも……」

と語り始めた田中をさえぎるように、

「いや、そういうことであれば、ボクが出て行く」

と河野はいい、上京した。

国会隣の参議院議長公邸に着いた河野を、田中が訪ねたのは午後四時過ぎである。田中はショボンとしていて、いつに似ず、口が重かった。

そんな田中に河野が、

「あんた、もうフォード（大統領）帰国後の総辞職か、臨時国会劈頭《へきとう》の解散か、二つの道しかない。あんたはまだ若い。いま深傷《ふかで》を負うより、再起のチャンスがあるんだから辞めたほうがいい」

というと、田中は、

「そうか。オレは恋々としないよ」

と神妙に頷《うなず》いた。

それから、部屋の壁にかかっている河野一郎の写真を見上げ、

「この兄貴が生きていてくれたら、オレの気持ちをわかってくれたのになあ」

と、しんみりした感じでいった。

思わず河野は涙ぐみ、

「あんたも、人一倍努力した。人生は災難もある」

と田中の手を握り、共に泣いた。

「フォードが来る。これだけはちゃんと迎えなきゃならんなあ」

「椎名君は体が弱くて困る」

声をつまらせながら田中がいったこうした言葉から、河野は田中の辞任を確信した。

しかし、この印象を伝えた河野発言は予想外の波紋を呼び、河野はいささかあわてる。

それで、二日後の二十七日に会った根本龍太郎に、次のように田中への伝言を頼んだ。根本は「党基本問題・運営調査会」の会長代理として、会長で党副総裁の椎名悦三郎を助ける立場にあった。

二十余年のつき合いである根本に、河野はこう話す。

「あんたも知ってるとおり、オレは理屈ぬきで田中が好きなんだ。兄貴と同じような天才的な肌合いにほれこんでいる。会って話してるうちに、このままではキズがつく、国会に突っこんだら致命傷を受けると思ったんだ。田中に迷惑をかけたかもしれんが、田中にはキミからもよろしく伝えてくれ」

田中が椎名の名前を出したことについては、

「椎名に頼む、とも何とも田中はいわなかった。本当にポツリと名前をもらしたんだ」

と釈明し、

「しかし、オレも田中が辞めるとなれば、あとは椎名さんに任せるほかない、と思うな」

と付言した。

そして、日本陸連会長として北京に発《た》つ前、

「田中は辞めざるをえない。信用の回復には十年かかるが、彼は逸材だ。中曽根と同じ年だし、急ぐ必要はない。剣道にも『遠山の構え』という極意があるんだ。だけど、側近がしがみついたら、田中は城山の西郷隆盛。野たれ死に以上になる。西郷を殺したのも側近だった。中央突破を止めるのは大平しかいない。大平はやるよ」

と言い残したのである。

田中の盟友となった大平についての河野評をここで引いておこう。

「見かけはどっちを向いているのかわからんが、なかなかハラがすわっている。口が多いようだが、彼はオレのようにペラペラしゃべっちゃいかんよ。良さは自分がないことだ。非常に弾力性があって波に漂って

いる。ずるいんだが、強みでもある」

3　田中擁立で佐藤栄作に絶交された木村武雄

〝元帥〟と呼ばれた政治家がいた。山形県は米沢出身の木村武雄である。『ナポレオン　レーニン　石原莞《かん》爾《じ》』（講談社）というユニークな本も出している木村は、親分の佐藤栄作に逆らい、先頭切って田中をかついだ。

その自伝『米沢そんぴんの詩《うた》　自伝』（形象社）で、木村は経緯をこう語る。

山形大学に医学部を設置する件で骨折ってくれた田中に、前にも増して惚れた木村は、一九七一年の大晦日に次期総理には田中を、と決意する。

そして、翌七二年元旦、佐藤に年始のあいさつをした後で、田中邸へまわった。田中を記者たちが囲んでいる。木村が入っていくと、田中は逃げた。木村が狼煙《のろし》をあげるのを避けたわけである。しかし木村は、

「今度の総裁選で田中さんを出すつもりでいる。君たちもそのつもりになってくれ」

と打《ぶ》ち上げた。

田中擁立の動きが始まったころ、やはり佐藤派幹部の橋本登美三郎が佐藤に呼ばれ、

「君は田中君の運動をしているようだが、私は辞めるとは言っていない。私を前にして田中君の運動をするとは何だ」

と怒鳴られた。それで橋本は自粛する。

次に呼ばれるのは木村である。

佐藤の性格をよく知っている木村は、佐藤を怒らせよう、怒れば佐藤の負けだ、と作戦をたてる。

佐藤から呼び出しが来た日、木村はわざと行かず、翌朝、訪問して、

「昨日は留守していたもので」

と弁明したら、佐藤はすでにカンカンである。そして、

「おう、面会は一分でいいよ。君とは絶交だ。帰りたまえ」

と吐き捨てた。

「十六年間、佐藤さんに仕えて毎日楽しかった。それがたった一分で不愉快な十六年になってしまう。ただごとではない。理由を聞かせてほしい」

と木村が頼むと、佐藤は立ち上がって、

「もう帰れ。絶交したんだ」

と言い張る。

「そうですか」

と木村は答えて絨毯《じゅうたん》の上に土下座し、

「親分を怒らせて本当に悪うございました。心からお詫び申し上げます」

と言って三回頭を下げた。

そして立ち上がると、

「これで佐藤さんに対することは済んだ。今度は私があなたに言いたいことがある」

と、立っている佐藤を椅子に坐らせ、こう説いた。

「田中さんの運動に原因があるのはわかっている。しかし、佐藤さんの福田擁立に比べれば、私の田中擁立など、とてもケンカにならないと思う。仮に田中さんが勝った場合、あれは私が木村にやらせておったんですよ、と言えば、木村は佐藤さんの秘書だからと、負けたことで手抜かりがあったと誰も言わないはずだ。長い間政界にいて、人生経験も豊富なあなたにわからないはずはない」

黙って聞いていた佐藤は、木村には木村の理屈があると思ったのか、

「もう話も済んだし帰ります」

と玄関に向かおうとする木村を、

「まあ待て、飯でも食ってけ。絶交したからといって、私の所へ来てもいいし、お茶も出す。今日は飯でも食べてけ」

と引き留めた。

「そんなことをしてたら外で待機してる新聞記者が帰ってしまい、絶交されたことを話せなくなる。絶交した佐藤さんが悪いか、絶交された私が悪いか、どちらかは記者諸君の判断だが、それだけは言っておきたい」

と木村が振り切ろうとすると、佐藤は、

「まあいいじゃないか、食事をしていけよ」

と帰さない。

それではとご馳走になり、帰る段になって、佐藤に、

「もう帰ってもいいが、絶交されたと誰にも言うなよ」

と釘を刺された木村は、

「言いませんよ」

と返して帰途についた。

佐藤は絶交を取り消さなかったが、食事をしていけ、と言ったことで、木村は了解したと思ったらしい。

しかし、木村はそうは思っていなかった。

翌日の新聞に「田中派の旗上げ」めいた記事が出るや、佐藤は驚き、官房長官の竹下登を木村のところによこして、

「やめてほしい」

と言ってきた。それに対して木村は、

「遅かったなあ、絶交された後にやめることはできない」

と答えたが、それを聞いて佐藤は、

「やっぱり絶交したのは早かったなあ」

と呟《つぶや》いたという。

のちに田中派からの独立を図った竹下が逡巡《しゅんじゅん》したように、当の田中が二の足を踏んでいると、木村は、

「あんたが反対しても私たちはやるよ。あんたは黙ってみていればいい」

と田中の背を強く押した。木村によれば、それで田中はふっきれたように動き始めたとか。

その木村が一九七六年の五月四日、交通事故で生死の境をさまよう。九死に一生を得て二十一日目に意識

を取り戻した木村は、家族に、

「田中さんが見舞いに来たはずだが……」

と尋ねる。

「もう五回も来られました」

という答に、すぐ田中に電話をかけた。

田中は驚いて、

「意識が戻ったのは僥倖《ぎょうこう》だ。明日うかがいます」

と言う。

福田赳夫や中曽根康弘も見舞いに来たのに、意識がはっきりしない中で、田中の声だけを記憶していたのである。

翌日、田中と一時間ほど話した。

木村は田中に、

「ロッキードのことは早く忘れて、これから先のことを考えろ」

と忠告する。

「君の言うことは聞いてから動くから、これから何でも意見を聞かせてくれ」

田中はにこっと笑ってそう言った。

木村は〝御意見番〟とも呼ばれたが、同じ山形出身で、田中とこんな逸話をもつ政治家が池田正之輔《まさのすけ》である。池正《イケショウ》の愛称をもつ池田は、三木武吉と共にワンマン吉田茂に抵抗した鳩山（一郎）派の猛者《もさ》だった。

田中が幹事長だった一九六六年夏、好きな麻雀を終えて幹事長室に顔を出した池田は、田中をつかまえて雑談していた。その日、麻雀で大負けしたのか、虫の居どころが悪かった池田は、突然、

「今の執行部はなっちゃいねぇや」

と毒づく。

奥島貞雄の『自民党幹事長室の30年』（中公文庫）から、その後の応酬を引こう。

この一言に短気な田中はカチンときて

「ナニぃ！」

と眉を吊り上げる。

「なんだ小僧！」

当選回数は同じ八回ながら、四十八歳の田中より二十歳も上の池田は見下す感じで言い返す。

田中も負けていない。

「小僧とはなんだ、ジジイ！」

取っ組み合いになりかねない気配を察して隣の副幹事長室から二階堂進が飛んできた。

「趣味は田中角栄」と言って憚らなかった二階堂である。独特の鹿児島弁で、

「まあまあ、池田シェンシェイ。ここはひとつ、収めて下さい。お願いしもっそ」

と割って入った。

池田は、

「ふざけやがって」

と捨てセリフを残して出て行く。

田中も熱くなっていたが、二階堂の、

「幹事長、まあまあ」

で落ちつきを取り戻した。

つかみ合いになりかねないケンカは奥島が幹事長室に勤めた三十年間でこの一件だけだったが、幸い、これは外に漏れなかった。

次の日の早朝、田中は池田宅へ赴き、

「先輩に対し、昨日は大変失礼しました」

と詫びる。

おそらく、八歳年上の女房役である二階堂のアドバイスがあったのではないかと奥島は推測している。

奥島によれば「田中が他の議員などと怒鳴り合うところを、これ以降目にしたことはない」という。

4 仲人の佐藤栄作に背いた橋本龍太郎

木村武雄と同じように、親分の佐藤栄作に背《そむ》いてまで田中を推したのが橋本龍太郎である。

橋本の父、龍伍《りょうご》と佐藤には浅からぬ関わりがあった。佐藤が運輸省、龍伍が大蔵省と、共に官僚から政治家になり、初当選も同期で、佐藤が吉田（茂）内閣の官房長官の時、龍伍は官房次長（現在の官房副長官）だった。

そして、これは偶然だが、佐藤の長男も龍太郎である。そんな縁もあって、橋本は中学生の時に佐藤に会った。

当時、切手収集に夢中だった橋本は、厚生大臣だった龍伍の秘書官から、電気通信省（後に郵政省に統合）の秘書官を紹介されて同省に出かける。同省大臣が佐藤だった。

秘書官が連絡したのか、佐藤が会いたいと言っているからと、橋本は大臣室に通された。

佐藤は、

「君が龍太郎君か。ウチにも龍太郎がいるんだよ」

と言って、切手のアルバムをプレゼントしてくれた。

その後、佐藤家と橋本家は軽井沢に隣り同士で別荘を借り、親交を深める。

一九六二年に龍伍が急死した際には、佐藤が葬儀委員長を務めた。

そして四年後、橋本は首相となっていた佐藤に結婚の仲人を頼む。しかし、橋本は当選一回の新米代議士である。

「自分は誰の仲人もしないことにしているから」

と佐藤は断った。すると橋本は、

「じゃ、親代わりをして下さい」

と食いさがる。

結局、佐藤も特例中の特例として仲人を引き受けざるをえなかった。

そんな関係の佐藤に、橋本は抵抗して、田中を支持する。

自分の後継者には福田をという佐藤に、

「田中さんを推すのが自然で、私は福田さんを支持するわけにはいきません」

と断るのである。

思いもかけない反逆だった。

「もう一度考え直してみないか」

最後まで説得を繰り返す佐藤を橋本は振り切る。親代わりの佐藤にノーと言うほど、田中の方が魅力があったということでもあろうか。

一九七六年に発覚したロッキード事件で田中が逮捕された時、クールどころか冷たいとまでいわれた橋本がウェットそのものの対応をしている。

岩見隆夫の『実録・橋本龍太郎』（朝日ソノラマ）から、その場面を引こう。

「私はね、田中先生には本当に世話になったんだ。恩人です。逮捕されたからといって、恩義を忘れることはできませんよ。総選挙が近づいて、運動資金をもらいに行ったことがあるんです。そしたら、『お前にやるカネなんかあるか！』って追い帰された。ところがね、地元に戻って回ってみると、行く先々の選挙参謀のところにカネが届いている。しかも角さんの『くれぐれもよろしく』という直筆の手紙までつけてね。あんなにありがたかったことはない。本当に泣けて泣けて仕方がなかった。そういう人ですよ。裏切れるわけないでしょ。どんなことがあっても私はついていく」

これについては、橋本に首相の座をバトンタッチした村山富市が『政治家　橋本龍太郎』（「政治家　橋本龍太郎」編集委員会編）にもう少し詳しく書いている。

橋本の三度目の選挙の時の自民党幹事長が田中だった。田中に呼ばれ、

「お前、選挙どうしているのか。ちゃんとやらないとダメだぞ。ここに行って挨拶《あいさつ》して来い」と言われ、紹介の言葉を書いた名刺を何枚かもらった。橋本はそれを持って各企業をまわったが、よく来ました、という感じではない。

「何だ、もったいつけて」

と橋本は反発した。

しかし、選挙後、田中がその企業一つひとつに、

「橋本をよろしく」

と手紙を書いて念を押していたことを知った。それで感激した橋本は田中に恩義を感じ、それは一生変わらなかったのである。

村山は、橋本について、「えばる」「すねる」と言われるけれども、非常に義理堅く、人間関係を大事にする一面もあった、と回想している。それは多分、田中から受け継いだものだろう。

私は拙著『官僚たちの志と死』(講談社文庫)で、水俣病患者との板ばさみになって自殺した環境庁企画調整局長の山内豊徳のことを取り上げ、山内について橋本と話した時のことを次のように書いた。山内は自宅で縊死《いし》したため、その姿を見た山内夫人の知子と次女は命日に自宅にいられない。その前提をおいて、以下を引く。

〈知子は、早く次女をこの家から解き放してやった方がいいと思った。その日にここにいられないのは自分だけではない。次女もそうなのである。

幸い、次女は医科大学に入り、現在、地方の都市で学生生活を送っている。

この次女が〝宝物〟として大事にしているのが、厚生族の実力者、橋本龍太郎から来た手紙である。

豊徳の死後まもなく、

「山内君はすばらしい男でした」

という手紙を知子と家族宛てによこした橋本は、一九九二年十二月五日に山内豊徳の遺稿集『福祉の国のアリス』が八重岳書房から刊行されると、それを読んでの感想をまじえて、再び、次のような手紙を送って来た。日付は同年十二月二十一日である。

『福祉の国のアリス』を読み終り、もっと山内君を知るべきであったと今悔いております。私が厚生政務次官の終り近く、彼が年金課に帰って来、挨拶に見えたのが初めての出逢いでした。以来、随分仲良くして来たつもりでしたが、生い立ち等これを読むまで知らなかっただけに今本当に残念です。

私も生後半年で母をうしない、六歳の時新しい母をむかえて仲々なじまなかっただけに彼のおさない頃を知っていたら異った交際も出来たのでは？　との思いが今胸中を去来しております。「つくも」の中で語られている一つ一つが私の心に何よりもひびきました。仕事で話しておられる物もそれぞれ立派な中味を持つ文章ですが、「現れない母親」等にのぞく山内君の姿に彼の心をのぞかせてもらったような思いがしました。

編者あとがきの中、三三九頁の途中まで読んだところで、ついに涙がおさえられなくなりました。「やりたくない仕事には向かえないんだ」、こんな言葉をはく状況、何故私達に一言でももらしてくれなかったのか、本当に残念です。

同時にそこまで考えぬいている事を何故察する事が出来なかったのかと自分を責めております。本当に申し訳有りませんでした。

「父へ」の中にあるように、私もまた、何時《いつ》の日か彼とゆっくり話し合える日がくるのを楽しみにしております。

どうか御家族の皆さん、山内君の分まで強く生きてくださいますように。私で役に立つ事が有りましたら遠慮なくおっしゃって下さい。御自愛を祈ります。


直線が伸びすぎるほど伸びた鋭角的な字で書かれた橋本龍太郎のこの手紙は公開されることを予想して書かれたものではない。

それを引用させてくれないかと手紙で依頼すると、直接電話をかけてきた橋本は、

「悪く書くんじゃないでしょうね」

と笑いを含んだ口調で尋ね、私が否定すると、

「すばらしい男でした」

と二度、繰り返した。

この手紙は、他人の痛みがわからぬ唯我独尊の政治家という、流布《るふ》された橋本像に修正を迫るものだが、同じような生い立ちという山内の前半生を描く前に、ここで、橋本についての忘れられぬエピソードを、二、三紹介しておこう。それが、山内の次女の〝宝物〟の光度をさらに増すと思うからである。

なお、橋本の手紙の中の「つくも」は山内の遺稿集の一節の見出しであり、そこに「現れない母親」も出

てくる。「父へ」は、やはり遺稿集に収録されている次女の短い手紙で、天国で会いたい、と書いてある。

さて、雑誌『AERA』の「現代の肖像」で橋本龍太郎を書いたのは吉田司である。吉田は水俣病患者の実態を生々しく描いた『下下戦記』(文春文庫)で大宅壮一ノンフィクション賞を受賞した。

この文庫版のあとがきに、吉田は、大蔵大臣だった橋本にインタビューした時のことを書いている。超多忙の中、十五分の予定で会った橋本は、それをはるかにオーバーして四十五分も話した。予定変更でおろおろする大蔵官僚が出たり入ったりする中をである。なぜ、橋本はそうしたのか?

厚生大臣などをやった橋本の亡父、龍伍は、中学生のころ、結核性関節炎にかかって、十年も寝たきりの生活を送り、二十回もの手術の末に片足を失っている。一方、吉田の父親も二十七歳の時に同じ病にかかり、両足不随で、その後、立ち上がることができなかった。

つまり、吉田によれば、二人は互いに「身障者の子」として、「その心の綾取りみたいな真似」を、大蔵大臣執務室の中で繰り返したのである。

そして吉田はこう書いた。

「身障者家庭には時折自我意識過剰な子が育つものだ。この私がそうだった……。常日頃親の異形《いぎょう》が目立つために、子供は後ろ指さされぬよう過剰な防衛心をもって、己を完璧な普通人(五体満足)として飾り立てようとするからだ。あるいは飾りすぎてキザな虚像を作ってしまう。だからあの龍太郎のスキのない紳士風な気取り、ポマードでビシッと決めたリーゼントスタイル、『自分でもキザな男だと思う』という台詞《せりふ》の中に、人の世の哀しみを見いだす読者は、なお一層賢明と言わねばなるまい」

別れ際《ぎわ》、吉田を室の出口まで送ってきた橋本は、山形の老人施設に入っている吉田の父親を気づかいなが

ら、

「でもあなたは幸せですよ。お父さんがまたご健在で」

と声をかけたという。〉

橋本は首相退任後の二〇〇〇年一月、ワシントンで行った講演で、こう言っている。

「私は幼い時から障害を背負いながら仕事に取り組む父の背中を見て育ちました。父の死後、政治家になって以来今日まで、高齢者や各種の障害に苦しむ方々、社会的に弱い人々が差別される事なく、安心して能力に応じて仕事の出来る社会を実現する事が政治家としての私の原点であり、国のもっとも重要な責務の一つであると確信しております」

この原点を忘れた政治家があまりに多い。

作家の豊田行二が、豊田と同じ早稲田雄弁会出身の海部俊樹や小渕恵三のことを書いた『青春国会劇場』（文化総合出版）にとても印象深い場面がある。

それは、海部が秘書となって師事した代議士の河野金昇《きんしょう》が、新聞の三面記事をよく読んだという一節である。

そして、親子心中の記事などが出ていると、今にも泣き出しそうな顔で、

「海部君、親子心中の記事が出ているよ。悲しいねえ。こういう記事を読んで心が痛まないような男は政治家の資格はないよ」

と言った。

また、足が不自由だった河野は、

「足が治って運動会で一等になった夢をよく見るんだ。でもなあ、一等でテープを切った瞬間に目がさめるんだ」

と話しながら、

「政治とは、日の当たらないところに血を通わせるものでなくちゃいけないんだ。働く人や弱い人の味方、そんな政治家にならなきゃダメだよ」

と教えてくれたとか。

ところで、この海部について、田中が海部のボスの三木武夫と日中国交回復などで一緒にやっていたころ、三木に、

「三木さん、あんた海部には気をつけたほうがいいぞ。あれはウチの竹下（登）とよく似ている。いつか足をすくわれることになるかもしれない」

と言ったという。三木は、

「海部クンは竹下クンとは違うよ」

と答えたというのだが……。

さて、橋本龍太郎と佐藤栄作の話に戻る。

仲人までやってくれた佐藤に叛旗《はんき》を翻《ひるがえ》して田中を支持した橋本だったが、橋本は佐藤の死の床を見舞った。そして、

「ご遺体とともに代沢のお宅にもどり、ふとんに移した時、まだ肌にはぬくもりがあった。こわいけれど

心の中は温かい、幼いころからの思い出の多い、私の大好きな師匠でした」

と述懐している。その「大好きな師匠」に背を向けさせるほどに田中の魅力と恩は大きかったということだろうか。


河野洋平によれば、自民党総裁選で小泉純一郎が靖国神社に「必ず参拝する」と答えた時、橋本は、

「バカなことを言うなぁ」

と呟いた。後で聞くと橋本は、

「僕はいつも靖国神社に参拝している。しかし、総理大臣になったら、外国のこともあり、そう簡単にはいかない。総裁選で勝てば総理大臣になるのに、必ず行くなんて言ったら後で困るだろう」

と言うので、河野は橋本を〝一本調子のタカ派〟ではないなと思った。よく考えている人だ、と感心したのである。

5 大野伴睦との共通点

田んぼの真ん中に新幹線が停まったといわれた岐阜羽島駅。降りるとすぐの所に、かなり大きな銅像が建っている。停めた張本人の大野伴睦《ばんぼく》の、それも夫妻の銅像である。

最後は衆議院議長となったが、政友会の院外団からスタートした大野はアジ演説をやり、治安維持法違反で逮捕されたりもしている。叩き上げの、いわゆる党人派だった。官僚出身者ではない。

市ヶ谷監獄に入っていた時に大野がつくった「監獄数え歌」というのがある。

一つとや　人々一度は市ヶ谷の　監獄の馬車にも乗れよかし

と始まる数え歌は、

七つとや　などて恥じらうことやある　監獄は人生の大学じゃ

と続く。この大学は少なくとも松下政経塾ならぬ〝松下未熟塾〟よりはマシだろう。同塾の卒業生からは次のような知恵は生まれてこないからである。

自民党の大物代議士だった大野に、共産党議長の野坂参三が中国行きの旅券について頼んできた。国交回復前であり、外務省はそれを発行することに難色を示していたからだった。もちろん、共産党とは思想的に相容れない大野だったが、頼まれてはイヤとは言えない。

外務省にかけあっていると、自民党の中から、おかしいとか、まちがっているとか、批判的な声が聞こえてきた。それで大野は、こう反論する。ちなみに中共とは中国共産党ではなく、中華人民共和国のことであり、現在でも、元都知事の石原慎太郎はそう呼ぶ。

「思想的に赤でない人間を中共にやるのは心配だが、赤の野坂君を赤の国に旅行させても、これ以上アカにはならない。格別、中共行きを騒ぐ必要はないよ」

浪花節政治家といわれた大野は、こうした政治的知恵を持っていた。「義理人情一代記」という副題の『大野伴睦回想録』（弘文堂）は傑作だが、これをリライトしたのが読売新聞現主筆の渡邉恒雄であることは、よく知られている。

この大野に勝るとも劣らぬ人情政治家が田中角栄だった。金権政治家といわれた田中は自分の陣営ではない政治家にもカネを配った。

「ムダではないか」

と問われた田中は、

「味方にならなくとも、敵にならなければいいんだ」

と答えている。

政治は敵と味方を峻別するといわれるが、味方ではないが敵でもない人たちがいるのである。

これはもちろん、学校や塾では教えられない。残念ながら、角栄の申し子といわれる小沢一郎も、あるいは角栄の娘である眞紀子もそのことがわかっていない。敵は敵、味方は味方とハッキリ分けて、味方を敵に追いやったりしている。

大野を意識したわけではないだろうが、田中も、

「男は度胸、女は愛嬌。一度や二度は監獄に入らなきゃ、男になれんよ」

と言っていた。

田中眞紀子は私との対談で、社交の場だった競馬場で大野に会った時のことに触れ、大野はいつも、きれいな粋筋の女の人を連れていて、その人から、

「お嬢さん、アイスクリーム食べる?」

などと声をかけられた、と語っている。

眞紀子は、
「このオバハン誰？」
と思ったとか。

6 「大学を出たやつが考えろ」と大平正芳を突き放した田中

一九四九年、中華人民共和国が誕生した。以後、自民党は二つの流れに分かれる。イデオロギーを優先して、アカの国とはつきあうな、と主張するグループと、いくらアカの国でも、隣の大きい国とつきあわないわけにはいかないではないかという、暮らし優先グループにである。暮らしは経済と言ってもいい。

後者のグループの代表的政治家が田中角栄だった。

一九三六年春、関東軍参謀の田中隆吉は同盟通信上海支局長だった松本重治に、
「率直にいえば、君と僕とは中国人をみる観方が根本的に違う。君は中国人を人間として扱っているようだが、僕は中国人を豚だと思っている」
と言ったというが、もちろん田中角栄は「中国人を豚だと思って」はいなかった。

首相となった田中は、外相の大平正芳と共に日中国交正常化をめざす。当時、反共イデオロギー優先のタカ派からのそれに対する反発はすさまじく、田中も大平も暗殺を覚悟したほどだった。

特に田中は支持者が心配して、選挙演説の時など、防御のための大きな鉄板を用意したという。

服部龍二著『日中国交正常化』（中公新書）に、田中の面目躍如たる逸話が描かれている。

一九七二年九月二十六日、正常化交渉に乗り込んだ北京の宿舎でのこと。交渉が難航して意気消沈する条約局長の高島益郎を田中が、

「高島君、ご苦労だったな。あれ以上、周恩来が言ったらな、俺はガーンとやり返すつもりでいた。だけどまあな、来たばっかりだし、喧嘩しに来たのじゃないしな。ともかく、飯くってからまた考えようや」

と励ました。すると大平が、

「そんなこと言ったって、じゃあ明日からの交渉をどう持って行くのか」

と反論する。田中はマオタイを飲みながら、

「大学出たやつはこういう修羅場になると駄目だな」

と笑ってかわしたが、酒を飲めない大平はムキになり、

「修羅場なんて言うが、明日からどうやってやるのだ、この交渉を」

とカミついた。それを予想していたように田中はニヤリとし、

「明日からどうやって中国側への対案を作るかなんて、そんなことを俺に聞くなよ。君らは、ちゃんと大学を出たのだろう。大学を出たやつが考えろ」

と突き放した。

これには大平も破顔せざるをえず、部屋中が笑いに包まれて、一気に雰囲気が明るくなった。まさに修羅場をくぐってきた田中の機転だろう。この時の会談で田中は周恩来に、

「尖閣諸島についてどう思うか?」

と突然尋ねた。外務省も予定していない発言だったが、周は「今回は話したくない」と制止する。

7　石原慎太郎との因縁

石原慎太郎の「君　国売り給《たも》うことなかれ」が掲載されたのは一九七四年九月号の『文藝春秋』だった。この「君」は田中角栄を指す。中国との国交回復を進める田中を石原は批判したのだが、二人の考える「国」は大きく違っていた。

田中も国家百年の大計のためにそれを進めたのであり、石原もまた、それを阻止することこそが国を売らない道だと考えていた。暮らし重視の国家観とイデオロギー重視の国家観の相違とも言えるだろう。

その意味で、田中と石原は対極に位置する政治家である。現代の政治家では、国家観は石原に近くとも、亀井静香の方が「弱者びいき」という点で田中に近い。

一九九五年春、突如、石原が代議士を辞めると言った時があった。ドロドロとした永田町の論理では自分は首相になれないから政治家を辞めて物書きに戻ると、その理由を説明する石原を亀井はこう突き放した。

「あなたの小説は、強者の論理で貫かれているから共感を呼ばないんだ」

一瞬たじろいだ石原が、

「君に、ぼくの小説がわかってたまるか」

と返す。

それから、石原は都知事に転じたが、その言説の中に、都民という言葉はほとんど出てこなかった。いつも国民と言うが、常に国のことを考えているのか。それが都のことを置き去りにしてでなかったかは疑わしい。

オリンピックだ、尖閣諸島だと石原は大騒ぎしていたが、鳴り物入りで発足させた「新銀行東京」、すなわち〝石原銀行〟はどうなったか。

田中を追及した日中国交回復でも、土壇場で石原は裏切ったと、先ごろ亡くなった浜田幸一が書いている。勇ましい青嵐会の同志のハマコーが、日中平和友好条約に対する石原の態度だけは許せない、と息巻いているのである。

衆議院外務委員会で同条約を採決する時、

「賛成するときはいましかない」

と呟いて石原は立ち上がった。自民党では中山正暉《まさあき》だけが賛成せず、彼以外の自民党議員から共産党議員までが賛成した。

石原は本会議では棄権し、中山を含めた林大幹《たいかん》とハマコーの三人だけが反対する。

「石原くんはあらゆる場において『NOといえる日本になりたい』といっているけれど、それではなぜ、血判まで求めた青嵐会幹事長の彼が、本会議に上程される前の外務委員会において、日中平和友好条約に起立賛成したのだろうか？」

ハマコーは「石原慎太郎くんへ　キミは『NO』とは言えない」の中で、こう批判している。

ロッキード事件は、エネルギーの自立を求めた田中がアメリカによって葬られたのだといわれるが、それでは、石原よりも田中の方がアメリカに「NO」と言っていたことになる。

中澤雄大の『角栄のお庭番　朝賀昭』(講談社)に特筆すべき話が出てくる。

石原が田中を「国を売るな」と大仰に批判して、わずか半年後のことである。

間近に迫った東京都知事選に自民党（三木総裁、中曽根幹事長）は、人気抜群の美濃部亮吉に対抗して石原を立てようとする。

それが正式決定して石原が立候補を表明したある日の夕方、砂防会館の田中事務所に、

「田中先生に面会したい」

と初めての客が申し込んできた。

それが石原だった。石原は人目につかないようにやってきた。中曽根から、

「一度は角さんに挨拶に行った方がいい」

と助言されたらしい。

門前払いを食わせてもいいところだが、田中は決してそんなことはしない。

軍資金を渡す場合でも、田中は常々、

「相手には心して渡せ。上から目線で、くれてやる、という気持ちが少しでもあれば、相手にもすぐ伝わって一銭の価値もなくなってしまう。受け取ってもらって、ありがたい。土下座する気持ちでいろ」

と言っていた。

だから、石原に対しても、よく来たな、と懇《ねんご》ろに対応して軍資金を渡した。

そして最後に、帰ろうとする石原を呼びとめ、

「足りなきゃあ、また、いつでも来いよ」

と言ったという。

しかし、結果は石原の負けだった。プライドの高い石原にとって、これが屈辱となって、のちに再び都知

事選に立つことになる。いわば〝敗者復活戦〟だった。そして、その石原が猪瀬直樹を後継指名し、私たちは見たくもない醜悪なドラマを見せられることになってしまうのである。

8 盟友、大平正芳の腹の底に響く話

田中の盟友の大平について、いい話がある。田中が関わって、いい話となったとも言える。

一九六八年産の生産者米価をめぐって、当時の自民党総務会で、田村元と田村良平という総務が、政調会長だった大平を突き上げた。

「わが党が農業政策に理解が足りないからこんな低い米価が議題になっているのだ。大平政調会長などは大蔵省のエリート官僚出であり、農民の生活など知らぬからこんな事態を招いたのだ。ただちに辞職して、退席せよ」

異口同音にブチ上げる二人にバカバカしくなったのか、大平が席を立とうとする。

それを米価調査会長だった田中が、

「腹を立てて席を立つ奴があるか。席を立ったら戻れないよ」

と言って腕をつかんで引き止めた。

しばらく一点を見つめていた大平が立ち上がり、口を開く。

「両総務は私に、大平は百姓の生活を知らないと言われたが、あなたたち両君とも父君はわれわれの先輩代議士で名門の出であり、裕福な家庭で育った方々である。それにくらべ私は四国讃岐の貧農の倅《せがれ》である。私は少年の頃、夜明けと共に家を出て、山の中腹にある水の少ないわが田圃《たんぼ》を見回るのが日課であった。そ

のような毎日の日課を必ず果たしてから、朝の一番の汽車に乗って学校へ通ったのである。家貧しく学費もなく、私は給費生、貸費生として勉強し、ようやくにして大学を終えることを得たのである。このような大平正芳が農業を知らない人と言われることは心外である」

『大平正芳回想録』で田中はこの話を紹介し、「私の初めて聞いた腹の底に響く大平君の発言であった」と続けている。

大平と田中の結びつきの原点がわかるような話だろう。

大平は日中国交正常化交渉の問題でも総務会で集中砲火を浴びた。主に石原慎太郎ら青嵐会の面々にである。

それでも大平は怯《ひる》まず、

「たとえ、この身は八つ裂きにされようと、私の信念は変わらない」

とタンカを切った。

大平直系の加藤紘一は、そんな大平について、若き日にこう語ったことがある。

「政策は今後とも勉強していけば、だんだん利口になっていくでしょう。選挙や国会運営の仕方も、経験を積めば、それなりにうまくなっていく。しかし、私がどうがんばっても、将来、大平さんに追いつかないだろうなと思うのは、あの強さですね」

大平は首相就任直後に公邸内で刺客に襲われた時、加藤にこう言ったという。

「昨日、自分の腋《わき》の下を死が通り抜けていった。しかし、考えてみると、人間というのは、生きているのが仮の姿、特別の形態なのかもしれない。生が、やっと持ちこたえられるいっときの姿であって、死が常態なのではないか」

9 菅直人の見逃したもの

元首相の菅直人が「あきらめないで参加民主主義をめざす市民の会」をつくって衆議院選挙に立候補する契機となったのはロッキード事件だった。〝主犯格〟の田中角栄の居直りに対決するため、市民選挙に立ち上がろう、と彼は呼びかけている。

つまり、菅は角栄を反面教師として政治活動をスタートさせた。正当な師の市川房枝を菅は勝手に推薦して参議院議員に復帰させたわけだが、ロッキード事件の発覚した一九七六年に、その市川は推薦すべきでない石原莞爾の全集刊行に熱烈推薦の言葉を寄せた。

「私は百姓の娘でしたので偉い軍人には全く知人はなく、婦人に無理解で戦争の好きな軍人――軍部にずっと反感を持っていました。しかし石原中将は軍人でも違う、今までにない偉い軍人だと思います」

同じ頃、市川とは対照的に石原をズバリと断罪したのは犬養道子である。「五・一五事件」で青年将校に祖父の犬養毅（当時の首相）を射殺された道子は、その著『ある歴史の娘』（中公文庫）にこう書いた。

「犬養木堂（毅の雅号）暗殺の重要要素をなした満州問題は、その発生から満州国建設までの筋書一切を極端にして言うのなら、たったひとりの右翼的神がかりの天才とも称すべき人間に負うていた。『満州問題解決のために犬養がよこす使者はぶった斬ってやる！』と叫んだあの石原莞爾その人である」

犬養道子がここまで激しく指弾した石原を市川は「軍人でも違う、今までにない偉い軍人だと思います」と持ち上げてしまった。

なぜ、そうなるのか?

それは市川や菅たち市民派が、クリーンかダーティかだけで政治家を判断してしまうからである。クリーンかダーティかと言えば、角栄はもちろんダーティとなる。

しかし、そこにもう一つ、タカ派かハト派かというモノサシを入れなければならない。これをからませて分類すると、一番ダメなダーティなタカ派から、ダーティなハト派、クリーンなタカ派、そしてクリーンなハト派まで四つのタイプに分かれる。最後のクリーンなハト派はほとんど絶滅危惧種なので、論外のダーティなタカ派と共にはずすと、残りはダーティなハト派とクリーンなタカ派になる。

私は角栄はダーティなハト派だったと思うが、角福戦争の相手の福田赳夫の流れを汲む清和会にはクリーンなタカ派が多い。たとえば小泉純一郎がその象徴である。

クリーンとタカ派は結びつきやすく、市川房枝のようにクリーン第一を主張する人間からは軍人が最もクリーンに見えてしまう。だから、市川は石原莞爾を無条件に礼賛してしまったのである。

クリーンかどうかはともかく石原慎太郎も反角栄の清和会の系譜だが、残念ながら、菅直人はクリーン礼賛の結果もたらされるものに無警戒だった。角栄のハト派の側面を見逃したのである。

10　渡辺美智雄との相似性

ミッチーの愛称で親しまれた渡辺美智雄は、元「みんなの党」代表の渡辺喜美の父親である。反角栄の青嵐会の猛者だったが、次第に角栄に似てくるとともにハト派になった。そのミッチー節を聞こう。

「時計には、短針、長針、秒針がある。この時計が正常に動くことができるのは、その裏側に非常に細かい部品があって、それがうまく機能しているからなんだ。細かい部品、一つでも狂ってくると、時計は機能しない。わたしは表に出ているけど、みんなが、それぞれの役割をやってくれている。だから、わたしも仕事ができるんだ。どの仕事であれ、上とか下とかない。この中で、だれか一人でも狂うときには、みんなが狂ってしまうんだぞ」

確かに渡辺事務所は適材適所だったが、これは角栄が、ある時、秘書の早坂茂三に落とした次のカミナリとそっくりである。

「城攻めには切れ者の軍略家や三百代言、ソロバン達者、手だれの荒武者に巾着《きんちゃく》切り、足軽の大群も必要だ。敵様が当方の強さを知れば、戦わずに城を明け渡す。なのにお前は、あれは阿呆だ、これも駄目だと講釈ばかり垂れる。東大卒のへなちょこどもだけで戦《いくさ》に勝てるか、このバカもん」

三百代言や巾着切りまでが挙げられているところが角栄らしい。

一九八五年のことである。当時、自民党の新人議員だった田中秀征は、新しい綱領の制定に関わり、改憲タカ派の中曽根（康弘）派から離れて護憲ハト派の大平正芳や宮澤喜一（宏池会）に重用されたミッチーは、遂には宮澤のブレーンだった田中秀征を驚かせるようなことを言うまでになった。

障害は青嵐会の面々である。当然、ミッチーはそれに反対すると思ったが、当たって砕けろ、と会いに行った。そんな田中に、彼はこんなことを言ったのである。

「気がすすまない女房を親やまわりに押しつけられた。いつか代えよう、いつか代えようと思っているうちに、四十年も経ってしまった。見直してみると、こんな女房でもいいところはある。第一、四十年大過なくやってきたし、いい子もつくってくれた。何よりも四十年間に自分もなじんでしまった。むかし、変えようと思っていた気持ちもだんだん変わってくる」

私は二〇〇〇年の十一月十五日に参議院の憲法調査会に参考人として呼ばれた時、冒頭、この発言を紹介し、これは見事な現実政治家の感覚だと思うけれども、このような良識を是非この委員会で尊重してほしいと話した。

すると、その調査会の委員だった世耕弘成《せこうひろしげ》が、私たちはそうした先輩のあいまいさも直していきたいのだ、と反論したのである。安倍晋三側近の世耕たちには保守の知恵がわからない。知恵のない子ども政治家がふえてきた。

11 田中と対照的な松下政経塾卒の政治家

元首相の野田佳彦は日本新党から出発したので、元首相の細川護熙《もりひろ》を師と仰いでいるらしいが、細川は自民党時代、田中派だったのだから、野田は角栄の孫弟子ということになる。しかし、完全に不肖の孫弟子で、角栄の奥深い人間観察、人間鑑定眼を学んでいない。

『東京タイムズ』の記者から転じて角栄の秘書となった早坂茂三は、角栄が政調会長だった時、記者として角栄が困るスクープ記事を書いた。

その後、玄関払いされるのを覚悟で家に行ったら、応接間に通され、名乗ると、

「そうか。君なら顔を知っている。新聞記者は書くのが商売。政治家は書かれるのが商売だ。こんどの勝負は君の勝ちだ。しかし、心配するナ。騒ぎはじきに片づく。野党がオレの首など取れるはずがない。それ

にしても、よく来てくれた。お互い友だちになれそうだ」

と破顔された。「新聞記者は書くのが商売」と言うのは、都合の悪い記事に対する角栄の姿勢を示す。逆に、うまい話、おいしい情報には疑ってかかるのである。

しかし、松下政経塾ならぬ〝松下未熟塾〟卒の野田や前原誠司はそこが違う。野田や前原が主軸の政権を私は〝偽《にせ》メール政権〟と言っていた。

大蔵（現財務）省出身の民主党の永田寿康が、当時の自民党幹事長、武部勤が窮地に陥るメール情報にとびつき、のちに偽とわかって議員を辞職せざるをえなくなる。永田は遂に自殺してしまったが、この偽メールを信じて国会で質問することにゴーサインを出したのが、国会対策委員長だった野田であり、代表だった前原だった。

野田はその著『民主の敵』（新潮新書）で、永田を自殺に追い込んだことを「痛恨の極み」とし、「生涯、この重たい十字架を背負っていく」などと言っているが、そもそも、人物鑑定が政治家に欠かせない能力であり、それがまったくないことを露呈した野田こそが、議員を辞めるべきなのである。

早坂の『オヤジとわたし』（集英社文庫）によれば、角栄の秘書になった早坂に、角栄は、

「おじぎをしてみろ」

と言い、早坂がしてみせると、

「それは会釈だ。おじぎはこうやるんだ」

とダメを出し、自ら、腰を直角に折り曲げて、ゆっくり頭を下げたという。

そして、こう付け加えた。

「新聞記者は、おじぎをされるのが商売だ。しかし、世間の人がなんでお前たちにペコペコするか。新聞記者は世の中を知らず、役に立たない知識、理屈を頭一杯に詰めこんで、気ぐらいばかり高い。ぞんざいに扱えば、すぐ逆恨みして悪口を言う。言うだけでなく書く。印刷して、頼みもしないのに日本じゅうに配って歩く。そうされたんじゃかなわないから、世間の人はおじぎをする」

耳が痛いが、真理だろう。

12 仕出しや寸志にまで心砕く

早坂茂三の『オヤジの遺言』（集英社インターナショナル）に、角栄の魅力を語る二つのエピソードが紹介されている。

まだ四十四歳の角栄が大蔵大臣になった一九六二年の春、角栄の目白の私邸でスタッフが集まり、年始客の主食を何にするかの大評定が行われた。

おせち料理は柳橋などの料亭から届くので、気楽につまんでもらえる。それは握り寿司にと決まった結論を聞いて、角栄は矢庭《やにわ》に塩辛声を張り上げたという。

「だめだ。お稲荷さんにしろ。あれは油揚げに包まれて、中のメシがしっとりしてる。江戸前の握りなんて珍しくもない。時間が経てば乾く。稲荷寿司七、握り三の割合で手配しろ」

そして、こう続けた。

「おせちなどは彩りだ。誰も食わん。間もなく越前から寒ブリが、どっさり届く。料理屋に頼んで、大根と一緒に煮てもらえ。うまいから客が喜ぶ」

宴の後、角栄の推奨銘柄だけは見事に姿を消していた、と早坂はこの話を結ぶ。

もう一つは、「寸志の渡し方」である。

一番むずかしいのは旅先で先方が用意した車の運転手だという。早坂が座席から渡せば済むと答えると、角栄は、

「駄目だ。俺やSPが見ている。心付けは誰もわからんところで渡すんだ。カネが生きる」

と叱り、こう教えた。

「目的地に着けば、SPが下り、運転手が俺のドアを開ける。最後に君が下りる。運転手はドアの把手《とって》を握ったままだ。車の下り際に彼の手にしのばせろ。そこは死角だ。出迎えの連中は俺が目当てだ。誰も君を見ていない。わかったね」

私は唸ってしまったが、読者はどうか。

「保守とリベラルの論客が語る」という謳い文句で始まった「朝日ニュースター」での西部邁と私の対論で、角栄を論じた分は『難局の思想』（角川oneテーマ21）に収録されている。そこで私は、受け取る方の屈辱の思いを消すカネの渡し方について、こう忖度《そんたく》した。

役人に渡す時でも、相手が断ろうとすると、

「君にやるんじゃないんだ。君が部下を慰労する時にな」

と言って、相手が自己弁明できるようにしたのである。

13 娘、眞紀子の角栄観

いまは亡き筑紫哲也と、大分県知事だった平松守彦、そして田中眞紀子に私の四人で、私の故郷、酒田に行ったことがある。角栄の御意見番だった西村英一が国土庁長官の時、平松をかわいがったので、ジャジャ馬と呼ばれる眞紀子も平松には頭が上がらない。

折角行ったのだからと、地元の東北公益文科大学でシンポジウムめいたものをした後、近くの湯野浜温泉に泊まった。三月の、まだ寒い時である。当然、暖房が入っているホテルの一室で、四人で夕食を摂り始めた。しばらくして眞紀子が突然、

「暑い、暑い」

と言い出し、窓を開けた。

高齢の平松を私は気遣ったが、どのくらいの間だったか、冷気が入るままだった。

その時、角栄の暑がりの遺伝子は確実に娘に受け継がれていると思った。

その娘、眞紀子と私は二〇〇七年に『問答有用』(朝日新聞社)という対談本を出したが、眞紀子の子供時代、筆まめな角栄はよく、「眞紀子どの　父」と書いた手紙を枕もとに置いたらしい。

その字について、眞紀子は女性的な字だと言い、そこから、こう性格分析した。

「要するに神経の細かい人。一緒にいると疲れます」

角栄は同郷の良寛が好きだったが、良寛記念館に角栄が寄贈した横額を見て、新潟大学名誉教授で書道研究家の加藤僖一《きいち》が、こう評したという。

「氏の書を見ると、コンピューターつきブルドーザーといわれたエネルギッシュでタフな性格とは、これまたかなり異なった印象を受ける。つつましやかで穏和で、女性の書のようなやさしさがある。結体には少しの癖もなく、お手本的でさえあり、線は素直でのびのびとしている」

角栄は、眞紀子が自分の悪いところを全部引き継いで困った、困った、と零《こぼ》していた。

対談本で眞紀子はそれをこう語った。

「早口、早呑み込み。先を見通して超合理主義者でもあるって勝手に私のことを決めつけているんですから、失礼しちゃうわ。こんな女と結婚する男がこの世にいるはずがないって嘆いては、一人でそれこそ懊悩《おうのう》していました（笑）。親が勝手に困った困ったと宣伝するから、お他人様《ひとさま》はさぞ困った女性だろうと信じちゃうわけでして、賢くない親ですねぇ、あの人」

だから、角栄は婿の直紀に大感謝で、眞紀子と直紀の結婚式では、マイクを持ったまま絶句してしまったという。

万感胸に迫ったのだろう。

「眞紀子みたいなものをもらってもらって、こんなうれしいことはない」

やっと声を出して、こう語り、そのままた、ワーッと大泣きした。ちなみに、角栄の「眞紀子どの」という手紙は結婚するまで続いたとか。

なお、『問答有用』の「おわりに」に、私はこう書いた。ここでの「田中さん」はもちろん眞紀子である。

〈田中さんと初めて会ったのは一九九九年の夏だった。通信傍受法という名の盗聴法は危険だということで意見が一致し、『世界』の同年九月号で対談した。意外におだやかな人だなという印象だった。頭の回転が速いし、ユーモアもある。以来、時々語り合うようになった。東大教授（当時）の姜尚中さんのファンということで引き合わせたこともある。

田中さんの『私の歳時記』（海竜社）に、料理が好きで、楽しんでそれをやっていると、騒がしい政治のことを忘れる、とある。田中さんを知った私はそうだろうなと素直に頷くが、エッと驚く人も多いかもしれない。

対談相手の私としては、この本を読んで、それぞれの田中眞紀子像を結んでほしいと思うが、田中さんが国会に出る前に書いた『時の過ぎゆくままに』（ＰＨＰ文庫）の「あとがき」に、家族の「田中眞紀子評」が載っているので、それを引かせてもらおう。

父曰《いわ》く、「眞紀子の奴は、荒っぽくて、きついぞ――。おまけに俺に似てケー人だ。ケー人！」（ケー人とは、父の発明語で潔癖の意）。

母曰く、「マコちゃんは、根はすごくやさしいんだけど、納得がいかないことがあると、徹底的にやるからねぇ。男だったらよかったのに！」

夫曰く、「君は僕にとっては妹みたいなもんだよ。ところが、子供みたいになることもあるし、お袋みたいになることもある。時々、親分になるんで、困っちゃうんだよなあ……」

長男曰く、「多面性のある主婦。この一言がすべて！　他に表現のしようもなし」

長女曰く、「ママは明るい！　とにかく明るい。その上にすごーくタフだから感心するのよねぇ。私はパパ似でよかった！」

次女曰く、「うちのママはネ、やさしくって、おもしろい人。それから綺麗なものを見ると、とってもよろこぶ人。電話をしながら、メモ帳に関係ない絵を描く人、変な人」

対談の中で、しばしば、「主人」の話が出た。ずいぶんと頼りにしているのである。

年齢的には、田中さんは私より少し姉さんになるが、確かに「妹みたい」になることもあった。

最後に、田中角栄の懐刀だった後藤田正晴が『世界』の二〇〇二年四月号で語っている、苦言を含む眞紀子評を挙げておこう。

「眞紀ちゃんについて言うならば、彼女は生まれつき抜群の能力を持っていますよ。頭の回転も速いし、鋭い感性があって、受けぶりも達者です。ただ、父親の角さんと違うところは育ちですね。角さんは地べたから這い上がっている。だから、人が使えるんです。眞紀ちゃんには、それがない」(以下略)

14 河野洋平の新党を激励しつつ懸念

河野一郎と田中角栄は、大衆的人気の高かった党人政治家という点で、よく似ていた。その息子と娘が河野洋平と田中眞紀子である。

角栄は洋平が気に入り、眞紀子と結びつけようと考えたこともあった。

その二人が初めてサンフランシスコで会った日、洋平が眞紀子に、

「あなたの名前はマキコさんか、マキエさんでしょう。父から、田中さんの持ち馬には全部、お嬢さんの名前がついていると聞かされていましたから」

と問いかけ、眞紀子はびっくりした。事実、角栄の持ち馬はマキノオー、マキノホープ、マキノミドリな

ど名づけられていたからである。

その洋平がロッキード事件発覚を機に自民党を離れる。それで、密かに角栄邸を訪ね、

「金権政治反対をスローガンに自民党を離党します。十人前後になるでしょう。失礼ですが、田中批判を徹底的にやります」

と告げた。角栄は、

「結構だ。思う存分にやりなさい。しかし、洋ちゃん、よくよく考えることだ。新会派をつくるのもいい。角栄批判を日本中でブチまくるのもよい。日本人は物見高いから、一時はいいだろう。問題はいつまで続くかだ」

と言い、こう続けた。

「新自由クラブは結局、自民党の分家になる。本家は大きくて、力も強い。マンモスだ。本家と対等に渡り合うには、オヤジが残した全財産を失うことになる。すっからかんになって、借金の山だけが残る」

角栄の秘書の早坂茂三の『駕籠に乗る人　担ぐ人』（祥伝社）によれば、角栄は洋平が十年間回り道をしてしまうことを心配し、早まるな、と諭した。

「あのオヤジさえ、できなかったことだ」

角栄のこの言葉は、何度か新党をつくろうとした洋平の父、一郎を思い出させて、洋平には切なかったに違いない。

「株式会社・ザ・喫茶店。それが新自由クラブとしては精一杯のことだろう。新日鉄にはなれない。町の、多少はやる喫茶店。これが限界だ。いくら趣向をこらしても、お客は現金なものだ。飽きれば、店に来なく

なる。本家から出なかった連中は、君と同じ当選回数を重ねて大臣になる。君がいずれ復党しても、その空白を埋めるのは、並たいていの苦労ではない」

淡々とこう評した後、角栄は、

「しかし、やりたければやれ。やれるなら精一杯やってみろ。オレの言いたいことはそれだけだ。それにしても、よく挨拶に来てくれた。洋ちゃん、君は若い。頑張れるだけ頑張りなさい」

と結んだ。角栄が予想したように、それからほぼ十年。河野洋平は奮闘して、刀折れ矢尽きて自民党に戻る。しかし私は現在の「日本維新の会」などとは違って、新自由クラブには理念と清潔さがあったと思うが、どうだろうか？

15 〝叩き上げ〟の田中秀征に声をかける

私が首相にしたいと思っていた田中秀征が初めて衆議院議員となったのは一九八三年だった。初挑戦から十年かかっている。二世でもなく、官僚出身でもない秀征は〝伝説的な男〟とか、〝幻の男〟と呼ばれていた。

だから、初登院の日には、

「おめでとう」

の前に、

「君が田中秀征君か」

と言われた。

多くの議員からそう声をかけられている時に現れたのが角栄である。

「いよ！　田中秀征！　十年間よく頑張ったな。立派、立派」

秀征は一九八五年に出したメモワール『初登院』に、同姓で、しかも角栄が新潟、秀征が長野と隣県でもあるから「孤軍奮闘してきた私に多少の関心を持ってくれていたのだと思う」と書いている。

しかし、角栄が秀征に持った関心は「多少」ではなく「多大」だったろう。

カネを使わない選挙をしたという点で秀征は出色だった。何しろ、入場料を取って長時間の演説会をやる人だからである。ある意味で角栄と対極に位置するが、それだけに同じ〝叩き上げ〟の人間として、角栄は秀征に強烈な関心を抱かざるを得なかった。

しかし、秀征は清潔選挙に異常なまでの興味を持たれることを極端に嫌う。

「おカネがあれば使います。ないから使わないのです」

と躱《かわ》し、それを売り物にする気はさらさらない、と言って、こう続ける。

「台所事情などは人様に見せるものではないと思う。出てきた料理が良ければ、台所はきれいなはずである。台所を使えば多少は汚れることもある。それをきれいにする気持ちと力があればそれでも良い。汚れがひどいと台所を見なくても料理を見れば察しがつくはずである。立派な料理は例外なくそれ相応の清潔な台所から出てくるものだ」

秀征のこの考えは、「菅直人の見逃したもの」で菅直人を例に指摘した考えと同じである。

通称ハマコーの浜田幸一は秀征にこう言ったとか。

「俺は三年六カ月浪人して本当に苦しかった。それなのにあんたは十年以上頑張ったという。大したもんだ。尊敬する」

長い間選挙をやって秀征が一番嬉しかったのは、一般の有権者から、

「田中さんて何度落ちても新鮮だね」

と言われたことだった。

秀征と対比して挙げたくはないが、「日本維新の会」から出た前宮崎県知事の東国原英夫や横浜市長だった中田宏など「当選しても新鮮でない」。スレッカラシの感じがするのは、秀征が大事にしている「ふつうの人の感受性」を失っているからだろう。角栄はカネを使ったとしても、それを失っていない。

ここに登場したハマコーについては、田中角栄とのこんな話がある。

浜田の最初の本の『弾丸なき抗争』（ベストセラーズ）の出版記念会に出て、角栄はこう挨拶した。

「この本には浜田君の意志も思想もすべてが収録されております。ただ、一つだけ悪いところがある。『(日本のためには) 田中角栄をはじめ、三木武夫と福田赳夫が今、死ぬことである』と書いてある。よく言いも言ったし、書きも書いたなあと思うわけでありますが、この一ページを除けば、まさにここに推奨し、洛陽の紙価を高めるものであります。浜田という男にはいろいろ批判もあります。しかし、田中角栄に対する批判に比べたら大したことはない。国会にはこんな男も必要なのです！」

浜田の出版記念会に、「死ね」と言われた角栄が出たことによって、この本は一気に注目されて売れ、また、ロッキード事件で落ちていた角栄の人気も盛り返した、と浜田は『ＹＵＩＧＯＮ』（ポプラ社）で語っている。

16　カミソリ後藤田が惹かれた田中

〝カミソリ後藤田〟といわれた後藤田正晴が角栄に惹かれ、田中派に属したのは、内務官僚時代、陳情に行くと、角栄が実に飲み込みが早く、そして即決してくれるからだった。

難しいことになると、

「それは後藤田君、難しいぞ、しかし、やってみるわ」

と答える。できないかもしれないということである。

「よし、わかった」

と言った時には必ず実行してくれた。

その見極めが非常に早くて正確だった。

代議士になるのが遅かった後藤田を角栄は重用したが、派内から、それについての不満が出ると、

「君ら二人、三人、束になっても太刀打ちできるか、黙っておれ」

と一喝した。

後藤田の回顧録『情と理』（講談社）によれば、怒鳴られたのは小沢一郎や羽田孜《つとむ》である。多分、橋本龍太郎もそうだったろう。

「僕は個人的には、戦犯容疑で囚われておった人が日本の内閣の首班になるというのは一体どうしたことかという率直な疑問を持ちました。文字通り統制経済の総本山の方ですよね。そして中央集権主義的な行政のあり方、政治の主張、これを色濃く持っている方ですから」

これは岸信介が首相になった時の後藤田の「率直な疑問」だが、こうした考えも角栄と同じだったのだろう。自らをリベラル、中道左派と位置づける後藤田は、内務省の二年後輩の中曽根康弘が首相になると、官房長官に抜擢《ばってき》された。田中派なのに、中曽根に望まれたのである。

官房副長官としての仕事ぶりを見ていて、各省に睨《にら》みがきくと思ったらしい。だから、あえて「煙たい奴」の後藤田を官房長官にしたのだが、後藤田はまさにその役目を発揮して、中曽根首相に諫言《かんげん》する。一九八七年にペルシャ湾の安全航行のため、海上保安庁から武装した巡視艇、もしくは海上自衛隊の掃海艇を派遣したいと中曽根が主張した時である。

後藤田は反対した。他国の交戦海域まで入って行って、自衛のためだと言っても、それは通らない。

「これは戦争になりますよ。国民にその覚悟ができていますか。憲法上はもちろん駄目ですよ。私は賛成できません」

直言する後藤田に対し、中曽根も強硬だった。外務省もそれに乗る。

「総理、この問題は日本の武装艦艇を戦闘海域のペルシャ湾まで出すということの重大な決定ですから、当然、閣議にかけますね」

後藤田が最後に迫ると、中曽根は、

「もちろん閣議にかけなければいけません」

と答えた、

「それでは私はサインは致しませんから」

と後藤田は言い、遂に中曽根も折れた。

角栄も反対でなければ、後藤田はそこまで強く出られなかったに違いない。

後藤田を追悼した『私の後藤田正晴』（講談社）に、田中の秘書官を経験した、のちの通産次官、小長啓一の証言がある。

通産大臣となった田中は小長に、

「秘書官！　君の生まれは何処かネ」

と尋ねる。小長が、

「岡山です」

と答えると、田中は、

「岡山なら雪はロマンの対象だナ」

と応じ、こう続けた。

「川端康成の『雪国』の世界ということだ。俺は違う。雪は、冬の日常生活における闘いの対象だヨ。国土の均衡ある発展にかける情熱の原点はそこにあるんだ」

山形生まれの私も強く頷きたい田中の言葉だが、徳島生まれの後藤田もこの田中の情熱にうたれた。

そして、通産大臣秘書官からそのまま総理大臣秘書官となった小長と、後藤田は官房副長官として会い、小長にこう言ったという。

「田中さんとは警察庁会計課長以来の付き合いだが、のみ込みが早く判断は的確だ。有料道路制の導入、ガソリン税の創設、河川法改正、水資源開発促進法の制定等次々議員立法をされたが、国土開発改革の開拓者であることは自他共に認めるところだ。今次の日本列島改造論は、その集大成ともいうべきものであり、首相になって思う存分腕をふるわれることは男子の本懐であろう。自分も精一杯お手伝いするつもりだ。

政治家が風に乗り旗を揚げて前進している時は、成り行きにまかせても先ず問題は起こらない。その時、幕僚は、逆風への備えをしっかりしておく必要がある。列島改造の熱狂が収まってくると、過剰流動性や地価高騰をどうしてくれる、公害対策はどうなっている等々マイナス面を叩く論議が喧《かまびす》しくなってくるからネ」

この後藤田を、「護民官」と言ったのは筑紫哲也だった。やはり、田中の流れを汲む野中広務は『私の後藤田正晴』(講談社)に、後藤田から懇願された話を書いている。

二〇〇三年九月九日に野中が記者会見をして政界引退を表明すると、すぐに後藤田から電話が入り、

「今から君の部屋に行くからおってくれ」

と言われた。

「いや先生、御用なら私の方からお伺いします」

と野中が返答すると、

「他のこととは違う。今日は俺が行く」

と後藤田は譲らない。

野中の部屋に入って来るなり、後藤田は、

「野中君、何を引退などと言うた。日本にとって今が一番重要なときなんだ。恥をかかすことになるけれども『後藤田が止めた』と言って、あと三年頑張ってくれ。これこの通り頭を下げて頼むんだ。わかってくれ」

と杖を片手に立ったまま頭を下げた。

「先生、お許し下さい。私も会見して引退表明を致しました。どうぞ、許して下さい」

と野中も頭を下げたが、後藤田は、

「駄目だ。頼むからあと三年頑張ってくれ！」

と強く要請した。

結局、野中が再び立つことはなかったが、後藤田はその後、しばしば、

「もう時間がないんだ。こんな政治を続けていてどうするんだ」

という言葉を口にして亡くなった。

野中は小泉純一郎に危険なものを感じて、それと闘い、遂に引退した。いまは小泉の継承者の安倍晋三に

「こんな政治を続けていてどうするんだ」と警鐘を鳴らしている。

小泉は「自民党をぶっ壊す」と主張したが、それは「田中政治をぶっ壊す」ことになった。いま、私がこの本を書く意味もそこにある。小泉は壊してはならぬものを壊してしまったのではないかと思うからである。

17 安岡正篤を敬遠した田中と宮澤喜一

吉田茂から福田赳夫まで、歴代首相の指南番とか言われた、安岡正篤《まさひろ》という陽明学者がいた。敗戦の時の「玉音放送」の文案を〝添削〟したのは有名だが、池田勇人のつくった自民党の派閥、宏池会の名づけ親としても知られる。佐藤栄作や大平正芳を含めて、特に官僚出身者が施政方針演説などに安岡の朱を入れることを求めた。

しかし、石橋湛山《たんざん》、三木武夫、そして角栄などの党人派は安岡からは遠かったのである。

角栄が自民党の幹事長だった頃、柳橋の料亭に遊び、安岡が別室に来ているのを知って、

「安岡先生も来ておられるのか」

と案内の芸妓に言った。

それを聞いた女将が安岡に告げ、安岡は女将を通じて、

「よろしければ、こちらにどうぞ」

と誘った。しかし、角栄は、

「先生は恐いからな」

と笑っただけで動かなかった。

これが佐藤や池田、あるいは福田や大平だったら、いそいそと駆けつけただろう。

官僚出身者ながら、宮澤喜一だけは例外だった。宮澤のブレーンだった田中秀征と対談した時、宮澤が「石橋湛山を尊敬する」と言っていることに触れ、私が、

「宮澤さんと会った時に、安岡正篤をどう評価していたかを聞いた。その時に私は好感を持ったのだけれども、安岡のような〝魔術師〟に判断をあずける政治家が見られるなかで、宮澤さんは少年のように口をとがらせながら、安岡には惹かれなかったと言った」

と問いかけると、秀征は、

「安岡正篤については、僕は、学生時代に読んだことがあるけれども、示しているものは政治家哲学なんだよね。政治哲学はもっと公的なものだと思うけれども、政治家はどうあるべきかという、政治家哲学をひ

けらかす政治家を、僕はあまり信用できない。そういう人、いるんだよね（笑）。〝清潔さ〟なんていうのも、ある種そうだよね。宮澤さんは、政治家としての生き方を武器にして生きていくようなことは恥ずかしいんだろうね」

と言い、政治家哲学に惑わされないほうがいいとして、さらにこう続けた。

「僕も、年をとってくるにしたがって、訓示めいた色紙が嫌になってきた。なんとなく生き方を人に示したくなるものだけれど、西郷隆盛が大好きだという人が、西郷隆盛とは似ても似つかなかったりする（笑）」

同じく池田勇人の秘書官出身で宏池会に属しながら、大平と宮澤はソリが合わなかったといわれる。ライバル関係にもあったからだろう。その大平と角栄は盟友であり、宮澤に対しては点数が辛かった。ちなみに大平直系が加藤紘一で、宮澤は河野洋平をかわいがったこともあって、加藤と河野の間は微妙だった。ともあれ、そんな角栄と宮澤が安岡を敬遠するという点では一致していたのである。

18 〝濁々併せ呑む男〟徳間康快との接点

徳間書店の創業者、徳間康快《やすよし》は〝文化の仕掛人〟だったが、『東京タイムズ』も引き受けた。拙著『飲水思源』（金曜日、その後『メディアの怪人 徳間康快』と改題して講談社＋α文庫）で描いたように徳間は『東タイ』に、日本ではまだあまり成功していないクオリティ・ペーパー（高級紙）としての特色を盛り込みたいと考え、フランスの特色ある新聞『フィガロ』をめざそうとする。それで、具体的にこう抱負を述べる。

「いまの『東タイ』の紙面から、競艇、競輪の記事を追い出し、文化欄、とくに教育問題に力を入れていく。政治、経済、外交面の記事も、ひらがなを多くして平易で読みやすくする。そしてその中心に社説がすわることになる。社説こそ新聞の顔であるからである」

そのころ、徳間が最も注目していた新聞は『赤旗』だった。日本共産党の機関紙らしく、一つの物差しを持っている。その主張をすべて是としているわけではないが、『赤旗』なりの判断基準を持っていることが貴重だと、徳間は思った。

一九七三年六月七日、徳間の『東京タイムズ』社長就任披露パーティがホテルオークラで開かれ、時の首相、田中角栄が出席する。

もともと、徳間は、自分はもちろん、来賓の祝辞も一切遠慮するつもりだった。

代表取締役社長と編集局長兼任の徳間は、「編集局長は語らず。ただ紙面が語るのみ」をモットーとしており、お礼の言葉を述べる予定もなかった。田中の秘書官からも、パーティには出るが、挨拶はしない、と連絡があったという。

ところが、一六〇〇人もの人垣を縫って正面のステージに歩み寄った田中に、司会者が、

「総理、ひとこと」

と水を向けるや、田中は、

「ウン、ウン」

と頷き、マイクをつかんで登壇し、

「徳間君は私と同じく新潟県出身の同郷人であり、古くからの友人です。その彼が、このたび、かねてからの念願であった新聞経営に着手されたことを心からお喜び申し上げる。社長と編集局長を兼務して自ら陣頭指揮に当たるそうですが、田中批判けっこう、自民党批判も大いにやってください。自民党はつぶれても

いいが（爆笑）、『東京タイムズ』がつぶれたら大変です。そのために、みなさんの力を貸してやってください。ニューヨークに『ニューヨーク・タイムズ』があり、ロンドンに『ロンドン・タイムズ』があるけれども、世界一の人口を擁する首都東京の『東京タイムズ』が、一日も早く両タイムズを名実ともにしのぐ立派な新聞になってほしい。今後を大いに注目しています」

と励ました。

このハプニングに会場は割れんばかりの拍手に包まれたが、その感激を徳間は『財界』の七月十五日号に「原敬以来の野人宰相としてあまねく知られる田中角栄首相の面目、まさに躍如たるその姿を身近に接し、私の胸中は、澎湃《ほうはい》として湧き上がる熱いものに満たされていた」と記している。

19　東急の大番頭と肝胆相照らす仲に

作家の本所次郎が書いた『昭和の大番頭』（新潮社）という作品がある。田中角栄と深く結ばれていた田中勇を描いたものだが、大東急の副社長として黒衣《くろこ》の人生を送った田中勇がどんなに魅力的な人物か、それは大蔵大臣当時の田中角栄をめぐる次のヤリトリで明らかだろう。

角栄よりひとまわり上で、同じ田中姓のよしみで「おじさん」となった勇は、コネで東急エージェンシーに入った若者たちから、就職の世話をしてくれた「二人の田中に感謝する会」を開きたいと言われる。

忙しい角栄が時間を割いてくれるか、気にしながら勇は渋谷の路地裏の料亭に席を設けた。

大蔵省の大臣秘書官との間でいろいろあったが、パトカーの先導で角栄がやって来て席にすわる。すると、押しかけ参加していた東急エージェンシー社長の松田令輔《れいすけ》が、こんなチャチな料理屋に呼んで失礼ではないか、と言った。

それに対し勇は、角栄に聞かせるようにこう答える。

「オレ、ちっとも失礼と思ってねえんだ。なぜなら、オレ、大蔵大臣を呼んでねえんだ。ここに居る人たちは、二人の田中に世話になったから感謝の気持ちを表したいと集まっているんだ。田中先生もオレも呼ばれているんだ。だから、この人たちの懐具合を考えてやらねばなるまい。新橋とか赤坂とか、一流のところに呼んだら、この人たちの負担が大変だろうというのがオレの考えだ。この人たちとともに、オレは田中角栄個人を呼んだんであって、大蔵大臣は呼んでねえんだ」

もちろん、勇は十人余りの若者たちに全額払わせようとは思っていない。こう前提したうえで、本所の評する「変幻自在、義経の八艘《はっそう》とびに似た田中節」は次のように展開する。

「オレは、むしろ試してみたんだ。オレが渋谷に呼んで来るようなら総理大臣になれる。そんなところへ行けねえ、とお高くとまっているようならば、総理大臣にはなれない。なぜならば今の世の中は、庶民的でなければならんというのが、総理大臣になる一つの条件ではないかと思う。どこだから行かねえの、どこだから行くのというようでは総理大臣にはなれない」

角栄は、扇子を止めて耳を傾けている。ちょっと間をおいて、勇は続けた。

「しかし今日は、忙しいところこの遠方へよく来てくれた。総理大臣は間違いなし、とオレが太鼓判を押すよ」

この部分の引用だけでは、田中勇という男はいささか傲慢な感じに受けとられるかもしれないが、そうではない。本所が書いている如く、この人には「枯れた下町のご隠居の味」があり、その人柄に「ひねり」と

「すごみ」がある。
読者はこの本の随所に練れた落語を聞くようなおかしさを味わうだろう。
一九二六年春の、五島慶太との運命的な出会いから、田中勇の「東急人生」は始まった。〝強盗慶太〟と呼ばれ、アクの強かった五島に田中勇は仕えるわけだが、五島の他に小林一三、小林中《あたる》、根津嘉一郎、早川徳次、小佐野賢治など、昭和の民営鉄道を彩った多彩な人物が、この一大叙事詩には登場する。
しかし、上下二巻の大労作をまったく飽きさせないのは、何よりも田中勇のえもいわれぬ魅力である。
航空業界に日本航空、全日空に次ぐ東亜国内航空という会社があった。その再建を田中勇が任される。
一九七三年十一月、東亜に乗り込み、無給の社長となった田中は部屋にこもり、次の原稿を書いて、運輸省や政治家に配れ、と命じた。洒脱《しゃだつ》なジイさんの田中ならではの内容だったが、まず、東亜の人間が仰天した。
「みなさん、東亜の赤字は大変なのです。これを歌になぞらえてみますと、最近はやっている〝女のみち〟そっくりなのです。
〽暗い坂道一筋に
行けば心の灯がともる
やっとつかんだ幸せを
二度と灯りを消さないで
私どもは社員一同、自主再建の熱意に燃えております。これを怠ると、ご同情の灯は消え去ってしまいます。

〜ぬれた瞳にまた浮かぶ
　捨てたあなたの面影が
　どうしてそんなにいじめるの
　二度としないでつらいから
東亜はいま八方ふさがりであります」
こんな調子で続く田中の切々たる「訴え」を読んで、当時、航空局長だった中村大造は噴き出さずにはいられなかった。
これが功を奏したのか、まもなく東亜に新路線の認可がおりる。
この時、田中は「議論で突っかかっていっても、路線を取れなければ何にもならない。頭を下げるのはタダなんだ」と教えたというが、期せずして、頭《ず》の高い官僚に対する痛烈な皮肉となっている。
こんな味のある人間と、田中角栄は肝胆相照《かんたんあいて》らす仲だった。

20　田村元とのケンカと仲直り

佐藤栄作の長期政権に人心が倦《う》んで、その後継者争いが激化していたころ、小沢一郎、梶山静六、羽田孜ら、田中をかつぐ若手は、田中支持をはっきりさせない竹下登に苛立《いらだ》っていた。しかし、竹下は佐藤内閣の官房長官であり、表立って田中の旗を振るわけにはいかない。

それでも、思い余って小沢らは竹下を赤坂の料亭「満ん賀ん」に呼び出した。

まず、小沢が詰め寄る。

「われわれは田中先生のために動きまわっているのに、あなたは動こうとしない。どうなっているのか！」

竹下は顔を歪《ゆが》ませて弁解した。

「私はいま、佐藤内閣の官房長官だ。それを忘れて走りまわるわけにはいかないじゃないか。俺の苦衷《くちゅう》もわかってくれ」

しかし、若手は突き上げる。次に羽田が迫った。

「官房長官だから動けないとは何事か！　福田赳夫をかつぐ者は、みんな動いている。あなたが踏み切れば大勢は決するのです」

金丸信は田中派の若手三人について、

「平時の羽田、乱世の小沢、大乱世の梶山」

と言ったが、梶山はもっと激しかった。

「田中さんをかついで動かなければ、敵とみなします。ノコギリで足を挽《ひ》いちゃうぞ！」

竹下は青くなり、

「俺だって、俺なりにやっている」

と必死に弁明した。

小沢たちは佐藤派という看板で自民党公認を得てきたが、最初から「田中派」だと自負していた。

そして、田中政権を誕生させる。その後、金脈批判があり、ロッキード事件を経て、田中は窮地に陥る。

田中派を竹下に委ねるわけにはいかなくなった。それで、外様《とざま》を入れて、さらに田中派を膨張させる。その
結果、いわゆる〝生え抜き〟と途中加盟組の間の摩擦が激しくなった。重用されていた途中参加の代表格の

一人が田村元である。

それなりの政治経歴をもつ田村は、あるとき、田中事務所を訪ね、田中にズバリと直球を投げ込んだ。

大下英治の『小沢一郎と田中角栄』（角川SSC新書）から、そのヤリトリを要約して引く。

「角さん、今日は、ちょっと言いたいことがあるんですが」

「なんだい、ゲンさん」

「言いにくいんですが、これ以上、あんまり派閥の膨張策は取らないほうがいいんじゃないですか」

数で司法に圧力をかけるという考えだった田中の顔色が変わった。

「なぜだ」

と田中は鋭く問い返す。

「まあ、なんといったって、あなたは刑事被告人だ。どんどん派閥を膨張させて、仮に闇将軍と言われても、裁判所は、悪意こそ持て好意を持つはずがない。政界で隠然たる力を持っているから、判決を軽くするなんてことはありえないと思う。だから、あまり、それはしないほうがいいんじゃないですか」

この点では生え抜き組とも一致していた。

しかし、田中は、

「なにィ！」

と険しい表情をし、怒りに震える手でマッチ箱を握って田村に投げつけた。

それが田村の額に命中する。はずみでマッチが飛び散った。

田村もさすがに、この野郎！　と思い、マッチを拾って箱に詰め、田中に投げ返した。

今度はそれが田中の額を直撃する。

同席していた竹下登も江崎真澄も、あまりのすさまじさに止めることさえ忘れて、呆然《ぼうぜん》と見ていた。

「帰るッ！」

田村はドアを蹴破らんばかりの勢いで出て行った。

その夜の十一時を過ぎて、田村宅の電話が鳴った。妻は寝ていて起きる気配がないので、やむなく田村が出る。

「はい、田村ですが」

その耳に元気のいい声が飛び込んできた。

「おう、ゲンさん、俺だよ、俺だよ」

田村が首をひねって、

「あんた、誰？」

と尋ねると、

「田中だよ、角栄だよ」

「エッ！ 角さんですか。これは、昼間に大変失礼なことをして、申しわけありませんでした」

思わず頭を下げた田村に、田中は、

「いやいや、そんなことはいいんだ。今ね、一人で飲んでいるんだ。もう、ばあさんも、誰も、相手になってくれないんだよ。一人じゃ淋しいから、君、今から飲みに来いよ。話し相手になってくれないか」

と誘いをかける。

「今からといっても、もう、運転手も帰したし……」

と田村が渋ると、

「タクシーで来ればいいじゃないか」

と食い下がる。

「まあ、そうですが」

「帰りは心配するな。俺の車で家まで送るから」

押し問答の末、そこまで言われて田村は、

「わかりました。すぐに行きますよ」

と答えて、目白の田中邸に出かけた。

田中は、まるぼしイワシをかじりながら、オールドパーの水割りを飲んでいた。

「いやあ、よく来てくれた。ゲンさんは、何にする？」

「僕は日本酒をもらおうかな。冷やでいいから」

書生が持って来た一升瓶から田中が田村のコップに日本酒を注ぐ。

「今日は、どうも失礼なことを言ってしまって、すみません」

田村が改めて詫びると、田中は、

「俺こそ、君に無礼なことをして、申しわけなかった」

と応じ、

「僕も無礼なことをしてしまったので、お互いさまですよ」

と田村が言うと、

「そうか、許してくれるか」

となって決着した。

田中派には田村グループの中の二十人ほどが属していた。田村は田中派から脱ける気持ちはなかったが、田中はそれを確信して、田村の手を強く握りしめ、

「ありがとう、ありがとう……」

と何度も言った。

田村は心中、やはり、この人はいい人だ、強がりを言っていても、弱い人なんだな、と思って目頭が熱くなったが、しかし、それ以来、田村が田中事務所に足を運ぶことはなかったし、田中も改めて田村を誘うことはなかった。

21　担当検事、堀田力も認めた魅力

『俳句界』という雑誌で「佐高信の甘口でコンニチハ！」という対談のホストを続けている。ロッキード事件を担当した検事の堀田力《つとむ》に登場してもらったのは二〇〇七年七月号だった。『否認』（講談社）という小説も書いている堀田は、現在、さわやか福祉財団の理事長である。その堀田に、

「法廷で会った人の中で、これはと思う人物は誰ですか」

と尋ねると、

「田中角栄さん以上の人物はいないでしょう。小佐野賢治さん、児玉誉士夫さん、それぞれが魅力を持っ

た人間ですが、角栄さんは法廷で六年間向き合いましたけど、人間的にものすごい、桁違いの魅力がある人でしたね」

と答え、さらに、こう続けた。

「角栄さんは人を抱き込む能力というか、人を引きつけて離さない魅力が生まれつき備わってもいたし、努力もしている人でしたね。例えば、エリート、インテリが大嫌いでしたが、自分が嫌っている人間でもしっかり周りにつけて離しませんでしたからね。彼の弁護団にもそうした東大出のエリートで弁の立つ弁護士を入れていましたけど、そうした人が話している時にインテリの臭《にお》いみたいなものを出すと、露骨に嫌悪感を顔に出しましたから」

田中は人の好き嫌いが表情に出るので、それを見ながら堀田は、

「ああ、この弁護士は信頼しているなとか、信頼していないな」

を判別していたという。

田中が一番敏感なのは「差別」だった。堀田にも差別意識は感じられない。それゆえに田中の魅力を感じとれたのだろう。

坂上遼の『ロッキード秘録』（講談社）によれば、田中を連行した検事の松田昇に、田中は東京拘置所に向かう車中で、

「私を入れた以上、雑魚《ざこ》はもう入れないでくれませんかな」

と頼んだとか。

田中の秘書の榎本敏夫は〝落としのムラツネ〟と呼ばれた検事の村田恒《ひとし》に、

「政治資金収支報告書には、私や早坂（茂三）秘書に数千万円の支出がありますが、実際には私たちが受け取ったものではありません。推測できることは……」

と言って、朝日新聞や読売新聞の出身でＮＨＫの政治討論番組に出る政治評論家の名前を挙げた後、

「この他、田中番をはじめとするマスコミ関係者に貸した金で、表に出せないものが私と早坂秘書への支出という形になっている」

と説明したという。

22　ライバル、福田赳夫の田中評

世に言う「角福戦争」の一方の当事者である福田は、田中をどう見ていたか。

新潟日報報道部編『宰相田中角栄の真実』（新潟日報事業社）所収の福田インタビューや、福田の『回顧九十年』（岩波書店）に拠って追っていこう。

福田は田中を、自分の故郷の群馬県の最大の土木建築会社である井上工業に就職した〝角どん〟として知ったという。政界入りしてからも接触はなく、親しくつきあうようになったのは佐藤政権になってからだった。

田中がしばしば福田を赤坂あたりの料亭に招待する。福田が十三歳も年上であり、田中は福田に気を使っている感じだった。

福田が驚いたのは、帰りがけに料亭の下足番にチップを渡していたことである。そんなことはしたことがなかった福田は、肌合いが違うと思った。

そして、佐藤の後継の座をめぐる争いとなる。佐藤は福田にしたかったが、急速に田中が力をつけ、佐藤はそれを田中に言えなくなる。それで佐藤は福田と田中を呼び、

「どちらが勝っても協力してやる。それだけは打ち合わせておこうじゃないか」

と言った。福田は即座に、

「結構です」

と応じたが、田中は、

「ちょっと考えさせてくれ」

と、すぐには了承しない。

「佐藤さん、あんた岸（信介）さんの弟でしょ。兄弟でも、選挙になると両派は激しく罵り合うじゃありませんか」

と反論したりした。

確かに中選挙区時代に岸派は、

「佐藤は総理になるなんて言われているけれど、あれは優曇華《うどんげ》の花だ」

とバカにした。優曇華のように百年経っても花は咲かないというわけである。

一方、佐藤派は佐藤派で、

「岸は十六夜の月だ」

と応酬する。つまり満月の十五夜は去った、下り坂の政治家だと皮肉るのだ。

そんな佐藤の足もとの話もしたが、結局、田中も、二、三十分後に、

「結構、それでいきましょう」

と了承した。

興味深いのは、福田が田中を「池田勇人、佐藤栄作と二つのハシゴをうまく使って、両方に足をかけて上に上がっていった」と語っていることである。田中は親分の佐藤より池田に親近感をもっていた。これについては、次章で改めて証明する。

自民党総裁選で福田が田中に破れ、首相となった田中は「日本列島改造論」を引っ下げて、ブームを湧き起こす。

しかし、地価と物価が高騰し、どうしようもなくなった田中は、福田に大蔵大臣となって助けてほしいと懇請する。

「すまんが、あなたに大蔵大臣を引き受けてもらいたい」

と頭を下げる田中に、福田は、

「経済の運営は乗馬と同じで、手綱《たづな》が二本ある。一本の手綱は物価であり、もう一本の手綱は何だというと、これは国際収支だ。人でいえば呼吸が物価、脈搏は国際収支である。二本の手綱をしっかり握っていかなきゃならんが、今はその二本の手綱がめちゃめちゃになってきた。こうなった根源は何だ。あんたはどう思うか」

と尋ねた。田中が、

「石油ショックでこうなって……」

と言うので、福田は、

「そうじゃないんだ。あんたは石油ショックというけれども、あれは追い討ちだ。あんたが掲げた日本列島改造論で、昨年七月に内閣をつくって以来一年しか経たないのに、物価は暴騰に次ぐ暴騰で、国際収支が未曾有《みぞう》の大混乱に陥っておる。この旗印に象徴される超高度成長的な考え方を改めない限り、事態の修復はできない」

と説いた。

しかし、田中が高く掲げた旗だけにすぐに降ろすとは言わない。

「明日、また会おう」

となって別れ、翌朝、向かい合ったら、田中はもう割り切っていて、

「撤回する」

と約束した。

経済問題はすべて福田に任せるというのである。

変わり身の早いのも田中の特徴だろう。

福田は田中が組閣後わずか二カ月ほどで北京に出向くとは夢にも考えていなかったという。もう少し環境整備をしてからだろう、と思っていた。しかし、田中は断行する。

「性急に過ぎたという面はあるが、大局的にみると、歴史の流れが世界的にそういう方向に動き出した、田中氏はそれを巧みに捕らえた、とも言えば言えるだろう」

福田はこう回顧している。

23　忌避された後継者、竹下登

竹下登は大平正芳が首相となった時から五期五年も蔵相を務めた。

その竹下について、ある時、田中が秘書の早坂茂三に、

「竹下の大蔵省での評判はどうだ？」

と聞いたという。

「とてもいいようです」

と早坂が答えると、田中は、

「ふんッ」

と、そっぽを向き、

「役人の言うことばっかり聞いているから評判がいいんだ、アホ」

と吐き捨てたとか。

竹下を田中派の後継者に指名すれば、自分の復権の芽がなくなるから竹下評は辛くなるとも言えようが、そればかりではなかっただろう。田中はやはり、竹下に決定的に欠けているものを見ていたのである。竹下は後藤田正晴の後だといった田中の言い方は、そこから来ていた。

私は、竹下が首相になる前、『週刊朝日』から、竹下についての「ひとことイメージ」を求められて、「卑屈」と書いた。

他の人は、「いなばの白ウサギ（上目づかいで許しを願っている）」「小心な蓄財ネズミ」「狡猾な走り使い」「明

智光秀」「ゴマスリ」「八方美人」「金丸がいなきゃ何もできぬ男」などと評していたが、残念ながら、首相になっても、このイメージは変わらなかった。

竹下が、確固たる識見を持たない、「卑屈な八方美人」であることを示したのが、一九八七年十一月十九日の、右翼幹部との面会事件だった。

竹下は同日昼、首相官邸で、右翼団体の「大東塾」幹部、川田貞一らと会った。川田らは、元文相の藤尾正行が連れて行ったのだが、警察の警備対象になっている右翼団体の幹部が現職首相を官邸に訪ねて公然と会うのは、極めて異例のことであり、竹下の定見のなさ以前に、常識のなさを示した。

自民党総裁選びの過程で、右翼が竹下を支持し、イメージの低下を恐れた竹下は、浜田幸一に頼んで、そのデモンストレーションをやめさせたとか言われたが、〝師〟の田中角栄に比しても、その弱腰は際立っている。佐藤(栄作)内閣の〝幕引き〟官房長官だったことでわかるように、竹下は田中よりも佐藤を〝わが師〟としていた。

私は右翼幹部面会事件に触れて、『実業の日本』の八八年一月十五日号のコラムに、こう書いた。

「竹下が弓を引いた田中角栄は、右翼の攻撃にさらされても日中国交回復をやったのである。ところが竹下は、田中からカネ集めの技術だけを盗んだ。卑屈なこのネズミ男を囲む財界人の会の幹事役は住友銀行会長の磯田一郎と小松製作所会長の河合良一だとか。いずれも、先ごろ、自分の権力の温存のために、突如として頭取や社長の首を切ったという共通点を持っている。こうした人間が一番近い財界人なのだから、竹下がどの程度の男か、すぐわかる。

力とカネにペコペコする竹下の腰の低さだけを捉えて、竹下の『庶民性』を云々する声があったが、『庶民』はみんな右翼に屈伏するのか」

一代議士とか、保守党の幹部ならいざ知らず、一国の首相が右翼の幹部に会って、いわば〝お墨付き〟を与えてしまったのである。

これが以後、右翼を元気づけ、あの長崎市長狙撃事件を惹き起こしたといっても過言ではない。

竹下側近の渡部恒三によれば、衆議院予算委員長としての浜田幸一の暴言が問題となって国会が揺れていた時、竹下は自宅で、指を折って日にちを数え、

「石橋（湛山）内閣よりは長くなったな」

とポツリと言ったという。いかにも、総理になって何をするかではなく、ただ、総理になりたかった竹下らしい。

そんな竹下と、同じ早稲田出とはいえ、理念をもった先輩政治家の石橋湛山や松村謙三を比較するのは愚かなことだが、たとえば中国との友好に骨を折ったために、いつも右翼から攻撃された松村は、

「日中交渉をするのは、日本を共産国家にするためだろう。そんなことをする者は国賊だ。天誅《てんちゅう》を加えるぞ」

と電話で脅迫されても怯《ひる》まず、議員会館の松村の部屋に右翼がやって来て、

「日本の国を売るつもりか。日中交渉から手を引け」

と荒々しい声で怒鳴っても、臆することなく対峙《たいじ》し、決して理念を曲げることはなかった。

そして、自民党タカ派の連中が、中国と国交を開くと思想的に侵略されるなどというと、

「優秀な日本人が、いくら外国から思想攻撃をかけられても、たやすく洗脳されるはずがない」

と一笑に付したのである。

竹下について、自民党の長老だった松野頼三は、

「指導力、指導性というのはどうしたってその人の個性がでるわな。ところが竹下君にはその個性というものが見えない。あの人は、いわば水みたいな人だろうね。

だから、佐藤栄作という器のときには佐藤の形になり切り、田中角栄のときは田中になり切り、田中角栄の性格、趣味、カネを敏感に映す鏡のような人だ。むろん、中曽根のときは中曽根の器になり切る。自分のときはどうやるのか。前代未聞の新しいタイプの総理がいったい何になり切るのか」

と痛烈に批判した。

田中は竹下のその骨のなさを嫌って後継者に指名しなかったのだと私は思う。

第3章　角栄伝説の検証

1　吉田茂、佐藤栄作の系譜にあらず

石橋湛山の弔辞を読む

吉田茂の、いわゆる〝吉田学校〟の優等生が池田勇人と佐藤栄作であり、田中は佐藤派に属したことから、吉田および佐藤の系譜を継ぐ者と見られている。しかし私は、その積極財政論と中国との国交回復の必要を説いた政治姿勢から、石橋湛山、池田勇人の流れを汲む者だと思う。その状況で、たまたま佐藤派に籍を置いたということなのではないか。

端的に言って反共の吉田と容共の石橋は政敵であり、佐藤が後継者にしたかった福田赳夫は徹底的に池田に抗して党風刷新連盟をつくった。緊縮財政論でも池田と敵対したし、福田と田中は角福戦争を展開した。

その意味で、一九七三年に石橋が亡くなって五月十二日に自民党葬が行われた時、当時、首相だった田中が総裁として葬儀委員長となり、弔辞を読んだのは象徴的である。

その模様を伝えた『面白半分』同年七月号のルポで、阿奈井文彦は、田中が低く声量を落として、

「先生」

と呼びかけ、

「先生の念願でありました日中の国交は、いまや実現致しました。このような時に、人間性豊かな、ス

ケールの大きい得がたい人を失ったことは、国家のためにも大きな損失であります」

と続けた、と書く。

周恩来から次のような弔電も届いた。

「石橋先生が逝去されましたことに深く哀悼の意を表します。石橋先生は、長年来、中日友好に大きな貢献をなされました。石橋先生がそのために奮闘された中日友好はすでに実現されました。中日両国人民は永遠に石橋先生を偲ぶでしょう」

戦争の最中に「小日本主義」を唱えて、「大日本主義」の軍部を徹底批判した石橋は、期待されて首相となりながら、病に倒れ、早々に辞任せざるをえなかった。あの時、石橋が首相を続けていたら、と現在も惜しまれる石橋は、吉田茂が日米関係を、鳩山一郎が日ソ(露)関係を、戦争状態終結に持ち込んだと、歴代の首相を特徴づけつつ、自分は日中関係を正常にすると目標を定めていた。

それを田中が引き継いだわけである。

田中が決死の覚悟で日中国交正常化のため中国を訪ねる数日前、田中は石橋邸に足を運び、車椅子に乗って迎えた石橋と会う。

そして田中の話を聞き、

「やっと自分の使命を果たせたと感じたようだった」

と石橋の孫の省三が語っている(二〇一二年十月二十八日付『東京新聞』)。

「小日本主義」の石橋湛山

私は一九九九年、内村鑑三の『代表的日本人』(岩波文庫)に倣って『新・代表的日本人』(小学館文庫)を編み、次の十人を選んだ。( )内はその書き手である。

伊庭貞剛《いばていごう》(中野好夫)
出口王仁三郎《おにさぶろう》(大宅壮一)
幸徳秋水(飛鳥井雅道)
松永安左ヱ門(草柳大蔵)
与謝野晶子(馬場あき子)
石橋湛山(佐高信)
尾崎放哉《ほうさい》(上野千鶴子)
嵐寛寿郎(竹中労)
本田宗一郎(梶山季之)
佐橋滋(城山三郎)

極めて私の好みに偏《へん》した十人だが、では、ここに収録した石橋論のエッセンスを次に引こう。

〈湛山の筆鋒《ひっぽう》は鋭い。私も〝辛口評論家〟などといわれるが、とてもとても、湛山の切っ先には及ばない。

たとえば有名な「死もまた社会奉仕」の一文である。

一九二二年に元老の山県有朋が亡くなると、湛山は次のように山県を断罪した。

「維新の元勲のかくて次第に去り行くは、寂しくも感ぜられる。しかし先日大隈侯逝去の場合にも述べたが如《ごと》く世の中は新陳代謝だ。急激にはあらず、しかも絶えざる、停滞せざる新陳代謝があって、初めて社会は健全な発達をする。人は適当の時期に去り行くのも、また一の意義ある社会奉仕でなければならぬ」

私はこれを初めて読んだ時、その峻烈《しゅんれつ》さにとびあがった。「死もまた社会奉仕」と言い切るとは、と呆然としたのである。

岩波文庫には『福翁自伝』など自伝の傑作がおさめられているが、『湛山回想』もまさに巻を措《お》く能《あた》わず。ただ、戦後まもなくのところで終わっているという欠点は、その後を語った『湛山座談』（岩波同時代ライブラリー）によって補われた。

『石橋湛山評論集』と合わせて三冊を読めば、日本の知的財産の有力なる一つとして湛山思想があるということがわかるだろう。

湛山は経済を知悉《ちしつ》している政治家であり、政治に通じた経済ジャーナリストだった。それに日蓮信者という背骨も持っている。

そこから発せられた「小日本主義」の考えは、これからの日本にとっても示唆に富むビジョンである。しかもそれを湛山は、大日本主義の幻想が力を得ていた戦争中に主張した。『湛山評論集』に入っている「一切を棄《す》つるの覚悟」もそうである。

「我が国の総ての禍根は、しばしば述ぶるが如く、小欲に囚《とらわ》れていることだ、志の小さいことだ。吾輩は今の世界において独り日本に、欲なかれとは註文せぬ。人汝《なんじ》の右の頬を打たば、また他の頬をも廻して、これに向けよとはいわぬ。否、古来の皮相なる観察者によって、無欲を説けりと誤解せられた幾多の大思想家も実は決して無欲を説いたのではない。彼らはただ大欲を説いたのだ、大欲を満すがために、小欲を棄てよと教えたのだ。さればこそ仏者の『空』は『無』にあらず、無量の性功徳を円満具足するの相を指すなりといわるるのだ。しかるに我が国民には、その大欲がない。朝鮮や、台湾、支那、満州、またはシベリヤ、樺《カラ》太《フト》等の、少しばかりの土地や、財産に目をくれて、その保護やら取り込みに汲々《きゅうきゅう》としておる。従って積極的に、世界大に、策動するの余裕がない。卑近の例を以ていえば王より飛車を可愛がるヘボ将棋だ。結果は、せっかく逃げ廻った飛車も取らるれば、王も雪隠《せっちん》詰めに会う。いわゆる太平洋および極東会議は、まさにこの状況に我が国の落ちんとする形勢を現わしたものである」（中略）

そんな湛山を、大内兵衛はこう評している。

「日本のすべての政治家を通じていえば、ファシストが大部分で、リベラルは少数である。それだから日本の政治では軍国主義が勝って平和主義が負けているのだが、その少数のリベラルのうちで一応筋を通したのはたとえば犬養（毅）、たとえば原（敬）であるが、戦後にはそういうのが一人もいない。石橋さんが病気に倒れずに、この人本来の面目をほどこすのに成功していたら、日本の政治にももう少し光沢があったろうに」（中略）

マルクス主義者の大内から、リベラルとして太鼓判を押されたのだから、湛山も本望だろう。大内は「財政と金融との筋がわかっていて、その筋によって政治をやろうとした」例外的政治家として湛山を推しても

いる。（中略）

湛山が晩年、八十二歳の時に書いた「政治家にのぞむ」という一文がある。

「私が、いまの政治家諸君をみていちばん痛感するのは、『自分』が欠けているという点である。『自分』とはみずからの信念だ。自分の信ずるところに従って行動するというだいじな点を忘れ、まるで他人の道具になりさがってしまっている人が多い。政治の堕落といわれるものの大部分は、これに起因すると思う。

政治家にはいろいろなタイプの人がいるが、最もつまらないタイプは、自分の考えを持たない政治家だ。金を集めることが上手で、また大ぜいの子分をかかえているというだけで、有力な政治家となっている人が多いが、これは本当の政治家とはいえない。

政治家が自己の信念を持たなくなった理由はいろいろあろうが、要するに、選挙に勝つためとか、よい地位を得るとか、あまりに目先のことばかりに気をとられすぎるからではないだろうか。派閥のためにのみ働き、自分の親分のいうことには盲従するというように、いまの人たちはあまりに弱すぎる。

たとえば、選挙民に対する態度にしてもそうである。選挙区の面倒をみたり、陳情を受けつぐために走り回る。政治家としてのエネルギーの大半を、このようなところに注いでいる人が多過ぎる。

国会議員の任務は、都道府県市町村会議員などと違い、国政に取り組むことにある。私とても、現役のとき、陳情にやってきた選挙区の人たちを、政府の関係当事者に紹介してやったことはある。せいぜいそのくらいで、陳情を受けついで走り回ったことはなかった。

現役時代、私の後援会の人たちが、ほかの代議士は、国会の休会中はむろんのこと、開会中でも選挙区に帰り、地元のささいな陳情を受けつけたり、演説してまわったり、会食会を開いてサービス精神を発揮している。先生も、たまには選挙区をまわってくれないと、この次が心配だという。

たびたび催促してくるので後援会の幹部を東京に呼んで、『国の政治のことを考えれば、諸君の要求に応じているヒマがない』と説明したところ、全くそのとおりで、われわれはよくわかるが、一般選挙民にわかってもらうのは容易なことではないと嘆いていた。

なるほど、選挙に当選するために選挙民を買収したり、あるいはその資金を作るために利権あさりをするという悪質政治家に比べれば、地元のために働く政治家はまだ許されるともいえよう。しかし国会議員の責務はそんなところにはないはずである。こうした政治家が多くなったのは、むろん、そのような政治家を要求する選挙民にも責任がある。また、言論機関も反省する必要がある。総選挙ともなると、新聞は候補者に質問状をよこしたり、座談会を開くが、その場合、選挙区の利害に関するものが圧倒的である」

残念ながら、湛山のこの指摘はいまも有効性を失っていない。〉

「田中の時代が来る」と言った池田勇人

一九六〇年年頭の記者会見で、池田勇人は、

「今年は、安保条約が妥協した後は、日中貿易の年だ」

と発言して大騒ぎになった。首相の岸信介はもちろん、池田のボスの吉田茂も中国との国交回復を望んでいない。しかし池田は、とりわけ岸とは肌合いの違いを感じていたし、岸が推す福田赳夫はことごとく池田に反発していた。そんなことも関わって池田は死の床で、こう言ったのだろう。

「前尾（繁三郎）、田中の時代が来る。前尾君はPRをしないのが良いところだが、もっとすべきだ。黒金（泰美《やすみ》）、宮澤（喜一）ともに心配だが、よくできる人物だから、育てていってくれ」

これを聞いていたのは前尾の他に大平正芳、鈴木善幸だった。黒金、宮澤とも池田派（宏池会）の人間であり、宏池会以外で挙げているのは田中だけである。池田内閣で田中を要職の大蔵大臣に就けたことを含めて、いかに池田が田中を評価し、親近感を抱いていたかがわかるだろう。

のちに田中は、自分が操る中曽根康弘の後継に宮澤を考えたことがある。竹下登を排したからでもあるが、田中はハト派の宏池会に肌合いが近かったのであり、それは創始者の池田と政治的スタンスが似ていたことに由来した。私が石橋、池田、田中という太いラインを考えたゆえんである。

田中は、はな夫人の連れ子を池田の縁戚の者に嫁がせてもいる。

所得倍増論を掲げる一方で、「貧乏人は麦を食え」と発言したとして批判されたりもした池田について、池田の御意見番だった日清紡績（当時）のトップの桜田武は、

「池田もつまらぬ男だった、通産大臣の頃の池田は大したことはないと私も思った。大蔵大臣としてはモノは知っているな、と思い、その知識に感心したことはある。総理になって池田は変わった。総理になってあれほど変わった人はいなかった」

と評した。この桜田のボスが宮島清次郎であり、吉田茂の相談相手だった宮島に尋ねられて、桜田は池田を吉田内閣の蔵相に推薦したのである。

ちなみに「麦を食え」云々について言えば、池田自身が麦飯を食べていたらしい。

フェミニストの系譜

池田夫人の満枝と池田は親戚だった。広島県竹原市の大貫家に生まれた満枝の祖母が池田の長姉で、大貫家に嫁いでいる。

池田の先妻は池田の看病疲れで亡くなっていた。その後を満枝が引き継ぐ。

岩見隆夫の『政治とオンナ』（リベラルタイム出版社）に満枝の回顧が載っている。

「池田はあのとおりわがままですし、かんしゃくを起こすし、看護婦が居つかないんです。結局、私は池田家の勝手をあれこれ知っているということもあって、私と池田の姪と広島の看護婦さんの三人で、毎日薬の塗り替えをしなきゃならないことになりましてね。まあ、ずいぶん苦労しました」

そんな状態が四年ほど続いて、満枝は死ぬまで看病してあげなきゃいけないという気持ちになる。

その後、池田の母親が満枝を一度追い出したりしたが、曲折を経て二人は結婚した。

波乱に富む献身の日々を振り返って、満枝はこう言っている。

「池田は第一に正直者だったということですね。嘘をつくのが大嫌いで、人が嘘をついても怒るんです。それと、駄々っ子の面があって、こちらは最後のころはもう、愛情だとかいうより、母性愛です。母性愛で接しなければ腹が立つんですよ。本当にね……」

これは田中と触れ合った女性の言葉としても、そのまま通るだろう。

ここで〝越山会の女王〟の佐藤昭子を登場させては異を唱える向きもあるだろうが、『私の田中角栄日記』（新潮社）で佐藤は、砂防会館にある田中事務所の奥の部屋に二人だけでいる時、

「まったく総理大臣の日程ってすごいのね。ちょっと人間わざじゃないわ。人間性を否定するものよ」

と言うと、田中が、

「そうだよ、本当にそうだよ」

と答えたと記し、「同情されると、天下の総理大臣が子供のように同意を求める」と描写している。「子供のように同意を求め」ながら、田中はこう続けたのだった。

「とにかく辛抱してくれ、俺は宇宙船に乗った飛行士と同じことだ。自分の意思では降りるに降りられない。総理をやめたら今までの苦労の償いはするよ。おまえを世界旅行に連れて廻る。長いことは待たせない。だから、しばらく辛抱してくれ」

『湛山除名』（岩波現代文庫）と題して石橋湛山の評伝を書いた時、石橋の娘が、

「父から〝女のくせに〟と言われたことは一度もありません」

と断言したのが強く印象に残った。

石橋、池田、そして田中という、いわゆるハト派の系譜は、フェミニストの系譜と言ってもいいかもしれない。少なくとも、石原慎太郎や小泉純一郎ら、マッチョ的タカ派の系譜とは違う。こんなことを言うと、フェミニズムの旗手たちからは、何もわかっていない、と怒られるだろうか。

あるとき田中は、秘書の早坂茂三にこう述懐してもいる。

「女は潔癖だ。カネを無心せず、渡しても受け取らない。バカにされると、敵になる。この男と決めれば梃子《てこ》でも動かない」

だから、選挙でその候補者が強いか弱いかを知るには、まわりに女たちがどれだけ集まってくるかを見ればいいという。

2 反官僚か、親官僚か

山一證券救済に日銀の特別融資

城山三郎の小説『官僚たちの夏』(新潮文庫)の主人公、風越信吾のモデルは〝異色官僚〟と呼ばれた佐橋滋である。

この作品は、世界各国から自由化を迫られた池田(勇人)内閣時代に、日本経済の国際競争力を何とか早くつけようと腐心する通産(現経産)官僚たちの動きを、〝ミスター・通産省〟の風越を主人公にして描いている。

経済政策はどのようにして企画立案され、立法化に至るのか、その間の官僚たちの動きや、政治家、業界への根まわし等が、人事の紆余曲折を含めて非常に興味深く書かれている。池内信人として登場する池田勇人や、そのライバルの須藤恵作こと佐藤栄作、「眠ったように細い目をしている」堂原という代議士として出てくる大平正芳や、「わかった、わかった」を連発する若い大蔵大臣の田河こと田中角栄等の「モデル絵解き」もなかなかにおもしろい。宮澤喜一は「小柄で丸顔、小さなやさしい目をした」矢沢という若手の代議士として登場する。

私は佐橋に信頼され、佐橋を「政治のエゴに屈しなかった官僚の一つの理想像」として『日本官僚白書』(講談社文庫)を書いたが、佐橋は総理時代の田中角栄に、

「あんたは忙しい忙しいと、忙しいのを売りものにしているけれども、何が忙しいんだ。忙しいという字は立心偏に亡びると書くことからもわかるように、心をなくした状態だぞ」

と言ったことがある。そして、

「新潟県の総理大臣じゃないんだから、地元の人間には会うな」

と忠告したが、心をなくした田中はロッキード事件でつまずいた。

佐橋たちの会に出て来ても、ベラベラとしゃべってばかりで他人の話を聞かないので、

「アウトプットばかりでは利口にならないぞ」

と言うと、

「わかった、わかった」

と言いながら、すぐにまた話し始めたとか。

それでも、田中より五歳上のこの佐橋や後藤田正晴のような有能な官僚の話には耳を傾けた。

官僚にとって田中は、日常的な対応で行き詰まった難題を非日常的手法で片づけてくれる政治家だった。

たとえば日米繊維交渉で前任の通産大臣、宮澤喜一が動かしえなくなったのを、強引とも言える手法で決着させる。日常的な対応とは、つまり、官僚的な対応であり、それを超える手法で田中は状況を打開するのである。このためには泥をかぶる覚悟がなくてはならない。

それがあったが故に、田中は官僚からも反官僚の庶民からも喝采《かっさい》を浴びたのである。

たとえば、こんなこともあった。

いまから、ほぼ五十年前の一九六五年。証券恐慌に直面して、日本経済はパニックに陥っていた。

山陽特殊鋼の倒産などのあったこの年、五月二十一日に『西日本新聞』が山一證券の経営難をスクープすると、翌二十二日の土曜日には、運用預かり債券の払い出し、投資信託の解約、そして保護預かり口座の払

い出しなどを求める客が一万二千人も本支店の窓口に殺到した。普段は三千人程度だから、およそ四倍もの客が押し寄せたわけである。

二十四日の月曜日は一万四千人、二十五日は一万七千人と尻上《しりあ》がりに増え、まさに、かつての銀行の取付けと似た感じになっていた。

当時、中山素平《そへい》が日本興業銀行の頭取で、山一證券の社長は中山が懇請して再建に行ってもらった興銀の同期生、日高輝《てる》だった。

大蔵大臣が田中角栄、日銀総裁が三菱銀行出身の宇佐美洵《まこと》、そして副総裁が佐々木直《ただし》である。

高杉良のドキュメント・ノベル『小説　日本興業銀行』（講談社文庫）は、この山一再建をめぐる一九六五年五月二十八日夜の秘密会談から始まる。

マスコミを避けて、大蔵、日銀、そして主力三行の首脳が日銀氷川寮に集まり、山一救済を話し合う極秘会談の出席予定者は田中角栄、佐藤一郎大蔵次官、高橋俊英《としひで》銀行局長、加治木《かじき》俊道大蔵省財務調査官、佐々木直、中山素平、岩佐凱実《よしざね》富士銀行頭取、田実渉《わたる》三菱銀行頭取だった。

この会談は、加治木の根まわしによるものだが、その加治木に働きかけたのは中山素平である。

中山には、昭和初年の金融恐慌の二の舞をさせてはならないという強い思いがあった。

放漫経営で潰《つぶ》れるものを救済する必要はないというのはその通りだが、山一が倒産すれば、それが引き金となって金融恐慌に発展しかねない。

事実、社長の日高が必死になって、二十八日までにかき集めた三十億円ものカネが、わずか一日で引き出されていた。

頼みはもう、日本銀行の特別融資だけである。

二十八日の会談で、それを決断できるか。中山は祈るような気持ちだった。

会談は夕刻六時過ぎに始まったが、蔵相の田中角栄が現れたのは九時過ぎ。

せかせかと席について、

「放っておけば山一は潰れるだろう」

と言う田中に、中山は、

「おっしゃるとおりです。ここへ参ります前に、日高社長と電話で話したのですが、きょうあしたにも手をあげざるをえないところへ来ているようです」

と答える。

そして、中山が、

「大臣、ことは一証券会社の問題ではありません。昭和二年の金融恐慌を想起された方も多いと思いますが、山一の火を消しませんと、他の証券会社も次々に火に包まれて、大変なことになります」

と踏み込むと、田中は、

「わかってる」

とぶっきら棒に言い、そのまま眼をつぶって腕組みをした。

その後、いろいろなヤリトリがあって、深更《しんこう》十一時になろうとする頃、田中は、

「中山君、きみのところで二百億円ほど山一に出してやってくれないか」

と言う。

「二百億円ですか」

「うん、そのぐらいはなんとでもなるだろう」

「もちろん不可能ではありませんが、わたしは頭取を辞めなければなりません」

「なぜだ？　山一を救い、証券界を救済することができるんだから、二百億円くらい安いものじゃないか。きみは頭取を辞めることはないよ」

「興銀は二百億円くらい貸せる力はあります。しかし、山一に無担保で二百億貸したとなりますと、もう興銀債券は売れなくなります」

「どうして売れなくなるんだ？」

「〝あんな行儀の悪い銀行の債券は買えない〟と言われるに決まっています。各銀行とも、もう興銀を信用してくれなくなりますから、わたしは責任を取って辞めざるをえないじゃないですか」

中山素平から逐一取材した高杉は、田中と中山のヤリトリを、こう書いている。

この後、中山ほどには危機感をもっていない田実を田中が一喝する場面があって、田中はそれに気圧《けお》されたようになっている佐々木日銀副総裁に、

「日銀法第二十五条を発動するしかないな。山一證券を潰すわけにはいかん。日銀に三行経由で無担保で融資してもらう」

と言い、昭和二年の金融恐慌の日銀特融の際にもなかった無担保融資が決定されるのである。

「日本銀行ハ主務大臣ノ認可ヲ受ケ信用制度ノ保持育成ノ為必要ナル業務ヲ行ウコトヲ得」

この日銀法第二十五条の発動が、自分の政治生活の中で最も印象に残った事件だと、田中は後に中山に

語っている。

非常時に際しても踏み込めない日銀官僚をねじふせる形で田中は危機を切り抜けた。

もちろん、これに対しては大企業だけを助けるのかという批判もあるだろう。しかし、破綻の際の影響の大きさを考えれば、田中の決断は称《たた》えられるものになるのだった。

信を相手の腹中に置く

池田勇人が自民党総裁となって、田中は政務調査会長に抜擢される。幹事長は前尾繁三郎、総務会長が赤城宗徳だった。河野一郎や佐藤栄作、三木武夫など実力者をそろえた内閣に比して、前尾、田中、赤城は〝軽量三役〟と呼ばれた。

その一人の田中が、しかし、医師会のドンである武見太郎と交渉して、保険医総辞退問題を解決する。

「政党政治と学術団体との間には保険官僚が障害となっている。加えて、国民の生命を大事にしないような政治を自民党がやるから」

こう主張する武見と、田中は連日のように会い、交渉していたが、ある時、笑みを浮かべて帰って来た。

そして、事務所にいたアルバイト（のちに秘書）の朝賀昭らに、

「誰にも言うんじゃないぞ」

と念を押して、

「白紙に判を押してきた」

と打ち明けた。

田中は武見に「右により、総辞退は行わない」と書いた白紙委任の紙を渡し、

「ここに思う通りの要求を書き込んで下さい。ただし、政治家にもわかるように書いてください」

と言って引き揚げて来たという。

「じいさん、実はびっくりしているだろうな」

と田中は、付け加えた。

この時のヤリトリを、武見は『実録　日本医師会』(朝日出版社)で次のように回想している。

「田中さんは僕とずっと話し合ってきて、『あいつならそう無理なことを云うまい』と信頼したのだろう。僕も田中さんを信頼できると思ったから、具体的なことは書かなかった。相手の都合もあることだろうし、抽象的に書こうと思った。信頼関係に基づいて文書を交換するときは、ああいう形でなければならない」

信を相手の腹中に置くということだろう。

武見と田中は同じ新潟県人として親交があったが、武見は田中を評して、

「あいつは若いが、信頼できるよ。馬鹿の一つおぼえのようなやり方は決してしない」

「あいつは、どんな状況にも、戦法を変えて応じてくる。どんな相手に対しても、必ず自分の言うことを納得させるという天分を持っているよ」

と言ったという。

田中は官僚に対して和戦両用の構えだった。郵政大臣として全国のテレビ局、四十三局に一括して予備免許を与えた時は、郵政官僚が膨大な資料を添えて反対意見を上げてくるや、文書課長を呼び、

「事務当局はダメだと言ってきたが、わしは許可するつもりだ。どういう手順をとればよいのか」

と聞くと、

「大臣の決定はこれ法律のようなものです」

と答える。

それで次官の小野を呼び、

「電波の事務当局から一括免許に反対という書類を持ってきたんだが、あんたはどう思うか、自分は日本の将来の電波に重大な歴史をつくるときだと考えている。それに全国的な混乱に終止符を打つチャンスだと思っているんだが……」

と言うと、小野は、

「それは大臣のご決心次第です」

と頷いたので、田中は、

「それじゃ、この書類の表紙をとりかえてくれ」

と命じた。

あわてて戻った小野が再び持って来た書類の表紙には、

「別件許可しかるべし」

と記してあって決裁される。

『歴代郵政大臣回顧録』(逓信研究会)によれば、田中は大臣となって平気で組合の幹部とも会った。当時の組合は名にし負う全逓である。闘争の過程で中央本部書記長の大出俊らに処分が出た。全逓は撤回を求めるが、田中はそれに対して〝香典〟を出すという。

「どうしても処分をやるのか」

と食い下がる組合に田中は、

「やらないわけにいかんじゃないか。処分しないで大臣のつとめが果たせるわけがない。しかし香典は今日中に出す」

と答える。

「いくらくれるのか」

と尋ねると、田中は、

「三億円、退職慰労金のほかに出す」

と即決である。

「ほんとに出すのか」

と問われて、田中はその場で大蔵省の理財局長に電話を入れ、

「三億か、五億、全逓に払う」

と説明して内諾を取った。

聞いていた全逓が、

「三億といわず五億出して」

と粘ると、田中は、

「香典の額に注文をつける者があるか」

とハネつけた。

立場は立場として、まともにぶつかり、決断も速いから、田中は組合の猛者にも人気があった。田中もまた、彼らを評価し、のちに日本社会党の幹部となる大出を、田中の政務秘書官に起用しようとしたことがある。全逓側はOKだったが、郵政省の事務当局が猛反発し、これは実現しなかった。

田中式官僚操縦法

さて、藤原弘達の『角栄、もういいかげんにせんかい』（講談社）に、いささかショッキングな場面がある。田中が大蔵大臣になった時、対談をすることになって、藤原が大蔵省へ出かけて行った。大臣室に入ると、大蔵官僚がズラリと並んでいる。

それを見ながら藤原が、

「角さん、大蔵省というところは、一高―東大―大蔵省山脈といってね、大体頭のいい系列のやつが集まるところだ。福田（赳夫）なんてその最たるもんだな。そういうところに、あんたのような馬喰《ばくろう》のせがれで、尋常高等小学校出が大臣になって、上から抑えようたって、とうてい、まともにいうことはきかんぜ。どうやってやるつもりかね」

と言うと、田中はニヤリと笑って、こう答えたという。

「なに、たいしたことはないさ。役人というやつは、要するに、エライ地位につきたい動物なんだ。自分のことを考えんで、日本全体のことを考えてるやつなんて、本省の課長までさ。部長から局長、次官になるにつれて、大臣からなにかいわれて、それに反対するのは出てこれないね。だから、ちょっとお小遣いをやるとか、ちょっと出世させてやる。いいとこに連れていってやる、選挙に出たいといったら世話してやる……。そんな具合に、めんどうをみて大事にしてやれば、ちゃんと従うもんさ。角栄流の人間操縦術というのは、大蔵大臣になったって同じだよ」

大蔵官僚の居並ぶ中で、田中は平然とこう言ったというのである。

大蔵省のスポークスマンだった長富祐一郎に、いささかコーフン気味に私がこれをぶつけたことがある。長富は眼鏡の奥の細い眼をさらに細めて、少しも騒がず「大蔵省の先輩は、みんなやわらかいですよ」と機先を制し、

「たとえば国鉄総裁をやった高木文雄さんなど、抑えつけようと思う方が病気になるんじゃないですか」

と真顔で言った。

高木が官房長の時、長富は文書課の課長補佐で、高木の神出鬼没ぶりに手を焼き、しようがないから、若い人間を一人つけて、それにポケットベルを持たせた。ところが、高木はその若い人間をまいてしまうのである。

つかまえようとする長富と、自由に行動しようとする高木。しつこい長富に、高木は業を煮やし、ある時など、

「トイレに行っていいかどうか、聞いて来い」と怒鳴ったとか。

長富の巧みな弁舌に質問の的をはずされた気がしないでもなかったが、おもしろい話ではある。

田中は首相になった時、秘書の早坂茂三にこう言って、官僚に基本政策をつくらせている。

「学者はだめだ。世間知らずだ。連中の話など聞いても机上の空論だ。一文の得にもならない。意見を聞きたいなら、おまえが聞け。それよりも役人だ。若手のできる奴らを集めろ。各省からもれなく集めろ。方

針はオレが示す。方策の基本はオレがしゃべる。おまえがまとめて役人たちに示せ。徹底的に議論して結論を出せ。国家経営に必要な資料、データは太政官以来のものがすべて役所に整理、保管されている。これを活用せよ。オレたちが方向さえ明確に示せば、彼らは対応策を具体的に用意する」

3 民営化という名の会社化に反対

電電公社民営をめぐる政争

一九八九年、リクルート疑惑が発覚すると、私は『スポーツニッポン』に頼まれて「疑惑の源流」および「疑惑の主役と脇役」を緊急連載した。

ここでは電電公社（現NTT）の「民営」が問題になっている。中曽根康弘が進めた国鉄の「分割・民営」にしても、小泉純一郎が強行した郵政「民営」にしても、いずれも「民営」は善とされた。しかし、私はそれに身を挺して反対したが、田中も反対だった。それらは田中の利権の牙城だからだと思っていたが、それだけではない。「民営化という名の会社化」は都市と地方の格差を広げ、公共《パブリック》を消したのである。

そうした問題意識のなかったころに書いた「疑惑」の検証ドキュメントを、まず掲げる。

〈〝発端〟

一九八六年五月の、ある夜のことだった。

パーティの席で顔を合わせた後藤田正晴（官房長官＝当時）と真藤恒《ひさし》（NTT社長＝同）は周囲の者が振り返るような言い争いを始めた。

そのときはすでに、同年六月からのNTTの役員人事も決定していたのだが、北原安定《やすさだ》を含む副社長四人は多いのではないかといった意味のことを言った後藤田に対し、真藤は民間企業の人事にクチバシを容れないでほしい、と言い返したのである。

民営化後一年の役員人事で、真藤はライバルの北原を切りたかった。それで、ある人間を介し、田中角栄の了解を得ようとする。

いうまでもなく、北原は田中と直結した人間で、旧電電公社から「政治資金」の太いパイプが田中派に通っていた。そのため、田中は八五年春に北原をNTT社長にしたかったのだが〝財界の鞍馬天狗〟中山素平（興銀特別顧問）らに「財界の総意」として真藤社長を突きつけられ、カッとなって、それが倒れた原因だともいわれた。

職員が三十万人を超え、年間売上高も五兆円近いNTTのトップ人事については、政財界の間で凄まじい綱引きが行われた。

それは、電電民営化法案が審議されていた八四年夏から、さまざまな思惑を秘めて始まっていたのだが、財界は電電公社総裁の真藤をそのままNTTの初代社長に、と考える。真藤は八一年に、臨時行政調査会会長だった土光敏夫が送り込んだ〝弟子〟ともいうべき人間だった。石川島播磨重工業で土光が社長に推した人物である。

財界はまた、民営化を確立させるという名目で、当時、経団連会長だった稲山嘉寛の新日本製鐵での弟分、阿部譲《ゆずる》（日新製鋼社長＝当時）を、真藤の次の社長含みで副社長に入れようとする。

しかし、田中角栄を中心として郵政族の多い田中派は北原社長実現に動く。

いわば、民営化を推進しようとする財界と、それに反対する田中派との角逐《かくちく》という構図だった。

その激突の場は一九八五年二月二十一日に訪れる。所は目白の田中角栄邸。

NTT設立準備委員長となった今里広記《ひろき》（日本精工相談役＝当時）とともに田中を訪ねた中山素平は、北原社長を主張する田中を必死に説得した。民営化の原点に立てば、真藤社長が筋だと説いたのである。中山と田中の仲はそれまで決して悪くはなかったのだが、この問題でかなり雲行きがあやしくなっていた。ほぼ決まりかけていた中山NTT設立準備委員長が土壇場で今里にかわったのも、中山になると自動的に真藤社長になることを田中が嫌ったためだともいわれた。

火花を散らす話し合いは二時間に及び、田中も遂に妥協して、真藤社長案をのむ。しかし、一年後に北原を社長にすることを約束しろ、と条件をつけた。

ふたたび、話は振り出しに戻る。

それで、今里が、一週間後に改めて会うことを提案し、話し合いを終わることにした。

その〝激闘〟の過程で、阿部副社長案はほぼ、吹きとんでしまったのである。

田中がその一週間後にドラマチックに脳梗塞で倒れ、阿部副社長案も再び浮上したが、結局、阿部が病気を理由にそれを辞退する。いま、阿部の周囲の人間は「NTTに行かなくてよかったな」と言っているとか。阿部は「助かった男」なのである。

コスモス株は〝反田中派〟へ

一九八五年二月二十七日夕、田中角栄は脳梗塞で倒れ、東京逓信病院に担ぎこまれた。時に角栄六十六歳。

三十九歳で郵政大臣となって以来、郵政省、電電公社は田中の〝天領〟みたいなものだった。

東京逓信病院は一般の人は入院できず、郵政省、電電公社、それにKDDの職員とその家族だけが診察を受けられる。田中は元郵政大臣として入る資格があるが、ここへの入院を主張したのは秘書の早坂茂三だった。

娘の田中眞紀子は、医者や看護師に共産党員や創価学会員が多いので、外に病状がもれる心配があると、これを渋る。しかし、結局、早坂に押し切られたが、このことがのちに早坂が田中家に〝切られる〟原因となった。

この時、田中倒れるという秘事を早坂から伝えられた田中派議員は二階堂進、小沢辰男、そして後藤田正晴の三人だけ。「創政会」をつくって田中派乗っ取りを図っていた竹下登と金丸信には知らされなかった。

角栄軍団の分裂と、NTT誕生後のトップ人事抗争は、いわば〝同時進行〟していたのである。

民営化を時期尚早とする角栄とその側近。行革を旗印に民営化を推進しようとする財界と中曽根康弘。この間で、郵政族のボスであり、田中派の大幹部でありながら独立の機をうかがう金丸信は揺れに揺れる。

NTTの社長の座をめぐる真藤恒と北原安定の争いは、また、中曽根康弘と田中角栄の争いであり、田中角栄と金丸信、そして、金丸信と後藤田正晴の争いを含んでいた。

先述したように、早坂茂三は田中眞紀子に角栄との絶縁を言い渡されたが、リクルートコスモス株は、田中とその側近には渡されていない。竹下登、早坂と、田中から離れた者に渡されているのだ。

金権政治のレッテルを貼られた田中がリクルートに汚染されず、それ以外の者が軒並み汚染されたのは皮肉な現象だろう。田中が推す北原、中曽根と土光敏夫、そして、その意を受けて動く中山素平が推薦する真藤の、NTT社長をめぐる争いは、こうした背景の中で行われたのであった。リクルートの江副浩正はこの争いで真藤に肩入れし、その〝軍資金〟を提供しつづけたのである。

NTTトップ人事をめぐっては、さまざまな噂がとびかったが、北原会長、真藤社長、そして次の社長含みの副社長に阿部譲と元郵政事務次官の神山文男（テレビュー福島社長）という案もあった。

これは、田中角栄に直結する北原を会長に棚上げして、真藤の後の社長も民間からという財界首脳（経団連会長の稲山嘉寛ら）の意図と、NTTに天下り先を確保したい郵政省の思惑が合致した案だった。

すさまじい限りのこの暗闘を取材したある政治記者によれば、田中と綱引きを演じていた金丸は、一時、この案に乗ったといわれる。

北原を会長にして社長の芽を摘む一方で、田中の秘書官だった神山を次の次の社長含みで副社長に入れる。マージャンでいう「リャンハン（二役）かかった」この案なら、田中を釣れると思ったからである。この案の段階で、金丸はまだ田中の病状をはっきりとつかんではいなかった。しかし田中がこの人事案に乗らないとわかると、一転して金丸は自らこの案をつぶしにかかる。ここで神山はあくまでもアテ馬であり、当人はこんな案が練られていたことを知らされていなかった。

〝寝業師〟金丸信

連日の逮捕者で揺れた国会の衆議院予算委員会で、二月十六日、質問に立った自民党総務会長の伊東正義は、政治家やエリートの一部が労せずして大金を手にしたのはあまりに不公平だという庶民感情が爆発していることに触れ、「政治家にとって倫理は法よりも重い」と指摘した。鯨岡兵輔らとともにクリーンで知られる伊東の言葉だけにこれは重みがあるが、竹下登の後ろ楯、金丸信が倫理を云々したら、そぐわないだろう。〝寝業師〟の異名をとる金丸には「倫理」をも手段にするしたたかさがある。

この金丸が一九八五年春の新生NTTのトップ人事抗争で、土光敏夫、稲山嘉寛、中山素平らの財界人をキリキリ舞いさせた。

先に、私は、この問題で金丸は「揺れに揺れた」と書いたが、それは金丸の演技のうまさで、金丸は少しも揺れていなかったと見る者もいる。

八五年二月二十七日に田中角栄が脳梗塞で倒れた後、NTT人事をめぐって、郵政大臣の左藤恵（田中派）、中曽根康弘（首相）が進める行革のブレーンである瀬島龍三（伊藤忠相談役）、それにNTT設立準備委員長の今里広記、中山素平の四者会談が開かれる。

その席で、左藤が幹事長だった金丸の案として示したのが、先に紹介した北原安定会長棚上げ案だった。北原を会長にし、真藤恒社長、そして阿部譲副社長という案である。

田中が固執した北原社長案とは相反するもので、中山たちは金丸の真意を測りかねた。すでに田中対金丸の暗闘は始まっていたのである。

さらに、この案が新聞に出ると、金丸は、財界の意向で人事が決まるのではない、と凄い剣幕で怒鳴り散らした。

自分から示しておいて何だと財界人はあきれたが、これも百戦錬磨の金丸の演技だったのかもしれない。

結局、トップ人事は真藤社長、北原副社長となり、争いの火種は残された。阿部譲は副社長にはなれず、非常勤取締役とされたが、病気を理由にそれを辞退した。

この政財界を巻き込んだ激烈な政争の中で、同年五月三十日に今里広記が急逝する。根まわしを得意とした今里をもってしても、NTTの利権をめぐる政治家と財界人のよじれによじれた綱引きを調整することはできなかった。この抗争に今里は殺されたようなもの、というのが、いまや〝定説〟となっている。

田中が倒れ、今里が亡くなったその底知れぬ渦の中へ、新興企業リクルートの江副浩正は突っ込んでいったのである。江副がいかにしたたかだといっても、金丸らに比べれば、物の数ではない。案の定、空中分解した。

金丸信。七十四歳。奇しくも同い年の後藤田正晴は、中曽根内閣の官房長官当時、党側で活躍する金丸について「金丸さんは、政治家としてみれば普通の政治家だと思うが、あの人の凄いところは本気でバッジを賭けてかかることだ。言うのは簡単だが、議員バッジには、血と汗とカネがしみついている。それを捨ててかかるから、あの人の気迫に野党も呑まれてしまうんだ」と言っている。

竹下を看板とする創政会は、田中が〝遅れて来た男〟である後藤田（官房副長官に抜擢されたのが五十七歳、衆議院議員になったのが六十一歳）を偏愛し、それに反発した小渕恵三、羽田孜、小沢一郎らによってつくられた。〉

民営化で何が壊されたか

田中がまだ元気だった時、郷里の長岡で電電公社の民営化にはやはり反対だとブチ上げ、あわてた当時の総裁、真藤恒が「ご理解を願う」ために長岡へ飛んでいったことがあった。

もちろん、田中に利権の牙城を崩されることへの懸念があったことを私は否定しない。しかし、それ以上に、政治の役割、公共の役割を考えて、民営化という名の会社化に反対したのだと私は思う。

中曽根には国鉄の労働組合を潰すという打算があったし、小泉の「自民党をぶっ壊す」は「田中派をぶっ壊す」だった。

それで何が壊されてしまったか。

NTTの社長となった真藤が財界と金丸信を頼みにしていることを、後藤田正晴は苦々しく思っていた。

NTTのトップ人事をめぐる争いの最中、後藤田は、

「NTTを一部財界人の勝手にはさせん。電気通信事業は国家百年の大計を考えてやらなきゃならんのだ。中山素平や瀬島龍三にそう言っとけ」

と、ある記者に高い声を出した。

これについて後藤田は『政治とは何か』（講談社）で、「時には深刻な対立もあった状況の中で、私が一番心を砕いたのは、日本の将来という大局的な見地から電気通信事業はどうあるべきかをとらえ」ることであり、「いわばそろばん勘定だけの経済倫理によって行うわけにはいかなかった」と書いている。

さすがに田中が高く買っていた後藤田である。

国鉄の分割・民営化も郵政民営化も地方の過疎を進行させた。国鉄の赤字が大きく取り上げられていたころ、北海道のある町の町長が、

「国鉄が赤字だ赤字だと言うけれども、消防署が赤字だと言うか、警察が赤字だと言うか」

と反発したという。

つまり、赤字黒字で測ってはいけないものがあるのであり、それが公共だろう。しかし、中曽根や小泉らを取り巻く新自由主義という名の格差拡大主義を信奉する者たちは、すべてを赤字黒字で測るようにし、公共を消してしまった。公共を担うのが政治であり、少なくとも田中はそれを担おうとしていた。それゆえの「民営化」反対だったのである。

この点で、中曽根や小泉と田中の違いははっきりする。

一九九五年に起きた阪神淡路大震災直後に民間の宅配便は引き受けを停止したのに、郵便局の局員たちは不眠不休で無料配達を続けたという。被災者への支援物資の輸送や手紙の配達を、損得を超えた職業的使命で行ったのである。民間の会社では損得の話になるから、それはできない。それに、郵便局員は日常的に地域の人と接しているので、自分を証明できなくなった被災者の本人確認ができる。着のみ着のままで逃げた人が郵便貯金を引き出す時に、印鑑がなくても、この人は本人だという証明ができたのである。それがパブリックサービスなのではないか。田中はそれを体感していて、「民営化という名の会社化」に反対した。

4 悪魔的魅力とロッキード事件

田中の魅力については、番頭役の二階堂進のこんな証言がある。

「田中さんは金権の権化のようにいわれていたが、人間的魅力に溢れていて、宇都宮徳馬さんも『田中の金なら』と言って受け取ってくれた。参議院議長だった河野謙三さんも、『田中から』と言って国会対策費を持ってゆくと、『田中が好きだからもらっておく』と言ってくれた。僕が持っていったから、この話は間違いない」

元首相の幣原喜重郎や三井の大番頭・池田成彬《しげあき》にもかわいがられた田中は、松野鶴平の息子の頼三に、こうもらしたことがある。

「俺は学歴も家柄もないし、政界につながりもない。その代わり、君たちのようなお坊ちゃんができないことも俺にはできるんだ。人の靴の紐を結ぶことだって平気だ。俺はそういう人生を歩んでゆくんだ」

ところで、中曽根康弘は東大で矢部貞治（政治哲学者、近衛文麿のブレーン）の教えを受けたが、改進党に属していた一九五二年ごろ、矢部に、

「先生、どうして改進党は伸びないのですか」

と尋ねた。矢部は、

「君らの政党は、なかなか気のきいたことを言ったり書いたりするが、悪魔性がないからだめだよ」

と答えたという。そして、さらに、

「大野伴睦を見たまえ、あれは何だかんだと批判されているけれども、政治には、ああいうデモニッシュなところがなきゃだめだよ。悪魔性がないから君らの政党は伸びないんだよ、えへへ……」

と、付け加えたとか。

「悪魔的魅力」は田中にもある。大野伴睦と田中角栄という党人政治家に共通するのは、東大卒の官僚出身者でないということと、監獄体験である。田中は「男は度胸、女は愛嬌。一度や二度は監獄に入らなきゃ、男になれんよ」と言っていた。

政友会の院外団として監獄にブチ込まれた大野は、獄中で次のような「監獄数え歌」をつくった。

先に引いた一番と七番以外を引く。

二つとや　二晩三晩は夢うつつ
慣るれば夜舟の高いびき
三つとや　みかんの三袋楽しみに
差し入れ待つ間の日の長さ
四つとや　用意の号令で床につく
これが地獄の極楽じゃ
五つとや　今世をときめく政治家も
獄舎住いの昔あり
六つとや　無罪の宣告待つ間
精神修養怠るな
八つとや　役人いばるな、これ看守
われは陛下の赤子なり
九つとや　これも国のため党のため
もっそう飯もいとやせぬ
十とや　豆腐屋のラッパに暮れていく
雨の監獄ものわびし

田中の秘書の早坂茂三によれば、田中は十九かそこらで田中土建工業を始めたころ、神楽坂一帯の仕事を取り仕切っている建築業者の親分を、有名な料亭に招待した。大きな仕事をもらいたかったからである。芸者を二十人もそろえた大広間で、田中はこの親分に、

「オヤジさん、まあ、飲んで下さい」

と酌をする。

ワイ談まじりのバカ話をして一時間、田中は親分に、

「オヤジさん。ここにいる別嬪《べっぴん》は、どれでもよりどり見どりだ。好きなのを連れていってくれ。二階にちゃんと布団が用意してある」

といった。

「そうかい。ありがとうよ。だけど、角ちゃん、おれは女に興味がない。もう女には飽きちゃったんだ」

親分がこうかわすと、田中は顔色も変えずに、ニコニコしながら、

「そうかい。それならオヤジさん、オレと寝よう」

と続けたという。

「正直なところ、おれは総毛立ったよ。このガキはいったい何ものだ。とんでもないのが出てきたと思ったもんだ――」

この親分は後年、早坂にこう回想している。

田中のナニワブシに、東大法学部出の元内務官僚、古井喜実《よしみ》も参った。古井は清廉な政治家、松村謙三の

弟子をもって任じたが、ロッキード事件に際しては、終始、田中擁護の論陣を張った。

かつて、造船疑獄で逮捕寸前だった自由党幹事長・佐藤栄作を、法務大臣の犬養健《たける》が指揮権を発動して救ったとき、「不正と暴力だけは、たとえ親であっても兄弟であっても許すことはできない」と主張した古井が、なぜ、金権の権化のような田中擁護にまわったのか。根底には、佐藤（栄作）憎し、田中好きの感情があったかもしれない。

古井自身は、まず、マスコミのセンセーショナリズムを批判して、こう書く。

「今日まで、金権汚職の元凶は田中だ、総がかりで彼を袋叩きにして葬り去ろうといわんばかりの空気に、社会全体が塗りつぶされた背景に、マスコミのはしゃぎ過ぎがなかったかどうかである」

〝今太閤〟と田中を持ちあげたことを忘れたかのように、マスコミは田中を叩いた。

「まだ真相の詳《つまびら》かでない発端の段階から、興味本位に、先を争って騒ぎ立て、次々と無責任な予想や解説や評論を流すといったことはなかったか」

と、古井はマスコミの責任を追及する。

そして次に、その批判の矛先は、マスコミの尻馬に乗る国民に向けられる。

「国民各自は、今日、自主的に物事を考え、自らの信念に基づいて行動しているかどうか、である。商品の新しい流行を追うように、軽率にマスコミに追随し付和雷同するという風潮はないだろうか。日本の将来を誤らない最後の砦《とりで》は、国民一人ひとりが、腰を落ち着けて、じっくりと考え、頭だけでなく腹で決断し、信念をもって行動することである」

とりわけ、その中国政策において、松村らとともに少数派の苦い塩を存分になめさせられた古井にしてみれば、「多数」はいかがわしいという思いが強かったのかもしれない。

日中国交回復前に、中国との友好に心を砕く松村や古井を、アカだ、国賊だと非難した人間たちが、豹変《ひょうへん》して昔からの友好人士のように振る舞うのを目の当たりにして、古井はともかく〝付和雷同〟を嫌悪していた。

さらに、法務大臣を経験した者として古井は、検察と司法がマスコミや国民に動かされるのを恐れた。

「政界浄化を求め政治汚職を憎む世論は十分傾聴すべきであるが、さればといって、みだりに刑罰法規を拡張解釈して刑罰をもって臨むのは、たとえ正義感に基づくものであっても、いわば感情裁判を肯定するものであって、法治ではない」

こう指摘した後、古井は、検察機関は有能でその権力は強大なのだから、いわゆる検察ファッショにならないようにと警告を発している。

岸や佐藤の悪さに比べれば、田中の悪さなど、かわいいものではないか。前者を組織悪とするなら、後者は個人悪である。河野一郎の悪も後者に属するが、これは、そんなに際どく汚職まがいのことをやらなくても仕事ができる三井物産や三菱商事と、先発のそれらの商社を出し抜くには、危ない橋も渡らなければならなかった丸紅や日商岩井と対比させることもできる。

丸紅や日商岩井が河野や田中であり、三井物産や三菱商事が岸や佐藤である。後発の丸紅や日商はムリをし、ロッキード事件や、ダグラス・グラマン事件を引き起こした。

それに対して、物産や商事と同じく、とくに岸は常に黒いうわさに包まれながら、「事件」という形で発覚することはなかった。

田尻育三の『昭和の妖怪　岸信介』（学陽書房）に、岸が四十二歳のときに、カネの集め方について語った注目すべき発言がある。一九三九年十月に満州を去るに際して、岸は後輩の満州国官僚たちにこういったという。

「政治資金は濾過器《ろか》を通ったきれいなものを受け取らなければいけない。問題が起こったときは、その濾過器が事件となるのであって、受け取った政治家はきれいな水を飲んでいるのだから、かかわりあいにならない。政治資金で汚職問題を起こすのは濾過が不十分だからです」

岸をよく知る自民党代議士の福家《ふけ》俊一は岸と田中を比較して、次のように語っている。

「岸さんには戦前、戦中、戦後を通じてでき上がった偉大な土壌がある。産業界には商工省時代からの人脈がある。それだけに、岸さんが、面倒を見、世話をしてきた人たちがたくさんいるわけだ。戦後になってポンと政治家に成り上がった人たちと実力、底力が違う。また、岸さんという人は、田中角栄みたいに直接にカネの授受にはさわらない。ちゃんと代理がいるよ。二人を比べると、賢さの程度が違うよ」

岸と、東大出の元官僚という共通項をもつ古井には、それがよく見えていたということだろう。

「反岸五人男」の一人だった古井は、田中より岸のほうが何倍もあくどいと主張したかった。それが、かなり強引な田中擁護となってあらわれたともいえる。

ロッキード事件で田中が有罪だったかどうかについては、ここでは踏み込まない。田中をめぐる人間模様を描くのがこの本のモチーフだからである。

たとえば、「田中角栄になりそこねた男」ともいわれる鈴木宗男は「国家に人生を奪われた男の告白」である『汚名』（講談社）にこう書いている。

「あの田中角栄でさえ、ロッキード事件のとき、拘置所生活に耐えられず、検察の調書にサインしてしまった。わずか二十日間、勾留されただけで、二億円払って保釈してもらおうと、罪を認めたのだ。結果は周知の通り。罪を認めたのが致命傷となり、角栄は有罪判決となる。あの田中角栄でさえ、検察の消耗戦には勝てなかったのである」

5 〝越山会の女王〟という存在

田中が総理の座につく寸前まで、田中の政策担当秘書を務めていたのは麓邦明《ふもとくにあき》だった。東大法学部出で共同通信の政治記者から田中の秘書となった。麓の弟分だったのが『東京タイムズ』出身の早坂茂三である。

佐藤栄作からも信頼されていた麓が、佐藤と会って来た後で早坂に言った。

「早ちゃん、栄作がオヤジにカネの集め方、扱い方で注意してやれと言うんだ」

早坂の『駕籠に乗る人　担ぐ人』（祥伝社）によれば、

「オヤジは派手だからねえ」

と答えた早坂に麓は、

「うん。カネの面でケガされては困る。そんな佐藤の思いやりじゃないか」

と応じ、早坂が、

「金庫番のこともあるし……」

と受けると、麓は、

「小佐野賢治のことだよ」

と言う。

政商と呼ばれた小佐野は田中の〝刎頸《ふんけい》の友〟だった。

麓と早坂は、ある日、辞表を懐に抱いて田中に会い、まず、それを出した。

「何だ、いったい、どういうことだ」

田中は驚く。

「小佐野さんと手を切って下さい」

麓が切り出すと、田中は意味がのみこめず、

「言いたいことを言ってみろ」

と説明を促した。

緊張しながら、麓と早坂が続ける。

「オヤジさん。世間ではオヤジさんと小佐野さんのことを、口うるさく取り沙汰している。事実とすれば、いますぐ、関係を断ってほしい」

「佐藤栄作、池田勇人は、広く、薄く、政治資金を集めた。自分の手を汚さなかった。浄化装置を使って、必要な水をわが田んぼに引き込んだ。オヤジさんも、そうしたほうがいい」

「私たちは役立たずかも知れないが、オヤジさんの指示があれば、どこでも、誰の許《もと》にも飛んで行く。土下座もする。パイプを増やし、きれいな水が流れ込むよう走り回る」

必死の二人の訴えを田中は腕組みをして聞いていた。頭から怒鳴りつけはしなかった。そして言った。

「聞いたふうなことを言うな。オレと小佐野にやましい関係はない。あの甲州の山猿はシャイロックだ。

ケチなんだ。あれが、そうやすやすとカネを出すと思うか。君たちは小佐野の性格を知らないんだ。心配するような事実はない。だから、心配するな」

笑みを浮かべて、そう答えた後、

「政治にカネがかかるのは事実だ。酢だ、コンニャクだと、理屈をこねても始まらない。池田や佐藤にしても、危ない橋を渡ってきた。世の中、きれいごとだけではすまないんだ。必要なカネは、オレが血の小便を流しても、自分の才覚で作る。君たちはオレのカネを使い、仕事に活かしてくれれば、それでよい」

と諭し、

「池田、佐藤は京大、東大だ。財界の連中もだいたい、そうだ。みんな先輩、後輩、身内の仲間なんだ。オレは小学校出身だ。ひがみじゃないが、オレは彼らに頭を下げて、おめおめとカネをもらいに行く気はない。オレが大将になって、向こうが蒸溜水を送るというなら、それでいい」

と結んだ。目をうるませて言い切った田中に、二人とも返す言葉はなかった。

田中と小佐野の仲について、こんなエピソードがある。日本航空の社長人事で、元運輸次官で当時の社長の朝田静夫と、生え抜きの副社長の高木養根《やすもと》の間で争いがあった。田中の首相時代である。小佐野は日航の個人筆頭株主だった。

秋元秀雄の実録小説「日本航空」（青樹社『巨大企業』所収）によれば、ある日の早朝、裏口から目白の田中邸に入った小佐野は、応接室に通される。

「日航の人事か？」

問いかける田中に、小佐野が、

「きのうも電話で、ちょっといったけど、朝田君の留任というわけにもね……」

と言い、田中の表情を見ながら、

「俺は高木の昇格でいいと思うんだが」

と踏み込む。

すると田中は、首をかしげて、

「高木？　高木って誰だい？」

と聞き返した。

「誰だいといったって、日航の副社長なんだが……」

と小佐野が答えるのである。

それはともかく、麓と早坂が居ずまいをただして田中に迫った問題はもう一つあった。金庫番の佐藤昭子の件である。

彼女の能力もあって、佐藤は裏方から表舞台に顔を見せるようになった。そして〝越山会の女王〟と呼ばれるまでの存在になる。特別な関係になって、彼女は自分を裏切らないと田中が全幅の信頼を置いたからでもある。

小佐野については麓が口火を切ったが、佐藤については早坂が直言した。

「佐藤さんを政治の舞台から遠ざけて下さい」

福田赳夫との宰相争いは目前に迫っていた。

「敵方は当方の弱点を見逃さない。正面攻撃だけでなく、暗がりからも一発、撃ち込んでくる。福田は、おやじさんよりも十三も年上だ。六十六歳になる。ワンチャンス、一発勝負だ。あらゆる仕掛けをし、攻めてくる」

麓と早坂はかわるがわる、息もつかずに進言した。

「財務担当の代わりがいなければ、これまでどおりでも結構。ただし、事務所から引き払い、住居も当分の間、誰の目にもつかないようなところに移っていただきたい」

「ご指示があれば、二人して佐藤さんの新居を見つける。連絡がいつでもとれるような場所を探し出す。会いたい時は、いつでも行っていただきたい」

黙って聞いていた田中は、

「言いたいことは、よくわかった。ただなあ、その件の返事は少し待ってくれ」

と笑って答えた。そして、

「これは返す。こんな話で大げさなことをするな」

と二人の辞表を差し出した。

麓と早坂が田中に呼ばれたのは、それから四日後である。

田中は両手を頭の後で組み、椅子に背中をあずけながら、

「このあいだの佐藤の話なあ。あれは、やっぱり、無理だ。できない。君たちにもわからない事情がいろいろあるんだ。仕方がない。まあ、君たちの父親がとんでもない荷物を背負い込んだと諦めて、一緒に走ってくれ」

と言った。

その一週間後、麓は改めて辞表を出して、田中の許を去る。のちに麓が心配した通りになってしまったわけだが、麓は早坂にこう言って、辞めるのを押しとどめた。

「早ちゃん、オレの切腹でおやじが考え直してくれたらいいんだけど、君まで短気を起こして辞めるなよ。君がいなくなったら、おやじが一番困るんだ。去るも地獄、残るも地獄かも知れない。だけど、お互い、おやじを好きなんだから、しょうがないよ」

麓はその後、池田勇人が創設し、田中の盟友の大平正芳が引き継いだ自民党の派閥「宏池会」の事務局長になる。

田中事務所を辞めた後も、田中はいつも麓のことを気にかけていた。大平内閣発足まもなく、麓が心筋梗塞に倒れるや、田中はすべての日程をキャンセルして麓が大手術を受ける浦和の病院に駆けつけ、院長、執刀医、総婦長など、多くの関係者に深々と頭を下げて、

「あの男を助けて下さい。まだ、死なせるわけにはいかないんです。お願いします」

と頼んだ。その後、病室を見舞い、麓の両手を握って、

「フモちゃん、かならず治る。がんばれ」

と大きな声で励ました。

田中と麓、両者の眼に涙が浮かんでいたというが、不覚にも、この場面を書きながら、私も泣いている。

それから二年後、今度は田中が脳梗塞に倒れた。麓は何度となく東京逓信病院に足を運び、田中の快癒を願った。

早坂は『駕籠に乗る人　担ぐ人』にこう書いている。

「ある日、夜の十二時近く、霊験あらたかという女の神様を連れてきた麓は、静まり返った角栄の病室のそばで、一心不乱に祈り続けた。その姿を私は忘れない」

さて、〝越山会の女王〟と呼ばれた佐藤昭子である。『新潟日報』に連載された証言集『宰相田中角栄の真実』（新潟日報事業社）で、彼女は『元秘書』として語っている。田中より十歳下の佐藤は新潟県柏崎の出身で、田中と同郷である。

「私が田中に仕えたのは、昭和二十七（一九五二）年からですけど、それ以前、二十一年に立候補したときからのつきあいですからね。田中の発想、思想、苦悩、国を思う苦悩が分かるんです。（中略）三十六年の自民党政調会長、三十七年の大蔵大臣。政務の実務は全部私がやっていました。田中の秘書は大勢いましたが、政治秘書を一貫して二十七年から務めてきたのは私だけなんですよ」

こう自負する佐藤は、田中を「ノー」と言えない性格の人、と規定する。人が頼ってくると、自分の悪口を言っていた人に対しても、

「ああ、いいよ。どうぞ、どうぞ」

と答える。先に書いたように、たとえば石原慎太郎に対してがそうだった。

相手が困っているのを見ると、「ノー」と言えない。

佐藤は、女王と言われるほど金庫の中は裕福ではなかった、と振り返り、田中と顔を突き合わせる度に、

「おい、どうしようか。いくら残ってる？　足りない。どうしようか」

の繰り返しだった、と語っている。

選挙が近づいてきたからと企業によろしくと頼んだことは一度もなく、わずかな献金をしてくれた相手で

も、田中は立ち上がって、

「恐縮です」

と挨拶していたとか。

冠婚葬祭を大事にしたといわれるが、冠婚ではなく、「葬」だった。お祝いはいつでもできるけれども、死んだ方は待ったなしだからである。田中は人情家なので、遺族の悲しみなどに敏感だった。

憤慨するように佐藤は語る。

「人心収攬《しゅうらん》術でも何でもない。自分の本当の心の底からにじみ出す人情なんですよ。だから、冠婚で呼ばれもしないのにお酌して回るような、そんなくだらないことはしたことがないですよ」

佐藤栄作は汚れ役として田中を使った。そうした意味を含めて、佐藤が、

「佐藤政権におけるあなたのやった役目は田中政権ではどなたですか」

と聞くと、田中は、

「いないんだよなあ。おれがやるしかない」

と答えた。

また彼女は、毛沢東には周恩来がいたが、田中には周恩来がいなかったことが不幸だった、とも回想している。

佐藤は、幾分でも自分がその役割を果たさなければいけないと考えたのか、しばしば田中に直言、諫言した。

「なんでおれの所には朝から三百人も四百人も来るんだ」

と田中が苛立っている時、彼女は、

「嫌だったら政治家お辞めなさい。くさい顔するぐらいだったら人に会いなさんな。人が来ないようでは政治家の事務所じゃないですよ」

とズバッと返す。

「うるさい！」

と怒鳴って、しばらくブスッとした後、気を取り直して、

「おっ、じゃあ通して」

と促し、陳情客が入って来ると、いつものように、

「やあ、やあ、やあ」

と迎えた。

次の田中観は、さすがに余人の入ることを許さぬものだろう。

「あれだけの人だから、頭の切り替えができてたんでしょう。田中は社交的、だれとでも会うといいますけど、一見豪放磊落《らいらく》、気さくに見えても、本質は内気なのかなあ。無理して、努力して皆さんにお会いしていたようですよ」

佐藤は、田中がかわいがった小沢一郎については、こう言っている。

「発想なんかは比較的田中に近いかなと思います。でもね、人情、人の意見を聞くという側面では、田中の比ではないですよ。田中の苦労した人生とは違いますからね。彼は二世議員です」

ちなみに、この『新潟日報』の証言集を本にする時、田中眞紀子が、

「そんなこと聞いてないわよ」

と激怒し、それを伝え聞いて、二階堂進、橋本龍太郎、小長啓一、下河辺《しもこうべ》淳、高橋国一郎も収録を断った。佐藤昭子と一緒の本にまとめられるのは眞紀子のプライドが許さなかったのだろう。掲載を許可したのは、中曽根康弘、後藤田正晴、羽田孜、竹下登、福田赳夫と、佐藤昭子、早坂茂三、山田泰司という田中の秘書三人である。

やはり、田中の秘書だった朝賀昭によって田中の没後二十年にある手紙が披露された。二〇一三年十二月二十八日号の『週刊現代』に「発掘スクープ」としてそれが載っている。

「田中大兄」に宛てた中曽根康弘の「御直披」の密書である。日付は昭和五十八年十一月三日。

その年の十月十二日にロッキード事件で田中に実刑判決が下り、首相だった中曽根は田中に議員辞職を迫る。もちろん、田中の力によって首相になったと言ってもいい中曽根はおっかなびっくりだった。

「謹啓　先般は御多用のところ、御懇談の機会を賜り、篤く御禮申上ます。その後大兄の御所懐の御開陳あり、誠に感謝に耐《ママ》えないところであります。大兄と小生の信と義は国会など党の危局に臨めば臨む程益々固く深く終生血盟を以て之を貫く決意であります」

これが前段で、要の部分に入る。

「国を救い、党を救い、内閣を救うために、ここ一ヵ月、バッヂを外していただき、この危局を救い、選挙に圧勝するため、御無理を承知でお願い申上るわけにはいきますまいか。（中略）この一挙によって、政情は一変し、党外に於ても、党内に於ても、攻守は主客を転じ、三福は顚《ママ》転し、選挙は確実に圧勝し得ると確信します」

「三福」とは三木武夫と福田赳夫を指す。

この手紙を佐藤昭子は握り潰し、「中曽根総理大臣閣下」に宛てて、こう返事を書く。

「この御手紙は田中に渡しても無駄ですし、亦《また》血圧が上って総理との信頼関係も水泡に期《マ》する《マ》恐れがあると思います。（中略）総理大臣職にあったものは一分、一秒たりとも議員を辞職する事は出来ず、一ヶ月程度、バッヂをはずして亦すぐ立候補当選して来るなどと云う小手先は国民を欺瞞するものだと申して居ります」

自分が田中だという感じの返書である。しかし、もちろん、そこには田中の意志があった。公明党書記長（当時）の矢野絢也の『二重権力・闇の流れ』（文藝春秋）に、矢野と会った佐藤が沈痛な表情で、田中の言として、

「中曽根は駄目だ。潰してしまうか」

と言った、と記してある。

朝賀がこの応酬を発表しようと思ったのは、中曽根が、

「総選挙での応援と引き換えに、日中国交正常化を突きつけた。田中君はいやいやながらやったわけです」

などと放言していることも一因だった。まったく事実に反する。もう一つは、あまりに田中が「金権政治家」というレッテルだけで見られていることに反発したからだった。

田中の根底には「弱い人へのやさしさ」があった、と朝賀は強調する。

「困っている人を見た時、何でもいいから力になってあげたいという気持ちが湧かないヤツは、政治家になるべきではない」

と田中はよく言い、それを実践した。

「そんなあったかいオヤジさんに仕えることができて、よかったなあと心から思います」と朝賀は語っているが、それは佐藤昭子の思いでもあろう。

「困っている人を見た時」、苦労を知らぬ二世政治家たちは「それは自己責任だ」などと言う。安倍晋三を筆頭とするそうした政治家への情けなさから私はこの本を書き始めたのだが、田中は佐藤昭子に対しても無情というか非情になれぬが故に失脚した。しかし、非情となった田中は田中ではないのである。

欠点が長所であり、長所が欠点であるという意味で、田中にとって佐藤はシンボルだった。立花隆の金脈批判よりも、児玉隆也の「越山会の女王」批判の方が田中にとっては打撃だったといわれる。けれども田中はそれを悔いてはいなかっただろう。佐藤に田中は「二人三脚で来た」と言ったというが、この安息所がなければ、田中は途中でもろくも挫折してしまったかもしれないからである。自らも弱い所を持ち、弱い人を思うことによって、田中は強くなった。

6 創価学会、公明党との関係

一九九八年夏に『朝日新聞』に連載された元公明党委員長、竹入義勝の「秘話 55年体制のはざまで」は、こう始まった。

「田中角栄元首相に対しては野党の立場から厳しく追及したが、政治的にも、人間的にもすばらしい人だった」

これが創価学会名誉会長、池田大作の強烈な怒りを買うことになる。自分に対する感謝ではなく、田中の礼讃から始まるとは‼ 予想外だっただけに池田は憤慨し、

「自分の力で偉くなったと錯覚する者は馬鹿者である。馬か鹿なんです。人間じゃない」

と口を極めて罵《ののし》った。

この池田発言が呼び水となって『公明新聞』や『聖教新聞』などに凄まじい限りの竹入批判が溢れた。ここに引くのも憚られるような口汚いバッシングだった。

日中国交回復は自分がやったと自慢していた池田にとっては、竹入が田中と一緒になってそれを成し遂げたと語っていることも許せなかった。

「創価学会の世界には独特の論理がある。『辞めるか辞めないかは自分で決めることではない。任免は池田大作会長の意思であり、勝手に辞めるのは不遜《ふそん》の極みだ』というものだ」

公明党の委員長を辞めるか辞めないかは、創価学会会長（当時）の池田が決めるという竹入のこの証言も、池田の逆鱗《げきりん》に触れるものだったろう。

竹入は「秘話」の中で、田中と親密になった経緯を次のように証言する。

「親しくなったのは、国会の質問で貸しをつくったことだ。公明党の参院側が田中さんの国有地払い下げ問題や女性問題を取り上げるということになった。一九六八（昭和四十三）年六月にジャーナリストが仲立ちして、東京・紀尾井町の料理屋で話をした。

田中さんは『女性問題は責任をとっているので取り上げるのはやめてほしい』と率直に訴えてきた。（中略）駆け出しの私に誠心誠意、話をするなあと感心した。この会談があって、党の参院幹部に『自民党の中では相当伸びる人だし』ということで女性問題の質問はやめてもらった」

ここで「借り」をつくった田中は、翌年の内藤国夫著『公明党の素顔』（エール出版社）や藤原弘達著『創価学会を斬る』（日新報道）に対する創価学会および公明党の「言論出版妨害事件」で、創価学会や公明党の側に立って事件の収拾を図ることになる。

竹入証言によれば、こうである。

「一九六九（昭和四十四）年末に表面化した言論出版妨害問題のときは、佐藤栄作首相と自民党幹事長をしていた田中さんには、助けられ、感謝している。終生忘れられない。国会では罵詈雑言を浴びせられ、他の誰も助けてくれる人はいなかった。

創価学会批判の本が出るというので、私が田中さんに頼んで仲介に動いてもらったのだが、田中さんは追及されると、『竹入に頼まれたのではない。幹事長だから勝手におせっかいをやっているだけだ』と釈明していた。これには感謝した。（中略）言論出版妨害問題は田中さんらに対して大きな負い目になった。国会対策でも田中幹事長時代に、よく協力を頼まれ、党の基本政策に抵触しない限り対応した。日中国交正常化ができたとき、『これで借りが返せたな』と正木良明政審会長と喜び合ったものだ」

この事件では池田大作の証人喚問もあるかという騒ぎになったから、創価学会や公明党は必死だった。その意を受けた田中の〝交渉〟はストレート過ぎるほどストレートである。

立花隆が藤原弘達から聞いた話として語る（立花『「田中真紀子」研究』文藝春秋）。

ある料亭に藤原を招いた田中は、

「何とか出版をやめてくれないか」

と頼む。

藤原が断ると、田中は次々と条件を出してきた。まず、カネである。

「いくらでも、ほしいだけ出させる」

その場合も、買い占めに応じたということになっては困るだろうから、形式的には出たことにし、それを全部、創価学会が買い取る。部数はいくらでもいい。

それも断ると、田中は次に地位を提案してきた。

「お前は何になりたい。何でもなりたい地位につけてやる。政府や公的機関の役職でも、民間企業、民間機関の役職でも、大学のポジションでも、なりたいものがあったら言ってみろ。どういう地位にでもつけるようにしてやろう」

それも断った藤原に、田中が最後に提案したのは次のようなものだった。

「よしわかった。それでは、こういうことではどうか。ここで田中角栄の願いを聞いてくれるなら、それを自分の一生の恩義とする。そしてこれからの生涯、いつ何時、何でもいいから、田中にしてもらいたいということが出てきたら、そのとき何でも言ってくれ。それが何であれ自分はその望みをかなえるために全力をつくし、必ずそれを実現してやることを誓う」

それでも藤原は拒否したのだが、この時の体験をこう語っている。

「いやあ、あの交渉力はすごいね。政治家田中角栄のすごさの秘密をかいま見させてもらったよ。うじうじ理屈なんかこねないで、いきなりストレートにグイグイくるんだ。相手の欲望がどこにあるかを見抜こうとして、直截的な表現でくる。ちょっとでも世俗的欲望があるやつなら、たちまち見抜かれて、コロリといっちまうんだろうね」

それにプラス、マイナスのいずれの符号をつけるかは別として、とてつもなく絶対値の大きい人物だったということだろう。

貸し借りも、田中はスタティックに捉えるのではなく、ダイナミックに考えた。臨機応変と言えば聞こえはいいが、揺さぶりの道具として使った節も見える。

例えば一九八四年九月十日、田中は箱根で開いた田中派の青年研修会で、

「将来、改憲となれば、公明党は賛成する」

と発言しオフレコで、

「創価学会や公明党は何でも角栄の言うことを聞く」

と放言した。

それが流れ、公明党は角栄の手先なのか、と竹入や書記長の矢野絢也のところに取材や抗議が殺到した。田中派事務総長の小沢辰男が次のように釈明する騒ぎにまで発展したのである。

「角栄発言は、公明党は頼りになる。信義に厚いということなんだ。が、脱線してしまい、大変ご迷惑をかけた。申し訳ない」

しかし、田中と創価学会・公明党の関係がそれほど深かったわけではない。むしろ、それは田中と竹入の個人的な関係に凝縮されていた。

田中が脳梗塞で倒れた時、竹入は矢野に、

「角栄が病気で自民には誰に手を打ったらいいのか」

と嘆いている。

現在は小沢一郎の知恵袋として知られるユニークな政治家だった平野貞夫は『公明党・創価学会の真実』

（講談社）で、ズバリとこう指摘している。

「自民党と公明党・創価学会との関係は、佐藤栄作―田中角栄―竹下登―小渕恵三の流れだと思われがちだが、それは実態とは違う。歴史的には、岸信介―福田赳夫―安倍晋太郎のほうがより深いといえる」

その例証として平野は二〇〇一年三月十一日付『聖教新聞』の記事を挙げる。それによると、一九五八年三月十六日の本山の式典に首相（当時）の岸信介が出席する予定だったが、反対があってかなわず、名代として、岸夫人の良子、娘の洋子、洋子の婿で首相秘書官だった安倍晋太郎が参加することになったという。

この式典への岸の出席は、岸が自民党幹事長時代から親交のあった創価学会第二代会長、戸田城聖《じょうせい》との縁で、岸が希望したものだった。

もちろん、岸の孫で晋太郎の息子の安倍晋三と創価学会・公明党の関係が浅からぬものであることは言うまでもない。

付け加えれば、竹入がその人格まで否定される猛烈なバッシングを受けたのは、田中が亡くなって五年後のことだった。

終章　未完の敗者

第3章までを書き終えて、私は二〇一四年三月二十七日に新潟県柏崎市西山町にある「田中角榮記念館」を訪ねた。田中が美空ひばりや古賀政男と談笑するビデオで迎えられる。

その後、〝角栄御殿〟にも寄ったが、田中は帰郷のたびに農作業をしている人たちに声をかけ、

「留守にして、すまんのう、年寄りが世話になるが、なにぶんよろしゅう頼む頼む」

と頭を下げたという。

ロッキード事件後の選挙で、田中が郷里で個人演説会を開いた時、会場から、

「西山町へ帰れ、おっかあが待ってるろ！」

という野次が飛んだ。

それに田中は答えなかったが、その「おっかあ」、田中フメのためにも、田中は〝未完の敗者〟のまま、西山町に帰るわけにはいかなかった。

西郷隆盛は明治維新の立役者でありながら、西南戦争を起こして賊将とされた。一世にして勝者と敗者を経験したのである。歴史はたいてい、勝者によって書かれる。敗者の歴史は消されるのだが、西郷は消されなかった。勝者と敗者の双方を体験したことが人気の秘密となって、いまなお敬慕されているのである。

田中もまた、勝者と敗者を経験した。〝今太閤〟ともてはやされて登場し、金権政治家と叩かれて失脚した。西郷と同じように未完のイメージがあり、不思議な人気を保っている。それはどこから来るのかを私は

この本でさぐろうとした。幼稚なタカ派がわがもの顔に振る舞う現在、私にとってそれは緊急に必要なことだった。ダーティながらも田中はハト派であり、護憲論者である。

たとえば、一九七一年一月十七、十八日付の『朝日新聞』で、フランスの『ル・モンド』紙極東総局長、ロベール・ギランと対談した田中は、こう語っている。当時、田中は自民党幹事長だった。

「現行の日本国憲法はすでに二十五年間定着している。新憲法の成立過程というのは、占領下のことでもあり、必ずしも理想的なものではなかったと思うが、この憲法は日本人に消化され、ずっと守られてきた。こんご、ある時期に改正されることがあったとしても、戦争放棄をうたっている九条が改正されることはない。それは原爆の洗礼を受けたという理由による。第三次世界大戦があれば、それは原水爆戦争となり、三十五億の人類の死滅を意味するという認識に立って、日本は国際紛争は軍事力で解決しないという考えを貫く」

田中は話すのも早口だったが、書くのも早かった。

「ある時期がきたら、すっぱり政治家をやめて、小説を書きたい」

とも言っていたが、若き日に懸賞小説に応募して佳作に入ってもいる。

『日本経済新聞』に連載した「私の履歴書」もこなれたものだった。早坂茂三の『オヤジとわたし』(集英社文庫)によれば、これを読んだ文芸評論家の小林秀雄が編集局のトップを通じて次のようなハガキをよこした。

「貴紙連載中の田中角栄氏による『私の履歴書』を愛読しております。文章は達意《たつい》平明《へいめい》、内容また読む者の胸を打つ、筆者によろしくお伝え下さい」

小躍《こおど》りして早坂が田中に伝えると、

「小林秀雄ってだれだ？」

一瞬詰まった早坂が、

「日本で一番偉い批評家です」

と答える。

それを聞いて田中は欣喜雀躍《きんきじゃくやく》し、

「そうか、日本で一番偉いのか……眞紀子、知ってるかな？」

と問いかけ、早坂が、

「知ってるでしょう」

と言うと、

「よし、あの娘は、オレをいつもバカにしてるから、きょうはこれを……」

と持って帰った。

次の日、眞紀子から早坂に電話が入る。

「早坂さん、あれ、本当に小林秀雄さん？」

私は眞紀子と『問答有用』（朝日新聞社）という共著を出した時、

「そのハガキはあるんですか」

と尋ねた。

「どっかへいってしまいました。ひょっとすると父の古い文箱の中にはあるかもしれませんが」

というのが彼女の答だった。

ここで、田中が「小説家になれるかも知れぬとほのかな夢をいだいた」ころの「私の履歴書」の一節を引いておこう。

「読書は無性に好きだった。明治大正文学全集、姉たちがとっていた『婦女界』や『キング』、講談雑誌のたぐい。なんでもござれと耽読した。作家も独歩、樗牛《ちょぎゅう》、(姉崎)嘲風《ちょうふう》、久米正雄。なかでも好きだったのは徳冨蘆花《とくとみろか》の『思出の記』。この小説の主人公菊池慎太郎の生き方は自分のあこがれでもあったし、しっとりと全編を彩る彼女——お敏さんの名は、また私にとってもいつの日にかの妻たる人の名でもあった。そんな意味でこの小説が忘れ難いのかも知れない」

早坂茂三の『オヤジの遺言』(集英社インターナショナル)の序文で、角栄の番記者だった早野透がこう言っている。

「驚きましたよ、『越山会』には元共産党員も元社会党員もいるんですね、戦前の小作争議を闘った人たちですよ、もう戦争はいやだ、せっかく農地解放で生きるすべを手にしたんだ、もっと豊かになりたい、そんな思いで角栄さんを担いでいるんですね、こりゃ利益還元政治というより民衆同盟だな、盟主の角栄を裁こうとする東京のエリート権力への抵抗の気持ちがあるんだな」

早野が指摘するように、田中は戦後民主主義の体現者だった。その魅力を具体的な逸話で説き明かしたいと思って書き下ろしたのがこの本である。

最後に、新入社員時代からの知り合いである担当編集者の丸山弘順君への感謝の言葉で結びたい。もちろん、読者に対しても、ありがとうございました。

二〇一四年四月九日

佐高　信

文庫版へのあとがき

『創』七月号（二〇一六年）の連載「タレント文化人筆刀両断！」欄に、中曽根康弘を取り上げ、田中角栄と比較して次のように斬った。これを「あとがき」としたい。

〈ロッキード事件は田中角栄の事件ではなく、中曽根康弘の事件だった。

当時の衆議院議長、前尾繁三郎の秘書として舞台裏をつぶさに見た平野貞夫が『ロッキード事件』（講談社）で、その「葬られた真実」を明らかにしている。

そもそも同事件の本筋は民間旅客機ではなく、自衛隊のPXL（次期対潜哨戒機）だと言われていた。つまり、田中のからむ「丸紅ルート」ではなく、中曽根に直結する「児玉（誉士夫）ルート」だったのである。

そのころ中曽根は自民党の幹事長で、総裁であり首相の三木武夫は、田中を追い込むために中曽根をかばう。それをいいことに中曽根はとんでもないことをやった。右翼の大物ながらロッキード社の秘密代理人だった児玉の秘書の太刀川《たちかわ》恒夫は、かつて中曽根の書生をしていたのだから、児玉と中曽根の関係は深すぎるほど深かった。

それで中曽根は最初、児玉の証人喚問に断固反対する。ところが、途中で一転それを認めるのである。なぜなのか、平野にも謎だった。

児玉は証人喚問直前、脳梗塞の発作によって喚問を免れる。あまりに都合のよすぎる話だったが、国会から派遣した医師団も「出頭できる状態ではない」と判断せざるをえなかった。

平野は「もし、児玉誉士夫の証人喚問が実現していれば、ロッキード事件は、まったく違う展開を見せていたはずで、田中角栄の逮捕もなかったかもしれない」と書いている。

平野が感じていた謎は、『新潮45』の二〇〇一年四月号に掲載された天野惠市《けいいち》（元東京女子医大脳神経外科助教授）の手記によって一部解明される。

国会医師団が児玉邸に行くと決まった日の午前に、天野は教授の喜多村孝一と向かい合っていた。

児玉の主治医の喜多村が、

「これから、児玉様（喜多村は必ず様をつけた）のお宅へ行って来る」

と言った。

「何のためですか」

と天野が尋ねると、喜多村は、

「国会医師団が来ると児玉様は興奮して脳卒中を起こすかもしれないから、そうならないように注射を打ちに行く」

と答え、

「何を注射するのですか」

と問うと、

「フェノバールとセルシンだ」

と告げた。いずれも強力な睡眠作用と全身麻酔作用がある。

「先生、そんなことしたら、医師団が来ても患者は完全に眠り込んだ状態になっていて診察できないじゃないですか。そんな犯罪的な医療行為をしたらえらいことになりますよ。絶対やめて下さい」

と天野が忠告すると、喜多村は激怒し、

「児玉様は、僕の患者だ、口を出すな」

と怒鳴って、病院を出て行った。

その結果は喜多村の診断書の通り、児玉は重症の意識障害下にあり、口も利けないので国会での証人喚問は無理となったのである。

議長の秘書である平野も知らなかった「国会医師団の派遣」とその日時を、なぜ喜多村は知っていたのか？ そう疑問を提起して、平野は自ら答を出す。しかるべき立場の人間が仕向けたのだ、と。

「では、その陰謀の黒幕は誰か？ 国会運営を事実上仕切れる立場にいて、児玉サイドとコンタクトできる人間――中曽根康弘幹事長ではなかろうか」

平野は控え目に断定しているが、中曽根はリクルート事件でも逃げ切った。犠牲になったのは藤波孝生である。周囲を枯らす藪枯《やぶか》らしと中曽根は若い頃から言われたが、この国も枯らしたのである。〉

二〇一六年六月十五日

佐高　信

主な参考文献

田中角栄『私の履歴書』（日本経済新聞社）
田中角栄『自伝　わたくしの少年時代』（講談社）
田中角栄『日本列島改造論』（日刊工業新聞社）
田中眞紀子『私の歳時記』（海竜社）
田中眞紀子『時の過ぎゆくままに』（ＰＨＰ文庫）
田中眞紀子、佐高信『問答有用』（朝日新聞社）

秋元秀雄『巨大企業』（青樹社）
伊藤昌哉『池田勇人　その生と死』（至誠堂）
伊藤昌哉『自民党戦国史』（朝日ソノラマ）
犬養道子『ある歴史の娘』（中公文庫）
岩見隆夫『実録　橋本龍太郎』（朝日ソノラマ）
岩見隆夫『政治とオンナ』（リベラルタイム出版社）
大下英治『小沢一郎と田中角栄』（角川ＳＳＣ新書）
大下英治『田中角栄秘録』（イースト新書）
大下英治『田中角栄になりそこねた男』（講談社）
大野伴睦『大野伴睦回想録』（弘文堂）
奥島貞雄『自民党幹事長室の30年』（中公文庫）
温智会『衆議院追悼演説集』（温智会）

甲斐正子『証言　ひとりぼっちの女王』（双葉社）
片岡憲男『田中角栄邸書生日記』（日経ＢＰ企画）
岸井成格、佐高信『政治原論』（毎日新聞社）
岸井成格、佐高信『保守の知恵』（毎日新聞社）
木村武雄『米沢そんぴんの詩　自伝』（形象社）
久保紘之『田中角栄とその弟子たち』（文藝春秋）
児玉隆也『淋しき越山会の女王』（岩波現代文庫）
後藤田正晴『情と理』上下（講談社）
後藤田正晴『政治とは何か』（講談社）
小林吉弥『高橋是清と田中角栄』（光文社知恵の森文庫）
坂上遼『ロッキード秘録』（講談社）
佐木隆三『越山　田中角栄』（七つ森書館）
佐高信『石原莞爾　その虚飾』（講談社文庫）
佐高信『飲水思源』（金曜日）
佐高信『官僚たちの志と死』（講談社文庫）
佐高信『この人たちの日本国憲法』（光文社）
佐高信『西郷隆盛伝説』（光文社知恵の森文庫）
佐高信『正言は反のごとし』（講談社文庫）
佐高信『湛山除名』（岩波現代文庫）
佐高信『日本官僚白書』（講談社文庫）
佐高信『友好の井戸を掘った人たち』（岩波書店）
佐高信編著『新・代表的日本人』（小学館文庫）

佐藤昭子『私の田中角栄日記』（新潮社）
佐藤あつ子『昭』（講談社）
塩田潮『田中角栄失脚』（文春新書）
城山三郎『官僚たちの夏』（新潮文庫）
杉田望『天才大悪党』上下（大和書房）
鈴木宗男『汚名　国家に人生を奪われた男の告白』（講談社）
「政治家　橋本龍太郎」編集委員会編『政治家　橋本龍太郎』（文藝春秋）
高杉良『小説　日本興業銀行』（講談社文庫）
田崎史郎『梶山静六　死に顔に笑みをたたえて』（講談社）
田尻育三『昭和の妖怪　岸信介』（学陽書房）
立花隆『田中角栄研究　全記録』上下（講談社文庫）
立花隆『「田中真紀子」研究』（文藝春秋）
田中秀征『日本リベラルと石橋湛山』（講談社選書メチエ）
田中良紹『裏支配』（講談社＋α文庫）
田原総一朗『戦後最大の宰相田中角栄』上下（講談社＋α文庫）
筑紫哲也『総理大臣の犯罪』（サイマル出版会）
塚本三郎『田中角栄に聞け』（ＰＨＰ研究所）
辻和子『熱情』（講談社）
津本陽『異形の将軍』上下（幻冬舎文庫）
テリー伊藤、佐高信『お笑い創価学会』（光文社知恵の森文庫）
戸川猪佐武『田中角栄猛語録』（昭文社）
豊田行二『青春国会劇場』（文化総合出版）

内藤国夫『公明党の素顔』（エール出版社）
中澤雄大『角栄のお庭番　朝賀昭』（講談社）
新潟日報社編『ザ・越山会』（新潟日報事業社）
新潟日報報道部編『宰相田中角栄の真実』（新潟日報事業社）
西部邁、佐高信『難局の思想』（角川oneテーマ21）
服部龍二『日中国交正常化』（中公新書）
浜田幸一『YUIGON』（ポプラ社）
早坂茂三『オヤジの遺言』（集英社インターナショナル）
早坂茂三『政治家田中角栄』（中央公論社）
早坂茂三『オヤジとわたし』（集英社文庫）
早坂茂三『駕籠に乗る人　担ぐ人』（祥伝社）
早野透『田中角栄と「戦後」の精神』（朝日文庫）
早野透『田中角栄』（中公新書）
早野透『日本政治の決算』（講談社現代新書）
平野貞夫『公明党・創価学会の真実』（講談社）
福田赳夫『回顧九十年』（岩波書店）
藤原弘達『角栄、もういいかげんにせんかい』（講談社）
藤原弘達『創価学会を斬る』（日新報道）
保阪正康『田中角栄の昭和』（朝日新書）
堀田力『壁を破って進め』上下（講談社文庫）
本所次郎『昭和の大番頭』上下（新潮社）
毎日新聞政治部『政変』（角川文庫）

マスコミ研究会編『角栄金脈の金庫番―佐藤昭』（国会通信社）
増山榮太郎『角栄伝説』（出窓社）
松田史朗『田中真紀子研究』（幻冬舎）
馬弓良彦『戦場の田中角栄』（毎日ワンズ）
水木楊『田中角栄』（文春文庫）
村上正邦『だから政治家は嫌われる』（小学館）
森省歩『田中角栄に消えた闇ガネ』（講談社）
矢野絢也『二重権力・闇の流れ』（文藝春秋）
山岡淳一郎『田中角栄　封じられた資源戦略』（草思社）
吉田司『下下戦記』（文春文庫）
吉永みち子『総理とその女房』（光文社）

［**初出について**］
本書は、二〇一四年五月、光文社より『未完の敗者　田中角栄』として刊行され、二〇一六年八月、加筆修正の上『田中角栄伝説』と改題され、光文社知恵の森文庫として刊行された。同文庫版を底本とし、収録にあたり「田中角栄の魅力と魔力」と改題した。

［解題］

戦後民主主義の下半身としての田中角栄

早野透の決定版的名著『田中角栄』（中公新書）が出たのは二〇一二年十月だった。『未完の敗者　田中角栄』（光文社）と題して私が本書を出したのは二〇一四年五月である。

東大法学部に学んで丸山真男のゼミナール生となった早野と、慶大生ながら丸山の講義を盗聴した私は、二〇一五年七月に『丸山真男と田中角栄』（集英社新書）という共著を出した。

そこで早野は「百姓の家で十人子どもがいたら、ひとりくらいは共産党になるものだ」という角栄の発言を紹介している。

丸山と角栄は共に「戦後民主主義」を体現しており、丸山が級長で角栄はガキ大将だったというのである。

「ガキ大将は乱暴も働くし、親の財布から金をくすねることもある。周囲から反感を招くことが多いけれども、クラスの弱い子をかばったりもするでしょう。その点、丸山先生は級長だと思う。級長ではあるが、単に先生の言いつけをよく守るのではなく、ガキ大将に一目置いているような級長だ」

と早野が卓抜な指摘をするのに、私も、
「裏ではガキ大将とも通じている級長。お互いが認め合っている級長とガキ大将、そんなイメージがありますね」
と応じた。二人に直接の関係はないけれども、戦後日本という大きな舞台の中では、そういう喩えは成り立つと思うという早野の洞察は早野ならではの深みがある。

私が同い年の早野の存在を改めて意識したのは、角栄の秘書の早坂茂三の『オヤジの遺言』（集英社インターナショナル）に寄せた序文を読んでからだった。記者の原点とはいえ、小さな集会にも足を運ぶ早野には、それまでももちろん敬意は払っていた。それは早野が『朝日新聞』でコラムニストという肩書を得ても変わらなかった。

「三十年間、楽しかったよ。ありがとう、早坂さん」と題されたその序文は、早坂への追悼文となっているとともに、早坂を通じて見た角栄論になっている。

志願して角栄の選挙区の支局員となった早野は、角栄の後援会「越山会」で見聞きしたことを「草のとりで」と題して連載した。それが『田中角栄と「戦後」の精神』（朝日文庫）という早野の若き日の熱書に結実する。

早坂と早野は山奥の温泉宿で一夜を語り明かした。
「驚きましたよ、『越山会』には元共産党員も元社会党員もいるんですね、戦前の小作争議を闘った人たちですよ、もう戦争はいやだ、せっかく農地解放で生きるすべを手にしたんだ、もっと豊かになりたい、そんな思いで角栄さんを担いでいるんですね、こりゃ利益還元政治というより民衆同盟だな、盟主の角栄を裁こうとする東京のエリート権力への抵抗の気持ちがあるんだな」

興奮する早野に、早坂は若き日に太宰治や中野重治、そして斎藤茂吉を耽読したと打ち明ける。そんなロマンチストで元共産党員の早坂が新聞記者となって角栄に惚れ込み、秘書のくせに、こんな憎まれ口を叩くようになった。

「新聞社の論説委員はふかふかのじゅうたんの部屋でパイプをくゆらしながら金権政治をたたくけれども、おれたちは顔中にくそしょんべんを浴びてはいずり回っているんだ」

私にとって田中角栄を書くことはある種のザンゲでもあった。ロッキード事件の時などには私も金権政治を批判したからである。

しかし、その後、小泉純一郎などが登場し、彼が主要敵とした角栄と比較してみた時、ダーティかクリーンかという軸のほかに、ハト派かタカ派かというモノサシで政治家を測らなければならないのではないかと思うようになった。

その二つの軸を交差させると、ダーティなタカ、ダーティなハト、クリーンなタカ、クリーンなハトの四つのタイプに政治家は分かれる。

ダーティなタカは論外であり、クリーンなハトは絶滅危惧種のような存在なので、共に横に置くとすると、ダーティなハトを選ぶのか、クリーンなタカを選ぶのかということになってくる。残念ながら、現実的な選択として、それが問題になってくるのである。

タカ派の特徴としては、反共産主義で憲法改変が挙げられる。その延長で共産主義の中国に敵意を抱く。暮らしや生活よりイデオロギー優先なのである。

それに対して、ハト派は、憲法はいまのままでいいではないか、共産主義といっても隣の中国とは仲良くしたほうがいいではないか、とイデオロギーより暮らしを優先する。

具体的に言えば、小泉純一郎が（比較的）クリーンなタカであり、田中角栄がダーティなハトの象徴になる。分配を心がけるハト派は、ダーティにならざるをえないところもあるのである。

現在進行形の刺激的な話題で対比すれば、統一教会には小泉を含む岸信介から安倍晋三に流れる自民党の清和会が極めて近く、池田勇人に始まる宏池会と親和性が高いハト派の角栄はそれからは遠いということになる。

反共ウイルスと改憲ウイルスに侵されているタカ派は統一教会とほぼ一体なのである。

ところで、軍人などはクリーンなタカ派の典型だが、それよりはダーティでもハトのほうがマシという視点を得て、私は田中角栄を見直すようになった。

そして、早野の衝撃的な発言に接する。

「僕は、戦後民主主義というのは、シンボリックにいえば、上半身の部分は丸山先生がつくっていったと思っています。戦後というものの自覚、あるいは戦後観というものです。そして下半身は田中角栄がつくっていったという思いがします」

藤井裕久、早野、筒井清忠の『劇場型デモクラシーの超克』（中央公論新社）の中での早野の指摘だが、これを読んで驚くとともに納得した。早野は『丸山真男と田中角栄』から、早野と私のこんな会話を引いている。

「丸山真男と田中角栄は、実は同じ側にいる人間じゃないか」

「ふたりとも軍隊でぶん殴られて、ファシズムは嫌いだからね」

「丸山先生が生まれた四年後に角栄が生まれた。角栄が死んだ三年後に丸山先生が死んでいる。つまり七十五年間は日本の空の下でともに生きていた。本人たちは、お互い会ったこともないし、まったく違う世界に住んでいると思っていただろうけど」

私にとって角栄を描くことは消えゆく戦後民主主義を再生させることだった。丸山と共に、あるいは丸山以上に角栄ルネッサンスである。

松村謙三（まつむら・けんぞう）
一八八三年富山県生まれ。早稲田大学卒。報知新聞、県会議員を経て、一九二八年第一回普通選挙で衆議院議員初当選。東久邇宮内閣で厚相兼文相、幣原内閣で農相、第二次鳩山内閣で文相。戦後、「日中総連絡役」として日中間のパイプ役をつとめる。一九七一年逝去。

河野謙三（こうの・けんぞう）
一九〇一年神奈川県生まれ。兄は河野一郎。早稲田大学専門部商科卒業。肥料配給公団理事を経て、一九四九年公職追放された兄一郎の代わりに衆議院議員に当選、五三年参議院議員に転じ、連続五回当選。五八年自由民主党に入党、七一年参議院議長となり党籍離脱、七七年辞任。一九八三年逝去。

正言は反のごとし

松村謙三と河野謙三

正言は反のごとし——松村謙三と河野謙三

目次

プロローグ　清廉の士

『老子』の第七十八章にこうある。

天下の柔弱なるは、水に過ぐるは莫《な》し。
而《しか》も堅強を攻むる者は、之に能《よ》く勝ること莫し。
其の以て之を易《やぶ》ること無きを以てなり。
弱の強に勝ち、柔の剛に勝つは、天下知らざるは莫くして、能く行ふこと莫し。
故に聖人は云ふ、国の垢《あか》を受くる、是を社稷《しゃしょく》の主と謂《い》ひ、
国の不祥を受くる、是を天下の王と謂ふと。
正言《せいげん》は反《はん》の若《ごと》し。

諸橋轍次の『老子の講義』（大修館書店）によれば、その意味は次のようになる。

「天下の中で何が一番柔らかく弱いといって、水ほど柔らかく弱いものはない（水は方円の器に従い、自分を固執することがない）。しかしながら、堅いもの強いものを攻めてこれを打ち破る場合はその水の力に勝るものはない（例えば、涓滴＝けんてき＝岩をもうがち、硬い鉄も水中では腐蝕する）。それというのも、水が柔らかなるが故に、かえってこの水をやぶる他の力が何ものもあり得ないからである（鉄石を一刀両断する剣の達人も、水

だけは切ることが出来ない)。かく考えて来ると、柔弱なものが剛強なものに勝つことは、天下知らざるはないはずであるのに、知ってはいても、それを実行する者は誰もないのである。

そこで聖人は次のようにいって教えている。一国の垢、すなわち国中のあらゆる好ましからざる不潔を引き受ける人物、これを真の社稷の主人といい、また一国の不祥、すなわち国中のあらゆる好ましからざる不善不幸を引き受ける人物、これを真の天下の王と称するのであると。かくいえば、世人はその言葉の意外に驚くかも知れないが、由来、正しい言葉は、常に反対の如く聞こえるものである」

これから描こうとする廉直の政治家、松村謙三と河野謙三に「柔弱」や「水」といった形容が当てはまるとは思わないが、この「二人の謙三」の言動はまさに「反のごとし」で、常にアンチのように聞こえた。保守の主流派からは、いつも反主流扱いされたのである。

しかし、保守の枠をとりはずしてみれば、どうだったのか。また、二人をいつまでも「反」扱いしていいのか。

むしろ、現在の不幸は、松村謙三や河野謙三というくしくも同じ名前で結ばれた「反のごとし」的存在の政治家がいないことに由来するのではないか。

こうした問題意識を胸に、私は二人の生涯をたどっていきたいと思う。

松村は一八八三(明治十六)年生まれであり、一九〇一(明治三十四)年生まれの河野とは十八歳も離れていることもあって二人が直接クロスした場面はそう多くはない。しかし、河野謙三の兄、河野一郎を介在させれば、「二人の謙三」に共通して流れるものを汲み出すことができるだろう。

河野謙三の回想記である『議長一代』(朝日新聞社)で、松村の秘書だった田川誠一がこう証言している(田川は河野謙三の兄、一郎が結婚した照子の甥に当たり、一郎の息子の洋平とはいとこという関係になる。だから田川は河野謙三を「謙三さん」と呼んだ)。

「謙三さんは松村先生を非常に尊敬していた。岸信介に対抗して松村さんが、池田(勇人)派、三木(武夫)派をバックに自民党総裁選に立ったとき、河野(一郎)派は岸支持だったが、謙三さんはこっそり松村さんに票を入れたくらいだった。理念的、人間的に共鳴していたんでしょう。謙三さんが中国に向かったのも、松村さんの影響が強かったからと思う」

一九六六(昭和四十一)年夏、当時参議院の副議長だった河野謙三は初めて中国に渡り、国交のなかった日本と中国の間で陸上競技の国際的な〝早慶戦〟をやろうと提案する。

東京と北京で時間を示し合わせて同時にスタートし、電波で記録を交換するのである。渋る中国を三日がかりで説得して河野は覚書の交換にまでこぎつけた。

日本陸上競技連盟の会長でもあった河野は「スポーツに政治が関与してはいかんが、スポーツが政治に無関心であってはならない」が持論だった。

昔から「三S政策」といって、スポーツとスクリーン(映画)とセックスには国境がない、といわれる。そうした砕けた話もしながら、「最終目標はスポーツ交流だけではなくて、日中間の国交正常化だ」と河野は強調した。

こうしてようやくまとめた〝早慶戦〟だったが、まもなく中国で文化大革命が起こり、この交流試合の実現は九年後の一九七五(昭和五十)年のことになる。

「中国に全く知られていなかったボクが、初訪中でそんな話をまとめられたのも、実は松村さんの紹介状を持って行ったからなんだよ。どこへ行っても大歓迎でね。松村さんの信用は絶対でしたよ。アカだ、といわれながら、早くから『日中』に敢然と取り組まれた先見性も立派だが、また中国に対してあんなに率直にものがいえた人もなかったよなあ。中国でお世辞をいって帰る人はずいぶんいるけど、そんなの、あんまり信用はないんだよ。向こうだって、人をよくみていますよ」

一九七七（昭和五十二）年に前記の回想記『議長一代』で、河野はこういっている。

松村はこれより六年前の一九七一（昭和四十六）年八月二十一日、八十八歳で亡くなった。翌日の朝日新聞に河野は「松村謙三氏を悼む」という次の弔文を寄せた。

〈政治は人なり、と申します。これは政治にかぎることではありませんが、特に政治は、行う〝人〟によって、国が幸せにもなり、不幸にもなるのです。松村先生は、齢八十八歳、世の常で申しますれば、天寿を全うされたと申すことができるかもしれません。しかし、やはり、日本にかけ替えのない人を亡くした、といわざるをえないのであります。

松村先生は、晩年、日中間の正常化に文字通り心魂を傾けられました。日本と中国七億五千万人を代表する中華人民共和国との正常な国交なくして、アジアの平和があるだろうか、世界の平和を望むことができようか。その堅い信念のもとに、先生は保守政界にあって率先、行動されました。いま、日本はいうに及ばず、世界中の関心が中国問題に向けられているとき、先生にもう少し長生きをしていただき、日本のためにご忠告をたまわり、また、その行末を見届けていただきたかったと考えるのは、決して私一人ではありますまい。

私は先年、松村先生のご紹介、ご推薦で北京に参りました。おかげで、周恩来首相をはじめ、多くの中国要路の方がたと意見をかわす機会に恵まれましたが、いろいろな方にお目にかかるごとに松村先生のことが話題になりました。そのたびに、私の心に浮びましたのは「敵か味方か石ころか」という俚諺《りげん》であります。

人を見るとき、敵か味方か、あるいは傍観者か、を見わけるのはたいへんむずかしいという意味でしょう。外的条件の変化によって、味方がいつ敵になるかわからない。しかし、中国の人たちが、松村先生に対し、変ることなき真の中国理解者であると堅く信頼し、敬意を表していることを、私は北京に滞在中まざまざと知らされたのです。いま、その先生を失ったことは、日本の損失といわずしてなんでありましょう。

私は、かつて松村先生にほんとうに恐縮したことがあります。兄の一郎が亡くなった直後のことであったと存じますが、先生は、一夕、私をある料亭にご招待くださったのです。私は、先生のお言葉に感激し、「私も拳拳服膺《けんけんふくよう》いたしますので、この際ぜひ、握手をたまわりたい」と、向い合ったままテーブル越しに手を差出したのであります。

「それは結構——」と、先生は答えられながら、なかなか手をお出しになりません。見ると、先生はおもむろに卓上のおしぼりを取上げ、手を拭っているではありませんか。

感激の余りとは申せ、気負い込んで手をつき出した私は、今さらひくこともならず、冷汗する思いで、むさくるしいわが手を宙に浮かせたまま、先生が手をさしのべてくださるのを待つほかありませんでした。突然求められた握手に、まず手を清めようとされた先生の〝心映え〟に私はまことに恐縮し、いっこくなまでに律義な先生のご性格の片鱗にふれた思いがいたしたのであります。

先生は生涯、信義を重んじ、清廉を旨とされましたが、さらに、最近先生が執筆された『三代回顧録』の序文冒頭にはご自身で次のような趣旨のことを述べておられます。

「生を受けて八〇年、私は慈愛深き父母に育てられて成長し、学窓にあってはよき師、よき友に恵まれた。社会人となっては、よき先輩の指導、友人の交誼に接し、いまこれらの人を思い出すとき、私の人生はこの上なく幸福であった」と。

この文からにじみ出るものは、ご自分の〝この上なき幸せ〟を世に感謝する心からのお気持ちでありましょう。先生のいわれる、よき師、よき友も、実は、信義、清廉と同時に、常に感謝の念を持ちつつ世に処してこられた先生のお人柄によって、初めてえられたものと、私は信じるのであります。〉

第1章　世論との結託

元大蔵官僚ながら行革ムードがすっかり沈滞してしまったことを嘆く元日本住宅金融社長の庭山慶一郎は『老子』の「正言若反」を「正言は反するがごとし」と読み、こう語る。

「正しい言葉は一般に常識となっていることとは違っている場合があるということです。つまり常識が間違っていることが多い。正言は始めは常に少数派なのです。地動説も始めは少数派でした。ガリレオは宗教裁判にかけられても『それでも地球は回る』といって、その主張を変えなかったのです」

この「正言は反のごとし」の精神を体し、「七・三の構え」を実践したのが参議院議長となった河野謙三であった。

一九七一（昭和四十六）年七月七日、参議院議員だった河野は、参院選を戦ってその改革の必要性を痛感し、当選した参院議員全員に次のような書簡を送る。

〈長い感じのする選挙でした。選挙中は新聞もざっと目を通すぐらいしかできませんでしたが、少し落ちついたところで選挙中の新聞社説その他を読んでみますと、参議院はこれでよいのか、といった批判がいろいろな角度から論じられておりました。

そうした意見を総合しますと、参議院の政党化はやむをえないとしても、参議院の現状は、極端にいえば、まるで衆議院のカーボン・コピーに過ぎないのではないか……そういう耳の痛い批判に加えて、こんどの選挙を機会に、良識の府としての独自性を発揮できるようにしたい、という趣旨のように思われました。

要するに、参議院よ、しっかりしろ、ということですが、さらに例えば『読売新聞』の「都民意識調査」によりますと、「参議院はその役割を果しているか」という設問に対して「果していない」というほうの答が五九パーセントにのぼり、逆に「大いに果している」は僅かに一・九パーセント、「少し果している」が一九・九パーセントと、きわめてきびしい有権者の見方が出ております。

参議院に議席を持つ一人として、ピシッと鞭をあてられた思いがすると同時に、失われつつある参議院への信頼を取り戻し、参議院本来の使命を果すために、この際、心を新たにして一層の努力と工夫を重ねなければならない、と思うわけです。

そこで、私は日ごろ考えておりますことを二、三述べてみたいと思うのですが、まず私は、私たち議員が強い決意をもってやろうと思えば、すぐにでもやれるような、実行可能な運用の問題から手をつけるのが、いちばん現実的ではないかと思うのであります。

それには第一に、議長、副議長は党籍を離脱することです。

現在の参議院は政党化しているのですから、議長は第一党から、副議長は第二党から選ぶのが順当と思いますが、議長、副議長の党籍離脱は速かに実現させるべきです。

ただ、議長、副議長が党籍を離れても、次の選挙には党に復帰するのだから、そんなのは形式論じゃないか、といった反論もございましょう。

しかし、「数」の衆議院に行き過ぎがあった場合、「理」の参議院がこれをチェックする。参議院の存在意義がそこにある以上、党派を超えた院の運用が必要で、実を得るためには、最初にまず形を整えることから始める。議長、副議長の党籍離脱は、その第一歩であると信じます。

第二は、参議院から国務大臣、政務次官を出さないように自粛することです。

国務大臣は、憲法によって内閣総理大臣が、その過半数を国会議員の中から選ばなければならない、とあるのですから、参議院から閣僚を任命しても悪いとは言えません。

しかし、参議院に対する割当て何名、という具合に一種の持株のようなものができて、しかもそのイスをめぐって、いろいろ取り沙汰されるなどは、決して名誉なことではありません。

また例えば、衆議院で内閣不信任案が可決され、衆議院解散というような場合には、衆議院出身の大臣は一蓮托生、再び選挙によって国民の厳正な審判を受けなければなりませんが、参議院には解散がなく、議員は六年の任期を保証されているのですから、参議院出身の大臣は、責任があろうがなかろうが、いぜん国会議員の職に止まれるわけです。

こういう点を考えてみましても、衆議院議員と参議院議員との相違はハッキリするわけで、強いて入閣を希望するものは、衆議院議員となったほうがふさわしく、参議院にはやはり第一義的に良識の府、批判の府として、厳とした一線を守る心構えが肝要であろうと考えます。〉

以下は略すが、この、いわゆる「河野書簡」が参議院改革のキッカケとなった。

翌七月八日の記者会見では河野はこう語るのである。

「参議院のあり方としては、与野党ができるだけ話し合い、一致点を見出すような運営方法をとることが理想である、と私はかねがね主張してきた。今の重宗（雄三）体制下ではそれはとうてい望めないことである。重宗議長は、三年前に今後は自民党の党務にタッチしないということで、議長に三選されたのだが、依然として閣僚推薦権を自分の掌中に握っており、公正、中立であるべき参議院議長の立場というものを自覚しているとは思えない。私はまだなにも参議院の同志たちにはかってはいないが、場合によっては重宗四選阻止の矢面に立つ覚悟はできている」

そして、次の七月九日夕、参院社会党国会対策委員長の阿具根登が議員会館の河野の部屋を訪れ、

「実は今日は社会党を代表してきたのです。河野さん、あなたが議長に立候補されたら、社会党は全面的に支持します」

と伝えた。

「これはすでに民社党や二院クラブの全面的賛成を得ているし、公明、共産両党も正式の機関にかけて決定をすることになっているんです。全野党あげての支持ということになるはずです」

阿具根にこう続けられて、河野も驚いた。

当時の参議院は自民党議員が百三十七名。これに対して全野党が百十五名で、その差は二十二。したがって自民党から十二名以上が河野に投票すれば、河野議長が誕生するはずだった。

こうした、思いもかけない動きを察知した新聞記者に、

「いよいよ議長に立候補ですね」

と質問された河野は、

「私は政党人だから党の決定に従わなければならない。しかし、参議院に籍を置く政党人は、政党よりも国家を大切に思わなければならないときがあるよ」

と答えている。

しかし、重宗体制は佐藤（栄作）内閣を支える重要な柱であり、当然、締めつけも厳しくなった。

「河野の暴走を止めろ」ということで自民党主流派のすさまじい動きが始まったのである。佐藤の腹心で自民党の幹事長だった保利茂は河野と会い、重宗が降りれば河野の思いは果たされると読んで、重宗を降ろし、議長候補に木内四郎を推して、「議長になったら党籍離脱の用意がある」と言明させた。

回想記の『議長一代』で、このときのことを河野はこう語っている。

「保利さんとは、党本部かホテルの一室かで二度ほど会った。ボクは涙っぽいのかな、保利さん、あなた、私の真意がわかってくれない、とオイオイ泣いて訴えたことを覚えてますよ。

悔しかったのは、例えば、重宗の立候補断念表明の一節ですよ。河野は野党と結託して憲政に汚点を残した、なんていわれたままでは、終わったばかりの参院選挙で当選させてくれた選挙区の八十万有権者に応える道がないじゃないか。この声明を取り消してくれ、と頼んだんだが、保利さんは、それまではかんべんしてやってくれ、（重宗氏も）苦しまぎれに切なくていったんだろうから、といい、取り消すとはいわなかったよ。保利さんにしてみれば、あの重宗が降りたんだから、君も降りれば党は円満にいく、足して二で割るケンカ両成敗でおさめたい、ということだったんだろうな。

涙はポロポロ、声もつまって、醜態だと思ったんだけどね。よほど情けなかったんだろうな。ボクも案外、純情なところあるだろ」

重宗の「河野は野党と結託した」という非難に、河野は「オレは世論と結託したんだ」と反論する。

こうしたツバぜり合いの最中、右翼の黒幕、児玉誉士夫から河野のところに電話がくる。児玉と親しかった兄、一郎を通じて顔見知りではあったが深い関係ではなかったので河野は電話に出ず、夫人が用件を聞いた。

「国会議員が三人行くから河野君会ってやってくれ」ということだった。そしてやって来た三人は、要するにタメにならないから議長に出るな、と脅す。

「児玉があいうことになったから名前はまだいえないけどね。国会議員が児玉の命令で来るんだからねえ。右翼が政界にこんな形でつながっていることに憤慨したね」

こう述懐する河野に対してだけでなく、河野を支持する人間に対しても、さまざまな角度から〝脅迫〟が行われた。

一九六八（昭和四十三）年に重宗雄三が参議院議長に三選された後、「参議院はこれでいいのか」という気持ちをもつ自民党良識派が集まって「桜会」なるものをつくった。メンバーは新谷寅三郎や迫水《さこみず》久常を中心に十人足らず。もちろん河野謙三も加わっていた。

正式に「桜会」の看板を掲げたのは一九六九（昭和四十四）年の五月十四日で、重宗議長に再三にわたって参議院の改革を訴えたが、黙殺され、サクラつまり馬肉に何ができるかなどといわれていた。

そして、一九七一（昭和四十六）年夏、重宗四選の話がもちあがり、やむにやまれず、河野は参議院議員全員に書簡を送る。「オレの思いをしるした手紙を出す。みんなにわかってもらうには、これしかない」。さまざまに思い悩んだ果ての行動だった。

「手紙なんてものはめったに書きゃあしないんだが、あのときばかりは思いつめてラブレターを書くような気持ちだった。ほんとに虚心ですよ。どうしてあの人が好きなんだといわれても、好きだから好きだ、というしかないでしょう。それと同じですよ。なんとか参議院をよくしたい。その一念で書いたんだよ」

『議長一代』で河野はこう語っている。この「ラブレター」はまず、桜会の仲間に火をつけた。彼らは重宗四選阻止に燃えあがり、連日会合を開くことになる。

河野は最初、会の長老の青木一男を議長候補に考えていたが、野党の協力が得られそうもなく、「手紙を出した以上、キミがやれ」という新谷の一言で河野を候補にすることになった。新谷によれば「犠牲候補」である。

それだけに、重宗を降ろすことに決まってからの、桜会メンバーに対する自民党執行部の切り崩しは激烈だった。

とりわけ、新谷に対するそれは執拗で、幹事長の保利茂に何度も呼ばれて説得されたほか、選挙区の知事や県会議長からまで働きかけがなされた。

しかし、新谷は退かない。

「重宗が降りることになって、党のほうからすっきり収めてほしいとずいぶんやかましくいわれたものだ。いろんな手を使って圧力がかかってきたよ。しかし、そのやり口に腹が立って、みんなで一万円ずつ出し合って、ホテルでがんばることにした」

新谷はこう証言している。

桜会のメンバーの中には、選挙違反で引っかかっていた人がおり、党の方から検察庁にかけあってもらって穏便にすむことがわかり、その人は以後、態度をガラリと変えて「河野降ろし」にまわったという。

そんな中で、総務会長だった中曽根康弘が議長への立候補を見合わせるよう、すすめに来た。

中曽根の話を黙って聞いていた河野はこう答える。

「中曽根さん、オレがここで降りたら国民はどう思うだろう。取引をしたとしか思わないのじゃないか。今度だけはオレの思うとおりにさせてくれ」

そばから、謙三の甥の洋平も、

「中曽根さん、叔父貴には、もうこれ以上、なにもいわないでください」

と涙声でいった。

河野を推していた仲間にも、「もういいのじゃないか」という雰囲気が漂い出した中で、「参議院改革の人柱になるために、どこまでもがんばる」ことを誓った河野は、仲間を前にして、こう信念を吐露した。

「みなさんのご親切はまことにありがたい。しかし、私は、参議院刷新という目標をここでおろしてはいけないと思っている。私のうしろには国民の目が光っている。私はどこまでも自分の信念を貫いて、この国民の審判に応えたい。ここで私が降りたら、国民は『やはり自民党内の私闘だったか』というでしょう。私はそれが耐えられないのです。私はどこまでも私の道を進ませてもらいます」

大きく息を吸って静かに語る河野の言葉を聞いて、迫水久常が、

「河野君、これ以上ねばるのは、君のわがままのような気がする。どうも、われわれと河野君の意見は違っているようだ。残念だが仕方がないと思う」

といった。これに対し、剱木亨弘が、

「河野さん、あんたは、今、戦陣で鎧を着て、馬にまたがっている武将だ。私は、その馬のくつわを握っている一兵卒なんだ。その私が、もうこれ以上前へ進んではいかんと、くつわを必死に押さえているのがわからないのか」

と強硬に反対したが、河野は、

「ありがとう。もう理屈じゃない。これ以上なにもいいたくない。勝敗はまったく問題にしていないのだ。どうか私を楽にしてください……。みなさんもどうぞ自由にしてください」

と答えた。

「楽にしてください」は河野の偽らざる心境だったろう。自民党執行部は河野説得に井野碩哉を使った。井野は農林次官を経て農林大臣などをやった人で、肥料の配給公団理事長時代、河野の上司だった。そのころ河野は何かの会議で誰かとケンカして、もうやめたと自宅に引きこもったのを、ていねいに呼び出され、親が子をさとすように説教されたことがある。そんな井野をはじめ、あらゆるルートを使っての説得に疲れてもいた。

もちろん、逆の激励もある。夜中の二時ごろ、毎日のように社会党の阿具根登からかかってくる「どんなことがあっても降りては困る」といった電話をはじめ、自民党内では三木武夫から、

「君、降りるなよ、彼らはいろいろやっているからハラを決めてやってくれ」

という電話が入った。

そして、七月十六日夜の桜会総会を迎えたのである。場所はホテル・ニュージャパンのプリンスの間だった。

河野が「これ以上なにもいいたくない」といって座った後に石原慎太郎が立ち、

「河野さんの意志がそこまで堅いのなら、もういいじゃありませんか。私は地獄の底までついてゆきますよ」

と甲高くいった。

それを受けて、切々と次のように訴えたのは亀井善彰である。

「私は、先生の決意を知って、先生に殉ぜざるをえないと覚悟を決めました。僭越《せんえつ》ながら、桜会の諸先生方も、この一年半の長い友情をお考えになって、どうか先生に賛成票を入れてください。お願いします」

本会議が始まるという電話がしきりにかかってきて、みんなが立ち上がった部屋の片隅で、河野洋平が亀井の両手をつかんで、

「亀井さん、ありがとう。信念を貫く——これが河野の家の血なのです」

と涙ながらに叫んでいた。

「勝てるとは夢にも思わなかったし、勝とうとも思っていなかった。ただ、これでオレは全力を尽くしたという気持ちだけがあった」と河野謙三は述懐しているが、いよいよ〝決戦〟に突入したのである。

七月十七日午前零時三十四分、参議院本会議場に深夜の議長選挙の結果を告げる参議院議長代理、安井謙の声が響きわたった。

「河野謙三クーン、百二十八票」

欠席者が五名で過半数は百二十四票である。河野議長誕生を知った議場から、ウォーッという異様な歓声があがり、

「木内四郎クーン、百十八票」

の声はかき消された。

当時、現場の新聞記者のほとんどが九九パーセント河野の勝ちはないと読んでいた。その「常識」が引っくり返ったのである。まさに、それは「重宗王国」をくつがえす革命だった。

河野が各党へのあいさつまわりに出かけたのを見届けて、当時、毎日新聞政治部の記者だった三宅久之が一足先にニュージャパンに帰ると、灯りが消えて薄暗い玄関先に、河野夫人の園子がひとり立っていた。

「奥さん、勝ちました」

三宅が勢いこんでいうと、園子は、

「謙三が〝中折れ〟して皆様にご迷惑をかけることはないかと、そればかりが心配でございました」

と冷静に答えた。

『証言　河野謙三』（毎日新聞社）でこのエピソードを紹介している三宅は、「今だから明らかにするが、共産党の河野支持を取り付けたのは私である」と書いている。

宮本顕治と三宅は、三宅が野党クラブのキャップをしていたころからの旧知の仲だったが、不破哲三を通じての折衝がはかどらないので、たまたま七月十五日に椿山荘で開かれた共産党のパーティーで三宅は宮本をつかまえ、

「共産党が独自候補を立てず、白票を投じないで河野氏へ投票してもらいたい。条件を付けられては困るが、党籍離脱と公正な参議院運営は約束する」

と述べ、

「わかりました」

という返事をもらう。

もっとも、社会党の阿具根は、共産党は最後まで態度を保留していて、議場の入り口で、共産党が「どうする」というので、「われわれは初心通り河野でいく。あんた方は独自候補を立てるなら勝手に立てろ。そのかわり、それで河野が敗れたら、われわれはあんた方を利敵行為とみなすぞといってやったが、そのやりとりが決め手だったと思う」、と証言している。

いずれにせよ、自民党議員十五名の票を得て河野は参議院議長となった。

第2章　七・三の構え

野党議員百十三名と自民党議員十五名の票を得て参議院議長となった河野謙三が就任後、自民党控室に挨拶に行くと、ちょうど議員総会をやっていた。

しかし、いわば党への〝反乱者〟に誰も振り向きもしない。仕方なくしばらく立っていたら、ようやく、重宗雄三の側近だった平井太郎（当時の自民党参議院議員会長）が声をかけた。

「河野君、なんか用か」

これ以上ない突っけんどんさである。

「挨拶に来ました」

といいながら、河野はコノヤローと思った。戦いはもうすんでいるのである。ゲームセットではないか……。

このとき、その総会場にいて「何ともいいようのない複雑な、やるせない気持ちで」河野の後ろ姿を見送ったのが栗原祐幸だった。

河野に最も近いと見られていた栗原は、河野に投票した奴はけしからんという雰囲気の中で、お前もそうだろうと白眼視されたという。

そんな総会を終え、宿舎に戻った栗原は、午前二時ごろ、河野に電話をかけた。板ばさみの苦労を味わった栗原を知っている河野はこういった。

「栗原君、心配をかけてすまなかった。自民党にはわずかな友人しかいない。君にはこれからも厄介になると思うけれども、ぜひ、僕を助けてほしい」

『河野謙三先生と私』（広済堂）の中で栗原は、この電話の後、「事実、議員総会の様子を思い出すだけでも、河野さんに対する自民党の仕打ちが思いやられる。厳しい荊棘《いばら》の道を歩かねばならぬ河野さんを考えると、私も出来る限りの手伝いをしなければならぬと思った」と書いている。

前記の平井太郎は、今後の国会運営で河野に一泡も二泡もふかしてやると公言しながら、三人、五人と議員を呼んで反河野感情をあおりたてていた。

栗原に対しても、

「君は自民党だということを忘れちゃいかんぜ」

と、しばしば牽制《けんせい》する。

しかし、これはまだ穏やかな方で、暴れん坊の玉置和郎を筆頭に、河野憎しのボルテージはあがるばかりだった。その後、国会運営が思い通りにいかないと自民党内では「諸悪の根源は河野にあり」と河野攻撃が繰り返されたのである。

共産党の委員長だった宮本顕治が「河野議長は自民党のいいなりになって、われわれを抑えつけるのではなく、政府に対して是々非々の態度でスジを通そうとした」と評価したのだから、なおさらかもしれない。

むしろ、社会党の加瀬完が「河野は七・三の構えとかなんとかいっても、自民党の横暴を完全に抑えることができなかったので意味なかったね。形式を整えて処理することに重点がかかりすぎて、ある点では重宗より悪かったね。やはり、自民党員で法案で戦うという経験がなかったのでやむをえないが、許せないところだ。ただ、参議院の権威を高めたことは評価していいと思う」と、ずいぶん辛い点をつけている。

それにしても、自民党議員で河野に票を投じたのは誰なのか。桜会のメンバーでも河野と書かなかった人がいるし、確実に書いた桜会の会員プラス石原慎太郎らで十三名までは読めるが、残る二名はナゾのままである。

いずれにせよ、自民党が党議拘束を強化して議員を締めつければ、頭数は逆転して二十票ほど自民党が上まわったはずだ。

こうした状況の中で、河野は議長就任後、直ちに自民党離脱の手続きをとった。そして、こう声明したのである。

〈私は参議院議長に選ばれた。ここではっきりもう一度明らかにしておきたい。私が参議院議長選挙に出馬したのは、参議院議員と国民の皆さんに対して、参議院の議長には重宗氏がよいか河野が適しているのかの選択を求めたのではない。参議院の当時の体制を根底から崩さなければならない必要を痛感したからであって、重宗氏との通俗的なポスト争いでは断じてなかったということである。

同志の皆さんと国民の強い批判によって重宗氏は辞任したし、当時そのことで目的の大半を果したたという見方もあった。だが、それは早急な結論だと私は思う。自民党の議員総会では、私が〝書簡〟で訴えた第一の問題、つまり、議長、副議長の党籍離脱と副議長を第二党から選ぶべきだという主張が、いとも簡単に葬り去られたからである。それぞれの思想と信念をもつ政治家を党議でしばろうとする態度こそ「良識の府」に逆行するものであることはいうまでもない。しかも、私と野党との密約説まで公然と口にされた。私は議長当選後、社会党の控室へ議長就任のあいさつにいったとき、「私は皆さんと結託したのではない。世論と結託したのです」とはっきり言明したものだった。このような〝密約説〟があるかぎり、与野党が共通の広場を持ちながら、円満に国会を運営しようという願いは全く反古《ほご》にされるわけだった。これではなんのための重宗退陣かわからないと思った。こうした状況から、私は参議院の体質の古さを改めて知らされた思いで、かえって出馬の決意を堅くしたのであった。〉

「私は元来争いを好むものでなく、ただひとつの願いは、何度も繰り返すように、参議院の良識の回復にある」という河野の主張を、しかし、自民党議員のほとんどが聞こうとはしなかった。

「党議拘束の緩和」が河野の改革の急所だったが、それは、栗原が指摘するごとく、「既存の政党にとっては、〝危険思想〟」だったからである。保守と革新のワクを越える発想は、とくに前記の玉置や中川一郎、渡辺美智雄、浜田幸一らが集まった青嵐会からは指弾の的とされた。

のちに河野は松岡英夫との対談で、

「ぼくが非常に不愉快なのは、日本で何か政局で問題があると必ず〝財界の意向〟ということが出てくる。財界がどっちを向いているかなんていうことを新聞記事にする。最も不愉快だな、あれは……。

〝産業界〟というならまだわかりますよ。〝財界〟なんていう言葉が政界に作用する。しかもそれになんの批判もなく、財界のご機嫌をうかがっているような日本の政治というのは、非常に堕落していると思うな」

と嘆き、松岡の、

「しかし現実に自民党としては、産業界といっていいか財界といっていいか、そこから政治資金をもらわないと党の運営もできない、選挙もやれない、ということになっているんですが」

という問いを受けて、

「だからね、ぼくの言うような認識に立つなら、自民党なんてもうどうなってもいい、選挙なんて負けてもいい、政権はどこかに譲りましょう、と。党よりもやはり国家が大事ですよ、というところまで徹しなければだめですよ。そこまで肚《はら》がすわらず、財界からの金で選挙をやって、あとでなんとかかんとか言っておったんじゃ、本当の改革はできやしないと私は思います。そこまで下がる決心がなけりゃ口の先の改革案ですよ。

日本の政治で一番いけないのは、権力者が三つあることですよ。官僚と財界と政界と。政界は官界――官僚に強い。ところが官界は政治家には弱いけれども実業界には強いんです。官僚に弱い実業界は政界には強い。この政界と官界と実業界と、藤八拳《とうはちけん》（拳の一種。狐・庄屋・鉄砲の三つの型の身振りによって勝負を争い、続けて三拳勝った方が勝ち）やってるようなものなんです。やはり一国の中心は政治であって、政治が官僚にも財界にも一切支配を受けないという毅然《きぜん》たるものがなければ、最高権威としての政治というものを認めるわけにはいかんですよ」

といい切っている。

この「自民党なんてもうどうなってもいい」という考えが、青嵐会を含む自民党多数派からは過激な〝危険思想〟と見られ、河野は〝危険人物〟とされた。

ともあれ、国民がよくわからない〝院内主義〟ではダメだと説く河野が、議長として掲げたのが「七・三の構え」だった。

これについて河野はこう語っている。

「このぼくの姿勢は本当に理解されていないんだよ。算術的に七・三というんではないんだよ。七・三の構えですよ。野党寄りに構えていると野党もぼくを信頼して、うまくいくってこったよ。結局は公平にやろうってことですよ。公平というのは真っすぐ座っていればいいっていうけど、それでは野党のほうが公平とはみませんよ。

七・三の構えっていうのはね、昔、芸者は人力車に乗りましたよ。そのとき、真っすぐ座ると帯がつぶれちゃうんで、帯をつぶさないために、はすに座ったんだよ。イキなもんですよ。そうすると人力も体を七・三に開いて車を引いたんだ。イキなもんなんだよ。それがわからないんだな。

少数意見をつぶさん、これですよ、七・三の構えというのは。具体的にいえば何でもないことですよ。野党に、少数党に質問の時間を与えないというから『与えろ』といったのであり、発言時間を五分に限るというから『五分じゃあ、何もできんから、十分、十五分質問させたらどうか』といったんで、これは『野党寄り』でもなんでもないですよ」

自らも少数派の道を歩いてきてはじめて、こういう構えがとれるのかもしれない。河野は「議長はアンパイアだ。早稲田や慶応のユニフォームを着て、早慶戦の審判ができるか」ともいった。

筆者は一度だけ、河野謙三にインタビューしたことがある。

佐橋滋が理事長をしている余暇開発センターの機関誌『ロアジール』の一九七七（昭和五十二）年六月号に載せる人物スケッチのためで、日本体育協会会長としての河野を、東京・代々木の岸記念体育館に訪ねた。

そして書いたのが次の小文である。トリム運動とは余暇開発センターが中心となって進めていた健康運動の一種だった。

〈トリム運動を〝文明の錆《さび》おとし〟と形容する河野さんは、

「汗なき社会は堕落だよ。とにかく一日一遍汗をかくことだな」

と語る。

政治家としてどうしても不規則な毎日になりがちな河野さんは「汗をかくこと」を生活の中に意識するよう努めているという。

早大時代、マラソンの選手として鳴らし、現在、日本体育協会会長。「ひとりの天才より大衆の心眼の方がするどい」と喝破して、兄・一郎氏譲りのパチンコを愉《たの》しむ。

政治家らしくない〝もぎたての笑い〟は大衆とともにある姿から生まれるのだろう。参議院議長就任に当たって、力の弱い野党寄りの〝七三の構え〟を打ち出したが、私心なき名アムパイアーである。

「自然の摂理」を説き、園芸を愛する。小田原市出身。七十五歳。〉

「オーイ」と、何のてらいもなく事務局の人を呼んでいた姿と、思わず吸い込まれるような親しみ深い笑顔が印象に残る。

ところで、このスケッチにも書いた野党七、与党三の「七・三の構え」について、河野はこう説いている。

「日常生活にたとえれば、与党は主人公で、野党は玄関をたたく客である。やはり客を迎えた場合、客に充分ものを言わせるのが礼儀というものだ。それが五分五分では礼を尽くしたとはいえまい。

政府・与党は法案を出す前に党内部、関係省庁、閣議などそれぞれのレベルで論議を尽くしており、またそのように周到に準備することも責任政党あるいは政権政党としての責でもあるが、それに対して野党は政府・与党提出の案件を読んで疑義をただす、というのが国会の役割といってよいだろう。議場では、可能な限り『親切にお答えしましょう』といった態度が政府・与党には望ましいのである。

〝七三の構え〟をとる私が第一党を軽視している、との非難はそういった意味から見当違いだ。議会制民主主義を育てるためには、いま言ったような配慮が必要であり、二院クラブなど少数勢力にも、というよりむしろ少数勢力だからこそ、発言の機会をできるだけ与えねばならないと思う。ただし社会党は、野党第一党というだけでなく、その勢力を自民党や他の野党と比べてみても、この場合には少数党であるというわけにはいかない。(中略)

大切なことは、与野党ともに満点主義にこだわらず、六〇から七〇点で我慢することである。最初から〝絶対〟ということで結論を出してかかるのでなく、慎重に柔軟に審議を尽くして、それぞれの理想や結論に一歩でも近い、よりよい結果を見つけ出すのが議会政治だと思う。そこにこそ議論の意義があり、また議会の存立もかかっているのだ。世の中には自分よりもいい知恵をもっている者が多くいるという経験を誰しももっていると思うのだが。

とくに、くどいようだが、与党は寛容と忍耐の精神で議場にのぞみ、審議の過程で聞くべき意見があれば、思い切ってどしどし原案修正に応ずるのがよい。野党には、ただ『絶対反対』でなくて、具体的、建設的な意見・創意を出す責任があるし、そういう肚の太さが必要であろう」

すでに議長になって二年が過ぎていた。その時点でのこの言である。河野は議長になるとき、与党の自民党から「野党と結託した」とコキおろされたが、「いや、世論と結託したんだ」と反論した気持ちに変わりはないとしつつ、こう締めくくる。

「ずばりいって、私は単独審議を絶対に認めないというわけではない。野党が明らかに引き延ばしのための審議拒否に終始しているとみれば、私は国民世論と結託して必要な措置に出ることになるだろう。もちろん審議においてあらゆる手段を講じて与党への対抗措置をとるのは野党の当然の権利である。国民の大多数が必要と認めるような抵抗であれば、それを頭から無視することはできないと思う。妥当な運営、正当な主張がされているかぎり単独採決はやらせない、というのが私の決意である。なにが妥当であり、どこまでが正当か、ということは、私は私としての良識にもとづいて判断せざるをえない。私の良識の当否は広く国民の審判にまつものである」

河野謙三は、「嫌いな人間は」と問われて、

「欲ばった奴。物欲、色欲、名誉欲……私は軽べつする、というよりもあわれと思う」

と答えている。

これは松村謙三も同じだったと思うが、この「二人の謙三」に共通した趣味が洋ランの栽培だった。

河野はこう語る。

「花というのは不思議なもので、育てる人の性格というものがよく出てくる。みんな可愛いものだから水

や肥料をやるんだが、大体は早く大きくしてやろう、早く咲かせてやろうといって、かえって失敗するんだね。しっかりした花を作るには、なんといっても水をきらせて花自身の生きる努力によって根を張らせることが大切なんだね。根を張ってはじめて水や肥料をやると、りっぱな花が咲くんだよ。ところがねえ、花作りをしていると百人が百人まで、まず水はどうします、肥料は何を使っていますと聞くんだ。これがいちばんいけない。子どもの育て方も花と同じなんだよ。あれやこれや手間ひまかければいいというが、かえってひ弱な子どもができてしまう。自ら努力もしない、抵抗力もない子どもに育てたくないと思うなら、自分の力で根を張らせるようにしないとダメだよ」

りっぱな花を咲かせようと思ったら、心を鬼にして少なくとも半月間は水をやるな、肥やしも一ヵ月か二ヵ月はやってはいけない、やりすぎると臭くなる。やらなければ花自身が生きるために努力して、しっかりと根を張るのだ、と河野は説いた。

「政治家は一代限り。親に適性があっても、子どもにあるとは限らぬものだよ」

といった松村も、もちろん同じである。その松村は「議員は自分の生活を支える給料取りではない。国民に対する奉仕者である」として、生涯、自分の職業を「無職」と書いた。

岸信介、池田勇人、佐藤栄作、田中角栄、福田赳夫、大平正芳、中曽根康弘ら歴代の首相が、いずれも息子か女婿を政治家にしているのに対して、松村謙三の「世襲などすべきものではない」という考えは、当然のことながら、光る。

松村がランの栽培に興味をもったのは一九二九（昭和四）年ごろ。輸入した中国ランを手に入れてからのことだという。

君子蘭に象徴されるように、ランは中国では「君子の花」である。その清楚《せいそ》で高貴な姿は二人の廉潔の士にふさわしいが、ランは花をつけるまでに年数がかかるので辛抱草ともいわれるとか。

政治家こそ、ランのように君子の香りを失ってはならないのに、歴代首相に代表される日本の政治家は辛抱が足りず、我欲をまったく抑制しないで息子や女婿に地盤を継がせ、日本の民主主義の土壌を腐らせている。

ここに挙げた歴代首相は田中を除いてすべて元官僚だが、松村がその生涯を賭けて闘ったのが官僚的な権力政治であり、河野もまたそれを徹底して排した。

河野は佐藤栄作について、こう語っている。

「ボクは佐藤とは基本的に相いれなかったな。総裁選でも一度も佐藤に入れたことはない。要するに彼は官僚ですよ。ボクは、佐藤というよりも、官僚がきらいだな。なぜかというと、権力を一番巧みに使っているのが官僚ですよ。その代表が官僚政治家だ。官僚というのはハラで国民をバカにしている。国民もよくないんだ。役人というと、くだらんことまで陳情する。それをまた高いところにすわって『聞いてやる』だ。そういう中で育ったのが官僚だよ。長い歴史の中で国民自体がそういうものをつくってしまったんだな。だから、選挙といえば役人がむやみに出て来る。これは日本の民主政治の大きなガンだと思いますよ」

冒頭に書いたように、河野は副議長時代に中国に行った。アメリカの顔色をうかがって中国との国交回復に消極的だった当時の首相、佐藤栄作はそのとき河野に、行くのをやめてくれないか、といったという。

それに対して河野は、スポーツのことで行くので政治とは関係がないから、と蹴って出かけたのだが、その後、国会で野党議員に「首相は中国との国交回復に積極的でない」といわれた佐藤は、何と「いや、そんなことはない。現に副議長に行ってもらっている」と答えたのである。

「私はアンチ・ジャイアンツなんだ。反骨精神ですよ。何でもいいからジャイアンツさえ負ければいいと思ってるんだが、なかなか負けないのでね」

こう語る河野謙三の反骨精神は、好意をもっていた中国の周恩来首相に対しても発揮された。

河野が一九六六（昭和四十一）年六月二十九日に中国に渡ったのは、日本陸連の会長として中国のＩＯＣ復帰に一役買おうというのが主たる目的だったが、七月十三日夜、上海で行われた周恩来との会談で、河野は周とぶつかったのである。

宿舎で待っていた体協理事の広堅太郎に、帰って来てステテコ姿になった河野はいきなり、

「周恩来とケンカしてきたよ」

といった。

河野によれば、スポーツ交流の話は何の障害もなく進んだのだが、佐藤政権のことになって、周はにわかに興奮し、

「佐藤政府はアメリカ帝国主義と手を結んで中国に攻めこんで来る。しかし、われわれはどんな攻撃を受けようとも、決して負けない」

と強調した。

それに対して河野は、

「佐藤首相とは意見を異にすることが多いが、仮にも日本人が選んだ首相に対する言葉としては聞きずて

ならない」

と、やり返したのである。

周も顔を紅潮させ、

「もう、あなたとは話す必要がない。お帰りください」

と席を立ったという。

『証言　河野謙三』で、こう書いている広は「この話は多分に脚色されているのではと思っていたが、その夜、われわれに付いている中国側の関係者が、心配顔に右往左往していたところを見ると、かなりきわどい会話だったようだ」と付言している。

これと共通する話が松村謙三にある。河野訪中より一ヵ月余り前の五月十二日、松村は八十三歳の高齢を押して中国へ渡った。佐藤内閣の中国敵視政策によって細々と続いてきた日中貿易の灯が消えるのを恐れ、四度目の訪中を敢行したのである。当時、中国には文化大革命の嵐が吹き荒れていた。

その中で周恩来はじめ中国要人は歓待してくれたが、佐藤内閣への非難は、その兄の岸内閣の時より激越だった。

それに対して松村は、きっぱりと、こうハネ返したのである。

「佐藤首相は日本の首相でございます。私は日本人でございます。日本人の私の前で、日本の首相の非難をすることは断じて許しません」

強い信念に生きてきた松村の気迫は、さしもの周をも黙らせるものだった。

しかし一方で松村は笑いにまぎらせながら、こう語ってもいた。

訪中に同行した記者たちと、ひとしきり内外の政治情勢について話した後、松村は重々しく口を開き、

「佐藤栄作には、まだ、お国のために果たせる仕事が残っておりますぞ。立派にお役に立てることが……」

といった。

のちに静岡県知事になる同志の竹山祐太郎が半ばあきれた感じで何かいおうとするのを制しながら、松村は続けた。

「よろしゅうございますか。一日も早く、総理・総裁から身を引くことですよ。あっはっはっは」

これには、思わずみんなが吹き出したという（遠藤和子『松村謙三』KNB興産出版部）。

緑風会という会があった。一九四七（昭和二十二）年五月十七日に佐藤尚武、下条康麿、佐々弘雄、宮城タマヨ、田中耕太郎らの呼びかけによって結成された参議院の無所属議員の院内交渉団体で、参議院の政党化を防ぎ、職能代表的性格を確立して中立性を保持することをその目的としていた。発足時の議員は五十八名。一時はそれが九十六名にもなり、参議院最大の会派として、参議院を「理性の府」たらしめたのである。

河野謙三は、一郎の追放解除とともに衆議院から参議院にまわって一九五三（昭和二十八）年春の選挙で当選した河野謙三は、この緑風会に入った。当時の緑風会は最盛期で、山本勇造（筆名・有三）、松平恒雄、鈴木文四郎、高良とみ、高瀬荘太郎、奥むめおなどが所属していた。

この緑風会が中心となって、参議院が衆議院の行き過ぎをチェックし、強行採決されて参議院にまわってきた法案を修正したり、ときに審議未了として葬ったりしたのである。

しかし、参議院の政党化が進み、保守合同で急速に衰えて一九六五（昭和四十）年七月、解散のやむなき

に至る。

『議長一代』から、河野の回想を引こう。

〈ボクが理想とする緑風会ってのは、非常に気楽だったね。（昭和）二十八年の選挙を『参院は無所属』の一念でたたかって当選すると、ボクと同じ考えの緑風会がある。別に立会人もなく、はいりたいっていったら、わけなく入れてくれた。政党なみの交渉係とか世話人はいたけど、何の拘束もなく、議員一人一人の重みが非常に尊重されましたね。ひとつの法案が出ると総会で賛否をたたかわす。みんな一致すればいいが、そうでない場合は自由問題としてそれぞれの判断に任す。大体、思想的には保守系の人が多かったのでうまく運んだが、自由問題も多かった。それに、みんな政府の連中より見識があるから、修正もだいぶした。ボクも、戦後復興は食糧からと張り切っていたので、農協出身の森君（八三一、のちに副議長となって河野とコンビを組んだ）らと猛勉強しましたねえ。酪農振興法を修正した記憶がある。衆院へ出かけて説明するんだから面白かった。

会の運営は、当選年次なんかで国対や議運を決めてやってましたが、政党が持っている、なんというのか一種の醜さはまったくなかったね。権力とか、金力とかがいつもからんでくる政党とは断然違うんだな。われこそは国会議員である、国民の代表であるという自負があふれていた。そのうちに大臣を出すようになるわけですが、佐藤尚武、河井弥八（いずれも参院議長）なんていう先輩は超然としておったね。ああいう指導者だから、緑風会をもっていけたんでしょうねえ。

だけど、残念なことにいろいろな法案が出てくるに従っておかしくなってきた。総会が自由問題の扱いでもめてくる。ははーん、政府から手が回っているなとわかってくる。キャスチングボートを握っているから当然なんだが、問題はやはり大臣だね。〉

しかし、この緑風会を河野は一九五八（昭和三十三）年に脱会することになる。緑風会では、とても選挙に勝てないと考えたからだ。

こんな河野について、前記の森八三一は、河野さんは緑風会の総会のたびごとに「大臣を出すな」「政務次官になるな」と耳の痛いことをいっていた、と証言している。「議長になっても昔の緑風会のことにはことのほか気を配り、その精神を生かそうと努力していた」というのである。

その森に、副議長選挙で敗れたのが社会党の羽生三七だった。羽生は一九七一年七月十七日付の『読売新聞』にこう書いた。

〈かつて衆議院から送られてきたいわゆる〝ドッグ・レース法案〟（畜犬競技法案）を衆議院では与野党の大多数が賛成して可決、通過させたにもかかわらず、参議院では（ギャンブル反対の立場から）審議未了、廃案にしたことがある。また昭和二十九年には自衛隊の〝海外派兵禁止決議案〟を成立させたが、これなどは参議院の独自性を示すよい例だと思う。かつてできたことが今できないはずがない。機構改革も必要だが、現在の制度のなかでも、努力しだいで参議院の存在価値を高め、その役割を果たすこともできる。やろうと思えば即座にでもできることだ。そのためには参議院議員全員がその心構えをもつことが必要だが、河野議長は参議院の代表として、そういう点を充分配慮し、国民の信頼にこたえてほしい。〉

この羽生の言葉は緑風会の精神と合致する。これを「国民の声を代表するもの」と思って読んだ河野は、すぐに改革に着手する。国会を「開く」努力を開始したのである。ちなみに河野は、あのとき、「努力という字を知っているか。女のマタには力があるということだ。女性は強いよ」などと軽口をたたいている。

そんな河野が議長になって国会議事堂をひとまわりして、まず驚いたのが、地下の傍聴受付だった。鉄格子がはまっていて、まるで刑務所である。「主権在民」どころの話ではない。河野は直ちに、明日の朝までに鉄格子をぶちこわせ、と厳命した。

傍聴人の身体検査もやかましすぎるし、傍聴人用の廊下にはじゅうたんもなく、壁も汚かった。本会議の傍聴席まで、階段を四階分も上がらなければならないのにエレベーターもない。トイレは男女別になっていないし、身体障害者用のトイレもなかった。

それらをすぐに改善させたほか、国会審議の速記録を全国の図書館に配ったり、請願審査の受付期間を延ばしたり、公聴会を地方で開催したりすることにした。

「国会の設備の改造なんて小手先の話じゃないかという人もあるが、ボクはそうは思わない。礼は心なり、儀は形なり、という言葉がある。まず形を整えなければ、中身の改善なんか進まない」

河野はこう語っている。

第3章　不肖の弟子

河野謙三は歴代首相を次のように月旦《げったん》している。

まず、佐藤栄作評。

「ときの政界の流れを正確に押さえて常に先に手を打っていた。余人がまねできないところがあった。一番えらかったのは、何といっても田中角栄をうまく使ったことだ。人を使いこなす点では、佐藤の右に出る者はいないんじゃないか。しかし『エイちゃんと呼ばれたい』といっていたが、ついに『エイちゃん』とは呼ばれなかった。国民もわかっているんですよ。親しみを持たれる人と、そうでない人の違いがね」

次に田中角栄評。

「決断の早い逸材だ。百年二百年に一人、といった男だよ。先が見えすぎるものだから、いつも世の中よりテンポが早すぎる。その辻《つじ》つま合わせを金の力でやるのが、失敗のもとになっている。金脈とロッキード事件、田中のやったことは倫理的には許せない。とんだことをしてくれたなあ。残念だなあ、と思っている」

三木武夫評。

「あの人らしい出方だね。実にタイミングがいい。ぼくのとこにもきたから『なまけ者の節句働きですかな』って言ってやったんだが、意味がわかったかな。三木がダメになったのは、長い政治生活のわりには、政治のテクニックが下手だったからだと思う。少数派閥ということもあるが、国会運営の経験がなかったんだね」

福田赳夫評は驚くほどに辛い。

「とても完投できるピッチャーじゃない。経済だって、ちっともわかっちゃいないよ。国民に消費や借金を奨励するなんて政治は人類史上にないね。体質そのものがタカ派で考え方が堅い。取りえは根性。がまん強く妥協しないところがいいね」

大平正芳評。

「見かけはどっちを向いているのかわからんが、なかなかハラがすわっている。口が多いようだが、彼がオレのようにペラペラしゃべっちゃいかんよ。良さは自分がないことだ。非常に弾力性があって波に漂っている。ずるいんだが、強みでもある」

鈴木善幸評。

「あのテレビの記者会見、政治家としての哲学が何もないじゃないか。哲学のない、理想のない政治家なんて意味ないですよ、およそ」

最後に中曽根康弘評。

「フットボールじゃないが、前に出てボールを追いかける者のところには球はいかんものだ」

総じて官僚出身者にきびしく、党人派に甘い。例外は大平と鈴木だが、鈴木は論外であり、大平は官僚臭くなかったということだろう。

河野謙三と松村謙三がそれぞれの政治生活で、共に浅からぬかかわりを持ったのは中曽根である。

中曽根については、おもしろい証言がある。中曽根の「陰の指南役」といわれた四元義隆が作家の大下英治のインタビューに答えて語っているもので、四元によれば中曽根は「昔から芸者の評判がえらく悪かった」という。

芸者が口々に四元にこういったとか。

「四元先生、どうして中曽根さんをかわいがるの？　あの人は、性格に裏表があって、先生とは違う。先生のお座敷では、きちんとしてるけど、ほかのお座敷ではひどいのよ」

中曽根をどうしてかわいがるのかという問いは松村謙三にも向けられなければならない。

中曽根は、例えば一九八三（昭和五十八）年の暮れ、首相就任一周年の感想を聞かれて、

「政治家になり、松村謙三先生の御教導を受けたが、先生は八十歳を越しても、日中平和に力を入れた。胡耀邦中国共産党総書記を迎え、二一世紀にわたって日中友好を高め、青年の交流を促進しようと約束したことで、先生の遺言を一部実行できたと思う」

と語っている。

しかし、本当にそう思っていたのか。あるとき、それを疑う鯨岡兵輔と坂本三十次が中曽根を呼び出したことがある。中曽根が首相になるずっと前のことだが、呼び出された中曽根は、松村謙三を慕ういわば〝松村宗〟の信者では先輩の二人を前に、とうとうと松村に惹《ひ》かれる所以《ゆえん》を語ったという。その怖《お》めず臆《おく》せずの態度には呆《あき》れたと、鯨岡はいま回顧しながら苦笑いする。

おそらく中曽根は、首相就任直後の衆院本会議（一九八二年十二月九日）で、当時、新自由クラブの代表だった田川誠一の質問に答えたと同じような調子で弁じたのだろう。

田川に対する中曽根の答弁を引く。

〈松村先生は、私が最も尊敬している政治家でございます。松村先生は、高碕達之助先生とともに、日中関係の打開に生涯を使われた方でございます。

その前は高碕先生がおられ、それから松村先生が引き継いだのでございますが、私は、高碕先生のころから非常にかわいがられ、また松村先生からも引き続いてかわいがられた一人でございます。そして、先生が老軀《ろうく》を押して日中の国交打開に全生涯をお使いになりました姿を横で拝見いたしまして、本当に尊敬しており、ご協力しなければならぬと考えておったのであります。

そして、あの田中内閣ができる当座のお話がございましたが、われわれはあなたからも日中関係の情報をお聞きいたしましたし、それ以外の方からも日中関係の情報はよく聞いておったわけでございます。そして、あのときに日中関係のために田中内閣を支持しよう、田中内閣を出現させよう、そう考えまして、桜内義雄代議士、大石武一代議士、あるいは野田武夫先生や中村梅吉先生とは、かなり早い時期から（中曽根派の）首脳部の間で相談をしておったのでございます。

そして、いよいよ七月の（自民党総裁）改選の時期になりまして、私たちの同志は打って一丸となって田中政権を実現させたのです。

松村先生のご意見はどこにあったかといいますと、松村先生は、中曽根派をある程度強化しておいて、いざというときにこの集団の力を日中のために役立てようというお考えでございました。ですから、中曽根派に田川さんも入れと松村先生がおっしゃってくださったし、そちらにおる片岡清一代議士も、松村先生がわざわざ砂防会館（中曽根派の事務所がある）に杖を引いて引き連れてまいりまして、中曽根君、片岡君を入れるから頼むといわれたのでございます。

それは、ある程度の数を確保させておいて、いざというときに集団で日中を実現させるために松村先生がそういうご配慮をしてくださったと私は考えて、そのように行動したのでございます。

当時、その間に中傷的な雑誌の記事が出ましたけれども、この問題につきましては訴訟を提起いたしまして、その雑誌及び全国紙に釈明の謝罪文を出したことは、皆さんもご存じではないかと思います。ともかく、日中国交回復というものを中心に、われわれがまじめに松村先生のご意思をいただきまして行動したことは厳然たる事実でございまして、これを明らかにしておく次第でございます。〉

ここで、中曽根派誕生の経緯を振り返っておこう。中曽根は河野謙三の兄、一郎のつくった派閥、春秋会に属していた。

しかし、この河野派の頭領、河野一郎が一九六五（昭和四十）年七月八日、大動脈瘤破裂で突然死去する。その年の六月の参議院選挙で自派候補の応援のために相当無理をして駆け回ったのがたたったともいわれた。

その後、春秋会は野田武夫が世話人代表となり派の運営をしていたが、一九六六（昭和四十一）年十二月、佐藤栄作の首相再選をめぐって二つに割れ、中曽根を中心とする新政同志会と、森清の率いる春秋会に分裂した。

河野兄弟の末弟、弘は「私としては、一郎亡きあと謙三が河野派をまとめて、ひとつの政治を実行してほしいと思っていた」と語っているが、分裂に至る過程で、それほどに後継者でもめるなら、暫定的に謙三が河野派をまとめたらいいという声も少なからずあった。

しかし、謙三は「おれの出る幕ではない」といって、全く取り合わず、それどころか、両者の争いが頂点に達したときには、

「弟の立場で出しゃばるようだが、派閥は一代で結構。もう解散したらどうだ」

とまでいった。

前記の河野弘は、兄二人を比較してこう語っている。

「一郎は土バト、謙三は伝書バトだ。すべてにオープンで、三十年、四十年先をみながら政治を考えて、そばにいるだけでも風圧を感じたのが一郎だ。謙三は家族的で家のことを非常に大切にする。まじめで計算もしっかりして、生活もきちんとしている。点数をつければ、謙三にいい点が入るが、好き嫌いで判断するとすれば、一郎は好きだという人が多いかもしれない」

いずれにせよ兄思いの謙三にとって、一郎が心血を注いできた河野派が割れ、同じ春秋会のメンバー同士で〝兄弟牆《けいていかき》にせめぐ醜い争い〟を繰り広げることは耐えられなかっただろう。

分裂した後も謙三は栗原祐幸などに、「できれば両者の関係が修復して一本になればなあ」とボヤくことがあった。

前掲の、中曽根康弘の首相就任直後の衆議院本会議での答弁は、当時、新自由クラブの代表だった田川誠一の次の質問に対して行われた。松村謙三の秘書を務めた田川のそれは、質問というより指弾に近い。

〈近年あなたはしばしば松村謙三先生の名前を引き合いに出しておられます。

松村先生は、日中国交正常化にその半生をささげられた私たちの大先輩であります。また、金権政治を排し、反骨、清貧、高潔の政治家として、いまなお多くの人々から崇敬の念を持って語られている政治家であります。

あなたが松村先生に指導を受けたのも事実でありましょう。また、尊敬する政治家としてその名をあなたが挙げられることは、あなたのご自由であります。しかし、あなたが近ごろ松村先生の名前を挙げ、ことさらに松村先生への尊敬の念を表明されるときは、決まってあなた自身の身辺の疑惑、田中元総理との関係などを問われたときであります（拍手）。

五年前、あなたは衆議院におけるロッキード問題に関する調査特別委員会に証人として喚問されました。そのときに、一九七二年の第一次角福戦争、つまり、自民党の後継総裁をめぐる田中角栄氏と福田赳夫氏の決戦の際のあなたが田中支持の行動をとった理由について、あなたは次のようなことを言われております。

松村先生に対するご恩返しの一つとして日中国交回復をやろうという一念に燃えてやったことである。このように言われておりました。

この間の組閣の当日、総理大臣として初めて国民に語りかけるべき記者会見の場でも、あなたは重ねて同じようなことを言われております。

当時、私も自民党で中曽根派に籍を置いておりましたが、その事実を振り返ってみますと、これほど事実に遠い話はありません（拍手）。田中支持の理由が日中国交回復のためとか、松村先生への恩義に報いるためとか、そんな話は一回もありませんでした。

当時の中曽根派は総裁候補を選ぶ判断の基準を、もっぱらどっちについたら損か得かということに置いて、政策目標などは、ほとんど問題にされませんでした。それを裏づけるような芳しくない動きさえ総裁選挙のさなかにあったことは、私の当時のメモからも明らかであります。

むしろ、当時の中曽根派は、台湾を擁護する人も少なくなく、中曽根派の中で中国問題を論議しようとすれば派閥が空中分解しかねない、そういうおそれもあったために、この問題は論議するのがタブーであったのではないでしょうか。

百歩譲って、もしあなたが、あくまで心の中で日中国交回復を願っていたというならば、どうしてあなたは、台湾擁護で固まり、日中復交に反対していた佐藤内閣に対して、批判勢力として一貫した姿勢を貫いていなかったのでしょうか。

日中関係のあの厳しかったころ、自民党の中で容共のレッテルを貼られながらも日中間の細いパイプを守り続けていた松村先生を、あなたは一度でも支援したことがありますでしょうか。私の知る限りでは、そんなことは一回もなかった。そう言いますと、あなたは、あのとき四派の政策協定の中で日中復交をうたったと、そう言われるでしょうけれども、あの七二年の前後は、ニクソン訪中などで日本の頭越し外交が行われた時であり、あなたならずとも、自民党内は少数の台湾擁護派を除いて、ほとんど日中復交に傾いていたのであります。

私は、松村先生の秘書をつとめ、国会議員になってからも、先生が亡くなるまでそばで薫陶を受けた者として、松村先生の名前を引き合いに出してのあなたの話は、全く事実と遠いものであるということを言わざるを得ない（拍手）。

だからこそ、ことさらにあなたが松村先生のことを語るのは、反骨、清貧、高潔の先輩政治家のイメージを掲げて、あなたの不利な立場を覆い隠そうという意図としか思われないのです（拍手）。

あえて、重ねて申し上げます。政治の基本は国民の信頼であり、その信頼は事実を語ることから出発するのです。どんなにわかりやすい言葉で語ろうと、その中身が真実から遠いようでは、絶対に国民の信頼は得られません。この点について中曽根総理の感想をお聞きしたい。〉

『週刊現代』一九八三（昭和五十八）年一月一日号の、田川の「代表質問で言い残したこと」によれば、

「日中関係の厳しかったころ、容共と言われながらも日中間の細いパイプを守り続けていた松村先生を、あなたは一度でも支援したことがあるか」と田川がどうしても詰問しなければならない理由があった。

松村が八十八歳の生涯を閉じたのは一九七一（昭和四十六）年八月二十一日だが、六月以降は、何度も危篤状態に陥るといった状況だった。

そんなある日、松村がどうやら小康状態を保っていたところへ、当時、自民党総務会長だった中曽根から、

「松村先生のご家族の方に、私の事務所に来てほしい」

という連絡が入る。

そのころ、松村の身のまわりの世話と秘書的なことをしていたのは、戦争で夫を亡くした松村の次女の小堀治子で、治子は「こんな時に呼び出しをかけるのは、よほど重大な用事があるのだろう」と無理をして中曽根の事務所へ出かけて行った。

ところが、そこには中曽根はいず、代わりに出て来た秘書が、

「中曽根が中国の要人あてに手紙を書いたのだが、どういうところへ出したらいいか教えてほしい」

という。

治子が「どういう手紙をお書きになったのですか」と尋ねて手紙を見せてもらうと、そこには、驚いたことに、

「松村先生は、もはや余命いくばくもない。そのあとは自分が後継者として（日中のことを）やりたい」

といった意味のことが書かれていた。

それを見て、治子は煮えくり返るような気持ちになったが、何とか抑えて帰って来た。

そんなことがあったためか、田川が衆議院本会議で中曽根に迫った翌日、治子は、涙ながらに「よくぞいってくださった」と電話をよこしたという。

「中曽根首相は就任後、自分は終始日中復交をやってきた、田中を支援したのもそのためだ、などといっているが、それならなぜ、松村先生の病床からわざわざ小堀さんを呼び出し、『どこに出せばいい』と聞かねばならなかったのか」

中曽根の非礼と厚かましさを追及する田川の舌鋒《ぜっぽう》はあくまでも鋭い。

それまで、佐藤内閣に批判的な姿勢をとっていた中曽根は、突如、その姿勢を変えて入閣し、のちに防衛庁長官となった。

一九七〇（昭和四十五）年春、松村が八十七歳で最後の訪中をしたとき、周恩来首相は、佐藤内閣の防衛庁長官としての中曽根を批判したが、それに対して松村は、

「中曽根君はそんな男ではない」

と懸命に弁護していたという。

それについて田川誠一は『松村謙三と中国』(読売新聞社)の中で、「松村氏は一度信じた古い同志を、いつまでもかばっていくという性格を持っていた」と書いている。

それだけに、そんな朴直な師の教えに背き、師を利用しようとする中曽根が田川には我慢ならなかったのだろう。

『婦人公論』一九七一(昭和四十六)年十一月号に載った小堀治子の手記「わが父、松村謙三のこころざし」に次のような一節がある。

「父は長い一生の間には、善意を裏切られたり、だまされたり口惜しいこともあったようですが、私がそれを申しますと、『まあそう言うな。だます奴が悪いので、だまされる方は善人なのだから。あちらの方が心中さぞいやな思いをしていることだろうから我慢するさ』とあっさり申します」

中曽根が「心中さぞいやな思いをしている」かどうかはともかく、松村の〝不肖の弟子〟であることは確かである。

ともあれ、松村は晩年まで中曽根をかわいがった。松村にはそうした「甘さ」があったということだが、中曽根がいかに「冷静《クール》」であるかについて興味深いエピソードがある。

田原総一朗がテレビ・ディレクターをしていたとき、ある番組で、四人のゲストを招いて集団催眠実験をした。ところが、早大総長の大浜信泉、卓球の世界チャンピオンだった荻村伊智朗、そしてエッセイストの戸塚文子は実に素直に催眠術にかかったのに、中曽根だけは「両手が離れなくなる」といわれても、あっさり離れたし、「あなたは、もう椅子から立てない」といわれても、他のゲストが眠りこけたようにグッタリしている中で、いかにもシラケたような表情で立ち上がったという。

中曽根は催眠術にかかりやすいタイプだと思っていた実験者は驚いた。催眠術にかからない政治家とは、陰性で、いわゆる寝業師風の男であり、中曽根のような「熱い血の燃えたぎる」正義漢タイプではないはずだ、と思っていたからである。しかし、催眠実験は逆の結果を示した。

「冷静である」ことは決して非難されるべきことではないが、中曽根が「師」と仰ぐ松村なら、実に素直に催眠術にかかったと思われる。

第4章　河野兄弟

「松村先生は私の大先輩であるより前に、兄一郎の先輩であった。早稲田大学を出て新聞記者から政界入りをしたという点で、先生は兄一郎と同じ道を辿《たど》られた。兄が朝日新聞の農政記者として書いた農政論や農村問題批判がだれからも問題にされないとき、当時、町田忠治農林大臣の秘書官をしていた松村謙三先生に認められたという。そして、後年、日ソ漁業交渉で兄がはなばなしく活躍したとき、松村氏が兄の活動を妨害する行動に出られたことがあった」

河野謙三は、兄一郎と松村謙三の関係について、こう書いている。

「妨害」云々《うんぬん》は、松村が日本と中国の友好に心を砕いていたので、中国と袂《たもと》を分かったソ連に不快感をもっていたということだろう。

河野一郎は毒々しい面もあるが、花のある政治家だった。謙三によれば、一郎は「学生の時分から非常に派手な存在」で「どこにいるのかわからん、というのは耐えられない」人間だったのである。

「ボクは兄弟だから正確にみることはできないかも知れないけど、政治家としての兄貴はカンはいいし、実行力はあるし、第一、大衆に人気があった。よくいわれるが、一度は政権をとらせてやりたかったなあ。こんなこと、弟のボクがいうのは変だけどね。話していて風圧を感じましたよ。政治的な問題にせよ、私的な問題にせよ、ボクは常に説得される方だった」

河野一郎には金脈の問題を含めて、田中角栄の〝先輩〟といったイメージもあるが、この一郎評は決して弟ゆえの身びいきとはいえない。

テレビ朝日の専務だった三浦甲子二は一郎を「巌《いわお》をも砕く勢いの〝政治の鬼〟」とし、謙三を「さわやかな緑の風に乗っているかのように静」で「政治家の優等生そのものの印象であった」と書いている。

そして一郎は「謙三は政治に公平を求める。しかし公平なんかこの世の中にない。人々を迷わせるだけだ」と謙三を叱っていたというのだが、畏敬《いけい》する兄からこういわれても、謙三は「政治に公平を求める」ことをやめなかった。

「どんな笑顔でも、笑顔は人間だけ。笑顔にケンのある者は信用できない」が口癖の謙三は、勲一等旭日桐花大綬章を受けたとき、

「兄貴より上位の勲章をもらってしまった。あの世に行ったら兄貴に叱られるかな……」

と茶目っ気たっぷりに笑ったという。

謙三はあの世からも一郎の〝風圧〟を感じていたらしい。

河野派に所属していた豪腕政治家の山中貞則は『議長一代』で、こう証言している。

「河野一郎という人は異様なほど鋭いカンの持ち主であって、何事に対してもまず結論が先に出てくる。それを直ちに行動に移した。その長所が、時には誤解や反感を呼ぶことにもなった。結論に至るまでの理論づけやプロセス、といったものはないのがあの人の特徴だった。

しかし、行動は早い。手際もよい。が、プロセスが説明されないから、みんなが賛成するいいことばかりになっていかない。突然の死のほかに、彼が政権を取れなかった大きな原因をそこに求めることができる。

もっとも、河野一郎が宰相の座を目指して自分の本質を曲げ、生の姿をかくしてまで多数派工作をするの

をみるよりも、野にあっても無視できない強烈な政治的存在として彼の生涯をまっとうした方がよかったのだと私は信じている。自分を押し殺すようなことをさせないですんだのはよかった。

もし、政権を取っていても、一年とはもたなかったろう。そうしてキズだらけになるよりも、突如、国民の目に消しがたい映像を残して去っていったところに、今日なお彼が生き続けている理由がある」

河野派の四天王といわれていた直言の一徹居士・山中貞則らしい言葉だが、山中の直言は生前の一郎に対してもも向けられた。

ある問題で議論となり、親分の意見がどうも感心しないと思った山中は、一郎に対してトコトン反対したのである。

すると、散会後、謙三が山中を呼び、

「さっきはありがとう。肉親でもいいかねることを、あなたはよくいってくれた。兄貴は何もいわないだろうが、私が代わって礼をいいます」

と頭を下げたという。

河野派に属し、領袖が兄だといっても謙三は「オレは一郎の弟だ」などという態度は微塵《みじん》も見せなかった。山中によれば、派閥の会合でも「謙三さんはどこにいるんだろう」と思うぐらい、目立たないように振舞っていた。

もちろん、一郎のそばに座ることなどない。それは努めて避けていたのである。前述した山中への礼のように細かく気づかいをし、「弟たるもの、兄貴のためにどうしなければならないか、非常によく心得ていて、引き立て役に徹していた」（山中評）謙三を、では一郎は大事にしていたか？　これには大きくクエスチョン・マークがつく。

朝日新聞の農林省詰め記者だったころ、一郎は目黒区洗足の謙三の家をもっぱら宿としていた。夫人の照子は小田原の実家に置いておいて、週末だけ帰る。

新聞記者だから朝は早くて、夜遅い。滞在時間は短かったが、この〝居候〟は威張っていた。もっとも、家賃は全額、一郎が払っていたので、謙三夫妻が〝居候〟ともいえる。

そんなわけで、ほとんど家で食事をすることはなかったが、あるとき、帰って来るなり、謙三夫人の園子に、

「オイ、その、メシをつくれ」

といって支度させた。

風呂は烏《からす》の行水どころか、身体は洗わずに水虫ばかりこすって出てくる。

毎度毎度の〝午前さま〟で、しばしば脂粉の匂いがした。

それを心配した園子が、小田原の一郎夫人、照子へ、

「姉さん、東京に出て来たほうがいい」

とご注進に及び、

「余計なことしやがる」

と一郎がふくれたこともあった。

その後、代議士になって河野派を構えたころは、平塚の家に夜中の一時前後に戻って来て、

「謙三、ちょっと来い」

と呼び出しをかける。

否も応もなかったが、謙三は、

「東京で記者団に囲まれたりして、興奮しちゃって眠れないんだろう。眠くなるまで話し相手をさせられたよ。こっちは眠くってしようがないのに、そんなの、お構いなしだったな」

と回顧している。

前述したように、末弟の弘は、一郎を「土バト」といい、謙三を「伝書バト」にたとえている。

一郎も、政治家としての謙三は評価せず、「地元で自分の留守番をやってる程度の人間」と思っていたらしい。

そう推測していた謙三の耳に、

「あいつはダメだ。第一、あんなに早く家へ帰るのは政治家じゃねえ」

と一郎がいっているという話も入ってきた。

しかし、謙三は「兄貴は兄貴、自分は自分」として、独自の道を歩いた。

一郎のように家庭をおろそかにして何が天下国家だ、それはむしろまともではない、というのが謙三の考えだった。

修身斉家治国平天下というが、平天下の前には何もないのが一郎であり、その違いを認めつつ、弟は兄に協力したのである。

それだけに、一郎の急死の後、河野派が分裂したことには心を痛めていた。

謙三のただ一人の子分で、「河野さんは親分といっても、子分にゼニ金はビタ一文もくれなかった。選挙のときでも文字通りの声援」だったと書いている栗原祐幸が分裂後の動きを、こう回想している。

旧河野派は中曽根康弘を中心とするグループと森清をリーダーとするグループの二つに分かれたわけだが、両グループとも、一郎の弟の謙三を自分の陣営に引き入れようとした。

それには「将を射んと欲せば、まず馬を射よ」とばかり、しきりに栗原に近づいてきたという。

栗原の当時の日記には、

「中曽根先生、金龍」「同、松原」

とか、

「森、園田（直）先生、千代新」

とか、会合の相手と料亭の名前が書いてあるのである。

そして、一九六七（昭和四十二）年一月、いわゆる〝黒い霧〟解散後の選挙で一郎の息子の洋平が当選し、父の遺志を掲げてグループ統一に動く。

洋平は、中曽根、森のボス会談を企画したが、それが決まった直後、森が亡くなるという不運に見舞われた。

もちろん、謙三も栗原もひそかに動いていた。謙三が参議院の副議長になったのを機に栗原が両グループで就任祝いをやろうと持ち掛け、中曽根、中村梅吉、稲葉修らと、森清、重政誠之、園田直らが一堂に会した。

そして、これからも時々懇談しようということになったのだが、翌朝の新聞にそれがスッパ抜かれて、たちまち御破算になってしまった。

そのとき謙三は落胆の色を隠せず、

「栗原君、割れた茶わんは一つにはならんよ」

といったという。


「これからの世の中に、相変わらず、戦争があり得る、という前提で政治に取り組んでいる人と、もう戦争はできないんだという人の違いじゃないか。ぼくは、やっぱり戦争はできないと思う。戦後、日本が一番間違ったことは、アメリカのペースでやりすぎたことだ。アメリカの選手につられてマイペースを忘れて走ったら、アゴを出しちゃった。それがいまの日本じゃないか」

中東危機に便乗して自衛隊を海外に出そうとした政治家たちを見通したような河野謙三の言葉だが、河野はまた、一九八〇(昭和五十五)年春に駐日ソ連大使のポリャンスキーに招かれて昼食を共にしたとき、大使に強烈なパンチを食らわせている。

モスクワ・オリンピックの開催を前にアフガニスタンへソ連が侵攻し、抗議の意味でアメリカや中国は不参加を表明していた。日本はどうするのか。

それを知りたかったソ連は、日本体育協会会長でもある河野にさぐりを入れようとしたのである。

昼食が始まるとすぐ、ポリャンスキーは尋ねた。

「日本はモスクワ・オリンピックへ参加するのでしょうか?」

すると河野が、

「いま、世界の若い人たちが、大勢集まって仲良く語り合い、友情を確かめ合えるのはオリンピック以外に、何がありますか。オリンピックこそ残された唯一の道ではないですか。これに参加しない、というのは、よくないことですよ。私は参加したい、と思って努力していますよ」

と応じたので、ポリャンスキーはすかさず、

「それでは日本は参加する、と本国へ電報を打ってもいいですか？」

と畳み込んだ。

それに対し、河野は、

「それは駄目だ。いま、日本では自民党は不参加を決めている。柔道とか、他の種目でも単独で参加したい、といっている人もいるが、参加するなら、一緒にそろって行くのが本当だよ。そのために努力しているのだ。五種競技とか、他の競技で自衛隊の選手が多く出ているところは、あまり早く決めると政府の命令で出場禁止させられては困るのだヨ」

と、なだめたうえで、米ソの二超大国を痛烈に批判した。

「大使よ。ときにあなたの国は、カーターのような弱い犬がワンワン吠えると、強い犬のくせに、ワンワンと大きな声でやるので、はたのものは、うるさくて大迷惑をしているんですよ。すこし黙っていてもらわないと、できることもできなくなるんですよ。

とにかく、この地球上から、あなたの国とアメリカが消えてなくなれば、世界は平和に、おだやかになるんですよ。なにからなにまで吠え合っているので、うるさくてしょうがないですよ」

ズバリとこういってポリャンスキーを苦笑させた河野は、もともと政治家志望ではなかった。それどころか、「政治家には絶対にならない」ことを条件に結婚している。

河野は一九二九（昭和四）年春に、小田原の産婦人科医、吉野吉夫の次女、園子と結婚したのだが、妹の女学校の同級生でもあり、母親のかかりつけの医者としてよく知っていた吉野病院の娘との縁談に河野家では大乗り気だった。

ところが、吉野吉夫が断固として首をタテに振らない。

「どうせ娘はどこかへくれなければならないし、丙午《ひのえうま》の娘をもらってやるといってくださるのだから、まことに結構な話だ。しかし、どうも河野の家はおやじが政治家だし、長男の一郎も、いまは朝日新聞の記者だが、どうやら政治家志望で、代議士になるつもりらしい。このうえ、娘の亭主が政治好きということになったら困る」

吉野医師は政治が大嫌いだったのである。間に入っていた別の医者がこれを伝えてきたので、謙三はこういい切った。

「ぼくは正真正銘の会社員だ。政治家なんて夢にも考えたことはない。冗談じゃありませんよ。おやじが政治家で、兄貴が政治記者だからといって、ぼくは政治なんかやりませんよ。絶対にやらない。おやじもやらせるつもりはないし、兄貴もそんなことはいわない。一軒の家で、二人も三人も政治をやることになればたいへんなことになってしまいますよ。第一ぼくは政治なんか嫌いですよ、ほんとうに」

それで、間に立った医者が先方に、

「まちがいなく、謙三さんは政治なんていうものには無関係だ。こう誓っています」

と伝え、

「それほどまでにいっているのなら」

ということで、結婚にこぎつけることができた。

だから、一九四七（昭和二十二）年に公職追放となった一郎の身がわりに謙三が衆議院選に立つといったときには、

「それでは話が違うじゃありませんか」

と園子は顔色を変えて大反対した。

それを押し切って謙三は「嫌いな政治家」になったわけだが、そのため、のちのちまで、夫人に、

「約束を破って〝しがない商売〟になっちまったんですからねえ」

といわれることになる。

東大法学部を出ながら、権力の階段を昇らず、横浜国大でドイツ語を教えるとともに、筆者も入っていた郷里の学生寮の寮監をやっていた佐藤正能は、

聞きたきは　抱負にあらず　国政の
　重きを畏《おそ》る　一言なるを

という歌を詠んでいる。

〝しがない商売〟といういい方と「国政の重きを畏」れよという歌は、一見反するようでいて通底するものがある。政治家が主人ではなく、国民が主人であり政治家はそれに仕えるものだということである。

いずれにせよ、河野は中学生ごろから「あの娘、ちょっといいじゃあないか、とひそかに思っていた」吉野園子と結婚した。

「相当のお茶目」で「ソンちゃん」と呼ばれていたという夫人について河野は、約束を破って政治家に

なったことをいいわけするように、後年こう述懐している。

「むしろ、女房は政治向きの素質があるんだね。おかげで、ボクはえらく得するようになるんだから、結婚なんて不思議なもんだよ。とにかく世話好きのうえに、女親分ハダなんだ。困った人があると聞けば、ボクの知らない間にその家庭にはいって物心両面の面倒をみる。選挙区の若い連中にこっそり酒を飲ませたり、借金の面倒もみる。人を抱え込むのがうまいんだね。知らず知らずのうちに人が集まってくる。

それに、ソンちゃんぶりは少しも変わらないよ。大のスポーツ好きで、六大学や都市対抗野球などボクの知らないうちに出かけて真っ黒な顔をしている。世界地図を広げて、孫を相手にライン川はどこからどこまで流れるかなんて楽しんでいる。クラシック音楽を一日中聴いている。ボクの趣味なんかじゃあないんだが、いつの間にか順応させられている。とにかくいい女房をもらったよ。カカア天下かも知れないが、一切を任せて間違いない。選挙でもなんでもうまくやってくれる。だから、とても信頼しているんだよ。ちょっと褒めすぎかな」

河野が勤めていた大日本人造肥料の同僚によれば、結婚後、「お園」の話が出なかったことはなかったという。

河野はのちに、新興海陸運輸という会社を設立したが、そこで艀《はしけ》を造るたびに「第一おその丸」「第二おその丸」と命名し、それを自慢していたというのだから、その手放しののろけには恐れ入るほかない。

前述の同僚たちは、河野が出張の帰りには必ず、愛妻へのおみやげを買っていたと証言する。

熱海の帰りには雁皮《がんぴ》の帯、足利の帰りには反物、伊勢崎からは銘仙等々、それぞれ「園子夫人に似合う柄を入念に選んで買っていた」というのである。

そんな河野は、「河野家には家訓がある」と、つねづね口にしていた。
一、酒は一人で飲むべからず。一人で飲む酒は何の益もなく、遂にはヤケ酒となる恐れがある。
二、女とつき合うときは必ず複数でつき合うべし。一対一だとその深さがわからなくなり、遂には深みに溺れる。
兄の一郎もそうだったが、河野謙三はパチンコが好きだった。夫人も好きで、参議院の副議長になるまでは、一緒によくパチンコ屋へ通ったという。しかし、副議長になって護衛の人間がつくようになり、遠慮せざるをえなくなった。

それをかわいそうに思った息子たちが誕生祝いにパチンコ台を贈り、最初は喜んでやっていたが、バックミュージックもなく、競争相手もいないので、いつとはなしにやめてしまったとか。

河野は早稲田大学でマラソンの選手だった。あの大学対抗駅伝で箱根の山を登ったのだが、あるとき、そのユニフォームが出てきた。色もあせ、ところどころ虫が食っているそれを、夫人が、

「こんなのが出て来ましたよ」

と見せると、河野は引ったくるようにして取り、やがて涙を流して抱きしめて号泣し始めたという。

「ありがとう、ありがとう」

声にならない声で繰り返しながら、河野は礼をいった。「後にも先にも、こんなにお礼をいわれたことはない」と〝愛妻〟は回想している。

第5章　隻手妖気を払う

衆議院議員会館の一室で、鯨岡兵輔が松村謙三のことを語る。それはウームと唸《うな》ってしまった後で、思わず賛嘆の笑みがこぼれるような話である。

松村が文部大臣になったのは、一九五五（昭和三十）年春、第二次鳩山（一郎）内閣のときだが、戦後十年たったそのころでも、小学校だけでなく、中学までが義務教育になったのだということを理解しない、いや、理解しようとしない親が、そこかしこにいた。

鯨岡の選挙区の東京の下町にもいて、

「お大尽の倅《せがれ》じゃあるまいし、こちとらの倅が中学なんて、笑わしちゃあいけないよ」

と彼らはいう。

担任の教師が訪ねて行って、いろいろ話しても、まったく取り合わないのである。

そんな中で、足立区立第四中学の伊藤という校長が熱心な教師たちとともに、夜間部を始めた。これ以外に、その年齢の子どもたちに勉強させる途はない、と考えてのことだった。

しかし、これは法律違反であることは確かで、だから、区の教育委員会は何度もその閉鎖を命じた。それを校長以下、教師たちはハネつけて、いわゆる〝夜間中学〟を続ける。

もちろん、区からは一銭もおカネが出ない。すべては教師たちの涙ぐましい奉仕で続けられていたのである。

鯨岡によれば、夜間中学は幸せ薄い子どもたちの唯一の楽しい学び舎であり、「お互いに肩を寄せ合い、境遇をなぐさめ合いながら勉学にいそしむ姿に先生方はしばしば涙を流し、この子どもたちのためにと、教師としての血を躍らせた」という。

法律や規則をタテにとるだけの教育委員会からは、その後も何度か、閉鎖命令が届いたが、それを拒否している間に一年が過ぎた。

校長の伊藤は、がんばった子どもたちを勇気づけるために、開校一周年の催しをしようと考える。教師たちとも相談し、その結果、不幸にして学校教育を満足に受けられなかったが、独学で勉強して偉くなった人に講演をしてもらおうということになった。

そして、吉川英治に白羽の矢が立ったのである。人を介して頼んだら、吉川はそういう事情なら喜んでと大変乗り気だったが、どうしても日程が折り合わない。

残念ながら、あきらめざるをえなかった。当時足立区の区会議員だった鯨岡はその話を聞き、何とか力になれないかと思いつつ、私淑していた松村謙三を文部大臣室に訪ねて、この話をした。もちろん、松村に来てもらおうと思って話をしたのではない。

ところが、話を聞いた松村が、

「私が行ってあげよう。私が行くのが一番いい」

といい出したのである。

現職の文部大臣に、正式に許可されていない夜間中学の話をするのさえ無鉄砲なのに、それを聞いた文部大臣が何と、そこへ講演に行くという。

弟子の鯨岡はそのとき、そういう相談をすることがそもそも非常識なことであるとは考えなかったという。が、弟子が弟子なら、それに乗って気軽に自分が行こうという師も師である。

ともかく、松村の話を聞いて、躍り上がった鯨岡は、大臣室から校長に電話をかけた。

「校長先生、記念日の講師は決まりましたか」

「いや、まだ決まらないので困っているよ」

それを聞いて鯨岡が、

「文部大臣の松村謙三先生が行ってあげようといってますが、どうですか」

というと、電話の向こうで、校長が笑い出した。

「君、君、冗談いうなよ」

これは、校長の反応が当然だろう。冗談、それも悪い冗談としか思えない。

鯨岡は胸を張るように押し返した。

「冗談じゃありませんよ。私はいま文部大臣室から電話しているんです。私が行くのが一番いいと、松村先生がここでいっているんです。電話に出ていただきましょうか」

それを聞いて、伊藤は絶句した。鯨岡には、伊藤が電話の向こうで目をむいて驚いたように思えた。あわてた感じで伊藤が電話の声を高くする。

「本当か君、それは大変なことだ。お願いできるものなら、ぜひに、ぜひにお願いしてくれたまえ」

そのヤリトリを聞いていた松村が、

「この話は誰にもいうなよ、いうとダメになるから、役人には内緒だぞ」

と茶目っ気たっぷりに声をかける。

それに頷《うなず》きながら、鯨岡は、

「校長先生！　この話は当日まで絶対に発表しないでください。区の方にでも話が聞こえたらダメになりますから」

と念を押して電話を切った。

そして当日、いや、当夜、ささやかな記念式典が行われた。どこで聞きつけたのか、ＮＨＫ（当時はまだテレビはなくラジオだったが）が来て、式の模様を録音している。

裸電球の薄暗い粗末な教室で、松村はやさしく慈愛に満ちて子どもたちに語りかけた。子どもたちは緊張し、目を輝かせて、それを聞いていた。

松村はその夜、文部大臣として出席する会合があったが、それをキャンセルして駆けつけたのである。

「あの会には、わしが出ないでも出る人はいくらでもいる」

松村はそういいながら、次の予定の大阪出張へ夜行で出かける時間ギリギリまで、子どもたちや先生と楽しそうに話していた。

しかし、区役所や区の教育委員会は、この後、文部省に呼びつけられて叱《しか》られたという。

叱られた人たちも何も知らされていなかったのだから迷惑な話だったろう、と鯨岡は笑うが、文部省の役人はまず自分を叱るべきではなかったのか。

「役人どもが何かいっているらしい」

してやったりという感じで、松村はこう破顔したとか。

この夜のことは新聞でも報じられ、区も正式にではないが、その存在を認めざるをえなくなって、以後、夜間中学に少しずつ必要経費を出すようになった。

松村はもちろん、伊藤も亡くなった。

「あのとき、泣いて感激した太った教頭も、もういない。義務教育だというのに夜の学校でしか学ぶことのできなかった不幸な子どもたちは、いま成人して各方面で活躍していることと思う」

彼らは、松村謙三のことを鮮烈にその瞼《まぶた》にやきつけているだろう。それを確信する面持ちで、鯨岡は目をうるませた。

政治家は行政の先に立って、新しい道を開いていかなければならない。行政の後から、つまり、役人の後を、そのいう通りに動いているようでは政治家とはいえない。

夜間中学をめぐるこのエピソードは、政治家松村謙三のイメージをくっきりと浮かびあがらせる。

やはり松村を師と仰いだ鯨岡の兄貴分格の古井喜実は、次のように「松村精神」を要約している。

まず、「清潔な政治」。

「松村精神の第一は『清貧』ということである。この点は誰にも異論がなかろう。あの不便な鷺宮の陋屋《ろうおく》に平然と暮らしておられる。観光バスは銀座や浅草などばかり回らないで、政治教育と政治家の名誉のために、よろしく鷺宮へ回るべきである」

時代はズレるが、田中角栄の目白御殿と松村の鷺宮の陋屋を続けて回り、それを比較すれば、もっと勉強になるだろう。

古井は続ける。

「政治家の陥りやすいところは汚職や疑獄であり、今日の政治は利権政治、汚職政治だといっても差し支えないほどのありさまである。清潔な政治を実現したいものである。それには、政治を金のかからぬものにしなければならない。選挙にも党の運営にも政治家の個人生活にも、金を使うことは悪いという観念を徹底する必要がある。今日は、政治に金のかかるのは当然で、悪いことではないという考えが行われている。金を使うのは悪いことではなくて、いる金は造ればよいし、その力がある者が実力者であり偉い政治家であるというのである。金力政治、金権政治である。多数の貧乏人はどうするのであるか。政治は国民から浮き上がって遊離してしまう。金の政治の行く先は民主政治の破滅だと思う」

この精神は、一九五九（昭和三十四）年に、自民党総裁三選をめざす岸信介に対抗して松村が立ったとき、最も高く掲げられた。

松村を推す反主流派が掲げたスローガンは「金力政治から金のかからぬ政治へ」と「権力政治から国民とともに行く政治へ」だった。

そして同志のカンパを募り、外部からの浄財と合わせ、百十七万円余を集めたが、結局、七十三万円を残した。

前回の岸信介と石橋湛山、それに石井光次郎が争った総裁選では、岸派が三億円、石橋派が一億五千万円、そして石井派が八千万円使ったといわれたが、それに比べればウソのような話である。

しかし、松村への投票は予想以上のものだった。もちろん敗北したが、古井は「自民党の良心と良識は未だ消えず」と思った。

一九五八（昭和三十三）年十月、当時の首相・岸信介は突然、国会に「警察官職務執行法改正案」を提出した。「デートもできない警職法」として反対運動が巻き起こったこの法案に対し、松村謙三は、他人の悪口をあまりいわない松村にしては珍しく、

「法律を盾に、総理大臣の命令でふんじばるというのか。それでは強権政治じゃないか。岸君は政権をとったけれども、功績は何一つない。強いてあげれば、保守党を害していることだけだ」

と強い口調で批判した。

そして、翌年一月の自民党総裁選挙に急遽出馬したのだが、池田勇人や三木武夫に推されて、松村が立候補を決意したとき、公選の日まで三日しかなかった。

そのとき松村は、秘書の田川誠一にいつもと変わらない調子で、

「アテ馬を引き受けてきたよ」

といったという。

驚く田川に、松村は、

「岸君の、金権や派閥によって政治をもてあそんでいる政治、権力さえ握れば信義も愛情もないという政治を直すための立候補なのだ。一矢を放って反省させられれば、それで目的が達せられるよ」

と静かにいった。

そのころ、松村は雨漏りのするような家に住んでいて、訪ねた郷里の人間が、

「先生、こんな乞食みたいな家に住んでいて、総裁でもないでしょう」

と冗談をとばしたとか。

それにはにこにこ笑っていたが、

「先生、大丈夫ですか。三日間しかないんです。勝てないでしょう」

とその人がいうと、松村はきっとなって、こう反駁《はんばく》した。

「批判のない政治は堕落だ。勝ち負けは問題にしていないのだ」

遠藤和子の『松村謙三』(KNB興産出版部)によれば、

「民主政治は英雄の政治ではない。平凡な政治、誤りのない政治、清潔な政治だ。それが最近、政治に金がかかりすぎる。そして金と権力を結びつける傾向が露骨すぎる。これは、根本的に政治家の心構え、政治の姿勢が乱れているからだ。こうした風潮、態度を正さなければ、保守党と保守党による政治は国民から見放されるだろう。国民と憂いを共にし、国民が納得する政治でなければならない」

といって立ち上がった松村に感激して、丸ビルで働く老清掃作業員が、年末のボーナス五千五百円を同封して、長い激励の手紙をよこしたという。

戦前、戦中を満州で暮らしていたこの老清掃作業員は、戦争のために一人息子を失い、引き揚げて来てから、夫を栄養失調で亡くしてしまった。

〈私は、みじめなどん底生活に落とされ、幾度首をつって死のうとしたかわかりません。もう生きてることが、いやになりました。

この悲しい心は、皆様にはおわかりにならないと思います。夜おそく、火種もない三畳の部屋に帰って、つれあいと息子の写真と話をするのが、たった一つの楽しみで、それで生きているといってよいでしょう。

この二、三日の新聞をビルの地下室で読んでいますが、岸さんが総理大臣になりたいばかりに自分勝手なことをして、皆様がふんがいされているのを知りました。

やっぱり、世の中には、正しい人がおられることを知りました。

今朝の新聞で、松村謙三という方が岸さんに反対されて立たれることを知りました。

松村さんはまことに立派な方で、きれいな人だと聞いて、ほんとうに嬉《うれ》しくなりました。

会社の人たちは〝松村さんはきれいな政治家であるが、金がないから負けることがわかっていて、残念だ〟と言っています。

どうか、私らのような気の毒な者のために、岸さんを負かして正しい政治をして下さいませ。〉

この手紙を読んで、松村は涙ぐんだ。

そして、「これこそ庶民の偽りのない気持ち。国民からこれだけの激励と支持を受け、戦いは勝ったも同然だ」と、つぶやいた。

また、何と、社会党委員長の和田博雄が『朝日新聞』(一九五九年一月二十二日付)に「松村謙三論」を寄せ、こう説いたのである。

「私は役人時代、農政局長として松村農相に仕え、第一次農地改革の苦労を共にした。

松村氏は政党人出身であったが、部下の官僚を非常によく使った。つねに部下の立場を考え、政治問題で妥協を必要としたときも、自分一人でハラをたたいてくるといった古風な芸当はやらず、下僚によく相談をし、すべて納得がいくように話を進めた上で、主張を変えたものである。

松村氏の生活態度については、いまさら多言を要しまい。終戦直後の混乱期で、農相がその地位を利用すれば、何でもできたはずなのに、一切、そうした安逸を求めず、清貧で押し通し、私どもを敬服させたものである。政党人として、最も信頼できるタイプの人なのだろう」

元部下とはいえ、野党の党首がここまで賞賛したのである。いま、社会党委員長がこのように礼賛できる政治家が自民党にいるだろうか。

岸信介に対抗して立った松村を、芦田均、鳩山一郎、石橋湛山らの元あるいは前首相はこぞって支持した。中でも、四国の小豆島で静養中だった石橋は、

「今度の公選は、権力政治・金力政治に反対することが眼目だ。もし、松村君が負ければ、自民党はこの二つを認めることになり、まことに面目ない」

といって、不自由な体を押して上京し、松村を応援する。

これにあわてた岸派、つまり主流派では、石橋の呼びかけに応ずるような議員たちをカンヅメにし、石橋に会わせないようにしたという。

新聞記者に囲まれ、決戦前夜の心境を問われた松村は、

「うーん」

といって、しばらく考え込んだ後、筆と紙を取って一気に書いた。

「隻手妖気《ようき》を払う」

その力強い筆勢に気押された感じの記者たちに、松村は、

「まあ、片手だけの弱い力だが、少しでも今の政治の妖気を払うことができれば満足だよ」

と、つぶやいた。

結果は岸信介の三百二十票に対し、松村が百六十六票。百票余りという予想を大きく上まわる松村の健闘だった。わずか三日間の、しかもクリーンの二乗のような選挙を展開した松村に三分の一以上の票が集まったのである。

その夜、一人の新聞記者が鷺宮の雑木林の中の松村宅を訪ねた。

誰が集うでもなく、静かな家の中から松村が出て来て、

「おう、遠いところをよく来たな。さあ、入れ、入れ」

といわれた。

上がると、松村は娘の（小堀）治子、そして孫の奈津子と三人で、遅い夕食をとっているところだった。

食卓には、イワシの丸干しと味噌汁、それに香の物が並べられていた。

それだけである。粛然として思わず目頭を熱くした記者に、松村は、

「予想よりも十五、六票多かったな。自民党の中にも、権力思想批判の純正な議員がいるということを知って安心したよ。岸君も、百六十六票という批判票にこれからは考えてくれるだろう」

と淡々とした感じでいった。

松村を師と仰いだ古井喜実は、松村精神の第一に「清潔な政治」を挙げ、第二に「道理の政治」を挙げて、それをこう解明している。

「今日の政治は力の政治である。理くつも糞《くそ》もなく腕ずく力ずくで押し通しさえすればそれで済むという姿である。力のある者、権力を握った者にありがちな陥りやすい誤りである。

多数党は数に頼って少数党の正しい意見を踏みにじってはならない。一党の幹部はその地位を利用して党内の公正な意見を圧迫したり、自己や自己の派閥の利益を図ってはならない。党の運営については理のあるところを尊重し、合理的、近代的な、明るい行き方をしなければならない。友情だとか、面子だとか、加えて二で割るとか、浪花節的、旧時代的なやり口を臆面もなくするというようなことであってはならない」

ほかにも相似た点は多いが、とりわけ、この主張は、「数の衆議院」に「理の参議院」と説き、少数派を重んずる「七・三の構え」を実践した河野謙三の主張に酷似している。

古井は、松村精神の第三に、「進歩主義」を挙げる。それはとくに、農地改革のときに発揮された。日本と中国、日本とアジアとの関係においても、常に進んだ考えをもっていた。

第四は「反権力思想」である。

古井は「民主主義の起りは権力への反抗であった」とし、「権力に断じて屈しない強い土性骨」を松村に感ずるとしながら、「松村先生は多分、権力と聞いただけで反感をもち、反抗心を起されると思う」と書いている。「民主政治の真髄」はそこにある、というのである。

第6章　石橋湛山と松村

松村謙三と河野謙三はともに早稲田に学んでいる。早稲田には政治家養成所のような雄弁会があるが、二人の謙三はそれにかかわっていない。河野は政治家になる気はなかったのだし、松村にも「乃公《だいこう》出でずんば」的オーバーアクションはなかった。政治家志望者特有の、ある種の臭みはなかったのである。

ともあれ、早稲田からは多くの政治家が出ている。その揺籃《ようらん》として雄弁会は大きな働きをしたが、一九五五（昭和三十）年に招かれて大隈講堂で講演したOBの緒方竹虎は、中野正剛との「墓碑銘の誓い」を語った。

緒方と中野は、柔と剛という感じで、性格はまるっきり違っていたが、生涯の盟友として政治に生きようと誓い合った。そして、先に死んだ者の墓碑銘を生き残った者が書く、と約束したのである。

早稲田に学んだというより雄弁会に学んで二人は卒業し、その名の通りまっすぐに突き進んだ中野は、一九四三（昭和十八）年、東条英機首相を批判し、弾圧に抗議して割腹自殺をした。

そのとき、朝日新聞主筆（専務取締役）となっていた緒方は危険をかえりみずに葬儀委員長をつとめ、約束通り墓碑銘を書いたのである。

それから時は移り、四十余年後の一九八五（昭和六十）年二月十四日、永田町のキャピタル東急では、国会稲門会（早大出身者の与野党国会議員の会）の後輩たちによって、およそ信念や理念のかけらもない集まりが催された。

この日、挨拶に立った会長の長谷川峻（元運輸相）は、

「わが早稲田大学出身の総理は、大隈重信、つぎに緒方竹虎が期待されましたが、不発。石橋湛山がようやくなったものの、わずか三ヵ月の短命に終わりました。河野一郎も、すでに亡い。オール早稲田人は、いまや竹下（登）君に賭けています！　竹下君を与野党で、しっかり応援しまして、これで超党派の連合政権を……」

といい、会場の四方八方から、

「そうだ」

「そうだあ」

と、それに和する声が響いた。

そして、当時、大蔵大臣だった竹下が遅れて会場に入って来ると、社会党の佐藤観樹がそれを見つけて、

「総理が来たあ！」

と大声で叫び、満場笑いの渦に巻き込まれたとか。

この光景を、いったい何と評したらいいのだろうか。

同じく社会党の武藤山治も、公明党の大久保直彦も、民社党の大内啓伍も、次々に、竹下内閣待望論を打つ。

野党の幹部が、ただ、同じ大学の卒業生だからということで、恥も外聞もなく与党の総裁候補にエールを送る。これを野合といわずして、何というか。

同じ早稲田に学んだとはいっても、理念や信念を第一に考えた松村謙三や河野謙三とは「似て非なる者た

ち」といわなければならない。

竹下登は、やはり早稲田出身の斎藤隆夫の第八十九帝国議会の名演説が忘れられないというが、粛軍演説で議会から除名されたこともある斎藤は、このとき、総理大臣の幣原喜重郎に、

「総理は、国民全部に（戦争）責任があるといわれたが、自分の意見では東条と近衛（文麿）の両氏に責任があると思う。支那事変がなければ、今次戦争はない。戦争の責任が東条大将にあれば、支那事変の責任は、近衛公にある。無力な汪精衛を引き出して来た事実、三国同盟を結んだ事実、これらは米英への挑戦といわねばならぬ」

と鋭く問いただした。

これを若き日の竹下は感激して聞いていたというのだが、斎藤は、いまよりも格段にきびしい状況の中で粛軍演説を行い、右翼からも攻撃されていたのである。

首相になった後、白昼、官邸で右翼の幹部と会った竹下が口にしていい人物ではない。

ジャーナリストの田尻育三が『プレジデント』の一九八八（昭和六十三）年一月号で、竹下と石橋湛山を比較して書いている。

渡部恒三によれば、衆議院予算委員長の浜田幸一の暴言が国会で問題になっていたとき、竹下は自宅で、指を折って日にちを数え、

「石橋内閣よりは長くなったな」

とポツリといったという。

総理になって何をするかではなく、ただ、総理になりたかった竹下らしい。

石橋の長男、湛一は、田尻のインタビューに答えて、

「僕は竹下さんのことは知らないが、同じ早稲田出身というだけでは比べようがない。聞くところによると竹下さんは商学部の出身というし……。早稲田自体もその後、官学のできそこないみたいになってずいぶん変わった。古き良き早稲田はやはり反骨精神だと思うし、親父も在野のジャーナリストとして頑張ったが、今はどうなんですかねえ。だから早稲田から政治家はたくさん出ているし、総理大臣になったのは親父の次は竹下さんといっても、これは断絶している。全然違うと思っているんですけどね」

といっている。また、

「ひと言で言えば、親父は政治をやったが、政治家ではない。まず、人事が非常に下手というより無関心で、軽く見ていた。政治家として欠陥でしょうね。吉田（茂）さんや佐藤（栄作）さんは人事に熱を入れていたから、年をとって親父は『あれは人事で地位を保っている。政策じゃない』と言ったりした。その点、竹下さんは違うでしょう」

と、その明白なる違いを語ってもいる。

この「違い」は、竹下の後に早大出身者で首相となった海部俊樹を加えても変わらない。海部はまったくの竹下型だからである。

さて、たしか、石原莞爾は東条英機との違いを問われて、

「あちらは無思想で、私は思想をもっている。比較にならない」

と答えたといわれるが、「比較にならない」感じもする松村と竹下の違いを、あえて抽出してみよう。

前述したように、白昼、首相官邸で右翼の幹部と会った竹下とは違って、松村は中国との友好に骨を折っ

ために、いつも右翼から攻撃された。

まず、電話での脅迫や、いやがらせ。

「日中交渉をするのは、日本を共産国家にするためだろう。そんなことをする者は国賊だ。天誅《てんちゅう》を加えるぞ」

もちろん、電話だけでなく、議員会館の松村の部屋にもやって来て、

「日本の国を売るつもりか。日中交渉から手を引け」

と荒々しい声で怒鳴る。

自宅にも、ピストルを手にした右翼の人間が押しかけて来て、大きな声を出した。松村の娘が出て、

「お帰りください」

というと、

「失礼な、おれたちを追い返す気か」

と、すごむ。

「まあまあ、そんな大きな声を出すなよ」

と松村がなだめながら、彼らの話を聞く。しかし、決して自分の信念を曲げることはなかったのである。

宣伝カーでがなりたてられ、「容共・松村」とかのポスターを、べたべた貼られてもだった。

「君は国のことを憂えて、そういう主義主張を持っている。それをどうこういわん。が、おれだって国を愛することにおいては、君に優っても劣るとは思っていない。互いに国を憂えての信念を曲げることはできないから、いくら議論しても話は噛み合わない。これはやむをえないじゃないか」

会見を申し込んできた右翼の幹部に一対一で会って、松村は臆せず、こう説いたという。

松村は中国民族の優秀性を認めていたが、中国民族に負けない日本人の優秀性を誇ってもいた。

だから、右翼やタカ派の連中が、

「中国と国交を開くと、思想的に侵略される」

などというたびに、

「優秀な日本人が、いくら外国から思想攻撃をかけられても、たやすく洗脳されるはずがない」

と、一笑に付していたという。

どちらが本当に自信のある態度であるかは明らかだろう。

しかし、もちろん松村は、偏狭な夜郎自大の愛国心は持たなかった。だから、

「なぜ、一人になっても軍部に対抗して、政党を守らなかったのだろうか」

と、戦中に軍部の横暴に引きずられたことを悔い、

「やむをえない環境にあったにせよ、一人になっても軍部に抵抗して所信を貫けなかったことは自分の生涯に汚点を残した」

と側近にもらしていた。

議会人たちが結束して臨時軍事費予算の削減に賛成していたら、少なくとも戦争は拡大せず、太平洋戦争は起こらなかったし、多くの戦争犠牲者も出なかったと思っていたのである。

こうした痛恨の念が、のちに勝ち目のない岸信介との総裁選に立候補する基となった。

松村は石橋湛山より一年早く生まれ、早稲田を卒業したのも一年早い。共に非常に近い政治的立場に立って行動したが、その仲は、緒方竹虎と中野正剛のようなものとはならなかった。それはなぜだったのか……。

後藤基夫、内田健三、そして石川真澄という政治記者が語り合った『戦後保守政治の軌跡』(岩波書店)で、内田が、松村謙三と石橋湛山の間について、こういっている。

「この二人の老人が、また関係微妙でね。中国、アジアとの関係をちゃんとしなきゃいかんという問題意識では共通しているが、一種の張り合いがありましたね。それがあとで石橋系の宇都宮徳馬と松村系の古井喜実の対立にもなる」

前述したように、松村のほうが石橋より一歳年長であり、早稲田入学も一年早い。そして松村は政治経済科に学び、石橋は文科を出た。こうした位置取りの二人にライバル意識が生まれたのは不思議ではない。石橋が代議士となったのは戦後であり、おそらく松村の胸中には、政治家としては自分のほうがずっと先輩だという思いがあっただろう。

松村の自伝『三代回顧録』(東洋経済新報社)には、すでに「第一章　生い立ち、早稲田遊学」のところで、石橋が登場する。

松村と同じ富山県の出身で早稲田の文科に入った関与三郎という男がいた。

「私が石橋と最初に会ったのは関の下宿であって、それ以来の交際であるが、石橋をみるといつも関の生前が思いだされる。在学中からその秀才が認められ卒業後は大学にとどまりドイツ、フランスとヨーロッパ留学を終え、その豊かな学殖は人々を驚嘆させた。しかし惜しむらくは、これほどの人物であるのに酒に魅せられた。それも普通にたしなむとか好むとかでなく、飲んだらどうにも始末におえなかった」

この関や石橋のほかに、相馬御風や秋田雨雀がいて「明治三十九、四十年は文科の豊作の年であった」と松村は書いている。

大変な酔っぱらいの関が、松村が初めて総選挙に立候補したときに応援に来たときの話がおもしろい。ようやく立っていられるぐらいの感じで演壇に上り、こう切り出した。

「松村が代議士に出るなんて、そんな馬鹿な話があるか。それに松村の演説を聞いていると、先刻から〝頼む、頼む〟というようなことであるが、けしからん。むかしスチュアート・ミルがロンドンの市民から請われて代議士にでる時は〝いっさい選挙民の世話はしない。自分の政治上の行動には選挙民は干渉してはあいならぬ。それから自分は金を一文も出さないが、それでよいなら出てやる〟といって最高点で当選した。それでイギリスの自由経済がミルの力で進展しイギリスの十九世紀末の繁栄がもたらされたのである。そうでなければ代議士は役に立たぬ。頭を下げて自分に投票してくれとはなんだ。松村はけしからん……」

松村も述懐しているように、たしかにこれでは、応援に来たのか、逆に邪魔しに来たのか、わかったものではない。

選挙参謀たちが呆《あき》れて、

「たくさんだから、もう出ないでくれ」

と止めると、

「そんなに心配するな」

といい、翌朝また酔っ払って、「松村候補之応援」と大書した旗を立て、二人引きの人力車に芸者と相乗りで、三味線をかきならしながら、町の中を練り歩くのだった。

このため、警察からも、そんな無茶なことをしてはいけない、選挙違反になるといわれたという。

いかにも早稲田らしい豪傑学者だが、この関のことで、あるとき松村は、早大総長だった田中穂積に呼ばれた。

松村が訪ねると、田中は、

「実は折り入っての願いだが関のことだ。関という男は、早稲田の一枚看板です。専攻は社会学なのだが、あれが博士号をとってくれると、大学でもこれに越したことがない。それで、自分も関に、〝何か書いてくれ、論文を提出すればすぐ博士になれる。大学の代表的教授だから学位をとってくれ〟と頼んでも、〝そんなことはつまらぬ〟といって酒びたりだ。きくと貴方が関と誰よりも懇意だという。あまり酒を飲まずになんでも結構だから、論文を提出して、学位をとるように説得してくださらぬか。これがお願いの話だ」

と熱心に頼む。

それで松村は、頼まれた通りに、関に博士論文を出すようにすすめたが、関は、

「なにをいうのだ。おれにまずい酒でも楽に飲めるくらいの待遇をしてくれるのならまだしも、そのまずい酒も飲めないような待遇をしておいて、酒をつつしめの、博士論文を書けのと、そんなわからぬ話があるかい。いやだ」

と一蹴し、ついにそれを書かずに生涯を終えた。

松村によれば、しかし、その学者としての勉強ぶりは群を抜くものがあり、貴重な蔵書は

「戦争前だが、本屋が評価しても〝三百円を下らぬ〟とされていた」という。

イギリス、アメリカ、ドイツ、フランス、ロシア、オーストリアなど、広範囲にわたるその蔵書の保管を

石橋がやっていたのだった。

石橋は『三代回顧録』の「第八章　追放、ふたたび政界へ」にも出てくる。

松村は追放されていた七年間、政治生活の師である町田忠治の伝記を書くことに全力を傾注した。後述する小楠正雄が「最良の助手として」協力してくれたというが、「町田先生の全生涯を網羅した伝記であると同時に、一面においては明治・大正・昭和にわたる政治の側面史となることを期した」この原稿が完成したのに、敗戦直後のことで、用紙の都合がつかず、印刷所もなくて、出版できない。困っていると、それを聞いた石橋（当時東洋経済新報社社長）が即座に、

「少しも心配することはない。それは当方で引き受けてやるから……」

と請け合った。

『東洋経済』の前身の『東洋経済新報』の創刊者が町田だった関係もあり、話はトントン拍子に進んで、『町田忠治翁伝』は刊行された。

戦前の政党政治華やかなりしころから、民政党の若き星として活躍した松村と、その後を追うように政界に入り、松村に兄事した松浦周太郎の毎年繰り返されたある光景について、松村をいまも師と仰ぐ鯨岡兵輔が証言する。

永年勤続議員として表彰され、共に勲一等を受けた松村と松浦は政界の長老的存在となったが、そうなってからも、松浦は何年か先輩の松村を必ず正月の三日に訪ねた。

松村が晩年、年末から年始を過ごした粗末な建物の伊豆熱川の山荘に訪ねて、年賀の挨拶をするのである。

松浦が松村の前に正座していう。

「北海道の寒村に生をうけたこの松浦周太郎が今日ありますのは、偏《ひとえ》に先生のご薫陶のお陰様でございます。年頭あらためまして心からお礼申しあげます」

松村は恥ずかしそうにしながらそれを聞き終えると、両手を前に泳がせ、

「これはこれは、いたみいったるご挨拶、恐縮千万です」

と答える。

毎年繰り返される二人の老政治家の、いささか時代がかったやりとりを目前にしながら、鯨岡は笑いをこらえることもあった。

しかし、「民党」「吏党」の時代から、政治の世界に生きてきた松村と松浦には、その間、さまざまな思いが去来したのだろう。

それを考えると、鯨岡はまた粛然となるのだった。

前記の『戦後保守政治の軌跡』には、官僚派対党人派は「吏党」「民党」として区別はあったが、保守合同で、政友会（三井系、鳩山一郎ら）、民政党（大麻唯男、前田米蔵、松村謙三ら）という政敵が一緒になったとか、戦前の政友会、憲政会（三菱系）、民政党の対立は保守合同の前の日本民主党の段階で消えており、旧民政党の松村たちまでが「反吉田（茂）」ということで旧政友会の鳩山と合致したとかの記述が見える。

自由党の佐藤栄作、池田勇人ら吉田茂側近たちは、三木武吉、岸信介ら、かつての自由党反吉田の闘将たちの手で進められる保守合同に反発したし、民主党内では、大麻（国務相）、三木武夫（運輸相）、松村（文相）らの旧改進党系が反対強硬派だったことも語られている。

こうした保守党史の中で松村がどう行動したかについては、おいおいペンを進めていくが、いずれにせよ、

戦前からの政治家という自負をもった松村と、旧友とはいえ、戦後にスタートを切った石橋との関係が「微妙」になるのは、ある意味では当然だった。

まして、石橋はわずかの期間とはいえ首相になる。その祝賀の席で、石橋は、

「国民諸君、私は諸君を楽にすることはできない。もう一汗かいてもらわねばならない。湛山の政治に安楽を期待してもらっては困る」

といって聴衆をびっくりさせた。それを聞いて一瞬静まり返った会場には、しかし、すぐに割れるような拍手が沸き起こったのである。

これは、ケネディが大統領就任式で、国民に「諸君は国が諸君に何をしてくれるかではなく、諸君が国に何をしてやれるかを考えてほしい」という、あの有名な演説をやる五年も前のことだった。

松村は石橋首相の個人的特使として東南アジアを歴訪したりしているが、むしろ、「微妙」を越えてよく協力したというべきだろう。

第7章　三木武夫と松村

松村謙三の『三代回顧録』には、すでに第一章から石橋湛山のことが出てくると書いたが、一九五一（昭和二十六）年に刊行された『湛山回想』（現在は岩波文庫所収）には、松村のことはまったく出てこない。松村と湛山をつないだ共通の友人、関与三郎の名はしばしば出てくるのに、松村は登場しないのである。

わずかに、『東洋経済新報』の創刊者町田忠治に触れたくだりの注に「町田氏の詳しい伝記は松村謙三氏の執筆で、町田忠治翁伝記刊行会から発行された」とあるが、これは登場したことにはならないだろう。

一九九〇（平成二）年十一月に出された『三木武夫とその時代――政治記者の記録』（一七会発行、後述）に、松村と石橋に触れて興味深い記述がある。

それは、一九五五（昭和三十）年の保守合同について、石橋は「かねてからの持論」なので、直ちに賛成したのに、松村は三木武夫らとともに最後まで反対したということである。

この中の宮崎吉政が書いた「石橋湛山と三木武夫」によれば、合同の仕掛け人、三木武吉の指示により、松村と三木武夫を説得しようとした石橋が、武吉と会って、こんな会話を交わす。

「石橋君、松村と会った結果はどうか」

「松村のいうことはさっぱりわからない」

「その訳のわからないところが、松村の松村たるゆえんだ。三木（武夫）君の方はどうか」

「これははっきり反対だ」

「これも君でなければダメだ。よろしく頼む」

三木武夫は晩年、保守合同をああまで急いでやったのは、いろいろ理由はあったろうけれども、造船疑獄に続く東南アジアへの賠償汚職が発覚するのを恐れたからではないか、と語っていたという。

早稲田大学以来の友人である松村と石橋の、これが一つの大きな亀裂だった。

さらに、石橋が岸信介と争って首相となったときの候補に、松村も擬せられていたことも、ある影を落としたことは否めないだろう。

石橋擁立か、松村支持か。旧改進党系の人間たちの間では松村の声が高かったが、松村では多数を占められないのも確かだった。三木武夫はその間を調整しつつ、石橋擁立にもっていく。そして、石橋が七十二歳で自民党総裁となったとき、三木は四十九歳で幹事長となる。石橋は首相としての組閣も少数派ゆえに思うようにならなかったが、池田勇人の蔵相だけは譲らなかった。その池田が首相になり、ガンに倒れると、石橋は後継に佐藤栄作を推す。

これも、岸、佐藤嫌いの松村とは合わなかった。

このときは、自民党幹事長として三木も佐藤後継に動き、松村の怒りを買う。松村は河野一郎を首相にしたいと思い、三木に「絶対に佐藤じゃダメだよ」といっていた。

だから、三木が佐藤に乗ったときには、松村はもちろん、竹山祐太郎、古井喜実ら、松村直系の人たちは三木と袂《たもと》を分かつことになる。

困ったのは鯨岡兵輔だった。松村をも三木をも師父のように慕っていたからである。当惑した鯨岡は松村に相談し、お前のいいようにしろといわれて、それまで通り、三木派に属した。

『東洋経済新報』に拠《よ》って急進的自由主義の立場からの論陣を張った石橋湛山の筆剣冴《さ》えわたった一文は、一九二二（大正十一）年の「死もまた社会奉仕」である。山県有朋の死に際して石橋は「急激にはあらず、しかも絶えざる、停滞せざる新陳代謝があって、初めて社会は健全な発達をする。人は適当の時期に去り行くのも、また一の意義ある社会奉仕でなければならぬ」と喝破した。

これほど鋭く山県を批判した石橋が、佐藤後継に賛成したのはなぜか。河野一郎との関係が「微妙」だったからか、いまとなってはそれはわからない。

いずれにせよ、岸を破って石橋は首相となり、石橋が倒れた後に首相となった岸の権力的な政治を批判して松村が立った。そして岸の弟の佐藤に対抗して三木が立つのである。

一九七〇（昭和四十五）年、佐藤四選を阻止せんと自民党総裁選に名乗りをあげた三木は、全国各地で演説会を開き、

「ものいえば損だ、という風潮が流れては政党政治は終わる。われわれは政党政治の原点に立ち戻り新風を吹き込まねばならない。立てば損なことはわかり過ぎるほどわかっている。しかし、批判勢力がなければ、自民党は閉鎖社会になり、日本の政党政治は枯渇する」

と熱っぽく訴えた。

そして、予想を大幅に上まわる百十一票を獲得したのである。

その翌年、「重宗（雄三）王国」を打破して、河野謙三が参議院議長となるが、元産経新聞記者で三木の秘書をつとめた荻野明己は『三木武夫とその時代』で、「造反有理」のそのドラマの「主役を演じたのが三木武夫である」と書く。

同年七月九日の夜、新橋の料亭「小松」に河野を招いた三木は、

「河野さん、あなたの配布した参院改革案はよく出来ている。あの通りだと思いますよ。重宗は歯牙《しが》にもかけていないだろうが、これはきっと大きな旋風を巻きおこす。やりましょうよ」

と切り出した。

「やるって？　私の議長選挙出馬のことですか。私の同志は十人ほどしかいませんよ。なにしろ重宗の締めつけがひどくてね」

こう語る河野に三木は、

「心配は要りません。私のところはまとめてあなたにいくようにします。ところで野党はどうかなあ」

と踏み込む。

「社公民はまとまってくれるだろうが、共産党がねえ……」

と河野が答えると、三木は、

「共産党も乗ってきますよ。問題は自民党から何人くるかだ。十四、五人もくれば……ところで、あなたの桜会（河野グループ）は本当に大丈夫でしょうねえ。私のほうはお約束しますよ」

と畳みかけ、河野は、

「まだ日がありますから……。二、三日よく考えさせてください」

といって引き揚げた。

現官房長官の坂本三十次が同席していたが、帰りの車中で三木は荻野に、

「おもしろいことになるよ。河野はきっと出るよ。うちの連中（参院十一名）のほとんどは心配ない。二、三

の落ちこぼれはあるかもしれんが……」

と断定的口調でいったという。

こんな動きが伝わったのか、「河野の背後に三木がいる」と読んだ重宗から、三木にさまざまなアプローチの手がのびてきた。

もともと、重宗と三木はそれほど仲は悪くなかった。佐藤内閣が誕生した直後から、「たらふく会」と称する会があり、佐藤、重宗、三木に林屋亀次郎を加えて毎年正月明けにタラとフグを食っていた。下関出身の重宗がフグを取り寄せ、石川出身の林屋がタラを持ってくる。

その席で、重宗は、しばしば、

「佐藤君のあとは三木君、君だよ」

といい、佐藤も頷《うなず》いていたというが、佐藤は「三選はしない」という約束を反古《ほご》にしたばかりか、四選に出馬する。

その推進力となったのが、参議院の票をまとめて佐藤に投じさせた重宗だった。

重宗は何とか三木を懐柔しようと、議長選挙の二日前に三木に電話をかけ、

「もう一度だけ自分にやらせてほしい。副議長には上原（正吉）を予定していたが、鍋島（直紹）君に差しかえる。これでどうだろうか」

と懇願した。

参院三木派の頭領である鍋島を副議長にという見えすいた提案に三木は怒り、

「あなたとは長いつき合いだが、そうはいきませんよ。こういうことはあまり便宜的に考えてはよくない。

上原君も気の毒だし、それに鍋島君はもっと将来ほかに使い道がある。重宗さん、あなたのそういう考えに私は与《くみ》しませんよ」

と声を荒らげて受話器を置いた。

これでガクンと来た重宗が降り、河野も降りてはどうかと、三木派が動揺し始めたとき、三木は派の参院議員を集めて、

「今度の議長選挙は河野一個人の問題じゃない。もちろん私のためにやろうという問題でもない。政治のマンネリを破り、新しい風を吹き込んで、参議院を良識の府に取り戻すためだよ。木内（四郎）ではそれはやれませんよ。しょせん（佐藤・重宗の）ロボットだ。私はこれに賭けたんですよ。負けたら打ち首、そう、打ち首ですよ」

といい、自分の手で首を切るマネをした。その迫力に議員たちは気押され、大きく頷《うなず》くだけだったという。

そして、すでに就任を確信してモーニング姿で各社のカメラマンに写真を撮らせていた木内を嗤《わら》うように、劇的に河野議長が誕生する。

その深夜、三木邸で行われたささやかな祝宴で、三木は上機嫌で荻野に握手を求め、

「打ち首にならなくてよかったよ」

と冗談をとばした。

それから一ヵ月近く後のある晩、三木は河野サイドで動いた萩原道彦（東京）、三宅久之（毎日）、田村祐造（読売）の三人の記者を新橋の「藍亭」に招き、その労をねぎらって、セイコーの腕時計を贈っている。

三木武夫から福田赳夫、そして大平正芳へと政権がバトンタッチされたころ、三木は毎日新聞記者の井上義久に、現首相の海部俊樹を評して、

「とても頭の回転は速いし、器用だ。これに政策が加われば文句はない。それに強いていえばハラというか度胸かな」

といった後、こう述懐したという。

「ボクと田中（角栄）クンが日中国交回復などで協力してやっていたころだが、彼が海部クンについてこんなことをいったんだ。『三木さん、あんた海部には気をつけたほうがいいぞ。あれはウチの竹下とよく似ている。いつか足をすくわれることになるかもしれない』というんだ。ボクは海部クンは竹下クンとは違うよ、といっといたがね」

その海部が竹下派、安倍派などに推されて自民党総裁選に出馬することになったとき、師である三木の未亡人、睦子に挨拶に行こうと思い、車を渋谷区南平台の三木邸のほうへ向けたことがある。

ところがその車に、竹下などとともに早大雄弁会以来の仲間である森喜朗（安倍派）から、

「三木のところなんかへ行くと竹下派が支持しないことになるぞ」

という電話が入った。

それで、あわてて海部は車をUターンさせて戻ってしまったというのだが、その後の海部の迷走ぶりを予告したようなエピソードである。

海部は河本派（元三木派）の中で、いつも、「本籍竹下派、現住所河本派」、もしくは「竹下派河本系」といわれてきた。三木の秘蔵っ子と称せられるけれども、理念を受けつぐ弟子であるかどうかについては、つ

ねに疑問符を浴びせかけられてきたのである。

総理になった後、海部に対して「自立しなければ一人前の総理にはなれない」といいつづけている三木睦子は、海部が〝籍〟を入れているといわれる竹下登に面と向かって、こう難詰したことがある。

一九八八（昭和六十三）年十一月十四日に八十一歳で三木武夫が亡くなったとき、総理は竹下だったが、十二月五日の内閣衆議院合同葬の際、三木の遺影の前で、

「三木さんが主唱した政治改革に真剣に取り組むことを誓います」

といった竹下をつかまえ、睦子は、

「あなたは三木の後継者のようなことをおっしゃったけど、三木降ろしのときは他の閣僚と一緒になって三木の足を引っ張ったじゃないの」

と迫ったのである。

海部総理誕生の日、『毎日新聞』は、「三木政治か、竹下政治か」と問うたが、海部にはもともとその二面性がある。

長く非主流という傍流を歩いてきた三木が自民党総裁になったのは、田中角栄が金脈事件によって辞任に追い込まれたからだった。

しかし、〝緊急避難〟的に総理になった三木は、その就任の経緯に臆することなく、自民党にとっては好ましくない改革に突き進む。

内閣官房副長官になった海部に、三木はこういったという。

「総理大臣になるということは、双六《すごろく》の上がりじゃないよ。双六のスタートなんだ。よくよく君らも肝に

銘じてくれ」

そして初閣議で一時間余、次のようにしゃべりまくる。

「政治に、お金がかかりすぎる。政治資金規正法を考えなければならない。できれば、企業からの献金を、むこう三年間で全廃したい」

「いわゆる選挙二法である公職選挙法の改正と、自民党総裁選規程の改正が急務である」

「物価抑制と安定成長への転換を考え、石油ショック後の軌道修正をしていかねばならない」

「弱者救済のための福祉予算の充実と生涯福祉計画の策定が必要であり、独禁法の改正が大きな課題である」

根まわしが得意な竹下に兄事する海部らしく、海部はこの初閣議が始まる前、三木に、

「総理大臣が、いきなりトップダウンで法律の原案をかざして、これでいこうというのも、問題があります。閣議では主旨だけを……」

といった。しかし三木は頑固だった。

「いわねばならんから、いう」

この後、各省庁から苦情が殺到し、その収拾に駆けまわった海部が、みんな三木が理想に走りすぎるといっていると、その声を伝えると、三木は、

「しかし、理想というものを指導者が失ったら、君、どういうことになるか」

と答え、さらに、こう続けた。

「要求水準を低いところに置いてやる政治と、高いところに置いてやる政治とは、意気込みが違う。やは

り、理想を高く掲げて、柳の枝に飛びつく蛙じゃないが、とにかくやってみよう。世間の評価だけを気にするなら、目標をなるべく低いところに置いたらいい。しかし、本当の人間の願いというものは、できるだけ高いところに置き、その結果、ここにきたんだ、ということを正直に訴えてわかってもらえばいい」

大下英治の『自民党の若き獅子たち』（角川文庫）に描かれた三木と海部のこのヤリトリは、海部が総理になって自衛隊の海外派遣などで断固として護憲の立場を貫かなかった現在、暗示的にその違いをクローズアップさせる。

三木夫人の睦子は『信なくば立たず——夫・三木武夫との五十年』（講談社）で、かつて海部をこう叱咤《しった》したといっている。

「あなた方はみんなお人好しがそろいすぎています。三木の一番の力になるはずの井出一太郎先生でも、ついこの間までご両親がいらして、大事に大事に育てられていたでしょう。

それから、海部さんもそう。ついこの間まで、全国の写真家協会の会長をされていたお父さんに大事に大事に育てられた。人生の裏を知らないから、どうしてもダメ。意地の悪いのを周りに置きなさい。そうでなきゃ駄目。

どんな立派なうちに育っても、人生の裏を知っている人たちを三木の周りにダーッと並べておいたら、あんなに人に裏をかかれるようなことはないのよ」

三木睦子は続けて、「三木の周りは、みんなどの人を見ても、正義感あふれて幸せな人ばかり」で、「おっとりしすぎてて、何をやるにもみんな人に裏をかかれてしまう」といっているが、海部は三木から、正義感をもって粘り強く理想＝主張を貫く精神を受けつがなかった。

それは幹事長に自民党金丸組の若頭のような小沢一郎という「意地の悪い」人間を配したときにハッキリしたのである。

「自衛隊を海外に派遣することは考えていない」（一九九〇年八月二十九日の記者会見）

「自衛隊から参加する人も協力隊の指揮下に入ってもらう。危険なところには行かせない」（同年九月二十七日の記者会見）

「自衛隊の船と飛行機は隊員ごとお願いする。平和協力隊が要請、委託して使うことができるようにする」（同年十月八日、オマーンで）

海部の発言がこう二転三転する中で、そうさせた小沢は言い訳がましく、

「ぼくが海部さんに申し上げたのは、自衛隊を出せと迫ったんじゃなく、自衛隊を含めて積極的役割を果たそうという方針が決まった以上、国民にわかりやすく自信を持って説明しないと、国会の議論も、それを聞いている国民もわからなくなっちゃいますよということなんですね」

といっている。

「方針が決まった」というが、それは海部が外遊中のことだった。

三木だったら、たとえ、そこまで追い込まれても、そんな方針は破棄し、世論に訴えて逆に小沢を切っただろう。

大体、三木のブレーンの一人の國弘正雄がいうごとく、三木なら、外務省が反対しても、予定通り中東訪問に出かけたと思われる。

理念を持ち、主張を貫く以上、三木にとって摩擦は当たり前のことだった。摩擦を恐れる海部とは、そこ

が決定的に違ったのである。

だから、同じく三木の弟子を自任する鯨岡兵輔が、

「中東問題で何らかの貢献策が必要なのは確かだが、かといって平和憲法を新解釈、新解釈といって拡大解釈していくのは将来きわめて危険だ。実に危ない。ましてや、イラクに人質がいるのに〝日本軍〟を送ったらどうなるのか。海部さんは三木さんの弟子だというのに、こんなことではダメだよ」

と怒ることになる。

この鯨岡は、河野謙三の甥の河野洋平とともに、一九八九（平成元）年春の衆議院本会議で、消費税を盛り込んだ予算案の自民党単独採決に反対し、採決直前、本会議場から去った。

一九九〇年末の内閣改造で、入閣が確実視されながら、河野が入閣できなかったのは、これが原因といわれる。

海部の打診に、幹事長の小沢は、

「消費税導入で国家の命運をかけたときに（本会議を欠席して）反対しておいて。閣僚にはできない。絶対ダメだ」

と猛反対したという。

小沢と河野あるいは鯨岡のどちらが国民とともにある政治家であるかは明らかだろう。鯨岡の師の松村と河野の「二人の謙三」が実践した「正言若反」の精神が必要な状況はいまも続いているのである。

松村謙三の盟友で「松村・三木派」（のちに「三木・松村派」といわれる）を形成した三木武夫は、総理在任中

にロッキード事件が発覚したとき、疑惑の徹底究明という旗を高く掲げ、田中角栄の逮捕に至って、やり過ぎだと、自民党内から「三木降ろし」の大合唱が沸き起こっても、怯《ひる》まなかった。

そして総理の座を退いた後、筆者の友人の岸井成格を招き、いきなり、

「民主政治をどう思いますか」

と尋ねている。

例によって膝をつかまえ、にじり寄るようにいったのだろうが、「議会の子」として、青くさいまでに三木は原理にこだわった。

そうした貫くものが、三木の弟子を自任する海部俊樹には感じられない。

そういうと、前述の岸井は皮肉っぽい笑みを浮かべ、

「三木だって、しかし、バルカン政治家といわれ、あっちついたりこっちちついたりしてきたんだよ。保守合同のときだって最後まで反対していたはずなのに、発車したら、いつのまにか運転席に座っていたわけだからね。海部はそばにいてバルカンの苦しさを一番知っているんだよ」

と反論した。

海部は、弟子は弟子でも、「のらりくらりの三木」の弟子だというこの岸井の指摘はおもしろい。

「睦子夫人は、三木のまっすぐな面だけを見ている。悪いのはみんな相手で、三木は正しいということになる」

とも、岸井はいった。

たしかにそうもいえるだろう。しかし海部と三木の決定的な違いは、やはり、ある。

学者の価値も大分下落したが、海部にはいま、誰もがその力を認めるような学者がブレーン的にいない。ブレーンとまではいわなくても、三木のように、たとえば碩学《せきがく》の東大教授、丸山真男と親しくつき合っていたなどということはないのである。

三木睦子の『信なくば立たず』に、一九六〇（昭和三十五）年の「安保騒動」のころ、丸山が三木宅によく寄ったと書いてある。

「東大の丸山真男先生が毎日、安保反対、安保反対と、国会の周辺を歩いて、もうへとへとになっていました。丸山先生は体の弱い方でしたから、夕方になると本当に疲れきって、中央線の西荻窪の駅で降りてちょうどお宅との中間ぐらいに私どもの家があったので、途中で必ず寄られました。それから夜通し、侃々《かんかん》諤々《がくがく》というか、二人で安保について、毎日毎日、よく飽きもせずに話し合っていました」

三木は、隣村の出身ということもあって、東大総長をつとめた南原繁と親しかった。おそらく、南原が自分の弟子の丸山を三木に紹介したのではないか、と三木夫人は推測している。

そして、「学問的な付き合いとしても、丸山先生と三木は大変深いものがあったと思います。お互いの家庭を行ったり来たり——日曜日になると、三木がふらっと着流しで丸山邸を訪れたり、あちらが安保の帰りに寄られたりで、とても親しくしておりました」とも回想しているのである。

三木は、この丸山真男のように、進歩派もしくは革新派と目される学者や文化人とも親交があった。それは国内に限らず、『中国の赤い星』の著者エドガー・スノーとも昵懇《じっこん》で、スノーが日本の警察から「好ましからざる外国人」的扱いをされそうになると、いつも、かばってやっていた。

そんな三木と海部は、師弟とは思えないほどに違う。

一九九一（平成三）年一月一日付の『朝日新聞』で、同紙編集委員の船橋洋一は、パリでフランスの外交官に聞いた話が忘れられない、と書いている。

一九九〇年に海部とフランス大統領のミッテランが会談した際、海部は自分のネクタイをつまみ上げ、

「フランス製です」

と、気を引くようなそぶりでいった。

それに対してミッテランはニコリともせず、ただ黙っていたというのだが、この話を紹介した外交官は船橋に、

「日本人は、モノを通じてしか対話できないのか、と大統領は思ったのでは」

と指摘したという。

こんな海部を三木門下の兄弟子である鯨岡兵輔は歯がゆがっているわけだが、その鯨岡が、もう一人の師の松村謙三に叱《しか》られたことがある。

鯨岡は足立区議会議員、東京都議会議員を経て、一九六三（昭和三十八）年から衆議院議員を続けているが、大洋ホエールズが優勝した年（一九六〇）に、初めて衆議院選挙に立った。

進歩党とか民主党とか改進党とか、戦前の民政党の流れの中で政治活動を展開してきた鯨岡は、改進党結党以来の党人で、当時は党の青年部長だった。

改進党の星は松村謙三で、鯨岡たちは松村に魅せられた〝松村党〟とも称すべく、鯨岡はその〝青年松村党〟の党首をもって任じていた。

そして投票日まで、あと三、四日という日の夕方、松村が応援にやって来る。鯨岡は足立区は地元で知人

も多かったが、その日の街頭演説会の会場の錦糸町駅前に集まる人は、「くじらおかひょうすけ」など、ほとんど知らない。

しかし、松村謙三が来るということで立ち止まって宣伝カーを見上げる人がふえてきた。

鯨岡が演説している途中、松村を乗せた車が着いたので、終わりに一段と声を高くして鯨岡は叫んだ。

「皆さん、私の尊敬する松村先生が弟子の私を応援するために来て下さいました。これから松村先生にお話をいただきますが、どうか来る投票日には〝くじらおか〟をよろしくお願いします。〝くじらおか〟なんて変な名前ですが、忘れないで下さい。くじらとだけ書いても投票は有効です。くじらでいいんです。大洋ホエールズが優勝しました。ホエールズは英語で〝くじら〟のことです。私も皆様のお力で大洋ホエールズのように優勝させて下さい」

何度もくじらです！　くじらをお願いしますと絶叫して宣伝車から降り、松村に深々とおじぎをして、よろしくお願いしますといったら、松村は苦虫を嚙《か》みつぶしたような顔をして鯨岡を叱った。

「私は君の応援はやめた。君は鯨か、鯨岡じゃないのか。君はいつから〝鯨〟になったのか、君のいまの話は何だ。くじらです、くじらですって、なんであんな選挙民に媚《こ》びるようなくだらんことをいうのだ。あれは選挙民に媚びるというよりは、選挙民を馬鹿にしているのだ。選挙民を馬鹿にしては、民主政治は成り立たない。私は君のような卑屈な人間は好かん。私は君を応援することはできない」

怒りを抑えた静かな声でこういわれて、鯨岡は震えた。懸命に謝って、ようやく許され、松村は車上の人となった。

「候補者はくじらではありません。鯨岡兵輔というなかなか見所のある青年政治家です……」

それを聞きながら車の下で鯨岡はボロボロ涙を流して泣いたという。

叱責されたとき、「私は、とても恐ろしかったというよりは、身の縮むように恥ずかしかった」と鯨岡は随想集『児孫のために美田を買わず』（リヨン社）に書いている。

このときの選挙での鯨岡と三木武夫のエピソードも興味深い。前回落選し、今回定員五人の五番目に滑り込みで当選した鯨岡の選挙事務所は興奮の渦で、三木に来てもらおうということになった。足立区の事務所から千代田区五番町の三木事務所に鯨岡が迎えに行き、三木とともに帰って来る車中で、三木はポツリと、

「君は今度も駄目だと思っていたよ」

と鯨岡にいい、しばらくして、また、

「富士山だからね、君は富士山だからね」

と、つぶやいた。

なぜ三木がそういうのか、鯨岡はとっさにはわからなかったが、次の瞬間、投票日の二日前に三木が応援に来てくれたときのことを思い出した。

演説会場に向かう車が荒川放水路にかかる千住新橋を渡っていた。晩秋の晴れた日が暮れようとする西の空に、秩父の山並みがくっきりと浮かび、その南端に雪をかぶった富士山がきれいに見えた。

「先生、富士山が見えますよ、きれいですね」

鯨岡がそういうと、三木はちょっと首をまわしてそれを見たが、何もいわずにまた正面を向き、それっきり会場に着くまで無言だった。

鯨岡は、どうして何もいってくれないのだろうと、いぶかった。機嫌を損じたらしいことはわかったが、

なぜなのか、その理由はわからなかった。

しかし、それがいまわかったのである。

あの激しい選挙戦の最中、少しの余裕もないはずなのに、富士山が目に入るようではと、三木は鯨岡のために心を痛めたのだった。

そこに思い至って、鯨岡が独り合点したとき、車は上野駅前を走っていたが、三木がまた、ポツリといった。

「あの富士山はきれいだったね」

涙ぐみつつ大きく頷《うなず》いた鯨岡と三木を乗せて、車は思いもよらない当選の祝い客で賑《にぎ》わう鯨岡の選挙事務所に着いた。

第8章　民党魂

「松村（謙三）さんは、憲政会から民政党という大政党の中で育ってきた人だし、三木（武夫）さんは小さいグループをつくって、いつもそのトップに立ってきた人です。だから、政党人としての育ち方が違うんです。

松村さんのように大きな政党にいた人は、一人だけ偉くなろうとしてもできない。それで人と一緒に行く。人も助けて、共につくりあげていくようにしないと、政党生活ができない。

しかし、三木さんは違う。いつでもトップに立っていて、みんながついてくる。そのかわり、大政党はつくれない。三木をいつも頭にするしかない。そのあたりに、松村さんの生き方と三木さんの生き方の違うところがあったのではないか。私はそう思っています」

東京は西新橋にある東京桜田ビルの一室で、こう語るのは、小楠正雄である。

小楠は新聞記者だったが、戦後、松村などに請われて、桜田会なるものの事務長格になった。

小楠にすれば、自分は松村の秘書という名前ももらったことはなく、助手になったわけでもなくて、ただダラダラと松村の家に出入りして書き物の手伝いをしたりしていた。

そして、松村が一九六二、三（昭和三十七、八）年ころ、桜田会の理事長をやれといわれて、小楠に、困ったよと相談し、小楠もそれならと、松村、小楠コンビで直接、桜田会を運営するようになった。桜田会というのは財団法人で、そのビルは、前にＮＨＫがあった土地や久原房之助の日産館などに囲まれている。道をはさんで隣がイイノホールの飯野ビル。

こんな一等地に東京桜田ビルなるものがあり、家主の桜田会が入っている。

その一室で筆者は、鯨岡兵輔に紹介されて小楠に会ったのだが、壁にはズラリと政治家の写真が飾られていた。

奥のほうから、加藤高明、若槻礼次郎、浜口雄幸、町田忠治、大麻唯男、松村謙三、そして野田武夫である。

憲政会から民政党になり、町田忠治のときにつぶされて、戦後、改進党として復活する。筆者にとっては、まさに教科書の中の人物でしかない加藤や若槻が、流れとして松村につながるというのは新鮮な〝発見〟だった。

小楠はそれらの写真を指差しながら、

「ここの御先祖さまです。鯨岡君などもこの流れをくんでいるわけです」

と微笑する。

では、桜田会はいつスタートしたか。

一九三四(昭和九)年——そのころは日本はほとんど軍部一色に塗りつぶされようとしていたが、当時の民政党総裁・町田忠治は激化する軍の政党政治への干渉を何とか防がなければならないと思った。それで、政党のいちばん要《かなめ》になるのは政務調査だとして、私費で政務調査会館を建てた。そして、幹事長だった大麻唯男、政務調査会長だった松村謙三らとともに財団で桜田会というものをつくったのである。そこで政策の検討を始めた。

しかし、小楠のいうごとく、もう手遅れだった。

試みに、松村の『三代回顧録』巻末の年譜から、昭和八年から九年の「内外重要事項」を引いてみよう。
○八年一月三十日　ドイツにヒトラー内閣成立
　三月二十七日　政府、国際連盟脱退
　七月十一日　神兵隊事件、天野辰夫らの不穏計画発覚、鈴木善一ら九人検挙
○九年四月十八日　帝人事件
　七月八日　岡田啓介内閣成立
　十一月二十日　十一月事件、陸軍青年将校クーデター計画発覚
　十二月二十九日　政府、アメリカにワシントン海軍軍縮条約の廃棄を通告
そして、昭和十五年八月十五日、民政党解党に至る。
ここに至るまでに、政友会も解党していた。最後まで解党に抵抗したのは町田忠治である。民政党の中にも、永井柳太郎のように親軍的な人もいて、彼はその前に脱党していた。
しかし、一見穏やかそうな町田が、こういう世の中ではいけないから、と民政党をつぶすことに賛成しない。
それでもついに解党ということになってしまったのだが、桜田会は政党とは直接の関係がないので残った。政治家が集まって政策を研究するクラブということで、戦後、大麻とか松村とかは追放されても、クラブだからいいじゃないかと、集まりは続けられた。
改進党をつくるという話になって、その本部が桜田ビルに置かれたこともある。

なぜ、桜田会というのか。

いささかややこしいので、小楠の話を引く。

「このビルのある場所は、もとの江戸城の外堀です。弁慶橋のところに池がありますが、あれから溜池を通って虎ノ門の文部省のところに来て、このビルの下を通って土橋に抜ける。これはみんな外堀だった。それを埋めて、新桜田町というのをつくったわけです。

このあたりは六本木の先の、いまのテレビ朝日の筋向かいにある桜田神社の氏子だったんでしょう。それで、新しく埋め立てた土地に新桜田町という名前をつけた。桜田門が近いということもあったと思います。

それから、新桜田町にあった政党（憲政会―民政党の流れ）の本部の新聞記者のたまりを桜田クラブといったので、民政党の関係者には、その名前が頭にあるんですね」

結局いまは、東京桜田ビルといっているが、松村は、新桜田会館と呼ぼうといっていたとか。

加藤高明は三菱の始祖、岩崎弥太郎の女婿だった。弥太郎夫人は女傑的な感じの女性で、三菱財閥の重役たちを前に、娘婿を困らせては三菱の恥だと叱咤《しった》して憲政会へ援助させたという話もある。

三井が政友会だが、そうしたこともあってか、松村は三菱には「相当親近感を持っていた」と小楠は語る。

松村の長男の正直がのちに三菱倉庫社長となったのも、そんな関係があったのだろう。それにしても、長男に正直（まさなおと読むが）とつけるとは、いかにも松村らしい。

松村らしいといえば、戦後の追放中に、松村も知っている小楠の親しい人が、二人を助けようとして、会社をつくる話をもちかけてきた。メリケン粉の袋を扱う会社とかで、絶対もうかる、何もしなくていいから、名前だけ、松村先生が社長、君が専務ということでやらないか、というわけである。

小楠も、それはいい話だな、と思って松村に、どんなものでしょうか、というと、松村は、「私は君のことでできることなら何でもしてあげたい。その話も大変にありがたいことでやってあげたいけれども、実は私は政治に乗り出すときに、政治をやっている間は経済行為を一切しない、ということを固く決心した。だから、君も我慢してほしい」

と、すまなそうにいったという。

それで小楠も、わかりました、と答えて、その友人に断った。

「松村謙三という人はそういうところがありました。だから、この間、松下政経塾の塾生が来たときも、その話をしてやりました」

小楠は懐かしさを表面に出して、こう語る。

前述したように、松村は小楠の助けを借りて『町田忠治伝』を執筆した。桜田会をめぐっても、町田と松村のつながりは深いわけだが、『三代回顧録』で、松村は町田を次のように書いている。

〈私と町田先生との関係は、私が衆議院議員に当選したときから、先生がなくなられるまで三十余年の間、非常にお世話にあずかった。私にとっては、まったく文字どおりの〝師父〟という関係で、町田先生のことは公私はもちろん、政治に関係する部分は、もっともよく知っていると信じている。

およそ町田さんほど、まず自分の生涯にわたる志望、そして活動の企画方針をきめたうえで、これを方針どおり実行した人はまことにめずらしい。先生も立志伝の中の一人に数えることができるが、他の人の真似のできぬことを成しとげた——それが、先生の全生涯なのである。東京帝国大学に入ると、自分の一生の計画を立てた。大学を出たら新聞記者をやる、そして記者時代の四、五年間に、社会の実情というものを観察する。それから財界人となり、十年か十五年かの間に相当の財産を作り上げて、それから政界に進出しよう……そして自主独立の政治家になろうという人生の行程表を青年の間に作り、自分の生涯を三分して、記者時代・財界時代・政界時代と最初から予定し、そのとおりに実行し、成功したのである。〉

もちろん、いくつかの〝寄り道〟はあった。教授のすすめで、大学を出るとすぐ法制局に入ったのもそうである。

朝吹英二の援助で外遊したりもしている。ところが、ロンドン滞在中に日清戦争が勃発し、町田はすぐに帰ることにした。それを朝吹に知らせると、朝吹は帰国後の当分の費用として二千円を工面し、その金を「人もあろうに」、犬養毅と尾崎行雄に託した。国会議員の歳費が八百円のときの二千円。こんな大金を渡したら、町田が迷惑するだろうと、犬養と尾崎は勝手に三分して、遊興に使ったという。

富山県ながら、富山市よりは隣県の金沢市に近い砺波《となみ》郡福光町に松村謙三は生まれた。松村家は、安宅《あたか》の関で源義経主従を見逃した富樫左衛門の子孫といわれ、福光町きっての素封家だった。

父親が和一郎、母つやは近くの井波町の資産家・大谷彦次郎の娘である。小さいころ、謙三は病弱で、当時、コレラやチフス等が流行していたこともあって、松村家では謙三に感染させないために消毒や手洗いを厳重にするよう申し渡した。謙三の子守やお手伝いたちは、

「お金や人のさわるような物に手を触れた場合は消毒させる」

「食物は煮て与え、食べさせる前に必ず手を洗わせる」

ことを厳守させられたのである。

長じて謙三が、異常なほどに潔癖症になったのも、これが原因だったのだろう。

小楠正雄は、松村が海老や鯛の活造りなどに手を出さず、海老が動いたりすると、ビクッとして、

「君ら食べてくれ」

などといっていた、と語る。

ところで、明治維新によって徳川幕藩体制は崩壊し、封建社会は終焉したかに見えたが、代わって薩摩と長州の旧藩出身者による藩閥政治が始まり、それを打破せんとする自由民権運動が日本全国に広がっていった。

〽自主の主の字を解剖すれば
　王の頭に釘を打つ
こんな唄も歌われた運動の広がりの中で、土佐の板垣退助が自由党をつくり、肥前の大隈重信が立憲改進党をつくった。富山にもこの波は及び、高岡に「北立自由党」、福光町のある砺波地方に「越中改進党」が生まれる。

松村にとって外祖父となる母の父、大谷彦次郎は、自分の土地の井波町が自由党の根拠地なのに、独り改進党の旗を掲げて譲らない一徹者だった。

謙三の母つやは故あって離婚し、大谷家に戻っていたが、彦次郎の古希の祝いに招かれて謙三が行くと、彦次郎は孫の成長に破顔し、

「お前は大きくなったら、代議士になるだろう。政治には金がかかるから、そのときの用意に、福光のそばの西山に持っている大きな山をお前にやる。秘蔵している骨董類もみんなやる」

といって、供をしてきた下男に持たせてよこした。松村呉春や与謝蕪村の書画、青磁の鉢などもあった。父の和一郎は驚き、もらうわけにはいかないと、まとめて全部返したが、せっかくだからと、頼山陽の軸、一幅だけはもらうことにした。

そこに書かれた詩は次のような七言絶句だった。

　蠹翰紛披煙海深　　蠹翰《とかん》を紛披すれば煙海は深し
　含毫無下復沈吟　　毫を含んで下すなく復《ま》た沈吟す
　愛憎恐誤英雄跡　　愛憎英雄の跡を誤らんことを恐る
　一穂寒灯知此心　　一穂の寒灯此の心を知るあり

松村はこの詩の中の「愛憎」以下に、とくに惹かれ、晩年に至るまで、これを書斎にかけ、その由来と意味を来訪者に語った。

「人間の愛と憎しみ。それは英雄の末路を誤らしめることがあるが、私はそれを恐れる。畑の中に見える小さな灯火には、私のこの心がわかるであろう」というわけである。松村には、これが「どこか自分の気持ちにかなう」ように思えたのだった。

一八八三（明治十六）年生まれの松村は、八九年の春に地元の小学校に入学したが、九一年の第二回衆議院議員選挙で、時の山県有朋内閣の内相、品川弥二郎はすさまじい選挙干渉を行う。民党の候補者、有権者には、放火、殺人等の暴行が加えられたのである。

自由党は前年に解散して立憲政友会をつくり、政府と妥協して「吏党」となっていた。政府は吏党を保護し、民党つまり改進党だけを弾圧する。演説会を開こうとすれば、吏党に雇われた暴力団が襲ってくるし、民党の候補者と支持者はまさに命がけだった。

当時、金沢には遠藤秀景という人をボスとする盈進社という壮士の団体があり、福岡の玄洋社と並び称せられたこの結社の壮士たちは、金沢から山を越えて福光や石動へ出張ってきていた。石動では荒川村の宮田という有志が壮士によって殺され、いま、そこに石碑が建てられている。碑文の撰者は大隈重信。そんなことが、つい百年前の日本にあったのだ。

福光の松村の家にも盈進社の壮士がやってきた。彼らも子どもには手を出さないだろうと、九歳になったばかりの松村が応対に出させられた。

壮士は引っ提げていた刀を抜き、玄関の畳にブスリと刺して、

「おやじはいるかッ」

と大きな声で怒鳴った。

それに驚いた松村はワッと火がついたように泣いて奥へ駆け込んだ。

これには壮士も弱ったらしく、何かわめきつつ帰って行った。途中、飼い犬を斬殺し、折から降っていた雪を真っ赤に染めたという。

そのときの選挙の投票の際には、民党派の人間は互いに語らって竹槍を携え、護衛しながら行くほどだった。警察にいっても知らん振りなのである。

「物ごころつくか、つかないころからそういう環境に育ってきたし、またそういう印象を受けてきたのだ

から、その影響や感化があろうことも当然といえるかもしれない。そこで今日まで改進党系の流れをくむ政治家として終始するに至った」と松村は『三代回顧録』に書いている。迫害に屈せず、自らの思想を守ろうとする人たちの姿を身近に見て、松村は育ったのである。

富山中学に一年在学した後、新設された高岡中学に転じた松村は、フットボール部の主将として活躍した。背が高かった松村は〝三つ折り〟と綽名《あだな》されたが、そのプレーぶりも決して荒々しいものではなかった。中学の三年下に、河合良成と正力松太郎がいる。

中学を出ると、松村は東京遊学を志し早稲田の政治経済科に入りたいと思うようになる。身体があまり丈夫でないこともあって、祖父の清治と父の和一郎はそれを渋ったが、ついに許して、和一郎は友人の代議士、島田孝之に、大隈重信、犬養毅、尾崎行雄への紹介状を書いてくれるよう頼む。

松村はそれを持って、まず、大隈を訪ねた。大隈は一八九八（明治三十一）年に板垣の自由党と結んで「憲政党」を結成し日本最初の政党内閣の首相となったが、当時は野に下っていた。

その大隈に会って、松村は郷里の友人に「今も冷や汗の出るような生意気な」葉書を書いた。

「来てみれば、さほどでもなし富士の山、釈迦や孔子も、かくやありなん」

『三代回顧録』では、その後、「しかし富士の山は仰げば仰ぐほど高かった」と付け加えている。

犬養に会った印象は薄く、記憶に残っていないが、品川の東海寺の境内に家を借りていた尾崎を訪ねた情景は「きわめて鮮明」である。

貧乏でも堂々たる門戸を張った尾崎は紋付き羽織に袴《はかま》姿で松村を迎えた。隈板《わいはん》内閣の文部大臣をやめた後だから、まだ四十歳になるかならぬかだったと思うが、端然としていた。

松村は、名士を訪ねたら、まず気候の挨拶をしなければならないと勝手に決めて、そんなことをいったら、尾崎はじろりと松村を見すえ、

「お前は学生だろう。商売人のように暑いとか寒いとか、そんなことをいうものではない」

と一喝された。

返す言葉もなく畏《おそ》れ入っていると、

「お前はいったい、何のために来たのであるか」

と尾崎が尋ねる。

「島田さんの紹介状にもありますが、実は私学を希望するので、早稲田にでも入ろうかと、ご指導を承りたく……」

と松村がいうと、前文相の尾崎がズバリと答えた。

「日本の大学というのは、金をかけた大学ほど悪い。一番に悪いのは、一番に金をかける学習院である。次は帝国大学である。早稲田あたりは貧乏だからよいだろう……」

これで松村は早稲田に入ることにしたというが、この最初の出会いのせいで、松村は尾崎に「なにかおびえる気持ち」を持ち、議会に入ってからも、なかなか会えなかった。

尾崎の晩年に、逗子の別荘に訪ねて、このときの話をしたら、尾崎は笑っていたとか。

この尾崎の晩年の世話をしたのが、松村の友人の五明忠一郎だった。その縁で松村は尾崎が「九十三翁」「九十四翁」と落款に冠した書を見ることができた。

「昔ながらに雄健、高邁《こうまい》の風格は変わらぬが、その揮毫《きごう》に選ばれた辞句をみていくと、理想を追うてやま

なかった進歩的な尾崎さんその人の信念なり心事なりに、老来どういう変化があったかを如実に示している」と松村は評している。

たとえば、「擁書万巻夢孤鶴　歴仕三朝五雞群」、つまり、九天に高翔する孤鶴たることを期した尾崎が、明治、大正、昭和の三代の間を、塵溜めをあさるチャボのような連中とつき合ってきたというわけである。これはまさに松村の晩年の思いでもあったのではないか。


「明治十四（一八八一）年の政変」というのがある。藩閥政府の薩長出身者が、大隈重信が福沢諭吉と結託して政府転覆の陰謀を企てているとして大隈を政府から追放した事件である。

こんな根も葉もない密告をしたのは、福沢門下の九鬼隆一という男だった。九鬼はのちに男爵になり枢密顧問官にもなったが、福沢は九鬼を許さず、福沢の死の直前にわびをかねて見舞いに訪れた九鬼を門前払いしている。ちなみに、九鬼は岡倉天心を引き立て、九鬼夫人の波津に天心が恋をするという一幕《ドラマ》もあった。

九鬼については、『大隈侯八十五年史』で、大隈がこう語っている。

「最早長い昔の話だが、九鬼隆一が、私の為めにすることがあったと見える。黒田（清隆）に針ほどのことを棒のように伝え、薩摩人から見ると謀計でもするように思いとり、伊藤（博文）、井上（馨）をグッというほど威嚇しつけたから、伊藤、井上の二人は慄えあがり、終始を懺悔して、軍門（薩長の藩閥）に降り、中分けのために大隈、福沢両人の首を挙げてと約したそうだ。しかし、内閣で参議顔揃えのときに、だんだん実際を探偵してみれば、九鬼のいうようなことでもなし、国会開設云々の相談には、有栖川宮殿下も、岩倉（具視）公もあずかられている。ゆえに、その相談をした、また希望したものを国事犯に問うとなれば、ワシを先に（宮殿下が）捕縛しろといわれたから、薩摩人も仕方なしに、国事犯の話はウヤムヤのうちに葬り、また北海道（官有物）払下云々も沙汰なしに消滅してしまった……」

岩淵辰雄は『犬養毅』（時事通信社）で、大隈のこの談話を引いた後、「これを見ると、藩閥側は、大隈、福沢を国事犯として死刑にでもしようとしたものらしい」と書いている。

そして翌年春、改進党が結成された。犬養によれば、総理が大隈、その下に河野敏鎌、北畠治房、前島密の三大老がおり、大老の下に幹事という名で、矢野文雄、沼間守一、牟田口元学、春木義彰、小野梓の、いわば五奉行がいた。

これらの幹部はすべて、官吏を辞して野に下った人たちである。「島田（三郎）、箕浦（勝人）、尾崎（行雄）、わが輩のごときはこの下で、地方の遊説などに向けられる連隊長以下のものであり、最高軍議には参加を許されぬ将校であった」と犬養は往時を述懐している。

人脈の流れもさることながら、のちのちまで微妙な違いを見せる自由党と改進党の性格の差、党の気分について、中江兆民は『三酔人経綸問答』で、次のように諷《ふう》した。自由党が「豪傑君」、改進党が「洋学紳士」である。

「曰く、在野人士中自由の義を唱へ、同一革新の説を主張する点に変りがないけれども、其の間に旧きを喜ぶものと新しきを好むものと二つの元素が隠然として力を逞うしてゐる。新しきを好むものの尊ぶところは理論で、賤むところは腕力である。彼等は産業を先にし武備を後にし、道徳法律の説を研鑽し、経済の理を攻究し、常に文人学士を以て任じ、武夫豪傑の流儀や叱咤激越の態度を貶する。宜《むべ》なり、此の連中の景慕するところはグラッドストン、チエールの徒で、ナポレオン、ビスマルクの輩でない。若しその旧きを喜ぶ元素に富むものは、自由を認めて豪傑の行となし、平等を認めて破壊の業となし、悲壮慷慨して自ら快となし、佶屈な法律学や無味乾燥な経済学は其の喜ぶところでない」

保守合同で生まれた現在の自由民主党にも、二つの政党の党風の違いは厳然として残っている。

自由党は最初から、ルソー流の天賦人権論に立ち、自由の獲得を高唱する豪傑君的壮士の集団なのに対して、改進党はイギリス流の合法的な進歩主義の立場をとる紳士の集団だから、もうひとつ肌が合わない。

藩閥政府はまた、これに分け入って必死に両党の離反を図った。

早大入学前の松村謙三が紹介状をもって大隈重信、犬養毅（木堂）、尾崎行雄（咢堂）を訪ねたのが一九〇二（明治三十五）年。犬養と尾崎は共に四十代だったが、それから十年後の一九一二（大正元）年に二人は憲政擁護運動の先頭に立ち、「憲政の神様」と呼ばれる。

その二人の演説会の模様を当時の新聞は次のように報じた。

「咢堂が雄弁は、珠玉を盤上に転じ、木堂が演説は、霜夜に松籟を聞く。溽渓《じょくかん》の趣、浙瀝《せつれき》の声、各異なると雖も、共に一世の雄なり。木堂が枯骨、疎髯《そぜん》、胆気斗の如く、語気大に激して絶叫して曰く『後藤の魔力、大浦の警察力、吾人之を恐るる者にあらず、我は憲政の危機を虞れ、天下後人の笑を恐る』」

若き日の松村は、「霜夜に松籟を聞く」演説をする犬養よりも、「珠玉を盤上に転じ」る雄弁の尾崎に惹かれた。

その尾崎の胸像が衆議院の正面玄関広間にある。一九九〇（平成二）年十一月二十八日、議員在籍六十四年の尾崎像の隣に在籍五十一年の三木武夫の像が設置された。

翌日が国会開設百年の記念日だったがその前日に行われた除幕式で、首相の海部俊樹は、三木が一九三七

（昭和十二）年に初当選して三十歳の最年少代議士となったとき、尾崎が励ましてくれたことが忘れられないと話していたと、挨拶した。

たしか三木は、当時を回顧して「最長老、憲政の神様といわれた尾崎行雄翁が（ともに無所属だったため）私と同じ国会の第二控室という小さな部屋にいて私の手を握り『三木君おめでとう、しっかりやってください』といって激励してくれた。その手の感触をいまも忘れられない」と書いている。

三木は戦後初めての選挙にも無所属で立った。鳩山一郎が自由党を結成し、三木にも入党の誘いがあったが、三木は、

「非翼賛議員であったとはいえ戦時下に国会議員をつとめていた者が、戦後も議員として承認してもらえるかどうか、まず世に問うてみなければわからない。党派はその関門をくぐった後で考えたい」

といってそれを断っている。

三木夫人の睦子は、三木について、

「大体、どうしてあの人が保守系議員になったのか、私にはいまだに理解できない部分があるんですよ。あの人には、保守党員といいきれない面があります」

と語っている。

この夫人もなかなかで、婦人有権者同盟の考え方に共鳴する睦子は、かつて、選挙のたびに市川房枝に投票していたという。三木が自民党総裁になり、総裁夫人が他党に投票するのはおかしいという批判が出たときも、睦子は、

「パパと私は別人格」

と一言の下に却下していたとか。

三木睦子の応援もあってか、一九四六（昭和二十一）年春の選挙で、日本初の婦人議員が三十九人も生まれた。

そして、その年の八月二十四日、旧帝国憲法を新憲法に切り替える憲法改正案が上程される。衆議院では米寿を迎える尾崎の発言を求める声が多く、尾崎は聴音器と虫眼鏡を持って登壇した。

「立法府の権威を高めよ」と題した尾崎の演説は、皮肉とユーモアに満ちた後輩議員への忠告だった。

〈①良い憲法さえつくれば国が良くなるなどという軽率な考えで賛成するな。憲法が良ければ良いほど、運用はむずかしい。知識と徳義に欠けた人間は、悪い憲法ならどうにか運用できるが、良い憲法は運用できないのがあたりまえの道理である。
②民主主義となる以上は国家の政治の主体が議会になければならぬ。およそ議員たるものは、（猟官運動などの）奴隷根性をもってしては真に民主主義は行われない。官尊民卑の弊習を改めるのは容易でない。
③明治維新の大業を成就した者たちは諸君に比べ知識・識見が優れていたのではない。抱負があったからだ。国家を背負って自ら高く任じていたからだ。諸君に国家を背負って起つという抱負さえあるならば、今日の窮境を切り抜けることは何でもないことと思うが、その抱負が残念ながらあるかないか、これを先ず承って見たい。〉
この尾崎の演説から五十年近くたって自衛隊機派遣で揺れた最近の国会でも、この指摘は有効性を失って

いない。それは悲しむべきことである。

戦前、桂太郎内閣を弾劾して、

「かれらは玉座をもって胸壁となし、詔勅をもって弾丸に代えて……」

という舌端火を吐く有名な演説をした尾崎だが、戦後は、こんなことをいった。

「議会はうちとけて国家全体のために懇談熟議すべき場所である。討論ではない、懇談熟議、おのおの己の主張はあるけれども、それはごく穏やかに述べて、お互いに譲り力を合わせて国家全体の利益をはからなければならない。それが議会の本体である」

議場が討論会のように激語をぶつけ合う場所だという錯覚を与えた点については、「かくのごとき間違った議会運用の例を開いたのは残念ながら私どもである。それは懺悔すると同時に深くおわびしなければならぬ」と尾崎は自己批判してもいる。

この尾崎は一九五三（昭和二十八）年の総選挙で落選し、翌年亡くなった。松村謙三や三木武夫は「憲政の神様」尾崎の衣鉢《いはつ》を継ぐ者なのである。六〇年に尾崎を讃《たた》えて「憲政記念館」が建てられた。

第9章　寝ていて人を起こすな

「代議士になって、追放解除後の選挙に出る前、昭和二十七年の春だったと思いますが、松村さんの選挙区を訪ねたことがあるんですよ」

小楠正雄は松村から、

「いっぺんオレの選挙区を見に来ないか」

といわれ、

「うかがいます」

と答えていたのだが、結局、松村が追放《パージ》を解除されて最初の選挙のときにそれが実現することになった。

小楠は新聞記者をしていた時分から、松村さんはえらく信用があって、道を通ると農民が土下座するそうだ、などという噂も聞いていたし、それを確かめる気持ちもあって出かけた。

田んぼの中の道を、松村の乗った車が行く。一緒に乗っている県会議員が、あそこにいる人は何々村の誰ですよというと、松村は、そうか、と頷《うなず》く。

そして車が近づくや、農民たちは鍬などを放り出してやって来て、ステップのところに手をつき、膝は地面に折って、

「先生さま、このたびは大変ご苦労なことでございます。ありがとうございます」

と松村に頭を下げるのだった。

噂には聞いていたが、聞きしにまさるその農民たちの言葉と姿を目の当たりにして、小楠は仰天した。呆気《あっけ》にとられている小楠には目もくれず、松村は、

「お前さんも元気でいいな」

などと答えている。

同じような光景を鯨岡兵輔も見た。やはり鯨岡が松村の選挙区を訪ねたとき、一晩で十五ヵ所くらいやる演説会の最後の会場で、鯨岡は松村を待ちつつ、応援演説をしていた。

夜も十一時を過ぎている。村会議員や村の有力者らを含む聴衆の三分の二は横になって寝ていた。そして、午前零時をまわるころ、ようやく松村が会場に着いた。すると、みんな一斉に起き上がり、松村に駆け寄って、

「顔さえ見ればいいんです。どうぞ早くお帰りください」

と松村にいった。

彼らは「松村宗」の教祖である松村を、いわば〝拝み〟に来ているのである。

松村の支持者は、金銭などの誘惑に負けない骨のある人が多かった。

その一人に、砺波市の出町で、新聞取次店をやっている古川という人がいた。もちろん、もう亡くなったが、この人が松村以上に頑固一徹の人で、あるときの選挙の最中に、ひとまわりまわってきた応援者が、ちょうど昼どきだったので、

「どんぶり飯でもないですかね」

といったら、事務所を提供しているその古川が、

「松村の事務所に来て飯など食いたいという奴があるか」

と怒鳴りつけた。

居合わせた松村が、

「おいおい、そこまでいわなくてもいいだろう」

といったが、

「いやいや、駄目です」

と古川は譲らない。

こんな人たちが松村を支持していたのである。

早大を出て報知新聞に入り、経済部記者、名古屋支局長、大阪支社長などを経験して本社に帰った松村は、父親に死なれたこともあって郷里に戻る。一九一二(明治四十五)年一月、松村二十九歳の時のことだった。

そして六年後、町会議員を経て県会議員に当選する。理想選挙を貫き、一期だけでやめるつもりだったが、次にまた出てくれ、といわれて、松村は条件を出した。

「立候補はするが、依頼状は書かぬ。また演説もやらぬ。それでよければ……」

支持者たちはそれでよいとして、あちこち奔走した。松村は家に閉じこもったまま。頭も下げず、足も運ばずの選挙戦である。

結果は二、三百票の差で落選だった。

それで、熱心に運動した人たちはガックリし、責任を感じて、ヒゲを落とす者、頭を剃る者、あるいは、世間に合わせる顔がないと温泉に逃げ出す者まで出た。

「私が自分からすすんで陣頭に立ったというならまだしも申し訳はあるが、手も足も動かさず、悠々閑々となまけていたのだから、これらの人々になんとも申し訳がない。後悔しても追っつかない。人力車でおわびにかけまわって郡内の有志に不徳をわびたが、選挙というものは、同志にたいしても正しい意味において全力を尽くすべきものだとつくづく感じさせられた」

『三代回顧録』で松村はこう述懐している。

県議時代の思い出としては、「便所問答」などがある。のちに衆議院議員となった松村を支援して「縁の下の力持ち」をやってくれた県議にはユニークな人物がいた。

例えば、根尾宗四郎、高広次平、北六一郎、島荘次などである。

北は、あとで県議をやめて高岡銀行に入ったが、そこの頭取をしていた高広次平の父親に、

「政治家というものは、人が頭を下げるとそり返るくらいのものだが、銀行員となると、先方が挨拶をせぬ前に、こちらから頭を下げねばならぬ」

と訓示された。

それを肝に銘じて、自分の生地に近い石動の支店長になった北は、ある日銀行から帰る途中、見たことのある婦人が来たので丁重におじぎをした。

すると、その婦人は驚き、

「あなた、何の真似です」

という。

笑えぬ喜劇で、その婦人は永年連れ添った北夫人だった。

また、島荘次は、県庁の便所に高等官便所と平民便所とがあり、厳重に区別されていたことについて質した。

「知事や部長など、高等官たちの小便はわれら平民とは何か違っているのか」

こう尋ねられて知事はびっくりし、

「それはどういう意味ですか」

と問い返した。

「いや、〝高等官便所〟という札が掛かっているので、特別な小便でもするのかと思ったから……」

この痛烈な皮肉に、すぐに〝高等官便所〟の札ははずされたという。

島の諧謔《かいぎゃく》は有名で、あるとき、一緒に風呂に入った人が、島に、

「眉毛や頭髪が白いのに、そこだけ黒いのは、どうしたわけなのですか」

と聞くと、すかさず島は、

「ああ、これか……。眉毛や頭の毛は生まれたときからはえていたが、これはなにしろ二十年近くも遅れてはえたのだからな」

と澄まして答えたとか。

松村は一九二八（昭和三）年春の、普通選挙法による最初の総選挙で衆議院議員に当選した。

そのとき松村は、すぐに妻のこ乃（二番目の夫人、最初の静枝は結婚後まもなく死亡）に宛てて遺書を書く。

記

一、小生ニ若シ不測ノ事アルトキハ、一家ノ事、尚則ノ監理ヲ乞ウ可シ。大事ハ谷村一太郎氏、順蔵君ニ相談ス可シ。

（中略）

一、近来多額ノ負債アリト雖モ、総テ差引スレバ、余ガ相続セルコトト大差ナカル可シ。骨董品ヲ売却シテ整理ス可シ。

一、正直及襄二ノ教育ニ特ニ注意シ、新時代ニ適スル有為ノ人物タル可シ。

一、花子、治子、敏子ハ良縁ヲ選ブ可シ。資産ヨリ真面目ナル人物、教養アル人物ヲ選ブ可シ。

一、一家和睦、母上漸次老年ニナラルレバ、児孫孝養セヨ。

其許ハ、子供ノ生育ヲ楽シミ、幸福ニ暮ス可シ

謙三

こ乃殿

「極秘」と書かれたこの遺書は、五十年余り、松村家の古い箪笥《たんす》の中にしまい込まれ、松村の死後、松村の長男の正直によって開封された。

国民から選ばれたからには、命を捨てて国民に奉仕するのだという覚悟で、松村はこの遺書を書いたのだった。

松村は遺書を妻に渡しながら、

「蔵の中の骨董を売り、松村家の財産を減らしてしまった。立派な政治家になることで許してもらおう」

といったという。

松村こそは、まさに井戸塀政治家だった。

後年、小楠正雄が松村に、

「先生、選挙の時はいったいどのくらい使ったんですか」

と聞いたことがある。

「最初（昭和三年）に出た時は六万五千円くらい使ったかな。その次は四万円前後かな」

松村はこういい、小楠が、

「それから後はどうですか」

と尋ねると、

「後は何もなかったから使いようがなかったよ」

といって笑っていたという。

屏風《びょうぶ》とか何とか、この間に松村家からさまざまなものが出て行った。それを松村は少しも惜しいとは思っていない。

「寝ていて、人を起こすな」

これが松村の口癖だった。

河野謙三は、ただ一人の「子分」を自任していた栗原祐幸の選挙の応援に駆り出されると、

「栗原君くらい人使いの荒い男はいない。朝から晩まで私をこき使って、お茶一杯もくれない。しかし、

私も栗原君にはビタ一文もやっていないから、おあいこだ」
と演説して、聴衆を沸かせた。

この河野の先輩格の松村謙三の選挙もカネをかけない選挙で、参謀長をつとめた中島粂次が鯨岡兵輔に、

「先生からは法定の選挙資金をもらいますが、いつも余るのです。それを保管しておき、選挙区の人たちのお祝い事や香典などに使わせてもらっています」

と語っている。

一九五五（昭和三十）年二月の衆議院議員選挙で、こんな松村に対して同じ富山二区から、読売新聞前社長・正力松太郎が立候補した。

この六年ほど前、志賀直哉が、「老いらくの恋」と騒がれた川田順と京大教授夫人（中川俊子）をモデルに戯曲を書いた。それに対して川田は「自分は気にしていません」という手紙を書いたのだが、志賀の返事の中に、痛烈な読売新聞評が出てくる。「刑事上りの前の社長」とは言うまでもなく正力である。

〈前略　大変気持のいい御手紙を頂きました。御礼申上げます。御宅に伺つたといふ新聞は恐らく讀売だらうと思ひます。宇野（千代）北原（武夫）氏等の事を問題に作り上げたのも讀売で、私は半年程前から讀売には一切書かぬといふ宣言をしてゐるので此度讀売はあの作品で問題を作り上げようとするだらうと考へ、若しさういふ場合は讀売或は讀売の一部の記者に対し宣戦してもいいと考へてゐましたが、貴方のよく分つた御返事で面倒な事もなく済み、ありがたく思ひました。社長の馬場（恒吾）氏は好きな人ですし、記者にもお宅へ伺つたやうな人も沢山ゐるのですが、今一寸名前が思ひ浮びませんが、刑事上りの前の社長から伝

はった悪い伝統があり、兎角平地に波瀾を起したがる赤新聞的下等さが濃厚にあります。〉

以下は略すが、このように文豪に痛烈にヤユされた読売新聞の再建者の正力はまた、読売巨人軍、すなわちプロ野球のジャイアンツの生みの親でもあり、のちに原子力委員長となるヤリ手でもあった。

その正力と松村は対決することになったのである。このとき、松村は小楠正雄に、

「これはおれの三十年の政治経歴が勝つか、正力のカネが勝つかの勝負だ。おれが正力の下になるようなことがあったら、代議士をやめるよ」

といったという。

正力は無所属だったが、高岡に読売新聞の印刷所を持って来たり、ジャイアンツの選手を連れて来て試合をやらせたりと派手な動きをする。

ところが松村は、同志の応援に全国を駆けめぐらなければならない。カネで助けることができないからと、山形県では降りしきる吹雪の中、一日三十七回もの応援演説をし、ついに高熱を出して倒れてしまった。

それでも帰らないという松村を、同行の者たちが強引に東京に連れ戻し、国立第一病院に入院させた。

少し落ち着いてくると、やはり選挙戦のことが気になる。床の上に起き上がれるようになって、電話で指示したりしながら、松村はこんな独り言もいうのだった。もちろん、正力を念頭においてのことである。

「カネをつくることをおれは知らぬのではない。つくろうと思えば、つくれる。しかし、いままで清潔に身を処してきたのだ。金権と結べば、政治は堕落し、正しくは行われないものだ」

松村は神経質なほどに利権を排し、金権に結びつくことを警戒した。

米や野菜など、丹誠こめた手づくりのものはもらうが、それ以外のものは容赦なく突き返した。

「ものを頼みに来るのに、物を持って来るとはおかしいじゃないですか」

切り口上で松村はこういった。

地元にも東京にも事務所を置かず、議員会館だけが松村の事務所だった。

こうした松村を支持する人たちは「松村宗の信者」を自任し、松村を応援できることに誇りと喜びを見出していた。

参謀長の中島は鯨岡に、

「むしろ、正力さんが立たれたことで、運動している人たちは、正力さんに負けることは金権に屈したと見られるといって、いままで以上に奉仕してくれているんです。松村を当選させることによって、日本の政治が正しく行われたいと願っているからでしょう」

といい、終盤の三日間、行動を共にした鯨岡は、

「日本国中、いろんな土地をまわったけど、このような理想選挙は見られませんね。尾崎咢堂以来のことです。これは松村先生の徳望と政治意識の高い選挙民が、しっかと結び合っているからです。いい選挙運動を見せてもらいました」

と中島に感謝している。

この結果は次のようなものだった。

松村　謙三　　六七、二七五
内藤　友明　　四八、八一一

正力松太郎　四八、四三八

松村も内藤も民主党。無所属の正力も当選したが、松村の得票は富山県の最高点を記録し、正力のそれより一万九千票近く多かった。

松村は最後に病を押して選挙区に帰ったせいか、選挙が終わった後、再入院した。そこへ、正力がやって来る。

「松村君、君は強いな。なんとか君の上に出てやろうと思ったが、そうはいかなかった」

といって松村の手を握り、後は故郷の富山のことを仲良く語り合っていた。松村は河合良成と幼なじみであり、正力は河合の親友である。そのため、松村と正力も個人的には親しかった。

河合良成がやはり同じ選挙区から立ったのは一九五二（昭和二十七）年秋の選挙である。河合は松村が農林大臣となったとき、頼まれて次官を引き受けたが、第一次吉田茂内閣で厚生大臣となり、吉田が総裁の自由党から出馬した。

松村にとって、この選挙は追放解除後初の選挙だった。中に十年余のブランクがある。

松村は、吉田ワンマン政治を批判し、「保守二党論」を唱えた。

「このような独裁的政治は、正常なあり方ではない。戦前の政友・民政という二大政党だけでやるということは、時代に即しないかもしれない。しかし、保守党が一つで権力の座についていると、反対党を抑えるための危険な政策が生まれてくる。違った形ではあるが、軍部の強引な突っ走りが、過《あやま》った戦争を惹き起こしたのだ。それよりも、保守党が二つあって、一方が政権を担当すれば、もう一方は国民の声を聞き、政権担当者が過った方向に進んだ場合は、これに忠告を与え、法案や予算などを修正する。こうして長短相補うためにも、いまの自由党に対抗して進歩的な国民政党をつくり、清新、潑剌とした政治を行わなければならない」

そして選挙前に改進党が生まれ、松村はそこから立候補した。

「松村先生は、そこいらの私利私欲の政治屋とは違うんだ。国のためを思う古武士のような政治家なのだ。落とすと、われわれの恥だぞ」

こういって松村を応援する福光町の人たちの熱意は十年たっても変わってはいなかった。

遠藤和子の『松村謙三』によれば、選挙運動中、松村にはいつも、七、八名の護衛がつく。明治、大正の政争が激しかったとき、候補者はしばしば反対党の人間に襲われてけがをした。それで、候補者の命を守るための親衛隊ができたのである。戦前は、そろって縞《しま》の着物に袴《はかま》をはき、扇子を持った彼らは、新選組と呼ばれた。誰にいわれたわけでもない自然発生の護衛隊だった。

福光町では、戦前、松村自身の一票と政友会びいきの風呂屋の一票を除いてすべて松村に投票されたことがある。

そんな福光町へ、この町の生まれとはいえ、河合良成がやってくる。

「もしかしたら、謙三《けんぞ》はんの票を奪われるかもしれない。そんなことをさせてなるものか」

町の人たちはいきり立って立会演説会に臨んだ。

そんなこととは知らず、河合は壇上から、懐かしさいっぱいに語りかけた。

「私は、この町に生まれました」

途端に、次の言葉をさえぎるように、会場から大きな野次がとんだ。

「福光に来て、松村さんの票を取ろうというのか」

それからも次々と野次がとび、河合はショックを受けて、悄然《しょうぜん》と退場した。

以後、河合は福光町に来ることはなかったが、後年、福光町は河合を名誉町民に推している。

「河合先生はカネもあり、地位もある人。いくらでも当選できた。私たちは、ただ清潔選挙を貫こうとする謙三はんに魅せられていたんだ」

「カネよりも地位よりも、徳望のある人を慕ったのだ」

福光町の人たちはいまもこういっているという。この選挙では、松村、河合、そして内藤友明が当選した。

第10章　幣原喜重郎と松村

話が前後するが、追放中の松村はしいたけ栽培をしていた。武蔵野の雑木林の中にある「五松庵」は、戦災バラックを請け負っていた郷里富山の福光木工が建ててくれたものである。

この名は、家の周りの林の中に、松の老樹が五本聳立《しょうりつ》していたからで、松村は林の中をそぞろ歩いては、この松を眺め、

国破れて山河あり
城春にして草木深し

の思いを噛みしめていた。

そんなある日、訪ねてきた農林省の知人が、林を見ながら、

「くぬぎが密生しているけれども、これはしいたけをつくるのに最適です。ひとつ間伐してしいたけを栽培してごらんなさい」

といい、パン状にしたしいたけの菌を送ってよこした。

それで、教えられたように、ホダギをつくり、三尺ほどのものを三百本ぐらい調《ととの》えた。

松村によれば、「そのころよく遊びにきた元報知新聞記者小楠正雄君も、この植え込み作業を手伝ってくれた」というが、これは大当たりとなった。

半年、一年と経過するにつれて、続々と群生し、盛んなときは、ひと春に三十貫から五十貫も穫《と》れ、知人

に分けても余るほどだった。最後には商売人が買いに来る始末で、松村は「一躍、意外の声名を博した」のである。

暇をもてあまして、それから蘭《らん》の栽培にも打ち込んだが、こんな閑暇にまかせた趣味的な生活をしていたために、暮らしのほうが困ってきた。

どうしようかと思っていると、福光に帰省したとき、山林の仲介人がやって来て松村の所有となっている西山の杉林を売ってくれ、という。

十万円ということだが、西山の杉林全部なら安いなと思ったら、一区画だけで十万円だった。子どものころ、父親にいいつけられて松村は人足を連れ、西山に杉の苗を植えた。それが大きくなって、いま、ほぼ一割で十万円である。

これを一割ずつ売って生計を立てていたが、売り終わったときに、ちょうど追放が解除となった。しいたけ栽培とは違って、流産してしまった〝合弁事業〟もある。ひとまわり近く上の先輩政治家、幣原喜重郎とのジョイント・ベンチャーである。

松村の秘書をしていた川端佳夫は、夫人が浅草の金持ちの娘だったので、世田谷に立派な邸宅を構えていた。幣原邸は用賀にあり、川端邸はその途中となる。

それで松村は川端に頼んで席を設けさせ、川端邸で幣原とともにしばしば歓待を受けた。

そんなある日、いつものように川端邸で幣原と落ち合った松村は、

「私は追放浪人だけれども、おかげさまで近来、収入状況に好転の見込みがついたから、ご安心ください」

といった。

「ほう、それは不思議だ。どうかしたのか」

幣原も興味深げに膝《ひざ》を乗り出す。

松村の家には町田忠治の口ききでもらった純粋種の秋田犬がいた。白い雌犬である。

一方、秋田犬好きの実業家で、すばらしい雄犬を飼っている人がおり、〝縁談〟がまとまって、この間に子犬が六匹も生まれた。

抜群の血統ということもあって、各所から、ぜひもらいたいという希望が殺到した。

「よそに取られては大変だ」と、乳離れもしない子犬を引き取って行く者も出る騒ぎである。

そんな中で、いちばん熱心だった鶴見祐輔が、その後、何もいってこない。

しかし、約束は約束だからと、松村はその子犬を〝ユウスケ、ユウスケ〟と呼んでかわいがっていた。

しばらくして、ようやく鶴見がやって来て、

「どうもありがとう。もらって行くが名前は何というのか」

と聞くので、

「鶴見家にやるのだから、〝ユウスケ〟と呼んでいるんだ」

と答えると、鶴見は憤慨し、

「ようし、わかった」

と激して帰って行った。

そして、子犬を〝ケンゾウ〟と改名し、松村家から譲られた優秀犬だから、一応の敬意を表して、〝ケンチャン、ケンチャン〟と呼んだという。

ところが、こうした話が愛犬仲間を伝わって、雄犬の飼い主の実業家の耳に入ってしまった。

それで、松村は強硬な抗議を受ける。

「聞くところによると、貴下は、鶴見氏をはじめ友人たちに、軽々しく子犬を無代でわけてやったとのことだが、どうも困る。まるで優秀犬の取り扱い方を無視しておられる。イギリスなどでは、いかに親しい仲でも子犬をわけるには相当の代金をとることが慣例で、無代でくれてやるということはない。そういうことなら、今後は絶対に〝種〟をやるわけにはいかぬ」

この厳重な通告に松村は驚いて、

「そういう慣例ははじめて承るのだが、それならどのくらいの代金が適正価格だろう」

と尋ねると、

「まあ、私の雄犬の種なら二、三万円という相場でしょうか」

といわれた。

ちなみに、この一九五一（昭和二十六）年当時の銀行員の初任給が三千円である。現在が十六万円余だから、およそ五十倍とすれば、〝種つけ料〟は百万ないし百五十万円ということになる。

びっくりさせられた松村はこの顛末《てんまつ》を幣原に話し、

「こういう次第なので、一度に六匹として年に二回の十二匹、それが一匹二万円として二十四万円。これだけの年収は最小限にみても確実ですから、これなら楽に暮らせます。どうですか」

と誘った。

すると、ジョークを解する幣原はいかにも感心したような顔をし、

「そうか、それは安心だ。おもしろいから、私も仲間に入れてくれろ。ひとつ協同で犬の商売をやろう」

と提案《プロポーズ》する。

「さあ、それは困る。貴下を入れると収入が半分になる」

といって松村が渋ると、

「いや、そうではない。私は〝日本番犬協会〟の総裁なのだぞ。私が判を押したら、二万円などということはない。五万円にも十万円にもなる。だから君はうんと子犬をふやす仕事にかかれ。私は判を押す役を務めることにする」

と幣原があおり、

「なるほど、それでは二人で〝幣松畜犬商会〟を経営しますか」

と合意が成立して大爆笑となった。

しかし、この〝楽しい話〟も、それから二十日ほど後の三月十日、幣原が急逝して消失してしまうのである。

松村によれば、外交官出身者は、ややもすると議論のための議論をし、理屈をこねて無用な角を立てがちだが、幣原はウイットやユーモアを解し、見事に難問題を解決する独特の風格をもっていた。

歴代の首相、外相の中で英語に堪能なことでは随一だったことも、光彩を放つ原因だったろう。

たとえば、GHQの戦犯容疑者逮捕令によって梨本宮が拘引されたとき、陸軍大将ではあったが老齢でもあり、直接に戦犯とみられることにはかかわっていなかったので、首をかしげる世論を代表する形で、幣原はすぐにマッカーサーに会いに行った。

そして、流暢《りゅうちょう》な英語でマッカーサーとこんなヤリトリをした。

「どうも、貴下の国の人たちの特殊な能力には感服した」

「それは、どういうことか」

「貴下の国には〝千里眼〟のような能力を持っている人が多いようだ。日本人にはいないのだが……」

「アメリカにだって〝千里眼〟を持っている人などいない」

「いや、確かにいるに相違ない。現に私は戦争中も東京にいて、戦犯の容疑者については、だいたい知っている。しかるに、こんどの逮捕者の中に梨本宮が入っているが、私は東京にいながら、梨本宮が戦犯になるようなことをやったとはまったく知らなかった。私などの知らぬ戦犯の容疑者もワシントンあたりから見てわかるとは不思議な能力ではないか。ワシントンには確かに〝千里眼〟を持った者がいる」

「皮肉なことをいうな。間違っているなら遠慮なくいってほしい」

最後にマッカーサーは笑って、すぐ梨本宮を釈放することを約束した。

天皇制の温存という方針がGHQにあって梨本宮守正は釈放されたのだろうが、逮捕のときの戦犯容疑経歴には「日露戦争に参加、陸軍部門の諸要職を歴任したのち、一九二三年大将に昇進、三二年元帥府に列せられ、その後多年にわたり、軍事参議官、神宮祭主等に在任、第一王女は李王垠妃殿下」とある。

これらの「経歴」はすべて〝飾り〟だったということか。

国民服に下駄履き姿で巣鴨拘置所に入ったという七十一歳のこの「ヒゲの宮様」の戦争責任については、筆者は幣原や松村と見解を異にする。

松村謙三から子犬をもらった鶴見祐輔の息子、俊輔が、幣原喜重郎について、こう書いている。

「東大法科卒業後外務省に入り、日露戦争に際して小村寿太郎外相の下に電信課長をつとめ、若くして国家の枢機に参画した。国民の戦勝気分にそむいて不評判の講和をむすぶ小村の外交方針をまなび、のちの十五年戦争の間も、日本が大国意識におぼれることなく英米を手本として着実に歩むのが国益を守る道だという信念をかえず、このために、一九一九年駐米大使、二一年ワシントン会議全権大使、二四年以降四度にわたって外相をつとめるなどの経歴にもかかわらず三一年以後の軍国主義時代には要職を占めることがなかった」

これは朝日新聞社編の『現代人物事典』の中の記述だが、ここで鶴見俊輔は、新憲法の戦争放棄の条項に触れ、これは、「マッカーサー元帥の発議とも言われ、またマッカーサーによれば幣原の発案とも言われている。当時の力関係からすればマッカーサーの発議であると考えるのが妥当だが、幣原自身はこれをしいられた項目とは考えず自分の思想の延長線上にあらわれるものと感じてそのように自伝『外交五十年』に書いた」と指摘している。

一九四五（昭和二十）年八月十五日、何の役職にも就いていなかった幣原は、日本クラブで終戦詔書の放送を聞き、電車で帰宅した。

その途中、電車の中で三十代の男性が、

「いったい君は、こうまで、日本が追いつめられたのを知っていたのか。なぜ戦争をしなければならなかったのか。おれは政府の発表したものを熱心に読んだが、なぜこんな大きな戦争をしなければならなかったのか、ちっともわからない」

といい、車内の人にこう呼びかけた。

「けしからんのはわれわれを騙《だま》し討ちにした連中だ」

これに共感してみんな泣いたというが、「この状景はおなじく無力の一市民としての幣原にうったえるところがあり、後に不戦の条項を憲法にいれる時に彼の心の底でよみがえったという」のである。

「耕者有其田」の章で詳述するが、松村謙三は戦後まもなく、幣原内閣で農相を務めた。その内閣の厚相が芦田均である。

芦田は一九四六（昭和二十一）年の年頭の日記にこう書いている。

「元旦の年賀は型の通り。自分の感じは宮内省の旧態制を今少し民衆化すべきであると言う点にあった。君臣の間に温かい一脈を通わせる必要がある。この儘であっては天皇は今尚お現御神であるに過ぎずして、君も人なりとの human な感覚が湧き出さない」

当時の新憲法論議の焦点は天皇の地位にあった。戦争放棄の条項よりは、こちらのほうが問題となっていたのである。

それはともかく、ＧＨＱによる公職追放が始まり、内相の堀切善次郎、文相の前田多門、書記官長の次田大三郎とともに、農相の松村の名も挙げられた。

これを知って「わがことのように」驚いたのが芦田である。

宮野澄の『最後のリベラリスト・芦田均』（文藝春秋）によれば、芦田は、松村を「芯のつよい誠実」な人柄で、戦争中は政党解消に反対した同志として信頼していただけに残念がった。

「なぜ松村君が……」

と芦田はいろいろな人にいい、面と向かっても、

「松村さんが追放なんて……」

と落胆の色を隠さなかった。

丹波の山村出身の芦田は、松村の農地改革に賛成し、「寡黙な人だが、昔からやるべきことはきっちりやり通したな」と賛嘆していたのである。

一月十日の閣議で、書記官長の次田が幣原の辞意を伝える。それに対して芦田たち閣僚は、首相だけを辞職させることはできないとして総辞職を主張する。

そんな中で松村が次田に、

「首相は、どうして辞職の決心をされたのか」

と尋ねた。次田が、

「総理の気持ちを私が伝えてよいかどうか迷うのですが、実は、総理は、これまで一緒に混乱収拾に努力して来た閣僚たちに、誰は辞め、誰は残ってもらうということは忍びないし、自分の良心が許さない、といわれたのです」

と答えると、松村は、

「首相の気持ちはわかるが、今日の時局を考えれば、首相は辞めるべきではない」

と強く主張し、松村と次田が幣原を翻意させて、幣原は辞職を思いとどまり、追放令にふれる閣僚だけが辞表を提出することになった。

それから二ヵ月近く後の三月五日、所用があって、松村が幣原を世田谷の私邸に訪ねると、幣原は、

「ちょっと失敬する」

といって、書斎の隅のデスクで、首をかしげたりしながら、何か書いている。
二、三十分後、それを終え、
「やあ、失敬」

と松村の向かいにすわり直した。

「実はマッカーサーから、昨日やっとできあがった新憲法の草案を、きょう中に新聞社に渡して、あすの新聞紙上に発表しろ——と、無理なことをいうのだが、なにぶんにも訳文（原文は英文）が確定していないので納得がゆかないし、安心ができない。それで私が原案と訳文とを対照して、妥当でない個所を訂正し、また文章をも練っていたのだ。待たせてどうも失敬した」

幣原にこういわれて、松村は恐縮し、早々に幣原邸を後にしたが、翌日の各紙に特別扱いで草案要綱が発表された。

五月の中ごろにまた幣原邸を訪ねると今度はゆっくりと憲法改正に至る経過を話してくれた。

松村は「問題が問題であるし、私は心にとめて拝聴したが、これは文献に伝えておくべきものと思われる」として『三代回顧録』に、以下次のように書いている。

昭和二十一年の二月十八、十九日ごろに、マッカーサーが幣原に「会いたい」といってきた。

すぐに行くと、マッカーサーは幣原に、

「実は憲法改正の問題に関してであるが、総司令部でもいろいろ検討しているが、日本政府も東久邇宮内閣以来、憲法改正の委員会を設けていろいろ研究しているようだ。しかし聞くところによると、明治憲法第一条は変えない方針らしいが、これをそのままに固執するとなると、元も子もなくなる危険がある。ある〝北の国〟では、皇室を抹殺してしまえ――そう強く、主張しているし、ある〝南の国〟でもこの主張に共鳴しているのだ。だからイギリス流ぐらいのところまで後退せぬと、皇室がどういう運命の道を歩むようになるか……これをよく考えてみなければなるまい」

といった。

言うまでもなく、明治憲法第一条には「大日本帝国は万世一系の天皇之を統治す」とある。

松村によれば、東久邇宮内閣では国務大臣として近衛文麿が内大臣府の憲法改正委員長、幣原内閣では国務大臣として松本烝治が政府の改正担当をしていた。この両内閣とも、憲法のどこをどう改正させられても致し方ないが、第一条だけは譲れないという政府方針をもっていたという。

それに対してマッカーサーは、「それではいけない。〝北の国〟と〝南の国〟との主張するところを考えてみよ」と勧告したのである。

〝北の国〟とはソ連であり、〝南の国〟とはオーストラリアだが、幣原はこれを承服できず、他の条文なら忍びがたきを忍んでも同意するが、国体の変革をきたす第一条の改正は受けいれられない、と反論した。

『日記』を紹介した芦田均の意見とはかなりの違いがある。

するとマッカーサーは、

「自分は親しく日本に来て思うのだが、あの勇敢な日本民族が、連合軍に無血上陸を許したのも、皇室を中心にして、天皇の命令が徹底したからこそだ。しかし第一条をそのままでは〝北の国〟〝南の国〟はもちろん、アメリカ本国さえどういうかわからぬ。へたすると元も子もなくなるおそれがある。そういう大事の場合を考えてみるがよい。だからこのさいは第一条を変えて、イギリス式の〝国家の象徴〟――その程度までもってゆく必要があろう」

と説得する。幣原はまた反論するで、結局、四時間にわたって論争し、そのまま、物別れとなった。

それで幣原は直ちに皇居に行き、マッカーサーとの会見を天皇に上奏する。

天皇はじっと考えていたが、

「先方がそういうならば認めてもよいのではないか。第一条はイギリスのように〝象徴〟と変えてよいのではないか。民の心をもって心とする。それが祖宗の精神であった。万世一系の天皇之を統治す――というのも、民の心をもって心として治めることだ。ゆえにイギリス式に〝国家の象徴〟となり、政治を民にゆだねてもよいと思う」

と幣原にいい、幣原も憲法改正に関する決意を固めたという。

それで早速、マッカーサーからは総司令部に内閣の担当者をよこせという通告があり、「私は行かん、ご免こうむる」という松本烝治や、これも強硬に拒否する法制局の佐藤達夫を、幣原が「むりやりに拉致《らち》」して行って改正作業は始まった。

政界の新実力者にのしあがった小沢一郎の「尊敬する人物」は原敬であるという。同じ岩手の出身ということもあるのだろうが、「平民宰相」といわれる原敬はしかし、その名に反し、国の内外で憲兵や警官を増やして、かなり強圧的な政治をやった政治家だった。あるいは、小沢は原の強引さを「尊敬」しているのかもしれない。

ともあれ、その原は政友会総裁。一方、松村謙三は、それと対立する憲政会―民政党の流れに属する。そうした系譜の延長線上に、東京都知事選挙をめぐる小沢一郎と鯨岡兵輔の対決を置くこともできる。八十歳の鈴木俊一が都知事に立つということに賛成するわけではないが、小沢の鈴木降ろしは非民主的で、策略先行のものだった。それに、松村の弟子の鯨岡が反発したのである。

政治家は、最初に自分を大臣にしてくれた人に非常に恩義を感じるものだという。小沢の場合、それは中曽根康弘である。第二次中曽根内閣で、小沢は初めて自治大臣となった。

「戦後政治の総決算」を唱え、国家改造をめざした中曽根の政治手法は、岸信介によく似ている。また、憲法改正を意識している点で、小沢は中曽根路線を継承しているが、岸―中曽根―小沢と続く権力政治に対して、岸と闘った松村の門下生である鯨岡は、批判の声をあげた。「あるいは除名されるかも」と思ったという鯨岡の「大混乱を予想される東京都知事選挙についての所見」は次のようなものであり、「平成三年二月十二日」付で、これは自民党所属の衆参両院議員全員に配られた。もちろん、小沢一郎も含む自民党議員全員にである。

〈この文章はお詫びと、そしてお願いの文章です。

ご承知のように近く行われる東京都知事選挙は、わが党を真二つに割って争うことになりそうです。

東京都選出の自由民主党国会議員として、全国の党員の皆様に何と申しあげて良いのか言葉もありません。また東京都内のわが党、党員諸兄姉に対し、どうご説明したら納得していただけるのか、その言葉がありません。

国会は、平成三年度の予算審議に加えて、湾岸問題などなど難問山積みの時にと思うと、いかに首都の問題とは申せ、衆参両院の先輩同僚の皆様にご心配をおかけして本当に申しわけなく存じます。

＊

知事の公認や推薦の権限が、党本部にあることは党則に明記されておりますしそれは当然のことと承知しております。

しかしそれは、下部組織の正式な推薦を受けて党本部が行うことが常識であることはご承知の通りです。下部組織の考えが複数に分かれ、その選択が党本部に委ねられた時は、本部のご裁定をまつことにもなりましょうが、今回の如く東京都議会議員全員の決議を経て、自由民主党東京都支部連合会が各地の支部、更に区市町村議会、及び都連の友好団体である各種団体協議会の同意を経て、早くから党本部に、現職鈴木俊一氏の推薦方を申し出ていたにもかかわらず、これに一顧だも与えず、鈴木氏が公に出馬を声明した後になって突如、一夜にして、民社党、公明党とわが党本部の合意だとの理由で磯村尚徳氏の推薦方を決定し、われわれ東京都連には事前に何の連絡相談もなく、これを天下に発表したその後に、一方的に鈴木氏を断念して磯村氏一本に決定して欲しいと要求する党本部のやり方は、あまりと言えば理不尽に過ぎると言わざるを得ません。

その不当なることに関して、小沢幹事長はただ「協力してくれ、反省もしているし、責任も感じている」と言うのでは、およそ相談にも議論にもならないと申す以外ありません。

反省していると言いながら、党本部の決定に非協力の故を以て不当にも党本部の建物の使用を拒否したり、制度になっている都連に対する必要資金の支給を止めたり、起立採決して鈴木氏の支持を約束した都議会議員を卑劣な手段で誘惑し、その団結を切り崩そうとしたりすることは、公党にあるまじき所業と言わざるを得ません。

世界的に著名な文化人であるが、地方行政について経験もなく、特別な関心を従来からお持ちとも思えない純真な磯村氏を何と言って口説いたのか解りませんが、ただその知名度が選挙向けであるとの理由だとしたら、東京都民に対する侮辱であり、当の磯村氏の人格を傷付けるものと言わざるを得ません。〉

鯨岡は「自由民主党東京支部連合会最高顧問」として、この所見を送付している。鯨岡と違って、あるインタビューで「欧州でも私の名前はよく知られている。日本の総理大臣の名前を知らなくても、磯村を知っている人はイギリスにも結構いるようですから」などと答えている磯村を、私は「純真」とは思わないが、鯨岡の訴えは情理を尽くして、磯村擁立の非を説いている。

鯨岡の所見は次に、なぜ鈴木では駄目なのか、「多分こうであろう」という推測に移る。

〈その一。

小沢幹事長は、東京都の知事選挙を通じて何か考えているに違いありませんが、それは何かということです。少なくともそれは、立派な知事を選んで首都の行政に誤りなきを期するということとは違うと思います。もしそうなら、東京都民にとって、その心を無視した甚だ迷惑なことですし、憲法にうたわれている地方自治の本旨に悖《もと》るものと言わざるを得ません。

その二。

公明党が、鈴木俊一氏では駄目だと言ったそうですが、それは何故かということです。

過去十二年間、あれほど強くその行政を支持し協力してきた公明党が、この度は突如、鈴木氏を拒否する理由は何か。それは選挙までにどうしても解明しなければならないことです。知らずに過ごせることではありません。親しい公明党の友人も本部のことだから解らないと当惑しているのが実情です。これを小沢幹事長が知らない筈はありません。「私は知らん。公明党に聞いてくれ」というのですが、この言葉は、公明党と計った幹事長として無責任に過ぎると言わざるを得ません。

これが解明されれば、全てのモヤモヤが、かなりはっきりすると私は思います。〉

ここで鯨岡は、「長い文章」を詫び、次のように結論を述べる。

〈この度の小沢幹事長及びその周辺の方々のやり方は、わが党の先輩諸氏の強い要請を受けてその任に就き、わが党同志の協力の下に何人も認める立派な首都行政を十二年間も務めてきた鈴木俊一氏に対し、あまりと言えば礼を失していると言うことです。

政治の基本は「礼」にあると私は強くそう思います。礼を失したのでは、決して立派な政治だとは申せません。

何事でも政治家の言動は、情理かね備わったものでなければなりません。

情にも反し、理にも適わない、この度の幹事長及びその周辺の行動は、決して正しい政治行動とは申せないと思います。

鈴木氏に対するこれ以上の無礼を黙視することは、政治家として出来ません。

立派な知事を都民に推薦するということとは別に、何かの思惑をもって、ただ選挙に当選すればとの考えから知名度の高い人を推薦するのは、その人を誤るにとどまらず、だいいち有権者である東京都民を馬鹿にし、見下した考えであると私は思います。

国民を馬鹿にしては、民主政治はありません。

民主政治は、国民を怖れるものでなければなりません。

この度の、東京都知事選挙の混乱について私の所見を申し述べた次第です。

私の考えは間違っているでしょうか。

ご多忙な諸賢を煩わし申しわけありませんが、この件に関しご叱正いただけたら幸いです。〉

切々たるこの鯨岡の問いかけを、しかし、自民党議員は無視した。それで鯨岡は二月十九日の自民党総務会で再度これを問題にし、小沢批判を繰り返したのである。

そして所用があって鯨岡が退席した後、広報委員長という肩書の浜田幸一が、これを取り上げ、

「厳重注意してもらいたい」

と執行部に迫った。

浜田にいわせると、「(鯨岡は)いったん党議決定したことを、あたかも誤りを犯したかのように表現している。これでは自民党そのものが何をしているのか、ということになる」とか。

鯨岡は、鈴木俊一が「何人も認める立派な首都行政を十二年間も務めてきた」といっているが、筆者はそうは思わない。

しかし、それはそれとして、公明党や民社党と組まなければ国政が行き詰まるから自公民で磯村だという小沢の論法はまさに本末転倒だろう。

鯨岡は松村の教えを胸に、その「本末転倒」への異議申し立てに立ち上がった。

鯨岡兵輔の「所見」には、次のような「追伸」がある。


〈二月七日付けで、幹事長小沢一郎氏から東京都在住の自民党員に書簡が届きました。

それによりますと、参議院が少数議席となったため予算や法案の成立が困難になったので、国政の責任の一端を担おうとの意志のある野党の協力を得る以外道はなく、そのために公明党、民社党との関係が大きな意味を持つに至ったことが、公明党や民社党と協力し、鈴木俊一現知事を退けて磯村氏を推薦することにした理由であるとのことですが、これはまことに不思議というよりは不純な話で、国政が行き詰まったことと

東京都知事との間にどんな関係があるのか、鈴木知事では国政が渋滞するが、知事が磯村氏なら国政の方も公明、民社両党の協力が得られるのか、もしそうなら、これほど不思議な、そして不明朗なことはないと言うべきで、とうてい都民の納得を得られる話ではないと思います。

鈴木俊一氏が知事に就任したのは十二年前ですが、公明、民社両党の都議会議員の方々は終始、鈴木都政に協力し今日に至っているのです。民社党の都議会議員は本部が磯村氏と決定しても、私共と協力して鈴木支持は変わらないと声明しておられますし、公明党の都議会議員も、なぜ本部が鈴木でいけないと今更言い出したのか、その理由が解らないと言われる方が多いのです。

私は国政の渋滞を、都知事の人選によって解決しようという考えがもし本当なら、このくらい間違ったことはないと思います。

そんなことをしたら、わが自由民主党だけではありません。公明党も民社党もその不純にして不明朗な策略は東京都民だけではなく、国民全体から厳しい批判を受けるに違いないと思います。

小沢幹事長の党員に対する手紙の内容は、何か外にある理由を故意に隠しているとしか私には思われません。

＊

この手紙によって、過去十二年間都政に大きく貢献した鈴木氏を退け、磯村氏を自公民で推薦した本当の理由は何だろう、との東京都民の疑いは、更に大きくなったであろうと私は思います。

そして、そうした政治に対する疑いや不信が民主政治を政治家の側から蝕んでいることを残念に思います。

以上〉

この手紙を読みながら、筆者は、大分県知事・平松守彦の『地方からの発想』（岩波新書）の一節を思い出した。

副知事となって単身赴任した平松を、県下の大山町の若者たちが「話したい」といって、一夜迎える。

当時、大山町には「梅・栗植えてハワイに行こう」をキャッチフレーズにした名物農協組合長、矢幡治美がいた。米麦と畜産を奨励する行政に背を向けて、地域に適した産品をつくり、農家の人たちをハワイに連れて行く。

これを成功させた町の若者たちと語り合って、平松は「地域づくり運動は、行政に背を向けたところから始まり、反逆精神なくして運動は定着しない」ことを痛感させられたという。

「行政」を「中央」と置き換えることもできるだろう。平松に従って「反逆精神」が地域づくり運動、すなわち自治運動の基本だとすれば、明らかに、それのない磯村は知事にふさわしくない。

その一点に賭けて、鯨岡は鈴木を支持したと思われる。自治なくして何の民主政治か、ということだ。

そうして対決することになった鯨岡と小沢一郎だが、この二人が共に経験している内閣のポストがある。官房副長官である。

鯨岡は三木内閣の一九七六（昭和五十一）年九月から十二月までのわずか三ヵ月余。官房長官は井出一太郎で、前任の副長官が海部俊樹だった。

小沢は竹下内閣の一九八七（昭和六十二）年十一月から八九（平成元）年六月までで、官房長官は小渕恵三である。

鯨岡の手紙は、参議院の改革を訴えた河野謙三の書簡を連想させるが、この河野と三木武夫が、野党主導で総理の座をめぐって競合したことがある。

毎日新聞政治部『政変』（角川文庫）によれば、河野をかついだのは民社党委員長の春日一幸だった。田中角栄が金脈を追及されて退陣する前夜、春日は前書記長の佐々木良作と国会対策委員長・池田禎治を呼び、社公民路線で政権を奪取しようともちかける。自民党内のタライ回しを許すのは何ともバカバカしいという思いからである。

誰を擁立するか。三人の間で、次のようなやりとりがあった。

「やはり三木だろう」

「三木は田中内閣の副総理までやった男だ。野党内での抵抗がある」

「河野ではどうか」

「その場合でも三木が中心だ。三木には相当の処遇が必要じゃないか」

春日が河野を、佐々木が三木を推し、そのズレは調整せずに、ともかく動き出すことになった。

春日が河野と、社会党元委員長の佐々木更三、公明党委員長の竹入義勝、佐々木が三木と江田三郎、春日の側近の副委員長・小平忠が中曽根康弘、そして池田が公明党書記長の矢野絢也をそれぞれ説得することにした。

共産党も加わって河野参議院議長を誕生させた方式と、社公民路線では微妙に違うが、河野議長の誕生は、自民党主流派に一大ショックを与え、野党を元気づかせていた。

河野と春日のつき合いは長い。一九五九（昭和三十四）年夏にインドなどアジア各地を視察旅行して意気投合した。

一九七一（昭和四十六）年六月、超党派の日中国交回復促進議員連盟常任理事会の席で、当時、同会副会長だった河野は初めて参議院改革案をブチ上げ、書簡にして参議院議員に送ったのだが、同じく同会副会長だった春日は、

「河野ともあろう男が、パンフレット配りでもあるまい。直接行動に出るべきだ」

とハッパをかけ、擁立を推進した。このとき、三木武夫の招待で、三木と河野が会談したことは前述したが、ポスト田中をめぐってナマ臭い動きが始まっている中で、再び三木は河野を招いた。

官房長官の坂本三十次も同席し、河野はこんなことをいったという。

「自民党はいまこそイメージチェンジしなければならない。一番きれいなということで、藤山（愛一郎）さんを立てたらどうだ」

中曽根の反応は冷たかった。通産大臣室に中曽根を訪ねた小平が河野擁立構想を打ち明けると、中曽根は、

「いま直ちに賛成とはいえない。考えられる構想ではあるがね。そういう事態になれば、ボクの派内にも参加する者が出てくるかもしれないが……しかし、なんともいいかねる。わが派にもいろいろ事情があって、あなたたちと同調できる自信はない」

といった。

河野が参議院議長に立候補するのを止めようとした中曽根としてみれば、当然の反応かもしれない。

これを聞いても春日は怯《ひる》まず、福岡にいた竹入をつかまえて深夜の長距離電話で口説いた。

いまこそ社公民路線に光を当てる千載一遇のチャンスだと、春日が力を入れても、竹入は、

「そううまくいくのかなあ。そんな情勢になれば、われわれも十分考えさせてもらうけれども、うまくいかねえ……」

と煮えきらず、春日が何度、

「自信がある」

と繰り返しても、竹入は慎重で、

「三木、中曽根がほんとに動くかなあ。とにかく成功を祈ってる」

という返事だった。

そして一九七四（昭和四十九）年十一月二十七日、春日は国会内で記者会見し、こう打ち上げる。

「ポスト田中政権は、国民的課題の打開について明確な目標を国民に示し、それを実行しうる行政能力を持つ革新的政権でなければならない。具体的には社公民三党、並びに天下同憂の勢力を糾合することが望ましい」

同憂の勢力とは三木、中曽根派を指していた。

翌日の昼すぎ、春日は「意中の人」である河野と会う。前日、記者団から行き先を聞かれた河野はこう答えた。

「なに、オレの二十五年勤続で、春日君がめしをおごってくれるんだよ」

ホテル・ニューオータニの一室で向かい合った春日は河野に切り出した。

「政界再編の問題なんだが……。もう三木にも、竹入、江田にも話してある。残っているのはササコー（佐々木更三）だけだが、これも話をつける。あんたも一役買わんといかん」

「オレがやるのかい？　そりゃあ政界再編のときがきているとは思う。考えとしてはいいが、なにもいまさら七十をすぎたじいさんを引っ張り出すことはない。三木君はどうなのかね？」

「なにをいっている。年の功じゃないか。あんたしかいない。とにかく、こういう動きがあることだけは承知していてほしいんだ」

固辞してはいるが河野に脈はある、と春日は思った。

民社党は春日が河野を、佐々木良作が三木武夫をかつぎ、〝混線模様〟だったが、それを気づかった春日は佐々木を呼び、三木と会った話を聞いた後、

「三木は謙三のことを自分のことと混同するじゃないか」

と咎《とが》めた。

それに対して佐々木は、

「いまは自民党の姿勢を問う段階で、そこまではっきりさせる必要はない」

と反論した。

しかし、十一月二十八日に河野と会った後、春日は鯨岡兵輔を招き、

「この話は三木ではないんだ。もし三木がそう思い込んでいたら、逆に話は壊れてしまう」

とクギを刺す。

春日は次に宇都宮徳馬を訪ね、

「三木でなく河野だ。三木にそういってくれ」

とダメを押した。

すぐに春日の意向は三木に伝わったが、それを聞いて三木は、ひどく不機嫌だったという。

さて、古井喜実と松村の出会いは、松村が民政党に所属していた戦前に遡《さかのぼ》る。最初に二人が会ったとき、古井は内務省地方課の行政課長だった。

選挙制度の改革に取り組む者として関係を深めたが、それが〝復活〟するのは、古井が公職追放解除後、改進党から立候補し、松村がその応援に駆けつけたためである。

全県一区の鳥取県で、四位ながら、古井は見事当選を果たす。そして、松村と政治行動を共にするが、保守合同で自民党が誕生し、その改革をめざす松村は古井に三木武夫との橋渡しを頼んだ。

矢部貞治が三木のブレーンであり、矢部は古井の師でもあったからである。

こうして松村と三木の連携はなり、「松村・三木派」がスタートした。それが次第に「三木・松村派」となっていく。

そうしたことに松村はこだわらなかったが、ポスト池田勇人の自民党総裁に、幹事長だった三木が佐藤栄作を推したことから、二人の間には決定的なミゾができる。

一九六四（昭和三十九）年十一月十二日の矢部貞治の『日記』にこうある。

「八時半ごろ起きようかと思っていたら、古井から電話があった。松村謙三老人が頑強な佐藤栄作嫌いで、こんどの三木のやり方に憤慨して、三木と別れると言い張るので、放っておくわけにも行かないので、古井、竹山、川崎、佐伯など数人の者も、当分三木の事務所には行かないことにした。しかし別に佐藤に反対とか、三木を非難するとかいう気持ではないので、諒解しておいてくれという話」

佐藤とも近かった矢部に気をつかって古井はこう伝えたのだろうが、岸信介の弟の佐藤を総裁にした三木への訣別《けつべつ》は、もっときついものだった。

翌十三日、川崎秀二、竹山祐太郎、笹山茂太郎、佐伯宗義、それに松村と古井の六人は、

「総裁選考問題について三木氏のとった態度は、その過程においても、結果においてもわれわれの志と異なるものであった」という公開絶縁状を発表し、派閥を離脱した。

古井は、そして、こう宣言している。

「私は今、松村謙三先生とともに、自民党内のあらゆる派閥から離脱し、自由な立場にある。われわれは、金力や、かき集めた数の力で政治を支配しようとは思わぬ」

力強く古井がいい切っているだけに、筆者はまたその古井がなぜ、田中をあれほど弁護したのか、という問いを繰り返したくなる。まさに、「金力や、かき集めた数の力で政治を支配しよう」としたのが田中ではなかったか。

松村は日中国交回復を見ずして亡くなったが、古井は友人代表として弔辞を読んだ。

「松村先生こそは、泥中の蓮《はす》のように清らかで志操の固い、政界に類稀《たぐいまれ》な貴い存在でした。先生を失ったあと、われわれはどこに〝清廉〟のシンボルと〝清潔政治〟のイメージを求めたらよいでありましょうか。

私は政界に身を投じた当初から十九年の間、先生を師と仰ぎ父と慕い、先生と政治行動を共にしてきました。金力支配の政界、余りにも現状維持的な保守党は、ついに、人格識見比類なき先生に宰相の印綬を与えませんでした。日本の損失であり不幸であったといって憚《はばか》りません」

第12章　保守合同の仕掛人

三木武吉という政治家がいた。

一九五五（昭和三十）年の「保守合同」を成し遂げた策士として知られているが、三木にはこんな話もある。

戦後まもなく、郷里の高松から衆議院選に立った三木を、立会演説会で対立候補が、こういって攻撃した。

「ある有力な候補者は、あろうことか東京で長年にわたってつくったメカケ三人をつれて郷里に帰り、小豆島に一緒に住まわせている。かかる不義不道徳な輩《やから》を、わが香川県より選出すれば、県の名折れであり恥辱である」

これを聞きながら登壇した三木は、

「先ほど聞いておると、ある無力なる候補は、ある有力なる候補者は、といったが、つまりそれは私のことを指したのである。私はたしかに有力な候補者で、私のことをいった男が無力な候補者であることは明らかである。その無力な候補者は、私がメカケを三人も連れて帰ったといっているが、物事は正確でなければいけないので訂正しておきますが、女の数は三人ではありません。五人であります」

と切り返して満場の爆笑を誘った。

そして一転、しんみりした調子で、

「高松を飛び出してから、随分、私も苦労しましたが、その間には、いろいろな事情から多くの女との関係ができました。そのかかわりを持った女たちは、いずれも年をとっていわば今は廃馬であります。けれども、彼女たちが私を頼る限り、私の都合で捨て去ることはできません。この人々を養うことは、私の義務だと思っております。それも三人じゃない、五人です。訂正しておきます」

と釈明し、割れるような拍手をもらったのである。

政治評論家の御手洗辰雄が語る如く、議場での三木の野次は冴《さ》えわたっていた。

原敬内閣のとき、その風貌がダルマに似ているところから、ダルマと綽名《あだな》されていた蔵相の高橋是清が、陸海軍の計画調整を説いて、

「海軍においては五ヵ年、陸軍においては八ヵ年……」

といった途端、三木の声がとんだ。

「ダルマは九年!!」

満場大爆笑で、いわれた高橋はもちろん、原敬も笑い出したという。

この三木と松村謙三は早稲田の学生時代からの友人だった。年は三木が一つ下だが、卒業は三木のほうが二年早い。

三木については松村は『三代回顧録』でこう書いている。

「その性格の特徴は、なにか物事にこりだすと、徹底するまでやり通すことだった。政治はいうまでもないが、女性関係でもなんでも、いったんやりだしたとなったら、途中でいい加減にするなど、絶対にできない男であった」

どういうはずみからか、将棋に熱中し明けても暮れても将棋を指していると思ったら、次にはダンスに夢中になり、松村によれば、「あの鬼のような顔で若い連中を引っぱり出して、ほうぼうのダンスホールを

回って歩」いた。大正の終わりから昭和の初め、三木武吉といえば知らぬ者もないのに、ホールの開くのを待ちかねて昼間から出かけて行ったという。

そのダンス熱が冷めかかって、次に三木にとりついたのが金鉱熱。新宿は牛込見附の近くに「玄々社」という事務所を設け、金鉱さがしの鬼となって、その夢を吹きまくった。

「岩手に五十億から百億という金鉱をもっている。北海道に百億から二百億という金鉱を手に入れた。だいたい、三の字がつかぬと天下の大富豪にはなれぬ。三井、三菱、それに三木だ。いや、三木、三井、三菱となる日も近いぞ」

そうして、金鉱はまだ採掘の準備もしていないのに、すでに金を手に入れた気分で、周囲の人間に次々と〝お墨付き〟を渡した。

お前に五十万円、お前に百万円という具合である。

松村も、口約束で「バケツ一杯の砂金」といわれたことがある。

三木が金沢に行って十日ほど滞在し、帰京して、永井柳太郎の家へ顔を出したときのことである。

居合わせた仲間が、

「おい、なんで金沢に流連《いつづけ》したのか……年がいもない」

と三木をからかうと、三木は、

「どうもおまえたち金に縁のない者は度しがたいので困る。金沢という土地は砂金の上に立っている市だぞ。その鉱区の権利を取るために出向いたのだ。あすこの小立野という所の小さい川をさがすと、一升の砂の中にあずき粒ほどの砂金が七つも八つもある。その鉱区を手に入れようと思っているのだ」

と逆襲する。

それで、みんな笑って、

「ほう、金沢に金が出るなど、またバカな夢を見ている」

といった。

すると三木は、一同をねめまわし、

「それだからおまえたちは無学文盲でいかぬ。あの兼六公園の池のほとりに、有名な金城霊沢の碑があるのを知らんのか。あの碑には、金沢という土地は、金掘りなんとかという孝行な男が、そこに砂金を発見して金持ちとなり、それが町となった由緒が、ちゃんと記されているんだ。おまえたちは、どこに生まれて、どこに育ったんだ。永井をはじめ喜多（壮一郎）も松村もみんな金沢付近の者じゃないか。どうも無学文盲なのにあきれるほかはない。金城霊沢の碑銘を読むことも知らんとは、何ということだ」

と悪態をつき、憐れむように、

「これからは選挙の費用などに苦労することはないぞ。選挙ごとにバケツ一杯ずつ砂金をやるから、みんな安心するがよい。あの砂金の出る川というのは、白山系が元で麓に流れる……と見たが、その流れを出す元をだ、これから掘り出すことになっている。どうだ」

と大言壮語して、みんなを面くらわせた。三木としては、別にホラを吹いているつもりはなく、そのときは本当にそう思っていたのだろう。

付け加えれば、この鉱区は三木の手に入らなかった。「いかにも三木らしい話」（松村）で、当時、採掘権をもっていた農民に、三木が単刀直入、

「おい、当座の手付けだ」

といって二万円を出した。

その農民は一万円ぐらいで手放したいと思っていたので仰天したが、これが逆効果となり、早まって売ってはならないと、二万円を押し返した。

それで結局、三木の手には入らず、すべては夢と消えたのである。

松村が挙げている「三木の金もうけ計画」に、東京湾岸のメタンガス事業というのもある。ある事業家に招かれて、三木と松村、それに正力松太郎が、同席した。

その席で開口一番、三木が東京、千葉のメタンガスについて二時間も長広舌をふるった。負けじと正力が、テレビの有望なる将来についてこれも二時間の講釈である。計四時間も一方的に聞かされて松村はへとへとになり、うんざりして帰った。

この両者を対照して、松村はこう書いている。

「三木のメタンガスは他人の手に移りガスのように消えたが、正力君のテレビは現に隆々として天下を制覇の状態である。その失敗と成功とに、いかにも両者の特色が現れていると思われる」

三木は晩年、松村にしみじみと、

「ぼくも生涯いろいろのことをやったが、やはり落ち着く先は政治であった」

といったとか。

衰弱した身体で旺盛《おうせい》な政治活動を続ける三木を支えたのは、まさに気力だった。保守合同の翌年の七月四日に三木は七十一歳の生涯を終えたわけだが、その一年ほど前、多分、保守合同に反対する松村を説得するために三木は深夜、中野鷺宮の松村家を訪ねた。

松村の家は玄関に自動車を横づけできない。車を降りてから玄関まで百メートルほど歩かなければならないのだが、このとき、三木は息切れがして立っていることができなくなり、肩をかりてようやく座敷へたどりつくありさまだった。

顔色は真っ青ですぐに医者を呼ぶことになったが、それまでの応急措置として、松村は富山の薬を飲ませた。

すると、たちまち、三木の血色はよくなり、元気を回復した。

これには強情な三木も驚いて、

「この薬をおれによこせ」

といったという。

それで松村は残った分を三木にやったが、そのとき、

「どうだ、薬の効きめは。高松（三木の選挙区）の売薬に富山のほうが勝ったようだぞ」

というと、三木は悔しがりつつも、

「ではちょうだいする」

と礼を述べて持って帰ったとか。

三木武夫ならぬ三木武吉と松村の交友は五十年余りに及ぶ。

この旧友同士は、政治生活においては袂《たもと》を分かつことも多かった。しかし、変わらぬ交情を続けたのだが、最も対立したのは、保守合同である。

これに松村は最後まで反対し、鯨岡兵輔によれば、三木は、深夜、松村の家の垣根を乗り越えて松村家に入り、松村を説き伏せた。

それを松村は前記のように『回顧録』で書いているのではないか、と筆者は推測するのである。

一九五五(昭和三十)年十月、社会党の右派と左派が合同し、統一社会党が誕生した。委員長は鈴木茂三郎。

これによって政局が不安定になり、社会党が天下を取る可能性があることを恐れた三木武吉は、鳩山一郎がリーダーの民主党と、吉田茂がボスの自由党の合同を図る。

これに松村は反対だった。

「社会党の統一におびやかされ、数の上での一党となって政権を握ろうなど、了見が狭い。政党というものは、数や金でくっついたり、離れたりするものでない。日本の将来を考え、国民生活の向上を願うための政策を考えるものだ」

「社会党が統一したって、右派と左派とは思想の上で世界観が違うから、遠からず分裂する。たとえ、一時期政権を担当しても、今のところ、しっかりした政権構想を持っていないから、また、保守党政権に戻る可能性がある。私欲を捨てて国のことを考えろ」

「議会制民主主義は、国民から選ばれた議員が、国民の代行で政治を行うものである。まず、国民のことを考えろ」

松村はこういって仲間を説得したが、潮は合同のほうへ流れていた。

民政党以来の同志である大麻唯男でさえ、松村に、

「君が合同反対の単独行動をとることは、旧改進党系同志の迷惑になる。少しは考えてほしい」

という始末。

かつて、大政翼賛会に、「バスに乗り遅れるな」と、政党人が政党を解散して参加したのと同じだった。

遠藤和子の『松村謙三』によれば、ある時、夜討ちをかけた朝日新聞記者の桑田弘一郎に松村は、

「おい、三木武吉の家まで車に乗せて行ってくれ」

と、松村にしては珍しく乱暴な口調で声をかけた。

思いつめた顔である。夜も大分遅かったが、牛込の三木の家に着くと、松村は一人で入って行った。

桑田は、深夜、不便な鷺宮へ帰る松村を送り届けるために、車の中で待っている。一時間たっても松村は戻らず、二時間余りたって、ようやく姿を現した。

車に乗り込むと、松村はいきなり、

「おい、たばこを持っているか」

と声をかけ、松村は酒もたばこものまないはずなのにと思いながら、桑田が黙ってたばこを渡すと、松村は無言のままそれを吸っていた。

そして、鷺宮近くになって、一言、

「三木の奴、官僚の岸に乗せられている。おれの反対もこれで最後だ」

と吐き出すようにいった。

岸とは、のちに松村が総裁選で対決することになる岸信介である。

このとき、三木は、

「鳩山の後を緒方（竹虎）、それから重光（葵）、岸、池田（勇人）かな。合同で保守党は十年はもつ」

といったが、後年、死の床では、

「保守党を無理に一党にしたことは、おれの誤りであった」

と述懐したともいわれる。

単一保守党の誕生によって、松村の案じた権力政治がスタートした。

ただ、保守合同の仕掛人について、政治評論家の御手洗辰雄は、実行者はたしかに三木と大野伴睦だが、二人を説得してそれを実現させたのは正力松太郎だと書いている。

「今になってみると、アレは俺がやったんだ、イヤ、俺がやらせたんだという人が沢山いる。多少ずつの尽力はそれぞれしたことは確かだが、三木、大野という二人の四十年にわたる旧怨を捨てさせ、その上複雑怪奇な民主、自由両党の内部を大合同に纏《まと》め上げるのは並たいていの仕事ではない。それを実行させるのは三木と大野以外にないと目をつけ、始めはイヤがった二人をとうとう説得したのは正力だ」（『文藝春秋』一九六五年二月号）。

三木、大野、そして松村と並べると、同じ党人派ながら、前の二人は理念なき党人派であり、松村は理念ある党人派だという気がする。

それはともかく、松村と正力の関係については前述したが、三木と正力は、三木が東京市会議員に打って出たとき、正力がそれを取り締まる神楽坂警察署長として出会って以来の仲だった。

さらに、京成電車汚職事件で一緒に投獄され、互いに相手をかばって百日以上も口を割らなかったという経緯もある。

正力と大野も、正力が警視庁官房主事のとき、大野が政友会の院外団にいて知り合って以来の長いつき合いである。

ただ、三木と大野は顔を見るのもイヤという間柄だった。東京市政で争い、互いに罵倒《ばとう》し合っている。

大野は鳩山の側近第一号として「忠臣伴睦」といいながら、そのときは吉田茂の自由党にいた。

一方、三木は、松村が吉田自由党の横暴を牽制《けんせい》するために、改進党を解党して鳩山自由党と組み、誕生させた日本民主党にいる。

ちなみに、松村は民主党結成を、

「おれの一世一代の仕事であった」

とし、落涙している。深い愛着を抱いている改進党の名前を消したことへの感慨が大きかったのだろう。

さて、一九五五（昭和三十）年四月、正力が大野を訪ねて合同の話を始めると、大野は、

「三木のような古狸《ふるだぬき》を相手に大事な話ができるか」

と、にべもない返事だった。

しかし、正力が「赤色勢力の浸透」を憂える話をし、

「三木はオレが保証する。ケチな個人感情でこの国家の大計をおろそかにしてはなるまい。それに実はきのう、鳩山にこの話をしたところ、合同の成否は大野の決心にある、と鳩山もいっておった」

というと、義理人情の徒の大野はそのハートを射られ、合同に動き出す。

そして、正力、大野の再会談や、三木、正力の何度かの会談があった末、三木と大野の初会見が、アラビア太郎こと山下太郎の家で行われた。

三時間に及ぶ話の後、大野は、

「大狸に騙《だま》されまいと用心したが、話しているうちにその誠意に打たれ、国家のためぜひ大合同をやらねばならぬと決心した」

と語っている。

「鳩山内閣のためなどというケチな考えではない。ここで保守が合同しなければ遠からず政権は社会党に移る。そうなると、日本は大変なことになる。敗戦後の日本を建て直す道は強力な安定政権をつくる以外にない。そのためにはどうしても保守合同が必要だ。今までいろいろなことがあった。君も腹の立つことがあろうが、国の一大事の前にこの際水に流してくれ……」

と三木は手を取らんばかりに大野を説き、始めは冷然としていた大野も、三木の熱意にほだされて、

「そんなことは政治家の常で気にするには及ばん」

と、ほぐれていったのだった。

根は同質の三木と大野なのである。

社会党に政権が渡ったら大変なことになると考えるこの二人と、渡ってもまた戻ってくると考えた松村の間には大きな懸隔《けんかく》があった。

松村も三木の人柄を愛したが、人間の好き嫌いを超えて、松村は理念や政策を尊重しなければならぬと考えていたのである。

情に流されやすく、息子に地盤を継がせた大野と、世襲を排した松村は決定的に違っていたのである。

保守合同で自由民主党が発足し、鳩山総裁の下、岸幹事長で、小選挙区制が提案された。これによって衆

議院で三分の二以上の多数を占め、憲法改正をやろうというのである。

それで松村は三木に会い、

「憲法改正のような重大事をば、早急に断行しようなどと、むやみにあせるのは間違いのもとだ。それを容易にやれると思うのは、とんでもない料簡だ。そのよい例が、明治憲法の制定で、これにならうべきだ。憲法制定を要望する主張が硬化し、その運動が激化したのを、勅語によって七ヵ年後の制定期日を国民に誓約され、慎重なる準備期間をおいた――。それは同時に激化した議論の冷却期間でもあったのだ。そして国民歓喜のうちに欽定憲法の発布をみたのだが、こういう前例があるのに、なぜこれにかんがみようとせぬのであるか……」

と強硬に反対したが、三木は最初、頑として聞き入れなかった。しかし、いよいよ紛糾して行きづまると、

「ぜひ会いたい」と松村を病床に呼び、

「君の忠告を聞くことにした。もう病気が重いので最前線に立ってやることができない。ほかの者にまかせてできる仕事ではないし、君の忠告に従って断然あきらめる。そう了承してくれたまえ」

といった。

これについて松村は、万感胸にせまる思いがした、と回想している。

このときが、三木との最後の対面だった。数年後、同志の応援で高松に行き、三木の墓参をした。

「三木のことだ、大きな墓を造って納まっているか……と思ってもうでると、小さい〝三木家累代之墓〟とあるのに、ひっそりと入っているのだ。生前の豪放ぶりとは似ても似つかぬ簡素なものだ。さすがに三木だと思った」と松村は『回顧録』に書いている。

第13章　新自由クラブの試みと脱党劇

「話し方が上手だし、知性派でソフトで笑顔がいいでしょう。女も三十歳を越すと、痩《や》せているよりは少し太り加減の男性のほうが安心できるのよ」

「何かやってくれそうだという期待がかけられますね。それから白いヤッケなんか着て清潔そうでしょ」

「ガマンして自民党にいれば出世もできたでしょうに、小人数で飛び出した河野さんへのイメージは強烈でした。そこに政治への意欲というか、ものすごい情熱を感じたの」

「ああ、この人たちに、たとえ小さな力でも私たちが力を貸してあげなければ、もう日本の政治は救えない、どうにかしなければばってね。それでもう公示前から投票することを決めて、街頭演説も仕事休んで聞きに行ったし、政策や政見放送もつとめて聞いたわ。それで、やはり期待どおりのことを話していたのよ、あの人」

これは、爆発的な「新自由クラブ」ブームを呼んだ一九七六（昭和五十一）年暮れの選挙のときの主婦の声で、「あの人」とは河野洋平である。

主婦たちはいずれも団地住まいの三十代。その前の選挙ではみんな「革新」に投票していた。

ロッキード事件が発覚して自民党が揺れていた一九七六年四月のある日、ホテル・ニューオータニに河野洋平、西岡武夫、山口敏夫、塩谷一夫、藤波孝生、田川誠一の自民党代議士と、参議院議員の秦野章が集まり、追いつめられた感じで党改革を論じ合っていた。

河野が保守二党論を説く。

「チェック機関のない一党独裁では、腐敗は進行するばかりだ。ロッキード事件は、一党独裁の弊害が露呈したものだよ。三木（武夫）さんほどの人が総理・総裁になっても体質改善ができない自民党に、国民はもうとうに愛想をつかしている。このままでは保守票は減り続け、社会主義政党が政権を握りかねない。自民党内に留まっていても、内部からの改革は絶望的だ。第二保守党がなければ、自民党の病根は断つことができない」

この脱党、新党論に、現進歩党代表の田川誠一は、

「十人そろえば、私は脱党の決意に異存はない。しかし、いまここに集まっている七人はどうなのか？脱党の意志があるのか、ないのか」

と尋ねる。

それを引き取るように、山口敏夫が、

「自民党の体制内革新は、たとえ三木さんでも難しい。三角大福中という既存の派閥を認めていては、何も変わらない。だから、そういう既存派閥を否定して、新グループをつくったらどうだろう。若い国会議員を中心に、既成派閥から脱会させることを推し進めたらどうか」

と提案し、西岡武夫が、

「本気で脱党するなら、これは一種の革命だよ。しかし、その革命をやるには前提がある。もっと党内で闘ってから、踏み切るべきだよ」

と主張した。それに、藤波孝生が、

「もっと党内で闘ってからという西岡さんの発言は重要だ。真剣に討議する価値があると思う」と賛成する。

当時、河野、田川、藤波は中曽根派、山口、西岡、それに塩谷は三木派に属していた。

その後、さまざまな経過があって同年六月二十五日、河野、西岡、山口、田川そして小林正巳と有田一寿の六人が自民党幹事長の中曽根康弘に離党届を出し、「新しい自由主義を求めて」と題した次の声明を発表した。

〈私たちは、本日離党の手続きをすませました。

わが国の政治は、かつてない不信の深まりの中で、いかに過去を反省し、日本の未来に向かって何をなし得るかを問われています。

私たちは、この重大な転機にあたって、時代の要請に応え、新しい政治勢力の結集を決意しました。

国民は政治を見放しかけています。

「支持政党なし」層の増大が、何よりもそれを実証していますが、自由民主党をはじめ既成の各政党は、国民の支持をつなぎとめるだけの活力と柔軟さを持ち合わせず、危機的状況の進行を放置しています。この存亡の危機に立たされた現在もなお、自由民主党は、長老支配のもとで密室的な権力抗争に終始しているのが実情です。

私たちは、これまで自由民主党として党再生への努力を重ねましたが、その実効はなく、自由民主党の衰退と老朽化は、もはや、歯止めのきかないところにきました。これは、一自由主義体制の自滅、ひいては国家の安定的な運営に重大な支障をきたすことを意味します。ここに至って私たちは、自由民主党がすでにその時代的役割を終えたとの認識に立ち、新たな保守政治を創造する悲願をこめて、党からの離脱を決意しました。

私たちの苦衷は、必ずや近い将来、党内にある同志の皆さんの理解を得られるものと信じて疑いません。

新政治勢力の結集にあたっては、広範な国民の皆さんに次のことを訴えたいのです。

私たちは、過大な公約を掲げる前に、まず過去の政治の清算と信頼の回復に死力をつくすことを誓います。なぜなら、私たちもまた過去に責任を持つ政党人としての反省にたち、地道に研鑽《けんさん》することが、将来に向けての新たな政治理念と秩序の形成につながると確信するからにほかなりません。

そして、

第一は、腐敗との訣別《けつべつ》です。政治の腐敗は単に政党や政権構造に内在する体質的な面にとどまらず、政党人の精神的荒廃に重大な根をもつといわなければなりません。

私たちは、政治倫理の確立をはかるとともに、清新な政治力を結集し、国民各層の要請に合致した政治行動の展開を目指します。

第二は、新しい自由主義の確立です。保守政治の自己革新は、現代資本主義社会の矛盾と弊害を除去することにあります。特定集団の利益のみを擁護し、特定階層に偏重する政治は厳に排撃されなければなりません。資本主義体制のもとで、社会的不公正を許さぬ政策を果断に推進することこそ、個人の利益と自由を保障し、真の自由社会を守る道であると信じます。

第三は、上意下達の硬直した政治からの脱却です。政党は、国民の多様な要求を敏感に吸い上げ、柔軟かつ先見性のある指導力を発揮することが当面の急務です。

私たちは、従来の古びた権威、因習にこだわらず、躊躇《ちゅうちょ》なく新たな政治路線の開拓に着手する覚悟です。非力を知りつつ、いま荒野にとびだした私たちの行動が、日本の政治を蘇生《そせい》させる一粒の麦になるか、挫《ざ》折《せつ》の道をたどるかは、私たちの研鑽努力と国民各層の方々のご支援いかんにかかっています。日本の明日を信じ、あえて政治刷新の先駆たらんことを誓います。〉

いま、私たちは、河野たちの試みが「挫折の道」をたどったことを知っている。

最初に西岡が離れ、そして、残った者たちは西岡の後を追うように自民党に復党した。

河野代表と西岡幹事長の対立は、保守二党論と保守一党論の違いによるものだった。連立政権を目指して野党とも接近する河野に対し、西岡は「自民党を基盤政党として」という保守一党論にこだわった。

毎日新聞記者の牧太郎は『小説新自由クラブ』（角川文庫）で、西岡を次のように評しているが、現在の西岡をみれば、それはますます高じていると思われる。

「どんな小さなミスも許さない偏狭さが、西岡にはついてまわる。偏狭さが高じると、ダウンしているボクサーを殴り続ける異常さにまで到達する。西岡は『ほどの良さ』をまったく知らぬ男でもあった。西岡の河野批判が終了したとき、その偏狭ゆえに西岡は孤立していた。しかし本人は気づかない。気づいたとしても、めげなかった」

いずれにせよ、松村謙三の憂いを押し切って三木武吉が成し遂げた保守合同は、河野、西岡をはじめ、その後の自民党政治家を苦しめることになった。それが容易に刷新できない腐敗体質を固着させたからである。

河野洋平が「新自由クラブ」の結成に走ったとき、叔父の河野謙三は「さすがに止めた」が、その心情はよくわかった。

一九七八（昭和五十三）年に出した『議長一代』（朝日新聞社）で、謙三はこう語っている。

「洋平の決断は根本的には誤っていない。タカ派青嵐会のゴリ押し、三木おろしの派閥抗争の業病、金権腐敗……自民党への失望は当然だよ。とはいっても、自民党も新自由クも同じ保守、根はひとつ、ということは忘れてはならない。同じ保守の立場に立っても、ものごとへの対応はひと通りじゃあるまい。自民と新自クは、そこを自覚して、単にいがみあうんじゃなく、よきライバルであるべきだ。ライバルのあるところに進歩もある。本来、保守二党が政治の鉄則だよ」

ライバルの存在を認め、それが進歩を生むと考える人間が保守二党論者となる。

松村も河野謙三もそうした政治家だった。

第14章　異色官僚、和田博雄

松村謙三が農林大臣・町田忠治の秘書官をしていたとき、総理の浜口雄幸は大蔵大臣の井上準之助とともに、緊縮財政を推進した。そして第一に掲げたのが官吏の減俸である。

もちろん、役人たちは反対する。この騒ぎの中で、松村は河野一郎と出会った。

「そのとき、いまをときめく河野一郎君は『朝日新聞』の農林省担当記者であったが、そのころからけんかが大好き。これが減俸問題で農林省の役人たちをおだてて反対熱をあおった。役人を煽動《せんどう》し、その先頭になって反対運動をやらかし、農林省の通路の壁にべたべた〝反対〟の宣伝ビラをはって歩く。私は秘書官が職務であるから『そういうことはよしてくれ』というが、当時からそうしたことを簡単に受け入れるような男ではなかった。さかんにはって歩く。そこで私も黙っておれない。守衛に命じてはった後から後からはぎとらせた。ところが、河野君は真っ赤になって秘書官室にどなりこんできた。『僕のはったビラを、どういう理由ではぎとるのだ』『省内の人間を煽動するようなビラをだれの許可を得てはったのか。あれは警視庁へ持って行くつもりなんだ』と口論したのが河野君と知り合ったはじめだ。それから今日まで、かえりみれば河野君とは長いつきあいである」

一九六四（昭和三十九）年刊の『三代回顧録』で松村はこう語っている。

しかし、河野とは逆に、総理の苦衷を察して減俸に賛成する者もいた。秘書官の中島弥団次などである。

中島はうっぷん晴らしのため、官邸でしこたま酒を飲み、その後、新聞記者たちと会見して、

「減俸に反対するのは誰だ。けしからん」

と気炎をあげながら、天井に向けてピストルをぶっ放した。

これには記者たちも驚き、悲鳴をあげてテーブルの下にもぐったり、大騒ぎとなった。

翌朝、それがでかでかと出ている新聞を見て、今度は中島が仰天する。よく覚えていないが、考えてみると、ぶっ放したようだ。

とんだ騒ぎを起こして総理に申しわけない、と中島は辞表をふところに小石川の浜口邸に駆けつけた。

浜口に合わせる顔がない。出て来た浜口夫人に中島が、

「先生は怒ってらっしゃることでしょう。どうぞ奥さんから、おわびを……」

というと、夫人は、

「そんなことをいわないで直接あなたが申し上げなさい」

と中島を書斎に案内した。

小さくなって中島が、

「昨夜は酔っぱらってまことに申しわけない不始末を致しました。どうかお許しを……。それで辞表も持参しました」

と低頭すると、浜口はじろりと中島を見て、

「お前には、女房も子どももあるのに……」

といい、そのまま辞表を目の前の火鉢の中にくべてしまったという。

「中島君はこの話をするとき、いつでも感激に目をうるませるのであった」と松村は述懐している。

当時はずいぶんのんきだったのか、農林大臣が閣議に出かけると、官邸にいる古手の秘書官が、

「大臣が出かけたぞう。みんな出て来い」

と号令をかけ、みんなでテニスコートに集まってテニスをしたという。

閣議が終わるころになると、門の前に守衛を出して総理大臣官邸のほうを見張らせておく。

「町田大臣の自動車らしいのが見える」

と守衛が合図するや、〝それ〟と足を洗って各自の部屋に駆け込み、放り出した仕事に戻る。

こんな「なんとも、あきれた悪童」ぶりを松村たちは繰り返していた。

しかし、大臣たちも相当のものだったらしい。たとえば、農商務大臣となった大石正巳が得意満面で官邸にいると、吉原の古なじみの妓が駕籠《かご》に乗り、白無垢《むく》姿で押しかけて来た。

「何の用事だ」

と秘書官が聞くと、

「かねての約束どおり身請けしてくださんせ」

と、大石が書いた起請文《きしょうもん》を出す。

「ばかをいえ」と、その日は何とか帰したが、毎日のようにやって来る。

さすがの大石も困り果てて、遊び友だちの犬養毅に相談した。

犬養は手を打って喜び、

「これはおもしろい。よし引き受けた。しかし、金がいるぞ」

といって、大石に当時のカネで百円か二百円出させた。

そして、その妓に会い、五円か十円で起請文を買い取り、残りのカネで犬養は豪遊したという。後でそれを聞いて、大石は地団駄《じだんだ》踏んだが、どうしようもなかった。

こんな話もある。

外務大臣の内田康哉と町田は学生時代からの親友で、町田の秘書官の松村も内田と会う機会が多かった。あるとき、伊勢神宮の遷宮《せんぐう》式典に同行し、酒を飲まない町田にかわって、松村が酒豪の内田の相手をした。飲むほどに酔うほどに、内田は思い出話をする。

「おい、農林省の九段上官邸の鉄の門はいまでもあるか」

「ええ、あります」

「そのわきに、右側に平屋造りがあったが、それは……」

「いまでもあります」

「その奥にあった二階造りの秘書官の家は……」

「それもあります。いま私が住んでおりますが、ずいぶんくわしくご存じですね」

「うむ、それは私と原敬の二人が陸奥宗光の秘書官をしていたからだ。山県有朋内閣で陸奥は農商務大臣だったのだ。原敬は君がいま住んでいる奥の二階建ての家に、ぼくは入り口の鉄門のそばの平屋の家に住んでいた」

それから内田は、若き日の〝秘話〟を語り出した。

「当時は私も原も独身だから遊びざかりというやつだ。そこで二人ともさかんに富士見町の待合に行ったが、どうしても帰る時刻がおそくなる。鉄の門は夜の十時きっかりに閉める規則なんだが、二人が帰る時分にはもう閉まっているのだ。ところで私はたけが低いが丸くて重い。原はたけが高くて身がるなのだ。だからいつも原が門を越えて中に飛び入り、そして門を開いて私を入れ、あとを閉めて知らぬ顔をしていた。だが、なにしろ毎晩のようにやるのだから、いつの間にか大臣の耳に聞こえたという次第だ。ところが陸奥のことだ。ありふれた世間なみの叱り方などはしない。二人を呼びつけて〝貴様らは毎晩丑満時になると、この屋敷に化物が忍び込むのを知っているか〟という。異口同音に二人が〝いや、一向に存じませんが……〟と答える。すると〝秘書官が知らんですむと思うか。そんな事でどうするか、気をつけろ〟という皮肉な口ぶりだ。とうとうばれたか、困ったことになったぞ……と、一ヵ月ほども謹慎したか。そうこうする間にまたムズムズしてきて、こんどは風呂に行くといって、原とともに手ぬぐいを肩にかけ、シャボンを持って堂々と門を出たわけだ。その当座は門限を守ったが、そのうち、たび重なると十時が過ぎる。また平気になって毎晩のように通いだすと、やがてまた呼びつけられた。さあ、こんどは、どんなこごとが出るか……と思って大臣の前に出た。すると、陸奥は〝化物が出るというから、あんなに気をつけろと言っておいたのに、近ごろはまた毎晩毎晩出るそうではないか。どこに気をつけているのだ〟と叱られた。陸奥という人はそういう肌合いだった」

町田農林大臣のときの事務次官が松村真一郎である。松村姓ながら、謙三の縁戚ではない。

この次官が、松村謙三によれば「実におもしろい風格の人で、非常に潔癖家」だった。

書類を見る場合も、他人が触れたところを嫌って、端のほうを繰る。昼食も奥さんが料理し、奥さんがふろしきで包んだ弁当でないと食わない。

当時、蚕糸《さんし》局長だった石黒忠篤などの猛者《もさ》がやって来て、口角泡をとばしてまくしたてると、机の上がつばだらけになる。松村真一郎はそれが気になってならず、議論が一段落すると、給仕に命じてきれいに消毒させたという。

しかし、柔弱ではなく、かつて富山県の庄川問題が騒がしかったころ、庄川の下流の〝漁民〟が、堰堤《えんてい》反対の陳情に訪ねて来た。松村次官は、その漁民らしくない青白い顔を見ながら、いきなり、

「みなさん、手を挙げてみせろ」

と怒鳴った。一同が不承不承手を挙げると、松村は、

「そんな青白い手で漁師がつとまると思うかッ」

と一喝したという。

それで、〝雇われ陳情者〟たちは、化けの皮をはがされて、すごすごと帰って行ったというが、松村謙三も、これに似た潔癖居士だった。河野一郎の死後まもなく、宴席に招かれた河野謙三が差し出した手を、握ろうか握るまいか、もじもじしていたのは、そのためである。

農林大臣秘書官だった松村謙三は、あるとき、大臣の町田忠治に呼びつけられた。大臣室に入ると、町田は非常に機嫌が悪い。そして、

「いま来た若い事務官は誰だ」

と尋ねる。松村が、

「あれは農政局の和田博雄事務官です」

と答えると、町田は、

「あんな無作法な奴があるか。上司のおれに向かって、片手でモジャモジャのしらみでもいそうな頭髪をかき、片手ではあごひじをついて話をする。実に無作法な奴だ。しかし話を聞いていると、なかなか頭のよい男らしい。局長によく話をして、あいつの無作法を厳重に直すように伝えろ」

といって怒った。

これが、のちの社会党委員長、和田博雄の若き日の姿である。しかし、和田も最初から「無作法な奴」ではなかった。

和田の生涯を描いた大竹啓介の『幻の花』（楽游書房）で、旧制六高以来の親友がこう語っている。

「学生（六高）時代の和田君は優秀な学生でしたが、それほど異色な存在ではなかった。友人の目からみて、将来あれほど官界、政界で台頭する人物になるとは思わなかった。当時彼がつくっていた象徴詩などをみてもセンチメンタルで涙もろい調子でしょう。社会的弱者に涙する青年の純粋な初々しい気持をもったヒューマニストといったところですよ。和田君は農林省に入ってから変ったのです。恐らく入省後、よい先輩、友人に恵まれて目を開き大いに発奮して、昔からがんばり屋ですから一生懸命勉強し、精進したのでしょう。図体も一回り大きくなったように思うが、何よりも人間が大きくなり、考え方が強くなった。和田君は、全く農林省に入ったがために〝あの和田博雄〟になったのです。役人になっても、ほかの省ならあれほど頭角をあらわし、周りから嘱望されてあそこまで昇りつめることはなかったでしょう。農林省という職場が彼にはピッタリだったのですよ」

その和田が、いわゆる「企画院事件」で逮捕されたのは一九四一（昭和十六）年四月八日だった。稲葉秀三、勝間田清一などとともに、「内閣調査局から企画院時代にかけて〝官庁人民戦線〟なるものを組織し、コミンテルンおよび日本共産党の目的遂行のために活動した」として治安維持法違反に問われたのだが、和田らが共産党に通じていたことはなく、和田らの改革が、奥村喜和男らの革新官僚の〝右翼的革新〟と違って、いわば〝左翼的革新〟だったので、軍部ににらまれたのだった。

農政課長となっていた和田の逮捕を知って、農林大臣の石黒忠篤は怒り、

「和田君がアカでつかまるなら、われわれも全部つかまらなきゃならない」

と抗議したという。

問答無用で、自分たちと少しでも違う思想、気にいらない考え方にはすぐにアカのレッテルを貼る単純ファシズムの犠牲に和田はなったのだった。

同じように「企画院事件」で捕まった正木千冬は、石黒と和田を対比して、

「和田さんは理論的に深い人だったが、当時よくも悪くもまず官僚という感じで、マルクス主義的世界観を身につけた〝マルキスト〟だったとは思わない。石黒さんが〝オールド・リベラリスト〟なら、さしずめ和田さんは〝ニュー・リベラリスト〟というところじゃないでしょうか」

と語っている。

しかし、和田の〝型破り〟ぶりは、端《はた》で見ていてハラハラするほどで、机の上に両足をあげたまま洋書を読んでいたり、先輩をつかまえてクンづけしたり、まさに天衣無縫だった。

農林省の同期入省者が、

「和田君は、出勤簿に判を押したことなんかないんじゃないかナ。アタマはさえているんだが、細かい〝文書課的〟法律議論なんかはしない。嫌いなことはソッポを向いてとりあわない。上司と対等の口を利く。

まさに〝異色の事務官〟だった。だからつまらぬ平凡な上司だとちょっと使いにくい人だったと思う」と回顧している。

この〝異色官僚〟を信頼し、登用した「上司」が前記の石黒であり、松村謙三だった。

松村は、和田が逮捕される二年前の、一九三九（昭和十四）年平沼内閣の農林政務次官になっている。農林大臣の桜内幸雄に頼まれて断りきれなかったからである。

松村の早稲田の卒業論文は「農業恐慌論」だった。将来、日本の農村に恐慌が起ることを予言し、それを防ぐために松村はそこで、次のように提言している。

「フランスの大革命の惨事は暴民の罪ではない。ただ、フランスの社会組織の不公平が招いたものである。皇帝・僧侶・富豪の奢侈《しゃし》は、多くの人民を塗炭《とたん》の苦しみに追いやっていたのである。とくに農民は悲惨であった。彼らは、諸侯に多くの地代を納め、僧侶には全収穫の十分の一を取られ、そして皇帝からは重い租税を取りたてられた。労働は空しく骨折り損であった。このために土地を捨て、ただ飢餓を待つだけであった。

日本においては革命の惨事はないと思うけれども、他日、社会の大混乱があった場合、農民がその業を失して飢餓が身に迫った場合、社会は暗黒となり、内より解体するであろう。

そうならぬように、社会組織の改革が必要である」

こう書いた松村が農林政務次官になった日に、郷里の青年が訪ねて来た。この青年は小作人で生活が苦しく、進学できなかったが、松村にいわれて、三十歳を過ぎてから上京し、働きながら夜学に通っていた。

この青年に松村は、

「どうしたら、小作争議を止めさせることができるかのう」

と尋ねた。

「それは、小作料を引き下げる以外にありません。小作料が非常に過酷で、納めきれずに小作地を取り上げられても泣き寝入りをしなければならないのが現状です」

激して語る青年の言葉を聞きながら、松村は、

「農村を過激な争議の場にしてはいけないと思うのだ。農村の子弟の人間形成にとって農村は大事な場所なのだ。

明治維新は、それまでの封建制度を打破したけれども、農村だけを忘れたよ。小作人も同じ人間だよ。自由があるはずだ。この思いは、学生時代から変わらないよ」

と、一語一語、噛《か》みしめるような口調でいった。

そのころ和田は、内閣調査局調査官として、

「どうだ、農村のモラトリアム（〝徳政〟）だけやれと、そう軍にいおうか、いま農村がかかえている借金はざっと五十億円くらいだろう。あの借金を全部棒引きにしろといおうか」

などと、勇ましい〝空論〟を吐いていた。一方、松村も、周囲が驚くようなことを真剣に考えていた。

農林政務次官付の田中覚が、あるとき政務次官の松村に呼ばれた。

次官室に入ると、松村が、

「実はね、田中さん」

と呼びかける。松村は部下にも、さんづけなのである。

「日本の現在の小作地を買収した場合、いくらのお金がかかるかということ。もし、小作制度を存続させる場合、合理的・近代的な方法はどうしたらよいかということ。この二つの案をつくってみて下さいませんか」

こういわれて田中はとまどった。いまは戦時中で食糧確保をどうするかに頭を痛めているときなのである。それなのに……、

「所有の魔術は砂を化して金となす、という言葉があります。いくら小作料を統制しても所有には及びません。土地を解放すれば、農民は自分の土地を愛し、意欲をもって働きます。それが食糧増産にと結びつくのです」

田中の心配を吹き払うように松村はこう語り、さらに、

「いまの地主・小作制度のもとでは、農業生産の発展を図るには限度があります。将来日本の農政は、小作の抜本的解決を迫られるときが来ますよ。そのときのために考えておかねばならないと思うのです」

と続けた。

「第一次世界大戦後、ヨーロッパの各国は大なり小なり、農地改革をやっていますね。それを調べて参考にし、日本の案をつくってくれませんか」

松村にこういわれて、田中は震えるような感銘を受けた。

「民政党の農政通」として知られる松村の思想の根底には「地主制を改革して小作人を解放しよう」という考え方があった。

石黒忠篤らの農林官僚も、アカ呼ばわりされながらも、貧農の救済を悲願としていたが、小作料の金納化

を含む小作制度の改善には、地主を支持基盤とする保守党と、それを生計の資とする貴族院が絶対反対だった。

それを突き崩す考えは、たとえ「芽」しかないものであっても、いや、「芽」さえないものであっても、アカのレッテルを貼られて葬《ほうむ》られるのだった。

その憂き目に遭った和田と、思想の上では和田に負けず劣らずアカだった松村が、敗戦を機に、農地改革のコンビを組む。これほど強力なコンビもなかった。

第15章　耕者有其田

『戦後歴代農相論』で寺山義雄は、松村謙三を「農林大臣になるために政界にとびこんだような人で、歴代農相のまず最石翼といってもいいすぎではないだろう」と書いている。

その松村は戦後すぐの東久邇宮内閣で農相に擬せられたが、このときは、石黒忠篤が千石興太郎を推薦し、松村は厚相となった。

それを聞いた松村の老母が、郷里の人々の祝福に対してただ一言、

「私のむすこも、こういう大変なときにお役に出るというのは、もとより死ぬことを覚悟してのうえでしょう」

といったという。

この母にしてこの子あり――。

「このことを聞かされたときに、われ知らず涙が出てきた。母親なればこそわが子の気持ちを知ってくれるのだ。知って激励されるのだ」と松村は『三代回顧録』で胸を熱くしている。

しかし、この内閣は二ヵ月足らずで総辞職し、幣原喜重郎が首相となった。

「戦火のほとぼりのさめぬ灰の中にできあがった宮様内閣」に入り、「なんともいえない重荷」を感じていた松村は、厚相を辞して両肩からそれをおろした気持ちだった。

ほっとしていた松村に、首相官邸の組閣本部にいる幣原から、

「すぐ来てくれ」

という連絡が入る。

何事ならんと出かけて行くと、

「農林大臣をやってくれ」

と切り出された。

「農林大臣といっても、ご存じのとおり、まず食糧問題――これは難しい。私には乗り切る自信がありませんから、どうも……」

と松村が逃げると、幣原は、

「そんなことをいわず、まげて承知してくれたまえ、頼む」

と頭を下げる。

「――と申されても、とっさのことで、私に自信はないのだが……それなら、せっかくの勧告でもあるし、相談したい人があるので、一時間ほど猶予されたい」

「よし、一時間だけ待つ……が、君が快諾してくれると、これで組閣は完了するのだぞ」

幣原とこういう問答を交わして、松村は官邸を辞した。

多くの大臣病患者と違って、松村はその任の大変さを考えるがゆえに、やすやすとは引き受けられなかったのである。

一時間の猶予というのは、松村にとって、辞退の口実だった。松村の後の厚相が内定していた芦田均などから強くすすめられながらも、松村は町田忠治に相談するために出かけようとした。

しかし、新聞記者が追いかけてきて、これをまくことはできない。そこで途中の商工大臣官邸にとびこみ、中島知久平に、

「いま、農林大臣として入閣の交渉があったが、町田さんに相談して断るつもりだ。それで電話を貸してくれ」

と話すと中島は、

「そうか、自信のないことはやるな」

という。町田も電話で、

「なんとか方策を講じて、食糧問題を解決する自信があるなら引き受けるがよい。その覚悟がないなら、引き受けるものでない」

と、賛成しがたいという意見を述べる。

組閣本部に引き返した松村は、幣原に町田との相談の結果を話し、

「自信がないなら受諾せぬほうがよろしい、との結論だから、お断りいたすほかはない」

と答えた。すると幣原は真っ赤になって怒り出し、

「なんだと？　自信がない？　自信のないのは君ばかりじゃない。こちらだって総理大臣をやりおえるかどうか、そんな自信などありはしないのだ。――この時局をどう思うのだ。君とは長年つき合ってきた仲だし、それで頼み込んでいるのに、この難局を前にしてなにをいうのだ。けしからん！」

と大変な剣幕で松村に食ってかかった。

その勢いに松村も観念し、

「それなら承諾いたすが、農林省関係の重大難局は、貴下もご承知のとおり。そこで農政のいっさいを私にまかせてくださるか」

と逆に踏み込んだ。

「もちろん、いっさいをまかせる」

「それなら引き受けます」

ともあれ、松村は農林大臣になった。

そのころ、東京には配給米が三日分しかなかった。配給量は一人一日わずか二合一勺。その飯米のカロリーは「人間がはしも持たずにじっと身動きもせずに寝ていると、どうやらこうやら命をつなぎうる」だけのものだった。

松村は一九四五（昭和二十）年十月九日の就任の日、記者にこう所信を語っている。

「今後は食糧を確保して国民生活の安定を図ることが一番重要問題だと考える。当面問題となるのは新米の収穫期を控え、供出のことであるが、別にこれといって斬新な方法を持ち合わせていないが、これは気分の問題が大きく左右する。戦時中圧迫され曲げられた気分を元の農民の心に取り戻すのが農政の根本であると思う。農民に安心を与えることだ。それには土地の問題も大きく左右する。例えば小作法（「農地調整法」）の如きも廃止して出来るだけ自作農を創設する。次に農業会も戦時中半官製化した感がある。これも農民の心に返さなければならない。日本は何としても当分、否、永久に平和的建設の基礎となる農本主義で行かねばならぬ。私は農民の気分をやわらげ、農業の施策を尽くして、これから迎える食糧問題の難局を乗り切る覚悟で引き受けた」

不退転の決意を示した松村新農相を待っていたもうひとつの難題は、二人の優秀な官僚の辞表だった。総務局長の楠見義男と農政局長の笹山茂太郎である。二人とも松村とは親しい。

驚いた松村が二人を呼んで、

「私がいま、この非常のとき農林省に来たのは、君たちを頼りにして来たのだ。それを私が来ると知って、先任大臣の手許に辞表を出すなんぞは、あまりひどすぎるじゃないか」

というと、二人はぽろぽろ涙を流し、

「自分たちは、日本が戦争に勝ってもらいたいばかりに、官吏としてできるだけの努力をしました。そのため農民たちにも非常な迷惑をかけましたが、事志と違って、国家はこういう始末になりました。自分たちは痛切にその責任を感じています。それで、これからは坊主になったつもりで、田舎に引っ込んで暮らしたいと思っているのです。どうか、私たちの切なる気持ちをくんで、やめさせて下さい」

と衷情を訴える。

松村はその責任感に心うたれつつも、

「国家をここに至らしめた点からいうならば、私にも議会人としての責任がある。しかし、こういう多難な後始末に直面して、坊主になったつもりで田舎に隠退することは簡単だが、それは責任の後始末を忌避することにはならないか。それよりも、粉骨砕身、後始末に働き、国家の再建設を計るのが国に報いることになるのではないか。気持ちはわかるがそんなことを言わず、ひとつ私を助けてくれ。頼む。このとおりだ」

と懇願した。

しかし、二人とも頑として辞表を撤回しない。一日がかりで説いて、ようやく楠見は翻意してくれたが、笹山は応ぜず、松村は笹山の郷里の先輩である町田忠治に頼んで、それを引っ込めさせた。

しかし、笹山を農政局長とはせず、水産局長に任じている。革命的な農地改革を進める農政局長には、松村に「意中の人物」があったからである。

辞表を撤回させられた楠見総務局長がすぐに、相談したいことがある、と松村に呼ばれた。

「実は二人のヤンチャ坊主を局長にとりたいのだが、どうかね」

と松村はいい、

「一人は和田博雄だ」

と続けた。

和田は楠見の旧制六高の先輩であり、楠見に否やがあろうはずはなかった。もう一人は、楠見と同期で、北海道庁の第二経済部長に出向していた黒河内透である。和田を農政局長に、黒河内を山林局長にというのが松村の考えだった。

和田の農政局長起用は、松村が農地改革を断行するということを示していた。

和田が「企画院事件」で逮捕され、その無罪判決が出たのが九月二十九日。それから一ヵ月もたっていない。

この「異色人事」を、新聞は、

「独房から一転

自作農創設や食糧問題の解決に

新農政局長の和田氏」

と大々的に報じた。

アカと見られていた和田が農林省の要《かなめ》の局長となるのである。

この人事は幣原内閣の閣議でも話題となり、一部から反対意見も出た。

それを松村は押し、司法大臣の岩田宙造が自ら調べて、「嫌疑は明白に晴れているから起用差し支えなし」と報告する一幕もあった。

松村謙三によって農政局長に抜擢された和田博雄は、一九四五（昭和二十）年十月二十五日、毎日新聞の記者にこう抱負を語った。

「戦時中農民は全般的に見て確かによく戦ったと信じている。わが国の農民のもつ誠実さ――これこそ農政の鍵《かぎ》である。現在の日本を現実的に冷酷にまず直視する。そうしてその現実に即応して農民に失われんとしている誠実さを今後すくすく伸ばしていく。それが将来の食糧問題を明るくする唯一の道だと思う。マーシャルは経済学とは健全なる常識だといっている。農民が誠実さをもってこの健全なる常識を獲得するようにする。それが私に与えられた使命だと思っています。この健全なる常識をもち得る農村の建設のために自作農の創設ということもあるし、合理的な農業経営による増産ということも考えられると思う」

農林省にとってエースだった和田が、最もその力を発揮し得る場所《ポスト》に帰ってきたのである。後輩たちはそれを喜びつつ、一方で、これまでのブランクを心配した。しかし、それはまったくの杞憂《きゆう》だった。

農政課長として、進行中の「第一次農地改革」作業について和田に経過報告をした東畑四郎が『幻の花』（楽游書房）の著者、大竹啓介にこう語っている。

「和田さんが農政局長になったとき、〝第一次農地改革案〟は事務的にはほぼ固まっていました。ただ実をいうと前の笹山（茂太郎）局長は人間的には真面目でいい人なのですが、農地改革については分からない人で、われわれは〝局長教育〟にいささか手をやいていました。そこへ和田さんが局長になった。ボクの〝局長説明〟は一日ですんだ。ポイントは何もかも分かってくれた。〝獄中ボケ〟は全然なかった。地主の保有限度についても、大臣の〝一町五反案〟より、われわれの〝三町歩案〟を、あまりに急激な改革はかえって反転を生むといって支持してくれたし、小作料金納化に重点を置くわれわれの考え方にも賛成した。和田さんに戦時中以来の事の経緯を話すと、農政課が守った路線を高く評価し、あの反動的時代に後ろ向きに崩れず、よくぞそこまでがんばったといって、われわれの努力を激賞してくれましたよ。何といっても和田さんは農地改革に一番情熱があったし、すぐ役に立つ局長だった。重要な大局的ポイントは全部理解して細かいことはみんな事務方にまかせてくれるんだから、あんな仕えやすい局長はなかった。〝第一次農地改革〟は〝松村―和田ライン〟が固まって、外部的には本格的に滑り出したのです」

この農地改革が案としては大分早く固まったのは、戦中の〝蓄積〟があったからだった。農林官僚たちは、地主制の下では農民の勤労意欲が高まらないことにはとっくに気づいており、東畑四郎によれば「食糧政策という形に藉口《しゃこう》して地主制を弱める政策」を意識的に進めてきた。

「食管法、米価、供出というようなことをとおして耕作者米価と地主米価の差を開いていって……食糧管理制度という一つの隠れ蓑《みの》を利用しつつ、小作米も全部農業会へ持って（いって）小作料の金納化をすすめるという方向を追っていった」のである。

地主と小作人の問題について、地主の息子だった作家の小島直記が、そのためにいろいろ悩んだ若き日のことを書いている。

小説を読みあさっているうちに小林多喜二の作品も好きになった小島は、その中に「不在地主」という憎むべき人間たちが出て来て、自分もその一人なのではないかと悩んだのである。

旧制福岡高校時代、「夏の休暇で帰省して、縁側でレコードに耳を傾けているとき、庭をへだてた生垣の向こうを田の草とりにきた小作人のKさんが通ると、なんとなく悪い気がしてレコードを止めたりした。こちらは遊んでいて、あちらは働いている。そこに一種の申しわけなさを感じた」こともあった。

しかし、小島のように感じる地主やその息子は少なく、大いなる矛盾は小作争議などとなって爆発していた。

それを、前記のような「食糧政策に藉口して」の迂回《うかい》作戦ではなく、真正面から農地問題として改革する案も、もちろん練られていた。

「進歩的農林官僚」のシンボル的存在として和田が農政課長になり、そのいわば中央突破作戦を進めようとしていた矢先に、和田は「企画院事件」に連累する。それが農林省に与えた衝撃は大きかった。

東畑はこう回顧している。

「(和田さんは)直接農地問題をやっておられたから、つかまったというようには当時われわれは思っておらなかったんですけれども……農政課長のときにやられたもんですから、なかなかそこは微妙な問題になるし、土地制度というものはどうしても当時左のほうへ結びつきますから、絶えずそういう目で農政課というものは見られておったということは明らかでした。共同経営なんていう言葉は絶対いえなかった時代です。だから土地問題、ことに強制的に自作農化を促進するというようなことは、だんだん困難な時代になっていた。

みんなアカだ、アカだという時代ですから、私らは言動は極端に慎んだんですよ。……農政課は臆病なぐらいそういう点は慎重でしたよ。しかし地主制にふれる問題をあつかっているのだから、良心的に筋を通さねばならないということもありました」

いずれにせよ、松村が農林大臣となって和田を登用し、革命にも比すべき農地改革はスタートすることになる。戦中に蓄積されたエネルギーが一挙に燃えあがるのである。

「農林省案」が固まるまでの経緯を、松村はこう語っている。

「私は、和田君に私の考えを話し、その範囲内で立案してもらうよう話しました。それは、単行法をつくること、(農地)金庫を設けること、一町五反歩位残してあとを全部現行の自作農創設の方法に準拠してやること、この臨時議会に出すこと、というのであったと記憶しています。当時はまだ保守勢力の強いときで、議会はおろか閣議さえ通らぬ心配もあり、それに一ヵ月位の間に仕上げるのですから、事務当局は大変だったと思いますが、ともかくも一応の事務当局の案ができた。それによると、単行法も金庫も必要がないというのでした。私もそれに同意しました。立案の途中において事務当局は、しきりに小作料金納化の問題を持ち出しましたが、私は全部自作農にするのだからそんなことはどうでもよいと考えていました」

「事務当局」、すなわち和田を含む進歩的な農林官僚たちより、松村のほうが〝過激〟だったのである。

「当時はまだ保守勢力の強いときで」に、進歩に与《くみ》する松村の気概が出ている。

小作料の金納化だけは、事務当局に、

「いつになっても小作地は必ず多少とも残るから小作料を金納化しておかないと困ることになる」

といわれて、松村もそれに賛成した。

この改革案は、公表に先立って和田がアメリカ占領軍に見せたら、向こうが驚いたほどだった。

しかし、そのために案の定、閣議でもめる。反対の急先鋒《せんぽう》は憲法担当の国務大臣、松本烝治だった。商法の権威である。

松本は、強制譲渡や保有面積の制限など、地主の所有権を制限することに関して、「私有財産権の侵害だ」として激しく反対した。

松本と松村は共に一歩も譲らず、閣議はまとまらない。二度目の閣議の後、松村は首相の幣原に、

「農政問題は私に任すとおっしゃったが、この問題は農政上の最大の問題である。大戦後、土地問題の起こることは、歴史が証明している。これが通らぬなら私は責任がもてない」

と覚悟のほどを示した。

それで幣原も斡旋に乗り出し、「三町歩」を「五町歩」に修正してはどうか、といい出した。

しかし、松村は「三町歩」さえ不満で「一町五反」に制限しようとしていたのである。「五町歩」に後退させられることに耐えられるはずがない。

松村は和田に、

「五町歩に修正することは反対だから進退を決しようと思う」

と辞任の意思を打ち明けた。

和田は驚いて必死で止める。

「あなたが辞めれば、この問題は立ち消えになってしまうでしょう。五町歩でも一応通れば、あとでまた改定もできるし、たとえ五町歩でも、こうしたものが通ったということだけで立派なことだからぜひ踏

みとどまってほしい」

和田にこういわれて、松村も「その気になって」辞任を思いとどまる。

しかし「五町歩」でようやく閣議決定した十一月二十二日、閣議室を出て来た松村の顔は憂うつなものだった。

部屋の外には和田と東畑が待っていたのだが、二人を車の中に引き入れた松村は五本の指を出し、

「これで我慢してくれ」

といった。

「我慢」も何も、和田と東畑はすでに了承しているわけである。無念なのは松村のほうだった。

松村の「我慢」はこれで終わらない。国会で、野党よりも激しい与党の質問、というより反対に、松村はさらされなければならなかった。


戦前の二大政党のうち、農村を基盤とする政友会は「自作農創設路線」をとり、都市を基盤とするブルジョア政党の民政党は、「アンチ地主」の立場から「小作立法路線」をとった。

その違いはもちろん相対的なものだが、民政党の代議士ながら松村謙三は一貫した自作農主義者だった。それも、政友会的な地主寄りの自作農主義ではなく、耕す者にその田を、という「耕者有其田」の完全自作農主義である。

そのため松村は、年来の主張を結実させた農地改革法案の審議で、民政党の流れを汲む日本進歩党の仲間から、最も痛烈な批判を浴びせられることになる。

その象徴ともいうべきものが、森肇の質問だった。

「(これは)いわば農村革命の一つの大法案であります(が)……(私は)此の案の底を流れて居る流れの傾向如何《いかん》に疑いを持つのであります。……農林大臣(松村謙三)は先覚の方であります、斯道《しどう》の識者であります。しかし……このような問題を解決するに当たっては、とくとわが国の歴史、伝統、人情、風俗を酌《く》まなければなりませぬ。麗《うる》わしと言われたるわが国の歴史を以て、わが国農村の実情に当てはめて、これが果たして当てはまるとお考えになると思いますか。……もしこの案の根柢《こんてい》をなすものが翻訳思想であるということであるならば、大変な問題が起こる。(中略)

(小作料や農地価格に対する政府の方針は)地主に対しては残酷無情の態度であるということを私はここに論断を致しておきます。……(現在)地主階級というものは非常な苦しい立場におる。それをこのように虐待《ぎゃくたい》しなければならない道理が私にはわからない。……日本の農村の地主、一体何の罪がある。私は涙なくしては考えられない。……(余裕のありようがない地主がざらにいるのに)名が地主なるが故に笞《むち》を加えなければならぬという農林省の気持ちは私にはどうしても理解ができませぬ。なぜこうまで地主にお祟《たた》りになるか。……斉《ひと》しく陛下の赤子です。違った人間ではない」

さらに森は、

「一体わが国のどこに封建的地主、封建的農地の制度というものがあるでありましょうか」

と、松村に迫った。いわゆる「封建論争」を仕掛けたのである。過去に目が向いている者と、前に目を向けている者の違いは埋め難く大きい。

「特権」と「人権」の区別のつかない森は、松村農相には今後の確たる見通しと計画がないと決めつけ、

「それでよくあなたは天皇陛下の御前に出て御奉答できますね」

「国務大臣としての補弼《ほひつ》の重責を尽くすことが困難ではないのか」

と難詰した。

これが自分の属する進歩党の代議士の質問なのである。野党議員の質問以上に激しいこれらに対して、松村は諄々《じゅんじゅん》と説きつづけた。

この訥々《とつとつ》とした名答弁について、東畑四郎がこう回想している。

「たいへんなものだったですよ。松村大臣の信念というものは。大臣の人格というか、あれぐらい大臣の政治的信念と政策とが一体となってあらわれたものはなかったんじゃないでしょうか。あの人じゃなかったら、おそらくなかなかあれまでの討論の雰囲気にならなかったでしょうね。和田博雄さんだけだったら、官僚のアカだということで、とてもだめだったでしょう」

松村は一九四五（昭和二十）年十二月五日の衆議院本会議で、次のような提案理由説明を行った。質問という詰問《きつもん》ともいうべきものに対して、松村は農相として繰り返し、この趣旨を説いた。

「今日食糧問題が極めて重大でありますことは、申し上げるまでもないところでございます。この問題を真に解決致しますには、ただに眼の前の問題を処理するのみではなく、その由《よ》って来る根本の問題を解決し、これによって堅実なる農家および農村を育成し、この基礎の上にあらゆる食糧問題、農村問題を解決しなくてはならないと申すことは、大体世の一致せる意見であると思うのでございます。しかるに戦時中はこれらの根本の問題には触るるいとまがなく、主として供出配給等、目先に差し迫りました問題のみ取り扱いまして、農村の根本に培《つちか》うことを怠りましたことが、今日の窮迫せる食糧問題の大きな原因をなし、農村の健全なる発達を阻害致しました。

農地制度の改革はわが国農業の問題と致しまして多年の懸案であります。一日もすみやかに最も穏健、最も着実なる方法をもってこれが改革をなし、農業の基礎を定むるにあらずんば、食糧の増産はもちろん、思想の上からも、文化の上からも、きわめて安定せざる状態におかれる虞《おそ》れがございます。今日の場合、農村の安定はすなわち新日本の安定であり、この基礎の上に日本の再建が行われなくてはならぬと考えまする。

これ（農地調整法中改正法律案）により農家が多年熱望してやみませぬでした農地を所有し、その生産に安んじて努力する基礎を得るとともに、地主もまた土地を失いまするが、自作農創設のための土地の提供に対しては、相当の代償を得る次第であります。国家もまた安定したる農村と、食糧問題解決の基礎を得る次第でございまして、農地改革はこの自作農の方策を措《お》いて他に途《みち》なしと信ずるものでございます。さらに自作農創設の外、なお残りまする小作関係につきましても、これを金納化し、小作制度の適正を図らんとするものでございます」

松村にとっては「最も穏健なる方法」だったのだが、日本自由党を含む与党議員からは、憲法違反の社会主義的政策だと集中砲火を浴びた。しかし、松村は怯《ひる》まなかった。和田たちも必死にバックアップする。

自由党の池本甚四郎が、自作農創設中心の松村農相の立場と、小作料金納化に重きを置く農林官僚たちの微妙な食い違いを衝《つ》いたときも、和田農政局長はこう答えている。

「この案につきましていろいろな噂《うわさ》が飛んだかも知れませぬが、松村大臣は私を十分信用して下さいます。私も松村大臣には充分な信頼を持っておりまして、その間に何らの間隙はございませぬ。それから自作と小作の矛盾でありますが、これはむしろ矛盾ではありませぬで、やはり自作農の創設をやって行く上におきましても、小作料の適正化ということを考えることが、自作農の事業そのものを振興するのに必要であると考えた訳でありまして、大臣と私たち、いわゆる官僚の間に間隙があるということは毛頭ございませぬ」

松村の奮闘にもかかわらず、法案は委員会を通りそうもなかった。審議未了で葬られる形勢大だったのだが、そこに、突如として占領軍総司令部から「農地改革についての覚書」が発せられる。いわゆる「マッカーサーの農民解放指令」である。

この強力な後押しによって、とにもかくにも、松村の宿願は達成された。

自由党の山口喜久一郎は衆議院本会議の演説で次のように党派の違う松村を持ち上げたが、松村の人物評として興味深いものがある。

「委員会および本会議における松村農相の応答の模様を一見致しまするのに、なかなか松村さんは弱そうに見えるが、そうじゃない。鉄の棒に羊羹《ようかん》を巻いたような人だと私は拝見した。この人に終戦以後の再建農政を託するには十分だと私は拝見致しました。

何と言っても政党出身の大臣でなくてはピンと来ない。役人出身では線香のようなもので、横から一寸突けばポキンと折れる。松村さんの態度を考えて、これは蘭鋳《らんちゅう》が金魚鉢でじっとしておるような静けさと、醍《だい》醐味《ごみ》を持っておると思う。これからの日本はこの逆境に育った英雄でなければならぬと思う」

他党の人間にこのようにほめられる一方で、同じ進歩党の人間からは面罵《めんば》に近い批判を浴びせられたのだから、松村の胸中も複雑なものがあっただろう。

和田がいうように、「松村さんの人格と力量でその反対を抑えて乗り切っていった」この改革について、松村は後年、次のように述懐している。

「大きい戦争の後には、特に敗戦国では、土地改革をやらねばならぬ事態に追い込まれている。これは歴史の厳として示すところである。日本もこのままで放っておけば、多分に農村は共産化する惧《おそ》れがある。殊《こと》に占領軍は当時共産主義を認めていたのであり、農村の一部には、すでにそうした徴候が現れていると私は見ました。農民が騒ぎ立てる前に断行することこそ最善の道であると私は考えたのでした。実際、あの当時農村が騒がしくなれば、第一、食糧が出て来ないし、共産化したかも知れないのです。農地改革には後から種々の批判もあろうと思うが、農村の共産化を防ぐ目的だけはほぼ達成されたと考えられます」

これが「開明的保守政治家」といわれた松村の述懐だった。

特筆すべきこの改革に、しかし松村は『三代回顧録』等で、ほとんど触れていない。意識的に避けている感じなのだが、松村の長男で、三菱倉庫の社長をやった正直は「父の大きな事蹟といわれる」農地改革について書いたものがほとんどないのは「当時多くの犠牲を払った地主階層に対する深い同情と遠慮に出るもの」と推測している。

首相の幣原喜重郎を「まるで土豪劣紳退治」と驚かせた松村農相の農地改革案は与党の議員からだけでなく、もちろん当の地主たちから激しい反発を受けた。

松村自身はほとんど書き残していないその苦しいドラマを、遠藤和子の『松村謙三』が収録している。

このころ、松村は中野区の鷺宮に住んでいた。そのバラック住宅に連日、全国の地主たちが押しかけた。あるときは三十人、あるときは五十人、百人近いときもあった。松村が国会に出かける前の早朝にやって来る。

彼らは松村家の庭に座り込んだ。

松村がとくに身を切られるような思いがしたのは、富山の地元の人たちが来たときである。〝松村宗〟の信者ばかりだった。顔見知りのその人たちが、

「あんたは何をやるんだ」

と血相を変えて松村に詰め寄る。

「小作人たちは働くように体ができているが、地主たちは体ができていない。それを知っているのか」

不在地主はこういって松村を責める。責められる松村も不在地主だった。

「小作人たちからカネをもらって、別宅でも構えているんだろう」

松村をよく知っている人間が、こんな暴言を吐いた。

松村は疲れているのに、しかし、それに反撃せず、おだやかに、

「まあまあ、中に入って、ゆっくり話しましょう」

と代表を招じ入れる。

「私は日本のためにやるのです。そりゃあんたらの土地は取り上げられるが、それによって日本の動乱を抑えることができるのです。生まれてから死ぬまで小作人は小作人、地主は地主というのはもう時代遅れなのです。時代に目覚めてください」

松村が諄々《じゅんじゅん》とこう説いても、彼らは、

「そんなこと、聞く耳持たん」

「さあ、反対の陳情書に判を押せ」

と目を血走らせて松村の右腕をつかみ、中の一人が朱肉を右親指に当てようとする。

改革案を出している農林大臣の松村を反対の列に並ばせようとする乱暴な行動だった。

松村は全身の力を右腕にかけてそれを拒否し、あくまでも穏やかに、

「みなさんには大きな犠牲を強いて、申しわけないと思っています。けれどもこれはやらなければならないことなのです」

と繰り返した。

「そんなこといわずに判を押せ」

ともかく、何が何でも松村に拇印《ぼいん》を押させようとする。

「絶対に押しません。これは大臣としての責任においてやることです。地主の補償については国会で説明します」

と松村ががんばっているうちに、国会に行く時間が来る。

「許して下さい。いま、この改革をやらないと、日本の国が大変なことになるのです」

謝りながらも主張を通そうとする松村の背に、地主たちの激しい怒号がとんだ。

次々とやってくる地主たちのデモンストレーションは激しく、ときに松村は生命の危険も感じた。しかし、それでも松村は一歩も退かなかった。

地主たちは、福光町の松村家にも押し寄せる。留守を預かる長女はな子と博の夫婦に、彼らは、

「小作の人たちが田んぼを持つようになり、私たちが情けない目に遭わされる。何とかしてもらわんと困る」

「出征した息子が復員してきても、田がないと困る」

と口々にいい、ある母親は、

「息子三人が国のために戦死したのにまだ足りなくて田んぼを取り上げるなんて、ほんとにひどい」

と愁訴した。

これらの声に博夫婦はただただ堪えるしかなかった。ときに体を小さくし、消え入りそうな声で、

「父が国のためを思って、やっているので……」

とわびながらである。

難産の末、一九四五（昭和二十）年十二月二十八日に「第一次農地改革案」が公布されると、松村はすぐに福光町の博夫婦に電話をかけ、

「家の田畑は一枚も残すな」

「地主の補償がいくらかあっても、絶対に受け取るな」

と命じた。

そして、ほっと息をつき、そばにいた次女の治子に、

「先祖に感謝しなければならないね。自分が地主であったればこそ、がんばることができたんだからね」

といった。

松村の指示通り、福光町の松村家では多くの田をすべて手放したが、後で国から補償がおりると、それを受け取らず、寄付を申し出た。

役場では困って、

「一応受け取って、その後で寄付してくれ」

といってきたので、そのようにしたという。

「息子三人が国のために戦死したのに」と泣いて訴えた地主夫人の声を紹介したけれども、松村もまた、次女治子の夫、小堀十朋を戦争で失っていた。

孫の奈津子は、報知新聞記者だった父親の顔を知らない。若くして未亡人となった治子と、この母子のこれからを思うたびに、松村の頬は濡れた。

次男の襄二と四男の進も出征し、共に帰って来たが、襄二は栄養失調で、以後ずっと寝込むことになった。

三男の甲子郎は勤労動員による過労が原因で二十一歳で死亡。この甲子郎の名前が出ると松村はすぐに目をうるませる。

だから子どもたちは、

「お父さんの前では、甲子郎の名を絶対出してはダメだよ」

と約束し合い、松村より先には死ぬまいと誓い合った。

松村は、治子が小堀と結婚することが決まったとき、

「ああ、三国一の花婿にあたった」

と喜んだという。

その小堀が出征し、空襲もひどくなって、治子は福光町に疎開した。そんな状況の中で、

「米軍、硫黄島の南岸に上陸」

という知らせが届く。

松村は陰うつな表情になって深夜まで考え込み、心配した三女の敏子が、

「休まないと、体にさわりますよ」

と声をかけると、

「戦争はいけない。若い有能な将来性のある者を殺してしまう。ほんとうに戦争はいけない」

と、自分にいい聞かせるような低い声でいった。

そして、福光町にいる治子宛に次のような手紙を書く。

〈硫黄島の闘いの熾烈《しれつ》なことから心痛しているが、なお、皇軍は勇戦奮闘中である。どうか敵を撃退してくれるようにと祈っている。しかしながら如何《いか》なる不幸のことがあるやも知れぬ。

この大戦争には日本国中に夫を失い、子を失った者が数々ある。必ず、取り乱したることのないよう観念して成り行きを見てほしい。

くれぐれも覚悟して、取り乱したることのないように。女々《めめ》しいことは小堀氏の志にもそわないと思うから、落ち着いて無事を祈ることが肝要である。〉

小堀は硫黄島の守備隊に属していたのである。松村や治子の切なる祈りも届かず、まもなく、硫黄島守備隊は玉砕する。

これほどに、松村は息子や娘に惜しみなく慈愛の情を注いだ。

そんな松村なのに、農林大臣になるや子どもたちを集め、

「絶対に闇《やみ》米を買うな。配給でがまんしてくれ」

といい渡し、

「正しい政治を行うには、まず、自らが正しい生き方をしなければならない。父を助けると思って、闇米を買わないでくれ」

と頼んだ。

松村に「将来、百姓仕事をやるように」といわれて、高等農林に入っていた進の弁当を、大豆まじりのご飯を持ってくる他の学生たちが、

「農林大臣の息子は白米弁当だろうな」

と、のぞきに来る。

しかし、進の弁当箱には、自家製のサツマイモが入っていた。

松村は、家のまわりの雑木林を開墾して畑をつくっていたのである。畑には、サツマイモやカボチャ、それに麦などを植えた。

母親のたみが上京して来て畑仕事を手伝う。穫れた麦は福光から運んで来た石臼で粉にし、すいとんやパンをつくった。

近くに移って来た長男の正直夫婦が、やはり土地を借りて、田畑を耕した。結婚したばかりの正直夫人は、

「まるで農家へ嫁に来たみたい」

と笑いながら、朝早くから夜遅くまで働いた。

土地柄か、素人の手でも思いがけない収穫があったが、それを松村の家に届けると、松村は、

「おかげでずいぶん助かるなあ」

と押しいただくようにしたという。松村は決して耕さざる者ではなかった。

一九四六（昭和二十一）年春の戦後初の総選挙で第一党となったのは日本自由党だった。ところが同党総裁の鳩山一郎がまもなく公職追放され、その後釜にかつぎだされた吉田茂が首相となる。

学者好きだった吉田は、石黒忠篤と相談して農林大臣に東大教授の東畑精一を据えようとする。しかし、東畑は固辞し、農政局長だった和田博雄は、吉田と姻戚関係にある武見太郎とともに、「東畑口説き」にかりだされる。

さまざまな方面からの度重なる就任依頼に困った東畑は、もし大内兵衛が大蔵大臣を引き受けるなら、という条件を出す。それで、吉田は自ら、東京・阿佐谷の大内邸に足を運んだ。

そのとき武見らと一緒に同行した和田が『日記』にこう書いている。

「ロールスロイスは早速阿佐谷の大内邸に走った。今から想うと、阿佐谷の先生の書斎に於けるあの一時《ひととき》は、確かに歴史的な一時であったと思う。大内先生は和服のくつろいだ姿であったし、森戸辰男先生も来ていられた。大内先生は、私はつまらぬ一学究で大蔵大臣なんて大任は柄ではありません、の一点張りで、一言半句の理屈も意見も言われずに辞退し通されたのである。僕達側の述べるどんな理由も、心からの懇請も、蛙の面に水、のれんに腕押しでしかなかった。固くつぐんだ口に悲痛な表情さえ浮べて丁寧に同邸を辞して行った吉田さんの後姿は、何処となく涙ぐましいものがあった。大内さんという人は仲々喰えない男だなとの印象を、僕はその時受けたものだ」

吉田は学者好きだったと書いたが、吉田はそれだけで大内を蔵相にしようとしたのではない。

前年の十月十七日に大内は、ＮＨＫの放送（当時はラジオのみ）で、蔵相の渋沢敬三に、インフレ抑制のため政府は蛮勇を振るえ、と訴えて、それが評判となっていたのである。

和田は「喰えない男」の大内に少なからず不信感を抱いたようだが、この場面《シーン》について、大内のほうはこう「証言」している。

「東畑（精一）君はこのときまだ若かった。そこで同君は吉田氏から入閣をすすめられたとき、『ぼく一人ではいやだ。大内さんと一緒ならやりましょう』といった。もちろんぼくにはあらかじめ何の打合せもなかった。それである夜、突然吉田さんがぼくの旧友田中耕太郎君（東大教授から文部大臣になる）と武見太郎君とを伴ってぼくの草廬《そうろ》に天下ったのである。……この夜この三人（筆者注＝なぜか大内はここで和田の名前を挙げていない）が文字通りひざづめ談判にやってきたのである。ぼくを射落せば東畑氏が直ちに落ちるという段であった。彼らは口をそろえて、『日本国民の飢餓を救うために出馬せよ』『君が出るなら他の閣僚は御希望により入れかえてもいい』というようなことであった。まことに三顧の礼である。しかし、ぼくは、断じてそれを断った。第一にぼくには政治についての才能がない。第二に進駐軍が信頼に値するかどうか不安である。第三に、いかに努力してみても、ぼくのインフレ対策を実行するのにはすでに時期がおくれている。結局ぼくが出馬してみても、失敗の政治家となることは必定である。そう思ってぼくは、『とてもやる力がない』ということをくり返してがんばった。これに対して、吉田さんの猛攻とネバリはひどいもので、三人ともけっしてひるまず、ぼくも全く閉口した。夜の八時ごろから夜中の一時ごろまでネバられた。しかしぼくの方もここが大切なところだと思ってネバリ通した。そしてこの人々に帰ってもらった」

この「マルクス経済学者」大内の入閣に、「自由主義経済論者」の石橋湛山が反対する一幕もあり、結局、東畑入閣も流産した。しかし、吉田の飽くなき執念には、東畑も「この間の吉田さんの熱心には打たれるものがあったし、その執拗《しつよう》さ、ものを決めたら断乎として譲らぬ頑固さにはつくづく感銘した」と恐れ入っている。

その後、いろいろ曲折があって、和田を農相にという話が急浮上した。しかしいままで東畑らを口説く役をしていた和田がそれに応じられるはずがない。それは、ある新聞が評したように「仲人が嫁入りする」に等しかった。

大体、吉田は体質的に農地改革を好まなかったし、松村謙三が農相としてそれを主張した幣原内閣の閣議では、外相だった吉田は松本烝治に与《くみ》して、松村に反対する側に回っていた。だから、和田にもあまり好感はもっていなかったはずである。

ところが、吉田は、「自分の知らないことは専門家にまかせるという非常に割り切った考えをする人」（武見太郎評）であり、また、「カンの鋭い人で、これは人材だと思ったら、その人を信頼してすべてをまかせるタイプ」（都留重人評）だった。

その吉田が和田に、「あなたが大臣になってくれませんか」と頼んだのである。

それを断った和田は、大先輩の石黒忠篤から、どなりつけられるようにして、就任せよ、といわれる。

そのとき和田は、農政課長だった東畑四郎に、こうつぶやいたという。

「またオレを断頭台にのせるのか」

肚《はら》を決めた和田の農相起用に、しかし今度は自由党が待ったをかける。和田は社会主義者であり、その農業政策は左翼的な面を多分に持っているというのが反対の理由だった。とくに幹事長の河野一郎は強硬で、前総裁の鳩山一郎を動かし、鳩山から吉田に電話を入れさせた。

それで吉田は逆に、人事には容喙《ようかい》しないといったのに約束が違うと怒り、首相の椅子も投げ出すことにする。

この危機を救ったのは三木武吉の「腹芸」だが、これについては深入りしない。

ともあれ誕生した和田農相はどう受けとめられたか。第一線の農政記者だった寺山義雄が『戦後歴代農相論』にこう書いている。

「農林大臣に和田博雄確定――の情報がはいったとき、農政記者クラブの全員が『ウォーッ』と、わけのわからぬ声を発した。農政局長から一躍大臣室入りである。日本の憲政史上こんな例はない。異例といえば、もう一つあった。和田は、つい二年前まで〝赤い思想犯〟として独房につながれていた男である。無罪になって農政局長にカムバックしたとき、世間はびっくりした。が、こんどは大臣である。いかに世の中が変わったといっても、これはまたあまりにもスリルがありすぎる。本能的にことを好む記者クラブの連中は、このショッキングな人事に目を輝かせ、『吉田もやるなあ――』と手放しで拍手を送った」

いうまでもなく、和田農相の道を開いたのは松村謙三である。松村には、和田の思想に対する偏見や先入観はなかった。松村自身の思想が和田のそれよりもラディカルだったことにもよる。

戦後まもなく、中国の延安から日本共産党の指導者の野坂参三が帰って来て、中国問題の懇談会を開いた。その大阪での会合に、岩井産業社長の岩井雄二郎や南海電鉄社長の川勝伝が出席した。五、六十人の参加者のほとんどが共産党の関係者なのに、財界人が五、六人出たのである。

倉敷レイヨン社長の大原総一郎を含めて、これらの人は〝財界左派〟と呼ばれたが、川勝は、

「左派的見解がないと、この世の中の動きを判断できないでしょう」

といって平気だった。

つまりは現状を変革して歴史を前に進めようとしているか、後に戻そうとしているかということである。松村も和田も、そして吉田も、その「左派的見解」をもっていた。吉田の場合は「左派的人物」を理解する器量をもっていたといったほうがいいかもしれない。

和田が後年、こう述懐している。

「吉田さんという人は、信用したらまったくまかす人ですね。あの点は偉かったな。だから第二次農地改革のさいに、(昭和)二十一年六月に(総司令部から)勧告がでるとき、GHQは吉田さんに司令部までこいといってきた。ところが吉田さんは僕に行ってくれというんです。僕はあらかじめ山添農政局長にGHQの意向がどういうのか行って聞いてもらいました。第一次案に不満で直せというんで、内容は相当きついものですね。僕は行く前に吉田さんと二人で話したんです。『どうしてもこれはやらなければいかんように思われる。拒否するわけにはいかんだろう。これをやるとすると、党内と閣内をまとめてくれないとできない。双方のとりまとめは吉田さんがやってくれる以外に手はない。そういうご決意でしたら私は司令部に行ってメモランダムをもらってくる』と。そのとき吉田さんは、『はっきりいって和田さん、私は保守です。だから農地改革は私は気分的にいやだ。やりたくない。しかしどうしてもやらなければいかんとあなたがおっしゃればやります。だから行ってください』といわれ、僕はGHQに行きました。あとになって吉田さんは一言も文句はいいませんでした。絶対にまかせてくれました。……そういう点ではりっぱだと思います」

第一次農地改革が松村農相で、第二次が和田農相というのは、まさにベスト・キャストだった。この順序が逆だったなら、農地改革が成功しなかったのではないかという声は多い。

エピローグ　アマチュアリズム

砺波《となみ》平野は散居村《さんきょそん》である。屋敷林に囲まれて一軒一軒が田んぼの中にポツンポツンと立っている。福光町の「松村（謙三）記念館」に車を走らせながら、その独立独歩の光景に松村を支持してきた人たちの精神風土を見た。

一九六九（昭和四十四）年九月二十三日、福光町の中央公民館に集まった選挙区の人たちを前に、長男の正直が代読した引退声明で松村はこういっている。

「今回、私は次期総選挙に出馬することを見合わせることを決意致しました。思いますに、私が政界に身を投じて以来、四十数年と相成りました。この間、選挙区の皆様には、いつも変わらざる手厚いご支援ご同情をたまわりまして、私の今日あるは、ひとえに、皆様のご懇情によるものとして深く感謝致しております。この選挙区を持つことにより、私は他事にわずらわされることなく、専心、政治に没頭し、一筋に信念を貫いてやって参ることができました」

これはまさにその通りだろう。ただ、支持者も松村を国会に送っていることに誇りを持っていただけに、引退は容易ではなかった。

八十六歳の松村に、選挙がムリなら来なくてもいいから立ってくれ、と涙ながらに頼むのである。まさに惜しまれながらの引退だった。「進むときは人にまかせ、退くときは自ら決せよ」という言葉は政治家にこそ贈られなければならない。人は退き方で測られる。

「もう一人の謙三」の河野謙三の議長の退き方も平均点以上だった。

甥の洋平は、参議院議長は一期だけで二期もやるべきではなかったとし、

「一期目は議長としてさわやかだったが、二期目は政権中枢とのつき合いが多くなり、政局に関連する発言が多くなった。新自由クラブは、時期尚早とみておられたが、一期目の叔父なら私の行動を即座に支持したはずだ。そうでなかったのは、叔父もひとつの年輪を重ねたということではないのか」

と批判的なことをいっている。

しかし、平均点以下の老醜をさらす政治家が多い中ではやはり「さわやか」といえるのではないか。

もちろん、河野謙三にも迷いはあった。一九七七（昭和五十二）年七月の参議院選挙で、河野は百八万票という地方区としては史上最高の得票で当選した。もちろん、自民党を離れての無所属である。

「さすがは河野さんだ。引き続き議長をやってもらおう」という声がマスコミにも強かったし、当時の福田赳夫首相、大平正芳自民党幹事長も、河野さんにその気があるのなら、という構えだった。

そんな状況の中で、「たった一人の河野派」ともいうべき栗原祐幸が夫人とともに、河野から夕食に招かれる。静養先の箱根のホテルでごちそうになりながら談笑していると、河野が、

「栗原君、皆がおれに三選をやれとすすめるのだが、どんなものだろうか」

と切り出してきた。

それに対して栗原は、

「あなたがいつもいわれている通り、議長は全会一致の選出が理想です。それができればいいのですが、

あまりムリをすることはどんなものでしょう。議長を続けるより、進退の潔さが大事なのではないですか」

と率直に意見をいった。

栗原によれば、その瞬間、赤味を帯びた河野の顔からスーッと血の気が引いたように見え、ちょっと間があって、

「栗原君、君のように直言してくれた者は誰一人いない。ありがとう」

という言葉が河野の口から出た。

そして後は何事もなかったように、常の河野に戻ったという。

その席を辞してから、栗原夫人は、

「ずいぶん思い切ったことをいいましたね」

と栗原に感想を述べたとのことだが、本人にとって決して愉快ではないことをいったのに、一瞬の変化の後は笑顔を取り戻した河野は「やはり大政治家であった」と栗原は回想している。

「人間、相場と同じで天井（の値段）で売ろうと思っても売れたためしがない」

河野はよくこういった。

湘南電車で平塚から東京に通う車中で元物産マンで国鉄総裁の石田礼助が河野に、

「河野君、相場は天井では売れないよ。百円が天井だと思ったら、百円で売るんではなく、八十円で手仕舞をして利食うのだ」

と教えたのだという。

「人間腹八分目が良いところ。食い過ぎると下痢を起こす」というのも河野の口癖だった。

「人間みな、限りない欲望を限りある生命で追いかけて、ついにくたびれて、のめって死んでいく。一万人のうち、九千九百九十九人までそうだ」

こういっていた河野は自分も手仕舞の時期に来たことを悟って、議長の座を降りる。

これには大平が、

「河野のジイさんは偉いものじゃ。人間なかなかできるものではない」

と感嘆した。

いまはもう忘れられた感じになっているが、一九八九（平成元）年五月、竹下登が首相の座を退く間際に、後継コールが起こった伊東正義が、リクルートコスモス株譲渡に関与した実力者（竹下登、安倍晋太郎、宮沢喜一、渡辺美智雄）の総退陣を主張すると、竹下は、

「私はバッジをはずしてもいい。安倍も説得できる。しかし、あとの二人は説得する自信がない」

といった。

だから、あのとき、伊東が受けていたら、竹下は議員を辞めていたはずなのである。

「安竹」として竹下の盟友だった安倍晋太郎は、リクルート事件が発覚した当時、自民党幹事長だったが、総務会で鯨岡兵輔が、

「恥ずかしくて表を歩けない」

と批判するや、

「私は堂々と歩いている。恥ずかしいことでもなく、法律違反でもない」

と開き直った。

この破廉恥な反論に対し、松村謙三の弟子の鯨岡はこう嘆く。

「政治家は常に自分をつねらなくてはいけないよ。先憂後楽というじゃないか。いまは先楽後楽だ。先にも楽しみ、後からも楽しんでいる。国民は政治家をうらやましく思っているよ。

政治家は自分でも、こんないい商売はないと思っているんだろう。税金の所得申告以上の生活ができる。だから、せがれにやらせるんだろう。政治家は、本当は、こんな苦しい仕事はせがれにやらせたくない、というのが親心であるべきだ。ところが、死んだらせがれにやらせたがる。このごろは死なくてもやらせている奴がいるよ。親子で国会議員をやっているんだからね」

最後は中曽根康弘、弘文の親子批判だが、安倍派を継いだ三塚博など、世田谷の高級住宅街に五億円余りの豪邸を構えている。

先ごろ亡くなったエッセイストの青木雨彦が、自分の長兄が、

「オレが嘗《な》めてきた苦労を、あいつに味わわせるのは忍びない」

と、長男に家業の金物屋を継がせるのをあきらめたという話に触れて、しかし世の中には子どもに継がせることに熱心な職業もある、と書いていた。

「その職業は——

政治家と医師と芸能人。

はっきり僻《ひが》んで申しあげるが、これらの家業には、よっぽどイイことがあるにちがいない。わたしが二世の政治家や医師や芸能人とその親たちが好きになれない所以《ゆえん》である」

もちろん、松村謙三と河野謙三という「二人の謙三」は息子に後を継がせてはいない。

『書経』に「無告之民」という言葉がある。「無告之民」とは、自分の辛さや悲しさを誰に訴えていいかわからない庶民のことであり、「仰ぎて天に訴ふるも天応へず、俯して地に訴ふるも地に声なし」と嘆かなければならない人たちのことである。

松村謙三も河野謙三も、この「声なき声」を聞く耳をもっていた。

河野は政治学者の高坂正堯との対談で、高坂が、自分は外交が専門で経済は知らないのでえらそうなことはいえない、というと、

「知らない者がいちばんいいんですよ。昔から井戸端のおかみさんの経済がいちばん正しいというでしょう。ボクは経済学者なんかあまり尊敬しない。あなたが素人なんていうのはいけない。いい逃れですよ」

と、たしなめている。

経済はもちろん、政治にも〝玄人〟はいないのである。それを忘れずに、いわばアマチュアリズムに徹したのが「二人の謙三」だった。

あとがき

現在の少数がのちの多数になるのだと信じて、保守党内「少数派」の道を歩いた松村謙三と河野謙三には、前から興味をもっていた。濁り度を増していく政治に、現実に清廉を保ち、息子を後継者にしなかった政治家がいたのだということを示して、その存在で現状を批判しようと考えてはいたのだが、テーマが地味なためか、連載という企画に乗ってくる編集者はいなかった。

ところが、時事通信社のベテラン金融記者で卓抜なエッセイストの藤原作弥さんに紹介された『金融財政』の編集長、村井雄さんが即座に賛成してくれたのである。

村井さんも同じ憂いをもっていたからだろう。いま、「二人の謙三」を取り上げることの意義に共鳴して貴重なスペースを提供して下さった村井さんに、まず深く感謝したい。

また、鯨岡兵輔さんや小楠正雄さんなど、取材に応じて下さった人をはじめ、この本を編んでくれた時事通信社出版局の守屋正恒さんと相沢与剛さんにも厚くお礼申し上げたい。

一九九一年八月十二日

佐高　信

［**初出について**］

本書は、一九九一年一〇月、時事通信社より『正言は反のごとし　二人の謙三』として刊行され、一九九五年年二月、講談社文庫として刊行された。同文庫版を底本とし、収録にあたり『正言は反のごとし　松村謙三と河野謙三』と副題を改めた。

［解題］

保守の良心を伝えた岸井成格

『毎日新聞』の政治部長、主筆を務めた岸井成格は慶大法学部法律学科の峯村光郎教授のゼミの同期生だった。公労委の会長だった峯村は法哲学も専攻していて、私たちは法哲学を学んだ。

どちらかと言えば六法全書を開きたくない学生が集まるのが峯村ゼミだった。峯村は、政府に批判的な学者や知識人が集まった「憲法問題研究会」の一員でもあった。

久野収に師事して革新的な運動に携わってきた私と、政治記者となって自民党の政治家に食い込んでいくようになった岸井は〝正面衝突〟することも多かったが、彼に保守政治家の実態を教わったことは否定できない。

その岸井と二〇〇六年に『政治原論』（毎日新聞社）という対談の本を出した。続いて『保守の知恵』（同）を出し、二〇一六年に出した『偽りの保守・安倍晋三の正体』（講談社α新書）はベストセラーとなった。それでは、『政治原論』の岸井の「おわりに」を引こう。

〈佐高信との対談の話を聞いた時は、正直なところ「悪い冗談だろ」と思った。激辛の評論家として知られているだけでなく、政界、財界のみならず文化人や、同じ仲間の評論家、ジャーナリストまで、まさにあたるを幸いという感じで、斬って斬って斬りまくってきた。その容赦のない刃は、「毒」を含み、ある種の「狂気」をはらんでいる。

穏健な常識人がまともにつき合える相手ではない。

ところが幸か不幸か、はたまた前世からの因縁か、佐高と私は慶應義塾大学法学部の昭和四十二（一九六七年）年卒の同期生であるばかりか、峯村光郎教授の「法哲学」ゼミで一緒だった。もう四十年以上のつき合いになる。「佐高とは古い友人だ」と聞いただけで、どれだけ多くの人が、マユをひそめ私を警戒の目で見るようになったか。「佐高とは割と深いつき合いが続いている」と聞いて、どれだけ多くの友人を失いかけたか、佐高は知ろうともしない。

対談に応じれば、一気に多くの友人を失うことは目に見えている。聞き流していたら、「岸井は逃げるのか！」と佐高が言っているという。敵に背を向けるわけにはいかない。

そんなことで、何の準備もないまま、佐高の「妖剣」を受けることになった。

小泉純一郎内閣の五年半、そして若い安倍晋三首相の誕生という大きな節目での「政治原論」になった。佐高は両内閣ともハナから受けつけない。私は小泉内闇には高く評価すべき面があると思っているし、安倍首相にもそれなりに期待している。まだまだお手並み拝見の段階だが、佐高のようにスタート早々から全否定する気にはなれない。少なくとも、国民世論の支持率の高さや、今後への期待を無視していては政治論にならない。

考え方や立場の基本的な違いがあって、話はなかなか嚙み合わない。ゼミ時代や、社会に出たての頃の話は、読者にとって「激突」の緩衝帯になっていてほしいと思う。

一方で、佐高の意見には耳を傾けるべきものも多い。それは佐高の評論や存在が、ある種の危険を察知するセンサーの役割を果たしているからだ。「とても佐高の考えにはついて行けない」と思いながらも、何かあると「佐高ならどう受け止め、どんなアクションをとるだろうか」と想像をめぐらすのが、いつしか私の習い性のようになった。

また佐高は一人の人間に惚れるところから思考回路が始動し、一つの事象を極めて単純に割り切り、一点突破型で評論を展開する。

センサーが感知した人間性が常に評論の基準にあり、私は「佐高の本質は人間評論家」と見ている。その上に政治、経済評論が乗っている。これも佐高なりの生き方なんだろうと思う。シャイで人情家で涙もろい、佐高の知られざる一面に驚く人が多いことを最後につけ加えておきたい。〉

こう書いている岸井に『正言は反のごとし』が講談社文庫に入る時に解説を頼んだ。いまは亡き岸井に感謝しつつ、それを解題に代えたい。

〈鬼手仏心という言葉がある。仏のような心で斬るべきものを斬る。

佐高信が仏心を持つ人かどうかは寡聞にして知らないが、持つ剣は鋭い。切っ先に触れただけで血しぶきが飛ぶような鋭利さだ。

佐高信は異才だが決して異端ではない。「正言は反のごとし」とは、まさに佐高の確信であり、叫びでもあるだろう。

「老害」を斬り、「社畜」を斬り、日本社会と組織の「和」のおぞましさ、いかがわしさに斬り込む。それは佐高によって摘出される日本社会の病巣であり、日本人の精神の奴隷性への、憎悪に近い警鐘ともなっている。

混沌とした歴史の転換期だけに、そうした佐高の異才と精神の独立性が光彩を放つ。

また佐高信は正邪、真偽を鋭くかぎわけるセンサーを持っている。それが生来のものか後天的なものかは判然としないが、独特の人生観と人間観によって作動する。

リクルートの実態調査の裏づけのない情報産業の成長ぶりに批判の矢を放ち、

住友銀行の磯田一郎頭取・会長の「むこう傷を恐れるな」商法にバブル経済のあやうさをかぎとり、野村証券の市場操作の巨大な力に果敢に挑戦した。

陰に陽にかかる圧力を、逆にバネにして批判の剣を磨き上げた。結果、リクルート事件となり、住友・イトマン事件となり、証券不祥事として発覚した。佐高のセンサーがいかに敏感に反応していたかの証明となった。

佐高信は「辛口の経済評論家」として知られる。これはほとんど虚構に近い。「辛口」などという甘いものではない。斬って斬って斬りまくっている。辛辣な舌鋒に斬られて周囲は死屍累々である。

「経済評論家」は間違いであるか錯覚の部類に入る。佐高の名刺に肩書きはないから、本人がどう思っているかは定かではない。

いわゆる経済評論家であれば、経済のイロハや数字を知っていなければならない。佐高は知らないし、関心もないように見える。佐高が知っていて関心のあるのは、センサーに感応した正邪、真偽であり、人間の生きざまと組織のあり方である。

その意味で佐高のホコ先はあらゆる方面に向けられ、ジャンルは多彩だ。「文明評論家」にもなるし「歴史家」になってもおかしくはない。「文芸評論家」でもあるし「人間評論家」と称してもいい。

だから当然のように関心は政治にも向くし、政治家の生きざまに鋭い目を向ける。時に「政治評論家」になるのも不思議ではない。

ただ佐高の「政治評論」は日々の政治動向の分析、解説にはならないし、「経済」と同様に「政治」のイロハについても知らないか関心はないだろう。そうなると政治のイロハとは何かという厄介な問題になるが、少なくとも「永田町の論理」なるものはハナからバカにしてかかっている。

「政治家ゴキブリ論」で物議をかもしたり、「小沢一郎（新進党幹事長）は生涯の敵」などと言い切るのも、佐高の直感力とセンサーの反応の表現形態なのだろう。

ゴキブリのような政治や政治家を嫌悪し、小沢の強引な政治手法に危険なものを感じとり、何よりも「政治は力、力は数、数はカネ」という金権腐敗政治を指弾してやまない。

だから佐高は清廉で一家言を持つ政治家に魅かれるし、戦後の保守政治の系譜の中では、本流よりは非主流、反主流の勢力や政治家をモラルサポートする傾向が強い。

とくに保守本流といわれた「吉田自由党」の系譜では、佐藤―田中―竹下―小沢への批判は厳しく、池田―前尾―大平―鈴木―宮沢へはそれほどではない。力とカネのニオイの強い「軍団」と呼ばれる集団よりは、「お公家集団」と揶揄されながらも知的ニオイのする集団の方が感覚的に合うのかもしれない。

また本流か準主流かは議論の分かれる「鳩山民主党」の系譜になる岸―福田―

安倍―三塚と河野（一郎）―中曽根―渡辺の中では、とりわけ岸と中曽根に厳しい。佐高が嫌悪する保守本流・準主流のシンボル的存在が岸と佐藤であり、「二人の謙三」は岸に対抗した松村と、佐藤に造反した河野という配置になっている。

評者は佐藤首相番からスタートした保守本流担当の政治記者であり、ロッキード事件以来の汚職事件、政治スキャンダルを一貫して担当した政治事件記者でもあった。

本書の河野謙三参院議長の誕生劇では、まさに〝河野降ろし〟の司令塔だった自民党の保利幹事長の担当であり、その後は国会のヤマ場になると河野議長の取材のために箱根のホテルに通ったものである。

この年は七年八ヵ月におよんだ佐藤政権の最後の一年となり、ポスト佐藤の布陣として保利幹事長、福田外相、田中通産相を配して福田への禅譲につなぐのが佐藤のハラであった。しかし、新体制のスタートと同時に二つの〝ニクソン・ショック〟が佐藤政権を見舞った。米中の頭越の和解とドル・ショックである。

そこへ追い打ちをかけたのが河野議長の造反だった。政権基盤がグラリと揺れたのを機に福田への禅譲を阻止するために田中・大平の盟友関係が仕掛けた〝角・福戦争〟の第一ラウンドというのが保利側から見た権力闘争の構図だった。

まだ十分な検証のされていないナゾの部分は残しているものの、河野の信条や思惑とは別に、そうした権力闘争の背景があったことは間違いないだろうと思っている。

さらにこの年はジャンボ機の太平洋就航というもう一つのニクソン・ショックがあり、それがロッキード事件の伏線となったサンクレメンテでの佐藤・ニクソン首脳会談の〝怪〟につながった。

佐藤末期の権力闘争の延長線上で起きたのが外務省の機密漏えい事件、いわゆる「西山記者事件」であった。この激動の一年間は忘れようにも忘れられない年だった。

もう一人の謙三、松村については松村・三木（武夫）の反主流派の系譜として主流側から取材した以上の接点はない。おそらく松村の岸への対抗は、戦前の戦争協力に遡るいきさつや、保守合同＝自民党結成の背後にあった米ＣＩＡ（中央情報局）のカゲが深くかかわっていただろうと推察されるだけに、再検証を要する重要な場面だろうと思う。

大学のゼミナールで同期の佐高からは「知ったことはどんどん書くべきだ」と責められることが多い。しかし、一面の事実が真実とは限らない。

政治はさまざまな要素が複雑にからみ合っており、しかも水面下の密議が多いために、事実関係の発掘だけでも大変なエネルギーがかかる。とりわけ政治記者は権力中枢の動きを密着取材することが宿命づけられている。そうでなければジャーナリズム本来の使命を果すことにはならない。「書けること」は佐高が言うほど簡単ではないところが辛い。

しかし、佐高のセンサーがうらやましくなることが多いし、そこに感応する鋭い視座がますます重要になっていることも論をまたない。〉

保利茂（ほり・しげる　一九〇一―七九年）　佐賀県出身。中央大学卒。報知新聞、東京日日新聞の記者を経て、一九四四年、衆議院議員初当選。五〇年に自由党に加わり、吉田茂内閣のもとで労相、官房長官、農相を歴任。佐藤栄作派の大番頭と呼ばれ、佐藤政権において内閣官房長官、自民党幹事長をつとめる。七六年、衆議院議長に就任。与野党を超えた人望を集めて「名議長」と謳われた。「寝業師」「謀将」などと呼ばれ、調整役タイプの政治家として知られた。

三木武夫（みき・たけお、一九〇七―八八年）　徳島県出身。アメリカ留学を経て明治大学卒業。一九三七年、三十歳の若さで衆議院議員初当選。四二年の東条英機内閣下の翼賛選挙では非推薦で当選。通信大臣、運輸大臣、経済企画庁長官、科学技術庁長官、通商産業大臣、外務大臣、副総理、環境庁長官、自民党幹事長、政調会長などを歴任。七四年、田中角栄内閣が金脈問題で辞任すると「椎名裁定」で内閣総理大臣の座に就いた。クリーン三木と呼ばれ、ロッキード事件など汚職問題の究明に取り組むも、党内の「三木おろし」工作により、七六年に総辞職。総理在任中、政治資金規正法の改正、防衛費一％枠の策定、核拡散防止条約の批准などの実績を残す。

大平正芳（おおひら・まさよし、一九一〇―八〇年）　香川県出身。東京商大（現・一橋大学）卒。大学時代にキリスト教の洗礼を受ける。大蔵省に入省、一九三九年、興亜院で中国政策にかかわる。戦後、池田勇人蔵相の秘書官などを経て、五二年衆議院議員初当選。池田内閣の官房長官、外相、佐藤栄作内閣の自民党政調会長、通産相などを歴任。田中角栄とは盟友。田中内閣で外相をつとめ、日中国交正常化を果たした。その後も、蔵相、党幹事長を歴任。七八年秋の自民党総裁予備選挙で福田赳夫首相を破り、総理大臣に就任。一般消費税の導入を唱えた七九年の総選挙で自民党が敗北し、退陣を要求する党内反主流派との四十日抗争を経て、第二次大平内閣が成立するが、八〇年、反主流派が欠席して内閣不信任案が可決、衆院解散。衆参ダブル選挙の最中に急逝。政界屈指の知性派として、近年、再評価が進む。

村山富市（むらやま・とみいち、一九二四―）　大分県出身。学徒出陣で徴用され、陸軍軍曹で終戦を迎える。一九四六年、明治大学卒。大分市議会議員、大分県議会議員を経て、七二年、衆議院議員に初当選。九三年、日本社会党委員長。九四年六月、自社さ連立政権のもとで第八一代内閣総理大臣に指名される（九六年一月まで）。社会民主党初代党首。二〇〇〇年に政界を引退。

友好の井戸を掘った人たち

友好の井戸を掘った人たち

目次

「保利書簡」の保利茂

書簡を〝反佐藤〟の美濃部に託す

保利茂という政治家がいた。一九五一（昭和二十六）年に吉田茂内閣の官房長官をつとめ、一九六八（昭和四十三）年に再び佐藤栄作内閣の官房長官をつとめた。吉田、佐藤共に反共の中国嫌いで台湾派だったが、七一（昭和四十六）年夏に自民党幹事長になった保利は、同年秋、都知事だった美濃部亮吉に託して中国の首相、周恩来に手紙を出す。いわゆる「保利書簡」である。

保利が幹事長になった直後、アメリカの大統領ニクソンが日本の頭越しに中国を訪問すると発表し、佐藤政権が動揺していたことも背景にあった。

保利は『戦後政治の覚書』（毎日新聞社）に、「アジアにおける日本の地位、立場というものを、もう一度じっくり見直さなければいけない。あなた任せではとてもダメではないか、日本は日本独自で考えていかなければという反省と〝あせり〟があった」ので書簡を出したと回顧している。

もちろん、日中国交回復前である。

そもそもは、美濃部が訪中に先立って、自民党は中国との関係をどう考えているのかを聞いておきたいと保利に会うことを望み、三度ほど話したことが契機だった。

いかにして日中関係打開の糸口を見つけるか懸命の努力を続けているのだと保利が言うと、革新都知事の美濃部はこう応じた。

「それなら考えは私どもとほとんど同じだ。しかし、そのことが先方によく伝わっていないのではないか。内容については全面的に賛成というわけにはいかないが、白民党の責任者であるあなたが、そういう考えを持っていることは相手方に通じさせる必要がありはしないか」

そして手紙を書くことを勧め、保利は美濃部が出発する直前の十月二十五日の日付でそれを認《したた》めた。その一節を引こう。

「中華人民共和回は今や国際社会に於ける一大雄邦として発展を遂げられつつあることは隣邦として誠に慶賀に堪えない次第であります。ここに至る閣下積年の御労苦を拝察謹んでお慶び申し上げます。我が国も亦廃墟の中から困難な幾山河試錬を経て平和国家として、我が先人未踏の新しい理想に向って精励して参りました。つらつら思いまするに亜細亜に於ける貴国と我が国の関係は国際情勢に左右され、最も近くして最も遠いという甚だ不幸な間柄になって居りますが、今日もはやこの不自然な状態を此儘放置することは許されないと信じます。この状態を早急に克服し新しい両国の関係を樹立すべき時が到来して居ると存ずる次第であります。私は由来中国は一つであり中華人民共和国は中国を代表する政府であり、台湾は中国国民の領土である、との理解と認識に立って居ります。同時に我が日本国は飽迄平和国家福祉国家としての大道を踏まえ、余力を亜細亜に貢献する方策を探究実行すべきであり、況や我が国を再び軍国化するが如きは断じて排除すべきであると確信いたし、又その危険と懸念は無用であることを確信いたします」

これは十一月十日に行われた周と美濃部らの会見の席上で、周から、

「自民党の書簡は、北京政府を中国の正統政府と認めているが、〝唯一〟とは言っていない。また、台湾を

中国の領土と認めているが、台湾の独立運動に対する考えがはっきりしていない」

として突っぱねられる。

しかし、これは表向きの口上であり、毎日新聞主筆の岸井成格《しげただ》が私との対談『政治原論』（毎日新聞社）で語っているように、周は実は保利の労を非常に多としたのだった。

ちなみに、保利は北朝鮮主席の金日成にも書簡を送ったという。それも美濃部に託してだったかもしれない。

この話は保利に師事した金丸信が知っていて、のちに金丸が団長となって訪朝した時、涙ながらに記者団に語った。

岸井によれば、こちらの保利書簡は、「大国」と「小国」の力関係から、日本における在日韓国、朝鮮人への差別問題までを含む、かなりデリケートな内容だったという。

保利と美濃部をつないだのは、旧満洲国人脈の小森武（当時都政調査会常務理事）や福家俊一《ふけとしいち》（当時自民党代議士）だった。保利は何度か落選していることでわかるように、保守派には珍しく利権誘導の不得手な政治家である。だから逆に福家のような裏に通ずる人間を使うことができた。

しかし、保利書簡は、圧倒的に「親台湾、反中国」派が多かった自民党内で歓迎されたわけではない。数少ない親中派の田川誠一でさえ、「書簡を美濃部氏に託したのは党員を無視し、信義に反する」と保利を非難した。

もちろん、美濃部も無傷ではすまない。

それを思って保利が、事前に、

「あなた方からすれば、私どもは保守反動ということになるでしょう。こういうものを持って行ってご迷惑になることはありませんか」

と尋ねた。すると美濃部は、

「いいえ、おそらくそうなるかもしれませんが、とにかく日中関係を改善しなければならんということは、美濃部個人が得するとか損するという問題ではありません。少なくとも共産党からは相当叩かれるでしょうが、あえて覚悟の上です」

と答えた。日中関係改善のために美濃部は「覚悟の上」で保利書簡を携行したのである。

この保利から遡って、石橋湛山、松村謙三、三木武夫、田中角栄と、日中友好の井戸を掘った政治家には党人派が多い。佐藤栄作や福田赳夫ら、官僚出身の政治家がイデオロギーを優先して反中国の姿勢をとるのと対照的だが、前記の『政治原論』で、岸井は私に保利についての秘話を明かした。私の驚きを表す意味で、そのまま引く。

佐高　党人派と官僚派というのをずっと辿ってみると、たとえば治安立法に強く執着するのが官僚派だよね。保利という人はどうだった？

岸井　まったく逆だったな。保利が官房長官だった頃は、後藤田〔正晴〕警察庁長官、秦野〔章〕警視総監の時代だったわけだけど、大学紛争が燃え盛っていた。保利は全共闘各派の委員長連中を、官房長官公邸に連日呼ぶんだよ。

佐高　えっ、本当？　彼らは来たの？

岸井　来た。もちろん極秘にね。活動家連中にしたって、公にしないというのが絶対条件だったろう。そして時には保利は、彼らを後藤田と会わせた。つまりそれは大学を治安立法の対象にしないためなんだよ。

佐高　岸井は保利からこっそり聞いたの？

岸井　宮下創平という秘書官から。後に長野から議員になった。もう故人だけどね。

佐高　しかし、それはすごい話だね。

これでまた野蛮な国といわれる

保利については、江藤淳が『追想　保利茂』（保利茂伝刊行委員会）に書いている話も忘れ難い。

ある秋の日の早朝、保利から江藤に、

「一緒に佐賀に行ってくれないか」

という電話が入った。

「ロッキード隠し」といわれた自民党内の〝三木（武夫）おろし〟が一度挫折した直後で、保利の地元の佐賀と唐津で文化講演会を開くから、反三木の真意をわかりやすく説明してもらいたいという。

「足元から鳥が翔び立つような話」だが、江藤は急いで日程を変更し、取るものも取りあえず、羽田空港に駆けつけた。江藤によれば、「ほかならぬ保利さんから、直々の御依頼を受けたとあってはお断りするわけにはいかない」からだ。

江藤にとって、この時の保利との機中の話は、興味津々たるものであり、政治家保利茂の真骨頂に触れる思いを新たにしたという。たとえば、保利はこう言った。

「床次《とこなみ》竹二郎という人は政権を追いかけすぎて、ついに政権に逃げられましたな。そこへ行くと、犬養木堂〔毅〕はちがった。追いかけもしたけれども、やがてじっとしていることが出来るように成長した。そして、気迫で詰めることを知っていた」

これを聞いて江藤は、保利は単に老政客の思い出を語っているのではなく、この現在の政局に通ずる批評を、江藤が福田赳夫に伝えることを期待しているのだと思ったという。

佐賀は、江藤の父祖の地ということもあって、そこが選挙区の保利と江藤は親しく、また、保利がこう〝期待〟するほどに江藤は福田と近かった。

江藤は、この言葉を福田に伝えたかどうかは書かず、「その後、首尾よく福田内閣が成立、保利さんは衆議院議長の栄職に就かれた」と続けている。

保利については、読売新聞の政治記者だった老川《おいかわ》祥一の『政治家の胸中』（藤原書店）に書いてある話も興味深い。

保利が佐藤内閣の官房長官だった一九七〇（昭和四十五）年十一月二十五日、三島由紀夫が市ヶ谷の自衛隊東部方面総監部に乗り込み、遂には割腹自殺して果てる事件が起こった。

首相執務室から出て来た保利に老川が、

「えらいことになりましたよ、三島の首がころがっているそうじゃありませんか」

と声をかけると、保利は、

「これでまた日本は野蛮な国といわれる、弱ったなあ」

と答えた。

「野蛮な国というのはどういうことですか」

と老川が尋ねると、保利は、

「せっかく日本が民主主義の国として生まれ変わって、ここまできたのになあ」

と溜息をついて、自分の執務室に入って行ったという。

保利を慕う女将

保利の魅力については、私が聞いた話も加えておこう。

保利が亡くなって数年後のことだったと思うが、ある夕、私は新日本製鉄副社長から九州石油の社長、会長を歴任した飯村嘉治に招かれて、新橋のそれほど大きくない割烹に行った。若き日に近藤芳美と並ぶ歌人だった飯村は、私が新日鉄を批判しても平気で呼んでくれる懐の深い経営者だった。

しばらくして、あまり派手な感じではない女将が顔を出す。

すると飯村が、

「今年も保利さんの墓参りに行ったのかい」

と問いかけた。女将も自然な様子で、

「ええ」

と答え、保利の話になった。

確か、そのころ、首相の宇野宗佑の女性との別れ方が問題になっていて、あまりに違うなと思ったのを覚えている。

多分、保利はその女将に本当に惚れられていたのだろう。女に惚れられるような男でなければ、男も惚れない。決して美男とは言えない保利の渋みは、あるいは粋な女将でなければわからないのかもしれない。しかし、その保利の思いは確かに周恩来に届いたのである。

後藤田正晴の靖国参拝反対論

『政治家の胸中』には、一九八五（昭和六十）年の内閣改造で再び中曽根康弘内閣の官房長官になった後藤田正晴の八六年時のインタビューも載っている。

八月十五日を前に、老川が、

「いま日中関係がギスギスした状況になっていますが、中曽根首相は靖国参拝をどうするつもりなのでしょう」

と尋ねた。すると後藤田は、

「ワシが行かせません。絶対に行かせない」

と強い口調で言い切り、

「いま中国は非常に微妙な局面にある。中曽根さんがここであえて靖国に行ったりすると、中国で反日運動が激化することになる」

と付け加えた。

胡耀邦・趙紫陽体制がつぶれるかもしれないというのである。

「胡耀邦は中同共産党総書記ですよ、それが日本のせいで倒れるなんて、そんなことはないでしょう」

と老川が反論すると、後藤田は言った。

「いやいや、そうじゃないんだ。中国で反日ということは、共産党内の反指導部勢力が指導部を攻撃する場合の口実に使われやすいんだ。鄧小平のバックアップで胡耀邦・趙紫陽体制ができているけれども、基盤は非常に脆弱であって、ここで日本問題で胡耀邦の立場を危うくすると、中国の指導体制が非常にあぶなくなるんだよ」

後藤田の言った通り、翌八七年一月十六日、自由化の行き過ぎを批判されて胡耀邦は党総書記を解任され、続いて起きた天安門事件で趙紫陽も失脚した。

日本は腹背に敵を作ってはいけない

この時のインタビューでの後藤田の次の言葉は、まさに、いま、二〇一三（平成二十五）年の日本へのまたとない忠告だろう。

「日本は腹背に敵を作ってはいけない。腹背という意味は、要するに正面にはアメリカ、背後には中国がいる。そのどちらとも日本は喧嘩はできない。日米間にはもちろん同盟関係があるからアメリカが大事なのは当然で、日米関係をおかしくしてはいけない。ただ、かといって、日米さえうまくやっていれば背後の中国はどうでもいいということにはならない。中国と敵対関係になると、これはこれで日本の立場は非常に緊張したものになるし、安全確保のためのコストもうんとかかる。だから同盟という、日米と同じ比重の関係ではないにしても、腹背ともに敵を作ってはいけない。だから自分は総理の靖国参拝には反対だし、行かせないよ」

私は、アメリカに傾斜し、靖国参拝を強行して中国との関係を悪化させた小泉純一郎を、日米関係と日中関係という二次方程式を解けない単細胞首相と批判した。

ちなみに次の安倍晋三は一次方程式も解けない首相であり、その後の福田康夫は最初から解く気がなく、麻生太郎に至っては方程式の意味がわからない首相だったと断罪したが、前首相の野田佳彦も麻生に似ており、「一次方程式も解けない」安倍が再び自民党総裁となってしまった。

こうした状況下では、中国との友好の井戸を掘った人たちが忘れられる。改めて、その先人たちの並々ならぬ苦労の跡をたどりたい。

三木武夫の反主流人生

三木・周会談

「日中国交正常化の井戸を掘ったのは田中角栄ではなくて三木武夫なのだ。三木が井戸を掘り、田中首相・大平〔正芳〕外相が最初の水を飲んだ。そういう関係なのである」

國弘正雄は『操守ある保守政治家三木武夫』（たちばな出版）にこう書き、佐藤栄作内閣末期の一九七二（昭和四十七）年四月に三木が周恩来（首相）の招きで訪中し、日中国交正常化交渉をすることで合意した、と続ける。

それが俗に「周恩来メモ」といわれるもので、以来、三木はこれを肌身離さず身につけていたという。

三木によれば、周との会談には二つのテーマがあった。

一つは中国国民も日本国民も日本軍閥の暴虐の被害者であり、同じ被害者である日本国民から被害者が賠償を取るのはおかしい、と周が主張したことである。すなわち、中国が日本に戦争の国家賠償を請求しないと約束したわけで、これは大変なことだった。

次に周はベルサイユ体制の話をした。一九一九年一月十八日、第一次世界大戦後のパリ講和会議が開かれ、アメリカ、イギリス、フランス、イタリア、日本の五大国が中心となってベルサイユ体制がつくられる。

しかし、ドイツに過酷な賠償を押しつけたために、ドイツはすさまじいインフレに見舞われ、ヒトラーが台頭する。ベルサイユ体制がヒトラーを生んだとも言える結果になった。

そう話しながら周は三木に、

「だからわれわれはベルサイユ体制の過ちは犯さない。日本から賠償を取れば日本国民の辛い状況を更に苦しくすることになり、また日本軍国主義の復活を招くことになるかもしれない。そんな愚かしいことをわれわれはしません」

と言った。世界の歴史に学び、あえて賠償は取らないと約束したわけである。これは日中国交正常化に熱心な人たちの中にもあった国家賠償に対する恐怖感をぬぐい去った。

しかし、中国国内の情勢を考えれば、それはどんなに大変なことだったか。

その話を三木から聞いて國弘は、かねてからの周恩来に対する畏敬の念を更に増したのだった。

國弘によれば、これは「日中の間に横たわる最大のプラクティカルな難問」であり、三木との会談で周が決断しなければ、田中、大平による日中国交正常化はできなかった。

佐藤四選阻止のために立つ

一九七〇（昭和四十五）年十月二十八日、自民党総裁に四選されんとする佐藤栄作に抗して立った三木武夫を励ます「国民の集い」が開かれた。場所は国会前の憲政記念館。会費を取って午後一時から始まったこの集いに経団連名誉会長の石坂泰三が駆けつけた時には、会場にどよめきが起こった。

それはそうだろう。長期政権を誇る時の総理に反旗をひるがえした人を励ます集いに、財界の大御所が参加したのである。

そんな会場の驚きを気にする風もなく、石坂は、三木が通産大臣の時（一九六五―六六年）、エジプトに行っていた自分に国際電話をかけてきて、英語で万国博覧会の会長就任を頼んだ話を披露しながら、

「三木さんの誠実さを買う」

と挨拶した。

石坂の骨っぽいリベラリズムを示す例としては、東京都知事選の話もある。

一九七五（昭和五十）年、革新都知事の美濃部亮吉に対抗して自民党が石原慎太郎をかつぎ出した時、石坂は朝日新聞記者の大谷健に、

「都知事が大事というなら、岸〔信介〕さんでも、佐藤〔栄作〕さんでも、大物を出せばよい。なぜ文士など出す。それなら僕は選挙で美濃部に入れる。美濃部君はお父さん〔達吉〕が〔天皇機関説事件で〕いじめられたから、ああなったんだろう」

と言ったという。

大谷はこの発言に驚きつつ、これは石坂の名門好き、エリート意識ではないかと書いている。

しかし、本当にそうだろうか？

たしかにそれもあったかもしれないが、それだけではなくて、私はやはり石坂が、石原のファッショ的体質になじめないものを感じたからだと思う。

石坂は、古典的とも言えるほどの自由主義者であり、「レッセ・フェール、レッセ・パッセ」の信奉者だった。だから、統制につながるものはすべて極度に警戒し、過当競争を恐れて「自主調整」の理念を掲げた経済同友会に対しても、

「自主調整と言えば聞こえはいいが、中身は統制経済。そんなことを言う同友会とは、一体どういう会かね」

と痛烈な皮肉をとばした。

府立一中以来の石坂の友人には、歌人の吉井勇や作家の谷崎潤一郎がいる。

夫人が亡くなった時、石坂は、

声なきはさびしかりけり亡き妻の
写真にむかいものいいてみつ

という歌をつくった。こうした「教養」は現在の財界首脳には望むべくもない。

そのリベラリズムの信念から、石坂は自民党反主流派の三木を応援した。

ちなみにこの「国民の集い」では、三木の母校の明治大学教授だった藤原弘達が、「星影のワルツ」の替え歌を歌い、満場を沸かせている。

〽戦うことはつらいけど
仕方がないんだ国のため
心で男の意気地を示そう
いいかげんな気持ちじゃないんだよ

はんぱな気持ちじゃないんだよ
とことんやれよ三木さんよ

こうした激励を受けて三木は、全国各地で演説会を開き、

「もの言えば損だ、という風潮が流れては政治は終わる。われわれは政党政治の原点に立ち戻り、新風を吹き込まねばならない。立てば損なことは分かり過ぎるほど分かっている。しかし、批判勢力がなければ、自民党は閉鎖社会になり、日本の政党政治は枯渇する」

と熱っぽく訴えた。

そして、予想を大幅に上回る百十一票を獲得、佐藤陣営に大きな衝撃を与えたのである。

女丈夫という言葉がぴったりの三木夫人の睦子は、いつも、夫の武夫に、

「パパ！　なんであなたは自民党なんぞにいつまでもいるのよ」

と詰め寄った。それに対して武夫は、

「ママ、そう言うけど、もしわしが自民党からいなくなったら、憲法は改正するし、九条は変えてしまうし……」

と悲しげな表情で答えたとか。

台湾派吉田の国際政治観

日中友好の井戸を掘った松村謙三、石橋湛山、そして三木武夫が闘わなければならなかった政敵は台湾派

の吉田茂であり、岸信介であり、佐藤栄作だった。

最近（二〇一二年）ＮＨＫで吉田茂を偶像化したドラマが放映されたが、極めておかしい。私は何か意図的なものさえ感じた。

吉田を戦後の名首相として位置づける契機になったのは、一九六三（昭和三十八）年に書かれた高坂正堯《まさたか》の「宰相吉田茂論」である（中央公論社刊『宰相吉田茂』所収）。

そこで高坂は、「職人的な外交官」「頑固な親英米派」「臣茂」という吉田の三つの顔を指摘しつつ、彼の商人的な国際政治観に言及している。

吉田は一九四五（昭和二十）年に外務大臣になった時、終戦時の首相、鈴木貫太郎を訪ね、敗戦国の外相の心得を教えてくれと求めた。それに対して鈴木は、

「戦争は勝ちっぷりもよくなくてはいけないが、負けっぷりもよくないといけない。鯉は俎の上にのせられてからは、庖丁をあてられてもびくともしない。あの調子で負けっぷりをよくやってもらいたい」

と言ったという。

そして吉田は独特の外交を展開し、日本を復興させた。こう礼讃する高坂でも、講和問題に触れて吉田を次のように批判せざるをえなかった。

「吉田は、ときには空論をも混じえた議論が、民主主義の危険であるだけでなく、強さでもあることを認めていなかった。そのため、彼は、講和問題について国民の世論をとりまとめるという仕事をやらなかったし、やろうともしなかった。〔中略〕

問題なのは、吉田が国民に呼びかけ、世論の力を集めて、彼の外交を支える力にすることを怠っただけで

なく、それを嫌い、かつ軽蔑したことにある。彼がこの時期に世論に呼びかけなかったことは理解の余地がある。しかし、彼はこの時期に、世論の形成者に対する私的な働きかけを始めるべきだった。イギリスの首相は英国銀行の頭取と『タイムズ』の編集長とに絶えず連絡し、自らの立場を説明するとともに、相手の意見を聞くという。つまり、政治、経済、そして世論が、国家を支える三本の柱なのである。しかし、吉田はこの第三の柱を持っていなかった。それは彼の固い信念に内在する欠点なのであった」

その欠点ゆえに吉田は、ソ連を含む全面講和を主張した時の東大総長、南原繁を批判した。

一九五〇（昭和二十五）年五月三日、吉田は、教育事情視察のために訪米していた南原が彼の地で全面講和論を展開したのに怒り、

「ああした人を曲学阿世の徒というのであって、言うところは空理空論だ」

と毒づいた。そう言われた南原は三日後に記者会見し、

「吉田首相は私に「曲学阿世の徒」という極印を押したが、この極印こそは満州事変以来、美濃部博士をはじめ多くの学者に対して、軍部とその一派が常用したものであった。まことに学問の冒瀆であり、学者に対する権力的弾圧である。現在のような複雑な国際情勢の中で、現実を理想に近接融合せしめるために英知と努力を傾けることこそ、政治と政治家の任務である。それを初めから空理空論と決めつけて、全面講和と永世中立を封じ去ろうとするところに、日本民主政治の危機の問題がある」

と反論した。

吉田に欠けている「世論」への傾聴が石橋湛山にはあった。公職追放解除後に初めて行った一九五一（昭和二十六）年七月六日の講演で湛山は、この講和条約について批准前に総選挙をやれと主張し、その後をこ

う続けている。

「社会党方面からは、いわゆる全面講和とかいう議論が出ておる。軍事基地の提供、再軍備反対の声も一部にはある。そういう異論もあるのに、ここで改めて国民の総意を聴くことなく締結してしまうことは、やはり将来に禍根を貽《のこ》すものではないかと思うのであります。もし総選挙をして、この条約が国民の意に副わないというような結論が出るものであったら、そんな条約は作ってはならないのです。したがって、総選挙をすることが、講和条約の成立に支障を起さしめるということは毛頭考えられません。実際問題としては、必ずや大多数の国民の投票を得て、この講和条約の支持者が国会に多数選出されてくるということを確信いたします。とすれば、この際多少の手数はしのんでも、総選挙に訴えるのが当然であろうと、私は考えます」

吉田の暴言としては、その前に労働組合の幹部に対して放った、「不逞の輩《やから》」という発言がある。湛山なら、もちろん、こんな発言はしなかっただろう。

石橋湛山と三木武夫の関係

三木睦子の回想録『信なくば立たず』には、一九五六（昭和三十一）年、石橋総裁誕生の決め手となったのは、三木による大野伴睦と池田勇人の取り込みだといわれる、と書いてある。「特に、三木とは肌合いの全く違う大野伴睦さんの支持を取りつけたことが決定的勝因となった」という。

その伴睦は、経営者から政治家に転じた森矗昶《のぶてる》との関係で、森の娘の睦子にとっては「大野のおじさん」だった。

森の法事の席で伴睦は、

「森さんにはずいぶん世話になった。私は院外団で何度も立候補したけれども、なかなか当選できなかった。その時、森さんに、伴睦、ちょっと来い、といわれて社長室へ行ったら、三万円いただいた。それで当選できた。私は政友会の公認ではなかったけれども、森さんのおかげで当選でき、今の伴睦があります」

と感謝の言葉を述べた。しかし、

「でも伴睦おじさんに失礼だけど、そのころ三万円などというおカネはあるはずがないでしょう。ケタが違う。三千円かなと私は思いました。おじいちゃん、ちょっとボケていたのかもしれません」

と三木睦子は注釈をつけている。

岸、湛山、松村、そして三木

「その時、私の目の下三、四間のところで、隣席の議員たちに笑顔を向けながら自席に着いたその人物のものごしは、私が保守系の政治家にしばしば見ていた人間とは異質なものであった。また社会運動や演説や入獄などの体験で錬えられた左派の政治家とも違うものであった。つまりその男には、私たち文士とか学者とか、一般に知識階級人と言われている人間に近いものがあった。

私は自分たちの仲間と言うか、自分自身のかげのようなものをその人間に感じて、極めてかすかではあったが、はっとしたと言うか、ぎょっとしたと言うに近いショックを受けた。……人格、信念、思想、理想、宗教、などというもののどれをもあてにしない人間、実証的精神だけを頼りとして、それを正確に人間関係にあてはめ、論証によって他人を引きずる人物。そういう風に書くと、それが岸信介という人物になり、同時に私自身を含めての知識階級人のいやらしいタイプの一つとなる」

作家の伊藤整は「岸信介氏における人間の研究」(『中央公論』一九六〇年八月号)で、自民党幹事長時代(一九五五—五六年)の岸を見た印象から、その人間をこう観察している。

つまりは、要領のよい秀才官僚以外の何者でもないのであり、伊藤はさらに「そういう人物は実践家・政治家として常に二流か三流になるはずである。実証主義者たちの集まりであるヨーロッパの政治家ならば、ざらにある人物である。しかしヨーロッパでも、その資格の上にそれ以上の何物か、宗教的、政治的信念とか、思想とか、他人の心理を把握する力とかいう特別のものがなければ、やっぱり一流人物になれないだろう」と断言している。

この岸と湛山が、一九五五(昭和三十)年の保守合同以後、正面の敵手となる。岸は湛山について『岸信介の回想』(文藝春秋)で、

「まあ石橋さんの経済に対する発言は、日本経済の進展の上に功績があったと思いますが、人柄としては、私は三木武吉に感心していたようなものは感じなかったし、そうかといって、松村さんに対するような反発する気持もない」

と語っている。

伊藤整の分析に従えば、松村謙三や湛山、そして三木武夫は岸と違って「人格、信念、思想、理想、宗教、などというもの」に重きを置く人間だった。

岸の松村観を引く。

「私は性格的に松村謙三さんとはあまり合わなくてね、松村さんもそう思われたでしょうが、私はどうも

ぴたりこなかった。ところが、私が総理の時に、なんかの問題で新聞記者の諸君がやってきて、河野〔一郎〕君のことを非難したんで、私はこう言ってやったことがある。君たちは河野君のことを悪くいうけれども、彼はそんな男じゃないよ。悪人の巨頭みたいにいうが、根は正直で、むしろ気の小さい男だ。政界には諸君から見ると、まるで聖人君子みたいに見える人がいるが、実際は腹黒くて、いやな人間がおるよ、とね」

明らかに松村のことを指している。これをすぐにそのまま松村に伝えた記者がいて、松村は怒り、岸に対する印象をさらに悪くした。

一九四〇（昭和十五）年に近衛文麿が主唱した新体制運動の頃、岸は軍部の支持を得た推進派で、松村がいた民政党はそれによって解党に追い込まれる。岸と松村の対立はそのあたりまで遡る根深いものがある、と矢次一夫は『岸信介の回想』で注釈している。

この『回想』は一九八一（昭和五十六）年に刊行されているが、岸は、

「いまでも松村さんの系統だった三木〔武夫〕にしたって、古井〔喜実〕、宇都宮〔徳馬〕にしたって、みんな松村的だな」

と付言している。

しかし、古井は松村の系統でも宇都宮は松村の系統とは言えない。明らかに湛山の系統である。微妙なその違いを無視して岸は「松村的」人間に反感を示しているが、それは湛山への反感を露わにすることを避けようとしたからかもしれない。一九五四（昭和二十九）年に一緒に自由党を除名されたことなども脳裡をよぎったのか。

ただ、岸のこうした思惑とは別に、湛山は一貫して岸の批判者だった。その中国への姿勢はもちろん、反官僚政治の湛山と、官僚出身で統制経済論者の岸とが、そもそも合うはずがなかったのである。

三木睦子によれば、鳩山一郎は自らの後継者を湛山と思っており、鳩山夫人の薫が会長をしていた清和会（夫人の会）の会員を通じて、睦子にもそのような働きかけがあったという。

男たちが動くと目立つので、夫人たちが、「次は石橋さんに」と密かに耳打ちしていたとか。

三木睦子にとって、父・森矗昶の友人である湛山は「赤ら顔のちょこんとしたお顔」が浮かぶだけで、「経綸家として偉い人」だとは思っていなかった。

しかし、母、つまり森夫人は、『東洋経済新報』を読んでいて、その積極財政論を支持していた。そして、「いまは石橋財政でなければいけない」と、しばしば娘の睦子に言い聞かせていたのである。

「財界人の奥さんだから、当然といえば当然な話ですが、鳩山夫人とか森夫人というのは、旦那はものを読まないで走る、奥さんのほうはものを読んで考える、そのような感じでした」

という睦子の観察もおもしろい。

一九九〇（平成二）年十一月に出された『三木武夫とその時代』に、松村と湛山に触れて興味深い記述がある。

それは、一九五五（昭和三十）年の保守合同について、湛山は「かねてからの持論」なので、直ちに賛成したのに、松村は三木武夫らとともに最後まで反対したということである。

前掲の宮崎吉政が書いた「石橋湛山と三木武夫」によれば、合同の仕掛け人、三木武吉の指示により、松村と三木武夫を説得しようとした湛山が、武吉と会って、こんな会話を交わす。

「石橋君、松村と会った結果はどうか」
「松村のいうことはさっぱりわからない」
「その訳のわからないところが、松村の松村たるゆえんだ。三木〔武夫〕君の方はどうか」
「これははっきり反対だ」
「これも君でなければダメだ。よろしく頼む」

三木武夫は晩年、保守合同をああまで急いでやったのは、いろいろ理由はあったろうけれども、造船疑獄に続く東南アジアへの賠償汚職が発覚するのを恐れたからではないか、と語っていたという。早稲田大学以来の友人である松村と湛山の、これが一つの大きな亀裂だった。

さらに、湛山が岸信介と争って首相となったときの候補に、松村も擬せられていたことも、ある影を落としたことは否めないだろう。

湛山擁立か、松村支持か。旧改進党系の人間たちの間では松村の声が高かったが、松村では多数を占められないのも確かだった。三木武夫はその間を調整しつつ、湛山擁立にもっていく。そして、湛山が七十二歳で自民党総裁となったとき、三木は四十九歳で幹事長となる。湛山は首相としての組閣も少数派ゆえに思うようにならなかったが、池田勇人の蔵相だけは譲らなかった。池田がその後首相になり、ガンに倒れると、湛山は後継に佐藤栄作を推す。

これも、岸、佐藤嫌いの松村とは合わなかった。

このときは、三木も自民党幹事長として佐藤後継に動き、松村の怒りを買う。松村は河野一郎を首相にしたいと思い、三木に「絶対に佐藤じゃダメだよ」といっていた。

だから、三木が佐藤に乗ったときには、松村はもちろん、竹山祐太郎、古井喜実ら、松村直系の人たちは三木と袂《たもと》を分かつことになった。

『東洋経済新報』に拠《よ》って急進的自由主義の立場からの論陣を張った石橋湛山の筆剣冴《さ》えわたった一文は、一九二二（大正十一）年の「死もまた社会奉仕」である。山県有朋の死に際して湛山は「急激にはあらず、しかも絶えざる、停滞せざる新陳代謝があって、初めて社会は健全な発達をする。人は適当の時期に去り行くのも、また一の意義ある社会奉仕でなければならぬ」と喝破した。

これほど鋭く山県を批判した湛山が、佐藤後継に賛成したのはなぜか。河野一郎との関係が「微妙」だったからか、いまとなってはそれはわからない。

いずれにせよ、岸を破って湛山は首相となり、湛山が倒れた後に首相となった岸の権力的な政治を批判して松村が立った。そして岸の弟の佐藤に対抗して三木が立つのである。

重宗王国を打破

参議院議長を三期九年間にわたってつとめ、参議院のドンとして佐藤政権を支えた重宗雄三という政治家がいた。その「重宗王国」を打破して、一九七一（昭和四十六）年に河野謙三が参議院議長となるが、元産経新聞記者で三木の秘書をつとめた荻野明己は『三木武夫とその時代』で、「造反有理」のそのドラマの「主役を演じたのが三木武夫である」と書く。

同年七月九日の夜、新橋の料亭「小松」に河野謙三を招いた三木は、

「河野さん、あなたの配布した参院改革案はよく出来ている。あの通りだと思いますよ。重宗は歯牙《しが》にも

かけていないだろうが、これはきっと大きな旋風を巻きおこす。やりましょうよ」

と切り出した。

「やるって？　私の議長選挙出馬のことですか。私の同志は十人ほどしかいませんよ。なにしろ重宗の締めつけがひどくてね」

こう語る河野に三木は、

「心配は要りません。私のところはまとめてあなたにいくようにします。ところで野党はどうかなあ」

と踏み込む。

「社公民はまとまってくれるだろうが、共産党がねえ……」

と河野が答えると、三木は、

「共産党も乗ってきますよ。問題は自民党から何人くるかだ。十四、五人もくれば……ところで、あなたの桜会〔河野グループ〕は本当に大丈夫でしょうねえ。私のほうはお約束しますよ」

と畳みかけ、河野は、

「まだ日がありますから……。二、三日よく考えさせてください」

といって引き揚げた。

三木派の坂本三十次が同席していたが、帰りの車中で三木は荻野に、

「おもしろいことになるよ。河野はきっと出るよ。うちの連中〔参院十一名〕のほとんどは心配ない。二、三の落ちこぼれはあるかもしれんが……」

と断定的口調でいったという。

こんな動きが伝わったのか、「河野の背後に三木がいる」と読んだ重宗から、三木にさまざまなアプローチの手がのびてきた。

もともと、重宗と三木はそれほど仲は悪くなかった。佐藤内閣が誕生した直後から、「たらふく会」と称する会があり、佐藤、重宗、三木に林屋亀次郎を加えて毎年正月明けにタラとフグを食っていた。山口出身の重宗がフグを取り寄せ、石川出身の林屋がタラを持ってくる。

その席で、重宗は、しばしば、

「佐藤君のあとは三木君、君だよ」

といい、佐藤も頷いていたというが、佐藤は「三選はしない」という約束を反古《ほご》にしたばかりか、四選に出馬する。

その推進力となったのが、参議院の票をまとめて佐藤に投じさせた重宗だった。

重宗は何とか三木を懐柔しようと、議長選挙の二日前に三木に電話をかけ、

「もう一度だけ自分にやらせてほしい。副議長には上原〔正吉〕を予定していたが、鍋島〔直紹〕君に差しかえる。これでどうだろうか」

と懇願した。

参院三木派の頭領である鍋島を副議長にという見えすいた提案に三木は怒り、

「あなたとは長いつき合いだが、そうはいきませんよ。こういうことはあまり便宜的に考えてはよくない。上原君も気の毒だし、それに鍋島君はもっと将来ほかに使い道がある。重宗さん、あなたのそういう考えに私は与《くみ》しませんよ」

と声を荒らげて受話器を置いた。

これでガクンと来た重宗は河野の出馬を断念させる条件として自らも出馬断念に追い込まれる。重宗は後継候補として木内四郎を擁立、三木派が動揺し始めたとき、三木は派の参院議員を集めて、

「今度の議長選挙は河野一個人の問題じゃない。もちろん私のためにやろうという問題でもない。政治のマンネリを破り、新しい風を吹き込んで、参議院を良識の府に取り戻すためだよ。木内ではそれはやれませんよ。しょせん〔佐藤・重宗の〕ロボットだ。私はこれに賭けたんですよ。負けたら打ち首、そう、打ち首ですよ」

といい、自分の手で首を切るマネをした。その迫力に議員たちは気押され、大きく頷くだけだったという。

そして、すでに就任を確信してモーニング姿で各社のカメラマンに写真を撮らせていた木内を嗤《わら》うように、劇的に河野議長が誕生する。

その深夜、三木邸で行われたささやかな祝宴で、三木は上機嫌で荻野に握手を求め、

「打ち首にならなくてよかったよ」

と冗談をとばした。

田中政権樹立の予鈴

参議院の「重宗王国」が瓦解したことによって、それを基盤として長期政権を確立した佐藤栄作も引退に追い込まれる。つまりは河野謙三議長の誕生は、田中角栄政権樹立の予鈴だったのである。そして一九七二（昭和四十七）年、佐藤退陣後の第一次角福戦争と呼ばれた自民党総裁選。福田赳夫と田中角栄の決選投票の

際に、三木が日中国交回復を条件として田中支持に回り、田中政権が誕生することとなる。そして日中交渉が動き出すのである。

この参院議長交替劇の時、石原慎太郎は醜態をさらした。石原は『国家なる幻影』(文藝春秋)では、さも自分が河野議長誕生の立役者であるかのように書いているが、事実はまったく違う。

石原が三木武夫に会いに来た時に「たまたま立ち会った」國弘正雄が『操守ある保守政治家三木武夫』で、こう証言しているのだ。

当時、「河野謙三擁立劇の作ならびに演出は三木武夫」というのは政界周知のことだったが、その三木に石原は頭を下げ、

「俺は河野には入れない。少なくとも重宗には弓を引かない」

と態度を変えるのを許してくれ、と言って来たという。

これを聞いて三木は憐憫と侮蔑に満ちた眼差しで石原を見据え、

「君やらは謀反を起こしても権力から何もされないとでも思っているのか」

と一喝した。

当時、参議院議員だった石原は選挙区(東京地方区)と票田の立正佼成会を中心とする新宗連(新日本宗教団体連合会)を重宗に押えられ、圧力をかけられて、反重宗の立場を捨てようとしたのだった。

それに対して三木が吐いて捨てるように、

「君やらは」

と言ったことと、その時、石原が目をしばしばさせてオドオドしていたことが忘れられない、と國弘は述

懐している。

後日、三木は國弘に、

「あの男は腹が据わっとらんのう」

と言ったとか。

田中と一蓮托生の大平正芳

盟友大平・田中の中国体験

一九四〇（昭和十五）年秋、興亜院蒙疆連絡部で経済課長として中国の土を踏んでいた大平正芳は帰任の命を受けて日本に帰る。興亜院とは、日中戦争下の日本の対中国政策を実施するために一九三八（昭和十三）年に設立された内閣直属の機関である。その少し後に一兵卒として旧満州のハルビンで兵役についていた田中角栄も病に倒れて帰国する。

後にコンビを組む二人が同じころに中国にいたのである。大平にとっても、田中にとっても、それは辛く苦い体験だった。しかし、満洲国政府産業部次長として権勢をふるった岸信介と違って、二人は自分たち以上に中国の民衆が塗炭の苦しみを味わったことを知っていた。

その体験が二人に日中国交回復を急がせたとも言える。田中と共に三十数年ぶりに中国の土を踏んだ時、大平は外務大臣の執務机の中に遺書を入れていた。反中国の右翼によって暗殺される危険さえあったからである。

大平と田中の役割分担

大平と田中角栄の関係について、岩見隆夫の『政治家』（毎日新聞社）に興味深い証言がある。

日中国交正常化を成し遂げた翌年の一九七三（昭和四十八）年秋、田中と大平はソ連を訪ねた。当時のソ連の共産党書記長はブレジネフ、首相がコスイギンで、外相がグロムイコだった。

当時の外務省東欧一課長、新井弘一が交渉の内幕を岩見にこう話したという。

モスクワ入りの前日、新井は西ドイツのフランクフルトに滞在していた田中、大平と合流して、作戦会議が開かれた。

「あれはどうだ、これはどうだ」

と大平が尋ねて、新井が答える。

時折り、大平が、

「おい、田中、聞いとるか」

と声をかけた。

「うん、うん」

と田中は応じた。

大平が年上ということもあるのだろうが、そこでは呼び捨てだった。

新井は当時を回想して、

「実戦になると大平さんはもう正面に出ない。ただ、要所要所では、大平さんに意見を聞いていただいて、大平さんが「よし、これでいい」と言うと、それをそのまま田中さんに伝え、田中さんは「よし、やる」ということになった。準備段階では大平さんが大いに活躍し、本番になると田中さんに全部任せるという役割分担です。外相と総理の連係プレーがスムーズで、非常にありがたかったですね。首脳外交の本来のあるべき姿が出てきていると感じました」

と語ったとか。

早くから日中関係改善に動く

杉田望が『総理殉職』（大和書房）で描いているように、大平は「語ることよりも思考することが好き」な、日本には珍しいタイプの政治家だった。

その大平が中国との国交回復では大胆に踏み込んだ。それは田中よりも早かった。

台湾との関係にこだわる佐藤栄作の膝下にあって、田中が容易に動き出せない中で、大平は一九七二（昭和四十七）年の宏池会研修会で、次のように主張した。

「私は昭和三十九（一九六四）年の国会において、北京が世界の祝福を受けて国連に迎えられるようになれば、日本として北京との正常化を図るべきだ、との趣旨の発言をした。

国連における中国代表権問題の審議は、その後も引き続き行われてきたが、昨秋以来、国連の大勢は、北京に中国の代表権を認める方向に急速に傾斜してきた。また北京と外交関係を持つ国も、その後続々と増えるばかりか、わが国の世論もその方向に大きく動いてきた。

私は、政府がこの情勢を正しく評価し、いわゆる中国問題に決着をつける時期がいよいよ来たと判断する。したがって、政府は、日中友好の精神を原則的に踏まえて、なるべく速やかに、北京との間においても、国連において逆重要事項指定方式を支持するがごとき、世論の大勢に逆行するような仕草は、これを慎むよう、政府に要請するものである」

政府とは、すなわち、時の首相、佐藤栄作だった。大平は佐藤に向けてこの発言をしたのである。

佐藤の前の首相の池田勇人時代、大平は官房長官だったが、日中友好に執念を燃やした松村謙三の動きを池田と大平は陰ながら支援したと、松村直系の古井喜実が証言している。

また、一九六二（昭和三十七）年に、中国の廖承志《りょうしょうし》華僑事務委員会主任と日本の元通産大臣、高碕達之助との間で詰ばれた総合貿易協定である「LT貿易」は日中間に国交がない中で両国間の太い絆となったが、これも池田と大平の強力なバックアップがあってのものであった。

古井は、田中と大平が中国に乗り込む前にも大平の密命を帯びて中国を訪れ、交渉の際も中国政府の内情と周恩来の立場を伝えて、交渉成立の手助けをした。

大蔵省入省まで

さて、大平は一九一〇（明治四十三）年三月十二日に香川県三豊郡和田村（現・観音寺市）に生まれている。三豊中学五年の時に病気で父を亡くしたが、親戚の援助で旧制高松高商に進み、育英会から学資の貸与を受けて東京商大（現在の一橋大）に入学した。大学時代はキリスト教への関心を深め、矢内原《やないはら》忠雄の「聖書研究会」に参加したり、賀川豊彦の門を叩いたりしている。

そして就職の時期を迎えたが、当時、大平は、できれば住友に入りたいという思いを抱いていた。

「それというのも、子供のころから、住友鉱山の四阪島《しさかじま》製錬所の煙を見ながら学校へ通っていたし、住友財閥の発祥の地、別子《べっし》銅山には、郷里の村からもたくさんの人が働きに行っていた。私が渉猟したキリスト教関係の本の多くが、矢内原、黒崎〔幸吉〕、江原〔万里〕の各先生のもので、そのいずれもが住友と縁のある方々であった。また当時私は、川田順氏の和歌や随筆（とくに歴史物）が好きで、川田さんの二十数冊に及ぶ著書はほとんど読んでいた。その川田さんが住友の理事をしていたし、住友のことをよく書いておられたことなども、心理的に影響していたのかもしれない」（大平正芳『私の履歴書』日本経済新聞社）

のちに〝老いらくの恋〟で知られるようになる川田と大平の組み合わせは、やや意外の感にうたれる。住友に惹かれながらも、中学入学時に将来の志望を「官吏」と書いたことのある大平は、高等文官試験にも挑戦する。そして合格した大平は、紹介する人があって、郷里の先輩でもある大蔵次官の津島寿一を訪ねる。一九三五（昭和十）年の秋だった。

津島はいきなり、大平に、

「君、大蔵省にこい」

と言い、

「こいといわれますが、採ってくれるでしょうか」

と不安がる大平に、

「本日ただいま、ここで採用してやる。ほかを受けないでよろしい」

と太鼓判を押したのである。

「しかし、私は東京商大ですから、大蔵省には向かないのではありませんか」

と引き気味の大平に、津島は言った。

「そんなことはない。大蔵省はいままで東大ばかりで、たまに京大が入るぐらいだ。どの事務官に何かを聞いても、返ってくる答はみんな同じだ。これではいかん。ちがった血が必要だ。君、大蔵省に来たまえ」

そして一九三六（昭和十一）年春、大蔵省に入省する。この年は「二・二六事件」の起こった年だが、同じ年に東大法学部を出て農林省に入ったのが伊東正義だった。

まもなく、大蔵と農林の対抗野球試合の話がもちあがり、伊東は農林チームの投手《ピッチャー》として大蔵チームを牛耳《ぎゅうじ》った。このとき大平は大蔵の捕手《キャッチャー》をしていて、その後の飲み会で二人は意気投合する。そして興亜院時代を経て兄弟以上の仲となるのである。

野球では伊東が投手で大平が捕手だったが、その後の役人人生や政治家人生においては、完全に大平が投手で伊東が捕手役だったように思われる。

伊東は、大平の盟友の田中が嫌いだった。その反角の姿勢を伊東は隠そうともしなかったが、大平と田中は少年の日の貧苦によって結びついていたのかもしれない。そこは伊東の踏み込めないところだった。

健全な保守とは何か

大平が政治の世界で一躍脚光を浴びるのは、安保条約をめぐる激動の余熱さめやらぬ一九六〇（昭和三十五）年夏、池田内閣の官房長官となってからだが、同年七月十九日付の『朝日新聞』は大平の横顔をこうスケッチしている。

「見るからに秀才型の多い大蔵官僚出身には珍しく、見てくれが鈍重なタイプである。東京商大のころは陸上競技の選手もやったというが、そんな感じは、でっぷり太った今の姿のどこにもない。「一体、何を考えているのか、ちっともわからん」という人も多いが、それでいて親分池田氏の信任は厚く、池田氏の総裁立候補の声明文も書いたりしている。池田総裁が決まる前から早くも、大平官房長官確実が取りざたされていたくらいだ。それに、岸前首相や河野一郎氏など他の派閥の親分衆からも買われており、どこにそんな魅力が潜んでいるのかと不思議がられたりもする。

だから、「見てくれのヌーボーは一種の政治的なポーズで、どうして、なかなか抜け目のない動き方をする。見かけにだまされて油断はできない」との評も出てくるわけだ。

一般に小ツブの才子が多いといわれる池田派の中では異色の政治家であることは間違いない。そんな持ち味が官房長官となってどんな具合いに発揮されるか興味のあるところだ」

大平の政治哲学は、一九七七（昭和五十二）年秋の、ある会での次のスピーチに要約されるかもしれない。

「戦時中、私は田辺元の『歴史的現実』を愛読した。そこには〝時間というものは今しかない。過去や未来は現在に働く力であって、時というものは現在しかない〟ということが言われております。よく「保守の危機」ということがいわれる。これを私は頂門の一針として受け取りたい。過去を捨象すると革命になり、未来を捨象すると反動になるというのが田辺哲学の教えているところであると思います。

現在は、未来と過去の緊張したバランスの中にあるべきで、革命であっても困るし、反動であってもいけない。未来と過去が緊張したバランスの中にあるよう努めていくのが「健全な保守」というものではなかろうか。私はそのように保守主義を考えております」

最後に大平らしいエピソードを紹介しておきたい。

『大平正芳回想録』によると、大平は幹事長時代に、後輩の大蔵官僚の竹内道雄が国会議員になる気がないことを知ると、

「そりゃよかった。やめておけよ。俺もはずみで国会に出て、ここまできてしまったが、この仕事をはじめると、死ぬまでやめるわけに行かない。好きな本もろくに読めないんだ」

と語ったという。

「村山談話」の村山富市

ベストセラーとなった孫崎享の『戦後史の正体』(創元社)では、特に岸信介が不当に高く評価され、三木武夫が不当に低く位置づけられている。しかし、護憲か改憲か、日中友好推進か「待った」かという視点から見ると、岸と三木の評価は逆転する。岸は「日中友好の井戸を掘った」政治家ではなく、むしろ、その井戸を埋めた人であり、改憲派である。一方、三木は「井戸を掘った」一人であり、徹底した護憲派だった。

つまり、外務省の国際情報局長をやり、防衛大学校教授だった孫崎には、憲法感覚と日中友好という視点が欠けているのである。ために、アメリカから〝期待の星〟と目された岸をアメリカからの自立派と持ち上げる過ちをおかしてしまった。

『戦後史の正体』では、やはり自立派に入れた石橋湛山が、「在日米軍問題」と「中国問題」という日本にとって踏んではいけないアメリカの「虎の尾」について堂々と発言したと指摘していながら、岸をも自立派としたために、石橋が岸と鋭く対立したという矛盾を説明できなくなってしまった。

この本で取り上げた「日中友好の井戸を掘った人たち」は、石橋湛山だけでなく、松村謙三も三木武夫も、中国問題を含めて激しく岸と対決した人たちである。

岸は東大生時代、憲法学において美濃部達吉教授と思想的立場の違う上杉慎吉教授が主宰する七生社(東大生を中心につくられた学生右翼団体)に入っていた。極めて国家主義的な学生だったのである。同じ七生社の後輩に、のちに「アジア留学生の父」と呼ばれる穂積五一がいた。穂積は岸と違って、国家主義から出発して国家主義を脱け出るような存在となる。

この穂積が寮長をしていた「至軒寮」に、戦後、明治大学生となった村山富市が入って、穂積に傾倒する。上杉の号からその名をとった至軒寮はもともと、上杉慎吉が学生のためにつくった寮で、上杉が亡くなった後、穂積が寮長となって学生の面倒を見ていた。

村山は私との共著『「村山談話」とは何か』（角川ｏｎｅテーマ21）で、「私は、先生の思想を十分に理解できていた、とは思わない。しかし、その宗教的社会主義のような雰囲気に共鳴していた。私がのちに社会党に入党し、政治に人生を捧げるようになったのも、この至軒寮の経験が大きかったように思う」とまで言っている。

村山富市と穂積五一の意外な結びつき

では、その穂積五一とはどんな人だったか。

大日本帝国のアジア解放を穂積は本気で信じていた。だから、台湾や朝鮮の独立運動家を助け、何度か投獄されている。軍にとって「独立」は目的ではない。方便に過ぎないので、穂積は邪魔な存在だった。

穂積も捕まった時に特高から拷問を受けたが、朝鮮や台湾の人間に対するそれは比べものにならないくらい酷かった。

「なんであんなひどいことをするんだ」

と穂積が抗議すると、

「アイツらは人間じゃない。人間だと思うから、いらんことを言うんだ」

と逆に怒鳴り返された。

たとえば石原慎太郎らは、大東亜戦争はアジア解放のための戦争だったなどと言う。

それに対してアジアの留学生は激しくこう反論する。

「それは違う。日本の敗戦によって、解放という結果を見たにすぎない。解放の戦いなら、あれほどアジアの人々を殺戮するはずがない。エコノミック・アニマルという言葉は、日本の現在の所業だけに与えられたものではない。アジアにおける前歴の上に、つけ加えられたものだ」

一九〇二（明治三十五）年に生まれた穂積は八一（昭和五十六）年に亡くなったが、生前、アジアの留学生から、次のようにも言われている。

「日本人は頭がよくて金儲けもうまいけれども、どういう人生観をもっているのかとみてみると、なにもないようだ。宗教心もないから、長くつき合うと飽きてきて、イヤになる。ちょうど浅い井戸のようなもので、水は要領よく出てくるが、いったん途切れると、あとはない。もう水を汲む気にはならない」

自分が亡くなったら、内輪だけの密葬ですませよと言い遺していた穂積の追悼集会が、穂積が初代理事長となったアジア学生文化協会の世話になって故国に帰った留学生によって、次々と開かれた。タイをはじめ、ブラジル、ペルー、パキスタン、インドネシア、韓国、中国などでである。

日本がおかしした歴史的過ちを悔いて、アジアの人々の側に立つ穂積の、留学生に対する面倒の見方は半端なものではなかった。

一九六五（昭和四十）年頃、タイの留学生が麻薬密輸の犯人として捕まった時、穂積は、

「この学生はトランクを預かっただけで犯人ではない」

と言って、強引にこの学生をもらいさげて来た。

それまで穂積は留学生に、

「麻薬と殺人以外は、どんなことがあっても君たちのことは引き受ける」

と言っていたが、さすがに、これは行き過ぎではないかという声があった。

幸い、この学生は犯人ではないことがわかってタイに帰り、故国のために働いている。

同じころ、李承晩政権の内相として権勢をふるった張璟根が、李政権崩壊後、日本に逃れてきた。彼の隆盛時に群がり寄った日本人の幾人かを頼ってだったが、誰も見向きもしなかった。

それで、穂積の戦前からの友人の朝鮮人が、穂積に身元引受人になってくれるよう頼んできた。穂積は一面識もなかったが、即座に引き受けた。

「あなたが李承晩政権の内相としてやられたことは容認しないが、日本人が誰ひとり救いの手をのべないのはあまりに恥ずかしいから」

と言ってである。

そんな体験を経て穂積は「日本人から離れる」という心境になる。一九七三（昭和四十八）年六月号の『未来』で、穂積は、

「日本のことは山も川も、人も文学もすべて好きで、みな性に合うんですね。食べものなども日本食で、季節の野菜食ばかり食べる。日本ずくめというわけです」

と言いながら、こう語っている。

「私のこの頃の実感は、だんだん自分が日本人から離れるんですよ。自然に離れるんです。アジアの人々

に学んで暮しているると、そうなるんです。それだけアジアの人に近づいているように思えます。これはどうしようもないですね。つき合うにつれて日本人への関心はなくなっていくと向うの人は言いますけれど、私はだんだん日本人から遠のくのです。日本全体のアジアや南に対するいまの姿勢ということから考えてみますと、あれもこれもくいちがいがひどく、まだまだ私たちの道は遠いと思います。しかし、この道を前進しつづけようという勇気は少しも減っていません」

「村山談話」の意義

この穂積の影響下に村山富市の「村山談話」は出された。

村山は前掲書で、穂積の人脈の広さをこう書いている。

「穂積先生は度量の大きい人で、先生を慕って、右翼から左翼、また意外な人物も出入りをしていた。五・一五事件に参加した国家主義者の三上卓、元共産党員の佐野学、水平社運動の指導者の西光万吉、さらには六九連勝の双葉山を破った安芸ノ海といった人達である。

至軒寮からは戦後、各界に人材を多数輩出している。政界だけをとっても、元自民党参議院議員の金丸三郎、山本富雄両氏、元民社党委員長の塚本三郎氏、私をこの寮に紹介してくれた丸谷金保さんも北海道池田町長をへて、社会党参議院議員になった」

一九九五（平成七）年八月十五日に、いわゆる「村山談話」は出された。その結びの部分だけ引く。

「わが国は、遠くない過去の一時期、国策を誤り、戦争への道を歩んで国民を存亡の危機に陥れ、植民地支配と侵略によって、多くの国々、とりわけアジア諸国の人々に対して多大の損害と苦痛を与えました。私は、未来に過ち無からしめんとするが故に、疑うべくもないこの歴史の事実を謙虚に受け止め、ここにあらためて痛切な反省の意を表し、心からのお詫びの気持ちを表明いたします。また、この歴史がもたらした内外すべての犠牲者に深い哀悼の念を捧げます。

敗戦の日から五十周年を迎えた今日、わが国は、深い反省に立ち、独善的なナショナリズムを排し、責任ある国際社会の一員として国際協調を促進し、それを通じて、平和の理念と民主主義とを押し広めていかなければなりません。同時に、わが国は、唯一の被爆国としての体験を踏まえて、核兵器の究極の廃絶を目指し、核不拡散体制の強化など、国際的な軍縮を積極的に推進していくことが肝要であります。これこそ、過去に対するつぐないとなり、犠牲となられた方々の御霊を鎮めるゆえんとなると、私は信じております。

「杖《よ》るは信《しん》に如《し》くは莫《な》し」と申します。この記念すべき時に当たり、信義を施政の根幹とすることを内外に表明し、私の誓いの言葉といたします」

大分の漁師のせがれに生まれた村山は、穂積五一に「いかに無欲になれるか、自然体でぶつかることができるか」を学んだという。

そして、首相となり、アジア外交の基本理念となる「村山談話」を発表する。この時の閣僚には、文相の島村宜伸、運輸相の平沼赳夫、総務庁長官の江藤隆美ら、いずれも自民党のタカ派がいた。あるいは通産相の橋本龍太郎もそうかもしれないが、事前に相談を受けた橋本は、

「『終戦』は『敗戦』にしたほうがいいのではないか」

と指摘しただけだった。

当日の閣議では官房長官の野坂浩賢が、

「意見のある方はご発言下さい」

と二度促したが、誰も何も言わず満場一致で決まった。

もっとも、野坂によれば、異議を申し立てる閣僚がいれば内閣の方針に合わないということで、即刻罷免するつもりだったという。

数においては自民党が多いが、社会党、新党さきがけとの連立政権だったから、タカ派もなかなか異議を唱えられなかったのだろう。

〝刺客〟が殺したもの

それだけでなく、このころまでは、自民党の保守派にも奥行きがあった。知恵というか、懐の深さがあったのである。

それが、小泉純一郎ならぬ小泉単純一郎が首相になり、二〇〇五（平成十七）年の総選挙において、郵政民営化に反対した議員のところに刺客候補を立てるという殺伐なことをやるようになってから失われていく。小泉は岸信介から福田赳夫に受け継がれたタカ派の系譜の人であり、中国との関係で言えば、友好の井戸を掘り進めることを妨げたグループに属する。

いわゆる〝刺客〟が殺したのは、保守におけるハト派であり、日中友好派だった。それだけに岸や小泉、そして岸の孫の安倍晋三の罪は大きい。小泉によって、村山を支えた野中広務や亀井静香も自民党を離れざるをえなくなった。

「村山談話」を高く評価する中国の村山に対する信頼は篤い。さらにはハト派の野中にもそれは及んでいるのだが、村山はしばしば、やはりハト派で田中角栄に重用された後藤田正晴に相談したという。ある時、後藤田は村山に、

「これまで僕は右のように思われていたが、このごろは左と言われるようになった」

と笑ったとか。

後藤田もまた中国に信頼された。

村山とは、共著を出しただけでなく、私はいろいろな場面で一緒になったが、村山は真正保守の穂積五一の影響を受けた保守的革新の人である。

私は猫が好きなのだが、ある時、村山に、

「わしゃ、猫は嫌いじゃ」

と言われたのが忘れられない。

猫撫で声とか、猫だましとかに使われる猫が村山は嫌いなのだろう。

［初出について］

本項の論稿は、二〇一三年三月、岩波書店より刊行された『友好の井戸を掘った人たち』の「序章　『保利書簡』の保利茂」、「第三章　三木武夫の反主流人生」、「第六章　田中と一蓮托生の大平正芳」、「終章　『村山談話』の村山富市」を収録した。

宮澤喜一（みやざわ・きいち）

一九一九年東京生まれ。四一年東京帝国大学法学部卒、大蔵省入省。池田勇人大蔵大臣の秘書官に就任、サンフランシスコ講和会議、池田＝ロバートソン会談等に参画。五三年参議院議員当選。六七年には衆議院に転じ、当選一二回。池田内閣、佐藤栄作内閣の経済企画庁長官、通商産業大臣、三木武夫内閣の外務大臣、福田赳夫内閣の経済企画庁長官、中曽根康弘内閣の蔵相を歴任。リクルート事件で八八年辞任。九一年第七八代内閣総理大臣に就任。九三年内閣不信任案が可決され、衆議院を解散。自由民主党が大敗し、内閣総理大臣を辞任。九八年、小渕恵三内閣の蔵相に就任、森喜朗内閣でも留任。二〇〇三年政界引退。二〇〇七年逝去。

後藤田正晴（ごとうだ・まさはる）

一九一四年徳島県生まれ。三九年、東京帝国大学法学部卒業、内務省入省。自治省を経て六九年警察庁長官、七二年内閣官房副長官。七六年衆議院議員に初当選、以後、七期連続当選。その間、自治大臣、内閣官房長官、行政管理庁長官、総務庁長官、法務大臣、副総理を歴任。九六年政界引退。二〇〇五年逝去。

野中広務（のなか・ひろむ）

一九二五年京都府生まれ、旧制京都府立園部中学校卒、日本国有鉄道大阪鉄道局に就職、四五年陸軍に召集され四国で終戦を迎え復職。五一年園部町議会議員に当選、五八年に無所属で園部町長に当選。六七年京都府議会議員となり自民党に入党。八三年衆議院旧京都二区補欠選挙に当選。九四年に自社さ連立の村山政権で自治大臣兼国家公安委員長として初入閣。九八年小渕恵三内閣で官房長官、九九年の自自公連立政権樹立をまとめる。二〇〇〇年森喜朗内閣で党幹事長。二〇〇三年の総裁選で反小泉を主張し藤井孝雄候補を擁立したが大敗し政界引退。その後も精力的に発言を続け、安倍政権による憲法改正などの強引な政治姿勢を批判。二〇一八年逝去。

護憲派列伝

護憲派列伝

目次

宮澤喜一の『新・護憲宣言』

宮澤喜一が首相になった時、社会党系ながら同じ護憲のリベラリストだった参議院議員の國弘正雄《くにひろまさお》は、宮澤の弟である参議院議員の宮澤弘《ひろし》に託してお祝いの手紙を送り、次の二つの詩歌を書き添えた。

少《わか》きより俗に適《かな》うの韻《しらべ》なく
性本《も》と邱山《きゅうざん》を愛す
誤って塵網《じんもう》の中《うち》に落ち
一たび去って三十年

この陶淵明《とうえんめい》の「園田の居に帰る」と、次の良寛《りょうかん》の歌である。

世の中にまじらぬとにはあらねども
ひとり遊びぞ我はまされる

それからしばらくして、国会内で國弘と宮澤がバッタリ会った。

宮澤が近づいて来て、

「お互い、ひとり遊びですかな」

と國弘の耳もとでささやいた。

宮澤は「ひとり」になることを恐れず、最期《さいご》まで護憲を貫いた。

一九九五年に出した『新・護憲宣言』（朝日新聞社）で宮澤は、聞き手の若宮啓文《わかみやよしぶみ》に、

「宮澤さんは護憲派とよく言われますが、ご自分でもそれでよろしいわけですね」

と問われ、

「いまの憲法を変える必要はないと考えている人間です。それには普通言われていることのほかに、この憲法は書かれてから今日までの四十何年間に、裁判所ごとに最高裁がさまざまな判例を積み上げることによって、われわれの体に合うように運用してきたという大きな功績があり、そのことと併せて、これでやっていけると考えています」

と答えている。

そして婦人運動家で参議院議員だった市川房枝《いちかわふさえ》とのエピソードを挙げているのである。

宮澤によれば、ある時、市川という「おもしろい人」が国会の廊下で、

「宮澤さん、憲法改正なんて言うけど、これだけうまく運用してきているんだから、これでいいじゃないの」

と話しかけてきた。

宮澤も同じ意見で、「こんなにうまく運用されている憲法をどうして変えなければならないのか、理解で

きない」。

「あの人はアメリカで生活した経験もあって独特のセンスをお持ちで、私はいまでも忘れられません」

と宮澤は市川について付言している。

宮澤は「最も評価できる政治家」に石橋湛山《いしばしたんざん》を挙げる。湛山は戦時中に「小日本主義」を唱えて軍部の横暴を批判した筋金入りのリベラリストだった。その湛山の評伝を私が書いたことが縁で、私は宮澤に会った。宮澤がひいきの都内赤坂の料亭「重箱」で、鰻《うなぎ》をごちそうになったのである。

のちに朝日新聞主筆となる前掲の若宮に、

「宮澤さんは湛山に強い関心を持っているから、送ってくれ」

と言われて、一九九四年に出したばかりの拙著『良日本主義の政治家』（東洋経済新報社、現在は『湛山除名』とタイトルを変えて岩波現代文庫）を謹呈したら、まさに流麗そのものといった感じの字で礼状を頂戴《ちょうだい》した上に、若宮と一緒の「重箱」となった。

そこでは、湛山の孫弟子を自認し、宮澤に深く傾倒していた田中秀征《たなかしゅうせい》のことも話題になったが、私は、漢籍に通じた宮澤が、歴代総理の指南番とかいわれた安岡正篤《やすおかまさひろ》の中国理解に根本的な疑問を突きつけたことが忘れられない。英語に堪能《たんのう》な宮澤は、実は漢学の素養も並々ならぬものだったのだ。

その知性と教養は、たとえば次のようにも発揮された。

城山三郎が初期の短編集『イースト・リバーの蟹』（飛鳥新社、のちに新潮文庫）を贈ったら、宮澤は、

「アナトール・フランスの短編みたいだった」

と言ったとか。

「私は光栄だったけど、あの人は文学のわかる人だよ」

と城山は私に微笑《ほほえ》んだ。日本の他のどんな政治家からもアナトール・フランスは出てこないだろう。

同じような話は堤清二《つつみせいじ》こと辻井喬《つじいたかし》からも聞いた。

オーストリアのウィーンで、日本とドイツの将来について議論する会があり、民主主義を語るグループに宮澤と堤、そして元西ドイツ大統領のシュミットが参加した。もう一つ芸術文学のグループがあって大江健三郎や大岡信《おおおかまこと》らが加わった。会が終わって、日本側のメンバーで食事をしたのだが、その席で久保田万太郎《くぼたまんたろう》の話になった。

湯豆腐やいのちのはてのうすあかり

この句は万太郎がずっと好きだった女性とようやく晴れて一緒になり、しかし、一年ぐらいで亡くなられて悲嘆に暮れている句だという話になったら、宮澤が次々と万太郎の句を挙げたという。二十首ぐらいも詠《よ》みあげられて、大江も大岡も、そして堤も呆然《ぼうぜん》となった。

堤は若き日に宮澤に会って、

「先生に会うと白虎隊《びゃっこたい》を思い出す」

と切り出したこともある。

「どういう意味かね」

と問い返されて、こう言った。

「既《すで》にわかっている、行き詰まっている運命なのに幕府に忠誠を尽くす。先生は日本の資本主義は行き詰まっているのがわかっているのに、忠誠を尽くすでしょう」

ここに宮澤が一九六五年に出した『社会党との対話』（講談社）がある。異なる立場の者との対話を恐れないリベラルの面目躍如たる本である。

冒頭の、佐々木更三《ささきこうぞう》社会党委員長（当時）への書簡で、

「私共は社会党を議会主義政党と考え、新憲法下の民主政治の運命を相共ににな う責任を分かちあっていると思っております」

と書いた宮澤は、

「私共保守党の者は、なにも社会党に政権を譲りたいとは思っておりませんけれども、一つの党が余りにも長く政権を掌握することは、人心が倦《う》む原因にもなります」

と踏み込んでいる。

保革連立政権なども経験した現在の眼から見れば、当然のことのように映るかもしれないが、ほとんど対話は成り立たないと思われるほど対立の厳しかった状況下での認識であり発言だということを忘れてはならないだろう。

ここでも宮澤は「私は今の憲法でわが国は結構やってゆけると思っており、従って、憲法改正には賛成でない」と明言している。

こう強調していたら、「Hという高名な東大の教授」（日高六郎《ひだかろくろう》）から、一九六五年一月二十六日付の『毎日新聞』で、

「宮澤は、ではなぜ保守党にとどまっているのかという疑問がわく」

と批評された。

それに対して宮澤はこう痛烈に反論する。

「このごろ『危険な思想家』という危険な本がよく売れているとのことであるが、このH教授のご批評もそれと同じぐらい切捨御免で、せめて教授という肩書でものをお書きになるなら、もう少し学問をしていただかないと心細い。

保守党というものの本質をそんなに簡単に考えてくださっては困る。拝眉《はいび》の栄を得たことはないが、このH教授のお立場は、私のいったような主張は左寄りの学者先生の専売特許で、保守党ともあろうものが同じような主張をしてくれたのでは特許の侵害になる、もしそれをやりたいのならば、ショバ代を払ってマルクス・レニズムの陣営に弟子入りしろということなのであろうか」

かなり激越にタンカを切った上で宮澤は、「保守」とは〝主義〟ではなくて一つの〝生活態度〟だと指摘する。これには反動に陥ることを避けたいという心構えが働いており、「保守」とは一種の常識主義と言ってもよいという。

もちろん、保守党内にもいろいろな考え方があるので、宮澤の私見として言えば、二十年近く続いている憲法を改める必要はない、と強調している。この憲法の主人は国民自身であり、「国民」が「憲法」を使うのであって「憲法」が「国民」を使うのではないという指摘ももっともであり、安倍晋三がトップの現在の自民党では、宮澤の主張が主流ではなくなったことが残念である。自民党という保守党は〝常識主義〟を捨てて、〝非常識〟もしくは〝異常識〟になってしまったとも言える。

改正の要なしと、終生その護憲の立場を貫き通した宮澤は『社会党との対話』で、こうも言っている。

「大切なことは、かりに、国民の九〇パーセントぐらいが、どうもこの部分はよくないから改めよう、というのならそれもよかろう。しかし、いやしくも改正すべきかどうかについて、世論が、六・四とか七・三とか、そういう分かれ方をしそうな場合は、改正すべきではあるまい。国の法律のいちばん基本になる憲法の改正を、数の力で争う場合に生じる国内の分裂を考えただけでも、それだけの労に価《あたい》しないことは明らかだと思うし（安保騒動の場合を考えればわかる）、かりに押し切って改正が成立しても、そのような経過をたどった改正は、その後の国民生活に到底定着しないであろうと思われるからである」

宮澤は自らを「体質的に権力が苦手」と評し、

「私は、パワーは濫用《らんよう》され過剰に使われることが多いと思っているから、それが怖くて常にパワーというものに臆病《おくびょう》なんです。しかし欧米では、指導者は先頭に立たなければ駄目という考え方のほうが強いし、中曽根氏はまさにそういうやり方をした」

と述懐しているが、体質的には中曽根康弘より村山富市《むらやまとみいち》の方が近いのかもしれない。

村山が「やさしい政治」を標傍《ひょうぼう》した時、宮澤は河野洋平《こうのようへい》に、

「あれは権力の行使について慎重だという意味だと思う」

と解説している。

宮澤は中曽根と『改憲 vs. 護憲』（朝日文庫）の「憲法大論争」をした。企画したのは若宮啓文。

その若宮が、いきなり秘話を明かして中曽根に迫る。

「これはあまり知られてないのですが、中曽根さんは改憲論を鮮明に打ち出す前の一九四九年の衆院本会議で、吉田（茂）首相を相手に『絶対平和主義と中立堅持は八千万民族の決意だ』と憲法擁護の演説をしたことがありますね」

中曽根はこう答えた。

「それは、その通りなんですね。というのは、マッカーサーの占領中、朝鮮戦争が勃発《ぼっぱつ》する前、私は野党の民主党にいて、中立、中道、中産階級という三中主義を唱えたことがあります。当時、マッカーサーが『東洋のスイスになれ』なんて言ったときで、なにも占領下、アメリカの言うままに動く必要はない。我々は我々の自主性を持って中立でいるんだという意味で、占領政策に抵抗する意味もあって中立堅持の演説をし、同時に中産、中道ということも言ったんです」

しかし、朝鮮戦争が始まって、日本はアメリカに警察予備隊をつくらされ、アメリカから武器をもらって外国からの侵略に抵抗することになった。

それで中曽根は、

「外国の侵略に対抗するものは防衛力であって、警察ではない。こういう欺瞞《ぎまん》は許さん。できるだけ早期に、自分で自分の国を守る体制を正式につくり、早く米軍を撤退させて、独立を回復しよう」

と主張するようになったという。

それにしても、一時的にせよ、中曽根が絶対平和の憲法を擁護する演説をしたことがあるというのは興味深い。

若宮は「対談を終えて」で、宮澤が傾倒した石橋湛山を「平和憲法を高く評価し、冷戦初期の一時期を除いて、護憲の立場を鮮明にし続けた政治家」と規定しているが、中曽根は若き日に、自民党の総裁選挙で、岸信介《きしのぶすけ》ではなく湛山に投票したとも証言している。

岸は戦争に責任のあった人であり、「我々はあの人たちの命令で戦争に駆り出されて、第一線で命がけで働いてきたんで、その責任を不問に付すことはできない」と精神的に葛藤《かっとう》していた。

「その後遺症で、岸さんが自民党の総裁になるときに、私の属していた河野（一郎）派は全部岸さんに入れたんだけれども、私は一人だけ対立候補の石橋湛山に入れた。そうやって心の葛藤を晴らしたのですね」

一九一八（大正七）年生まれの中曽根と翌一九年生まれの宮澤が極めて近い位置にいたこともあったということだろうか。ちなみに田中角栄《たなかかくえい》は中曽根と同じ一八年生まれである。

宮澤の護憲も革新系の「安保反対、憲法擁護」ではなく、「憲法の抑えがあっての安保」で、日米安全保障条約を認めての護憲であり、それについて中曽根は、冷戦下に「安保は結果的に、護憲の効果も持った」と言い、憲法は長期目標で、「保守にとっての貞操帯みたいなところもあった」と述懐している。

とするなら、安倍がトップの現在の自民党は「貞操帯」をはずそうとしていることになる。

「私の意見は非常に簡単なんで、わが国はどういう理由であれ、外国で武力行使をしてはならない。多国籍軍なんかでも、どんな決議があっても参加することはできないと考える」

こう繰り返す宮澤は、戦争体験のない人たちが、よその国はみんな軍隊を持っているのに日本だけが持っていないのはおかしいじゃないかと言ったら、

「それはおかしいかもしれません。しかし、日本は軍隊を持っていて、過去に大変なしくじりをしてしまったのだから、もういっぺんそういうしくじりをしないようにしないといけない。だから、なるべく持たないほうがいいですよ」

と答える。

「いいや、もう絶対しくじらないから、もういっぺん持とうじゃないか。あなたの言うことはあつものに懲《こ》

りてなますを吹いている」

とさらに迫られたら、宮澤は、

「ああそうかもしれない。でもドイツのように賢い国が二度も間違ったのですよ。そして、その人たちは今度はそれをもう繰り返さないために、ヨーロッパの統合をやっているんだから。そこはよく考えてくださいよ」

と返し、

「そういう国を今度つくるとすれば、あなた方がそれをやるんですよ。あなた方が兵隊になるんですよ。いいですね。他人のことじゃないんですよ」

と付け加えるという。

「九条というのは、過去のそういう過《あやま》ちが身に染みていることの証《あかし》として、置いておいたほうがいいということですか」

という若宮の問いには宮澤は、

「いや、というよりは、憲法をいろいろ改めることにメリットがあっても、そこからくるデメリットってものが、極めて近い過去にあったわけだから、そこはよく考えてくださいよと。こう言ってるわけですね」

と答えている。

宮澤は、この憲法を維持できるかどうかは、周辺国のわが国に対するこれからの態度に非常に影響されると指摘し、こう提言する。

「それらの国も、日本がこの憲法を変えて今までの進路を改めるのかどうかによって、今後の対応が変わってくる。つまり、私はわが国の周辺国が日本を敵視するような道を歩いてほしくないと思うから、我々がこちらから刺激する必要はないと思いますね」

改憲は周辺国への敵視に通ずるということだろう。

宮澤は中曽根の「首相公選で今の憲法を根本的に変えよう」という提案にも反対する。

国の内外に危機感があると憲法改正の世論が強くなるが、「有事」のために首相を大統領にしたら問題が解決するとは思えないと宮澤は言う。

「先進国になればなるほど国民の価値観は多様化します。それを一本の強い線にまとめることは大変困難なことで、大統領ならやれるというほど簡単なことではありません。フランス人は国民投票が好きですが、英国人は反対です。英国の政治家には、国民の複雑な利害の中から妥協を見いだすのが我々プロの政治家の務めだという伝統とプライドがあります。総理大臣を選ぶという大切な仕事を我々は国民から委託されている。国民の人気投票の結果、テレビで顔が売れたコメディアンが大都市の市長になるのはよくない、と英国の議員はおそらく考えています。私も同じ考えです」

宮澤の憂慮するように、日本で公選制を実施したら、ビートたけしが首相になってしまうだろう。たけしは一九九九年に発表した「たけし党」の公約として、こんな項目を並べている。

○女に選挙権はいらない
○憲法改正、徴兵制施行
○老人福祉は全廃
○国連は脱退

○頭の不自由な危険人物は隔離

たけしは「お笑い」だからと看過されるべきではないだろう。ウケをねらう、こうした人間が首相になるのを防ぐためにも、公選制は実施されてはならない。

さて、一九六四年一月の自民党大会に提案された「基本憲章」草案がある。これには「憲法改正」とか「自主憲法」といった言葉は見当たらない。それどころか、「反動主義に抵抗」「少数意見の尊重」「所得の公正な配分」「福祉国家の建設」「絶対平和の世界を志向」などと書いてあって、自民党の憲章案とは思えないほどである。

この案の起草責任者は自民党近代化の「石田ビジョン」で知られた石田博英《いしだひろひで》であり、宮澤もその起草作業に加わった。さすがにこれはすぐには採択されず、いくばくかの修正を経て翌年の党大会で採択された。

ちなみに、六五年に刊行された宮澤の『社会党との対話』では「いまの段階で、いちばん苦しいのは中小企業」だとして、こんな激しい大企業批判が展開されている。

「現在多くの大企業が中小企業に対してやっていることは、物は作らせる、金は払わないという、いわば泥棒に近いことである。中小企業が倒産の危険に立つと、金融機関は自分の担保の執行だけに専念して、他の債権者のことや、その企業の将来は、ほとんど考慮しないという態度に出ることがしばしばある。少なくとも、大企業や金融機関の末端に当る地方《いなか》では、そういうことが毎日行われている。

法制的にいえば、下請代金の支払い遅延を防止するための法律などがあるのだが、この法律は親企業のひどい仕打ちを訴えて来ればどうかしてやるという仕組みになっているために、中小企業主にしてみれば企業の生命をとられるのが恐ろしいから誰も訴えて出る馬鹿はいない。息の根をとめられてからなら幽霊になって訴え出る中小企業もあるかもしれないが、それほど義侠心《ぎきょうしん》のある人もいないのであろう。

だから、ここのところは、どうしても国家権力が進んで介入する必要がある。大企業と中小企業の双方に、定期的に、あるいは抜打ち的に政府が検査をやるということにしなければ、泥棒類似行為はなかなかやまないであろう」

この宮澤が「鬼才」と評した田中秀征《たなかしゅうせい》は、湛山の弟子の石田博英の政策担当秘書となり、石田が「私の頭脳」と称してはばからなかった人物である。

秀征は一九八三年の衆議院議員選挙で長野から初当選した。四度目の挑戦だった。この時、田中秀征後援会がまとめた冊子『初登院』に、宮澤が「田中秀征君のこと」という一文を寄せている。宮澤の肩書は自民党総務会長。要《かなめ》の部分だけ引く。

「私は祖父も叔父《おじ》も長いこと信州で代議士をしていたので長野県のことには関心があります。従って長野一区で十何年も前から選挙のつど立候補しては落選、しかし決してあきらめず、回を重ねる毎《ごと》に得票数を増やしている青年がいることには気がついていました。それが田中秀征という人間であることを加藤紘一《かとうこういち》君（今の防衛庁長官）から聞き、不思議な人間がいるものだと思いました。戦後草の根デモクラシーという言葉は聞きますが、地盤も金もなくて実際代議士に当選したなどという例は滅多にありません。『ひとつ田中君をみんなで応援してみよう』と宏池会《こうちかい》の同志諸君できめ、さしずめ、長野に手伝いに行こうとしたところ、田中君の方から『御好意には感謝致します。しかし、御多忙中を多勢の先生方にお出《い》でいただくには及びません』という丁重な断りの返事があって、成程これは聞きしにまさる男だと感心しました。

そういう自分のペースを断じて曲げずに、昭和五十八年暮れ、田中君が初当選してくれた時は田中君も偉いが有権者の方々も立派だと我々は心から感謝した次第です」

私は一九七二年に経済誌『現代ビジョン』の編集者となり、田中秀征と知り合った。当時二十七歳だった私は、まもなく、五歳上の秀征に「自民党解体論」の連載を頼む。そんな縁で秀征の結婚式にも招かれた。

それはともかく、初挑戦から十年かかって当選した秀征は、二世でもなく官僚出身でもなかったから、〝伝説的な男〟とか、〝幻の男〟と呼ばれていた。

それで、初登院の日には、

「おめでとう」

の前に、

「君が田中秀征君か」

と言われた。

多くの議員から、そう声をかけられている時に現れたのが田中角栄である。

「いよ！ 田中秀征！ 十年間よくがんばったな。立派、立派」

前掲の「初登院」に秀征は、同姓で、しかも角栄が新潟、秀征が長野と隣県でもあるから、「孤軍奮闘してきた私に多少の関心を持ってくれていたのだと思う」と書いている。

しかし、角栄が秀征に持った関心は「多少」ではなく「多大」だったろう。

カネを使わない選挙をしたという点で秀征は出色だった。何しろ、入場料を取って長時間の演説会をやる人だからである。ある意味で、角栄と対極に位置するが、それだけに同じ〝叩《たた》き上げ〟の人間として、角栄は秀征に強烈な関心を抱《いだ》かざるを得なかった。

しかし、秀征は清潔選挙に異常なまでの興味を持たれることを極端に嫌う。

「おカネがあれば使います。ないから使わないのです」

と躱《かわ》し、それを売り物にする気はさらさらない、と言って、こう続ける。

「台所事情などは人様に見せるものではないと思う。出てきた料理が良ければ、台所はきれいなはずである。台所を使えば多少は汚れることもある。それをきれいにする気持ちと力があればそれで良い。汚れがひどいと台所を見なくても料理を見れば察しがつくはずである。立派な料理は例外なくそれ相応の清潔な台所から出てくるものだ」

乱暴者のハマコーこと浜田幸一《はまだこういち》は秀征にこう言った。

「俺は三年六ヵ月浪人して本当に苦しかった。それなのにあんたは十年以上がんばったという。大したもんだ。尊敬する」

長い間選挙をやって秀征が一番嬉《うれ》しかったのは、一般の有権者から、

「田中さんて何度落ちても新鮮だね」

と言われたことだった。

初当選した秀征は一九八五年の自民党立党三十周年に向けて新しい綱領を掲げることを提案する。当時の総裁は中曽根康弘で、幹事長が金丸信《かねまるしん》だった。

金丸に直《じか》談判すると、聞いているのか聞いていないのかわからない顔をしていた金丸が、

「けっこうな提案じゃないか」

と言い、すぐに筆頭副幹事長の小渕恵三《おぶちけいぞう》に連絡が行って、秀征は小渕と会う。

動き出したことを宮澤に報告すると、総務会長だった宮澤は、

「改正委員会の委員長は井出一太郎《いでいちたろう》先生がいいよ。あの方は格の違う人なんだよ。どんなことがあっても井出先生の一言で党内は治まる。それに君もやりやすいから」

とアドバイスし、

「この件は君ぬきでは考えられない。どういう形になっても、うち（宮澤派）は君を出す」

と約束した。

金丸は委員長には幹事長代理だった渡辺美智雄《わたなべみちお》を据えるつもりだったらしいが、宮澤の提案に、

「やっていただけるなら、それが一番いい」

と即座に賛成した。

渡辺は委員長代理となる。その初会合の日、渡辺が秀征に声をかけた。

「君が田中秀征君か。宮澤さんがわざわざ名前を覚えておけ、と俺に言った。宮澤さんがあんなことを言ったのは初めてだ」

その渡辺の一声で秀征が最初の草案づくりを担当することになった。

秀征は「資源小国、通商国家としての認識に基づき経済協力をはじめ国際社会における平和協力を推進し、核兵器の全廃、全面軍縮の理想を追求し」という文言を盛り込もうとしたが、改憲の旗をはずすこの案の最大の障害は渡辺だと思っていた。渡辺は石原慎太郎らと共に青嵐会《せいらんかい》をつくったタカ派である。

当然反対するだろうと思いながら、当たって砕けろ、と申し出ると、渡辺はこんなことを言い、秀征は仰

天した。

「気がすすまない女房を親やまわりに押しつけられた。いつか代えよう、いつか代えようと思っているうちに、四十年も経《た》ってしまった。見直してみると、こんな女房でもいいところはある。第一、四十年大過なくやってきたし、いい子もつくってくれた。何よりも四十年間に自分もなじんでしまった。むかし、代えようと思っていた気持ちもだんだん変わってくる」

憲法条項をめぐって、護憲の井出と改憲の稲葉修《いなばおさむ》の間で激論がかわされたこともあった。

同席した秀征によれば、稲葉は、かつて井出が改憲らしき発言をしたことがあると部厚い発言録を持参して攻め立てた。大上段から切り降ろすような口調である。

黙って聞いていた井出は静かに、

「稲葉さんや、〝修練の結果たる心境の変化〟ということもあるわな」

と返した。犬養木堂《いぬかいぼくどう》（毅《つよし》）の言葉だという。

稲葉は虚を衝《つ》かれたように、

「そりゃあ、ある」

と応じた。

秀征は「長年、国政を共に担ってきた信頼感と年輪」を感じたという。

その時、稲葉は九条の改正案を秀征に披露したが、専守防衛や非核三原則も盛り込む、驚くほど平和的で民主的なものであり、ほとんど秀征も納得できる内容だった。

「私が改憲派であるというので何をまちがえたか右翼が同志のように寄ってくるので困る。私は右翼が大嫌いだ」

稲葉は吐き捨てるようにこう言ったという。

ところで、私は二〇〇〇年の十一月十五日に参議院の憲法調査会に参考人として呼ばれた時、冒頭、渡辺美智雄の「むかし代えようと思っていた気持ちもだんだん変わってくる」を紹介した。これは見事な現実政治家の感覚だと思うけれども、このような良識を是非この委員会で尊重してほしいと話した。するとこ、その調査会の委員だった世耕弘成《せこうひろしげ》が、私たちはそうした先輩のあいまいさも直していきたいのだ、と反論した。

安倍晋三側近の世耕たちには保守の知恵がわからない、知恵のない子ども政治家がふえてきたな、と私は思った。

さて、秀征が自民党を離れて、新党さきがけを結成する前、宮澤にこう言ったことがある。宮澤はそのとき首相だった。

「総理、現在の政治を一言で言えば、古い家が立派な役割を果たし終えて、今、音をたてて崩れているんです。私も国民も、こういう情勢の中で宮澤総理は新しい家づくりを始めてくれると期待しているんです。だからこそ、こうして一生懸命応援しているんです」

それに対して宮澤は、

「僕も古い家の住人だからな」

と呟《つぶや》いたので、秀征は大きなショックを受け、自民党離党の腹を固める。

そして、離党の翌朝、首相官邸に電話をすると、宮澤も是非会いたいと言っているとのことで、密《ひそ》かに離党から三日後に会うことになった。

宮澤に指定された「小さな茶室みたいな部屋」で待っていると、宮澤は一人で入って来た。

「長い間ご指導いただき、ありがとうございました。このような状態で離党になってご迷惑をかけたことをお詫《わ》び致します」

秀征がこう言うと、宮澤は、

「何も言わなくても君の気持ちは分かる。僕が一番よく分かる」

と答えたというが、涙ぐんでいるように見えた。

「若かったら総理も必ず仲間に入ってくれると思っています」

と秀征が言葉をつなぐと、さびしそうに笑った宮澤は下を向いてポツリと、

「君がいなくなって残念だよ」

と言った。それを聞いた瞬間、秀征は、もう一度、宮澤の下に帰りたいという気持ちが胸の中をよぎった。

「君は本当に苦しんだんだね。いつも本会議場の席から君の顔を見ていてそう思っていたんだよ」

三十分ほどの話の中で、宮澤は愛弟子《まな》にこうも言った。

一九九二年の暮に秀征は、すでに宮澤に、

「総理、なるべく早くお辞めください。今の政治は総理が腕をふるえるようにはなっていません」

と直言している。

その秀征が細川護熙《ほそかわもりひろ》の首相特別補佐となった後、宮澤と会った城山三郎によれば、宮澤は、

「秀征君も大変だろうな」

と気遣わしげだったという。

「自分のもとを去って行った人なのに心配しているんだね」

宮澤の評伝『友情力あり』（講談社）を書いている城山は、私が秀征と親しいことを承知でこう言った。

最後に、宮澤のブレーンだった秀征と、私が何度目かの対談をした時の一節を引いておこう。

宮澤が「石橋湛山を尊敬する」と言ったことに触れて、私が湛山は「歴代総理の指南番」とか言われた安岡正篤からは遠かったと話し、

「宮澤さんと会った時に、安岡をどう評価しているかを聞いた。その時に私は好感を持ったのだけれども、安岡のような〝魔術師〟に判断をあずける政治家が見られるなかで、宮澤さんは少年のように口をとがらせながら、安岡には惹《ひ》かれなかったと言った」

と続けると、秀征は、

「安岡正篤については、僕は、学生時代に読んだことがあるけれども、示しているものは政治家哲学なんだよね。政治哲学はもっと公的なものだと思うけれども、政治家はどうあるべきかという、政治家哲学をひけらかす政治家を、僕はあまり信用できない。そういう人、いるんだよね（笑）。〝清潔さ〟なんていうのも、ある種そうだよね。宮澤さんは、政治家としての生き方を武器にして生きていくようなことは恥ずかしいんだろうね」

と言い、政治家哲学に惑わされないほうがいいとして、こう付け加えた。

「僕も、年をとってくるにしたがって、訓示めいた色紙が嫌になってきた。なんとなく生き方を人に示したくなるものだけれど、西郷隆盛《さいごうたかもり》が大好きだという人が、西郷隆盛とは似ても似つかなかったりする（笑）」

秀征は、宮澤のボスだった池田勇人《いけだはやと》が、

「俺は宮澤の知識ではなくて度胸を買っているんだ」

と言っていると紹介している。

これは単に、宮澤がホテルの一室でナイフを持った暴漢と一時間近く格闘したことがあるからというわけではないだろう。

派兵反対に職を賭した後藤田正晴

旧内務省二期後輩の中曽根康弘に請われて、後藤田正晴が中曽根内閣の官房長官となったとき、ペルシャ湾の安全航行確保のために日本も貢献しなければならないのではないかという問題が持ち上がった。

一九八七年にイラン・イラク戦争で両国がペルシャ湾に機雷を敷設し、アメリカはタンカー護衛作戦を開始する。日米首脳会談を受けて中曽根は海上保安庁から武装した巡視艇を出すか、あるいは海上自衛隊の掃海艇を派遣したいと言い出した。

外務審議官の栗山尚一《くりやまたかかず》も、

「何としてでも自衛艦を出したい」

と後藤田に言う。

後藤田が拒否しても引っ込まない外務省に後藤田は、

「どうしてもやりたいというならやってみろ、必ず俺が止めるから」

と凄《すご》んだ。

その後、中曽根から話があり、後藤田は、

「ペルシャ湾はすでに交戦海域じゃありませんか。その海域へ日本が武装した艦艇を派遣して、タンカー護衛と称してわれわれの方は正当防衛だと言っても、戦闘行為が始まったときには、こちらが自衛権と言ってみても、相手にすればそれは戦闘行為に日本が入ったと理解しますよ、イランかイラクどちらかがね。そうすると、他国の交戦海域まで入っていって、そこで俺は自衛だと言ってみても、それは通りますか」

と説いた。さらに、

「あなた、これは戦争になりますよ、国民にその覚悟ができていますか、できていないんじゃありませんか、憲法上はもちろん駄目ですよ」

と続け、

「私は賛成できません、おやめになったらどうですか」

と結論を言った。

しかし、中曽根も引き下がらない。外務省も強硬だった。

それで後藤田は、

「それでは総理、この問題は日本の武装艦艇を戦闘海域のペルシャ湾まで出すということの重大な決定ですから、当然閣議にかけますな」

と中曽根に尋ね、

「もちろん閣議にかけなければいけません」

という答を得て、

「そうですか、それでは私はサインは致しませんから」

と言い切った。

後藤田の回想録『情と理 下』(講談社)によれば、そのとき中曽根は、

「それじゃあ後藤田さん、オマーン湾までならどうですか」

と食い下がってきたという。

「なるほどそれはホルムズ海峡の外ですな、だけれどもオマーン湾まで出して、それは何の効果があるんですか、仮にペルシャ湾の中からSOSの合図があったときに、俺はホルムズの中には入らないと言えますか、言えないじゃないですか、初めから中へ入るのと同じことです、それは駄目ですよ」

と後藤田は押し返し、最後に中曽根も、

「それじゃあ後藤田さん、やめます」

ということになった。

後藤田は蔵相だった宮澤喜一や防衛庁長官の栗原祐幸《くりはらゆうこう》も派遣に反対だということを頭の中に入れていた。

それにしても大変な決意である。それを問われて後藤田は、

「それは辞める腹ですよね。当時の官房副長官で、この話に立ち会っておったのは渡辺秀央《わたなべひでお》君だった。彼は中曽根派なんだが今でも言うんだ。いや、ともかくあなたはきついですよ、と。何もきついことはないじゃないか、ニコニコしながら物を言ったよ、と僕は言った。それは本当なんだ。だけど中身はきつかったから（笑）」

と答えている。

「内閣が潰《つぶ》れる」のを覚悟して後藤田は直言しているのであり、中曽根も後藤田が辞表を懐にしているのを知っていた。

もちろん後藤田も中曽根に対してストレートばかり投げていたわけではない。

佐々淳行《さっさあつゆき》の『わが上司　後藤田正晴』（文藝春秋）に興味深い場面がある。

掃海艇派遣の話が流れていたある日、内閣安全保障室長だった佐々は官房長官室に呼ばれた。

入るといきなり、後藤田が、

「ペルシャ湾への掃海艇派遣、君はどう思う？」

と尋ねる。

「私は賛成です。法律的には自衛隊法の第九十九条、機雷除去でやれると思います」

と佐々が答えると、

「それはいかんよ、その条文は日本近海の機雷除去だろう。イラン・イラク戦争、まだやっとるのに日本の掃海艇が入っていってどっちかの国の機雷を除去したら敵対行動になって、戦争にまきこまれるではないか。

君はすぐ〝血刀下げて裸馬にのって敵陣に斬りこんでゆく〟ようなところがある、危険な考え方だ。ワシは掃海艇派遣に反対じゃ」

と後藤田は言い、佐々が、

「しかし中曽根総理は賛成ですよ」

と返すと、後藤田は、

「だからいかんのだ。よし、君、ワシについてこい、総理のところへゆこう」

と佐々を総理執務室へ連れて行って、中曽根の前で、突然、佐々を叱り始めた。

「佐々君、君はペルシャ湾に海上自衛隊の掃海艇を派遣せよとか何とか、勇ましいこと、いうとるようだが、いかんぞ、ワシは反対だぞ。駄目だよ、アマコストあたりにいわれて、アメリカのいうなりになってたら……。戦闘が行われてる地域に自衛隊を出すことはまかりならん」

中曽根は唖然として黙って聞いている。

佐々も仰天して口ごもっていると、言いたいことを言った後藤田は、

「では総理、そういうことで……。佐々君、帰ろう」

と足早に執務室を後にした。

そして廊下に出た途端に振り向いて佐々を見た後藤田はニヤリと笑ったという。

佐々は、このとき、遠まわしに諫《いさ》める、諷諫《ふうかん》の極意を知らされた思いだった。

こうした曲折を経ての激突だったのである。

中曽根は後日こう回想している。

「私は掃海艇がダメなら巡視船をという外務省の意見は、いいと思った。ところが官房長官が反対で、どうしてもというなら私は閣議で署名しませんといい出してね、困ったんだよ。

だが、私も戦争中艦隊勤務でソロモン諸島まで行った海軍士官だったから、考えてみると後藤田さんの反対ももっともだ。寄港する港もない、補給もつかないとなるとフネは大海を〝漂泊〟することになる。すると水兵なんかに発狂するのが出て海に飛びこんだりするんだね、それで私も考え直した。後藤田官房長官は不世出の名官房長官だよ。彼なしには私の五年間の中曽根内閣はなかったろうね。どうしてもというなら、官房長官、辞めるっていうんだから、参ったよ……」

後藤田を師と仰ぐ佐々淳行は、

「学徒出陣の学友は三分の一還《かえ》ってこなかった」が後藤田の口癖だった、と書く。後藤田は「骨の髄から軍人や軍国主義が嫌い」だったというのである。

防衛問題で対立すると、後藤田はいつも言った。

「ワシが五十年間生き残ったのは、再び日本を軍国主義にしないためじゃ。学徒出陣でいくさに出た学友の三分の一が還らなかった。この死んだ仲間のためにも、ワシは再び軍国主義への引金を引いた官房長官とはいわれたくない。敵が攻めてきたら、ワシもやる。だが、平時は抑制じゃ。君らだけでなく戦争を知らない若い議員たちは威勢はいいが、これだけはハッキリ言うておく」

これには佐々たちも黙らざるをえなかった。

「若い議員たち」に安倍晋三も含まれていたことは言うまでもない。

二〇〇三年にイラクへの自衛隊派遣を可能にする「イラク特措法」の政府原案が明らかになった時、後藤田は門下生の佐々および岡本行夫《おかもとゆきお》に次のようなカミナリを落とした。

「もし戦《いく》さになったらどうするんだ。海上の重油補給、空のC130の輸送協力まではいいとして、陸上自衛隊のサマワ派遣はいかん。絶対にいかん。それも武器使用は正当防衛、緊急避難だけなんていう中途半端なことで派遣したら派遣される隊員が可哀そうだ。昔の陸軍はな、軍医だって拳銃《けんじゅう》持ってたんだ。銃を持たしたら撃つぞ。持たさなかったら死ぬぞ。アメリカのテロ以来、君が安倍晋三にへんな考え吹きこむからこうなるんだ。岡本行夫もいかん。もし戦さになったら、君が戦犯一号、岡本が二号だ」（佐々淳行『後藤田正晴と十二人の総理たち』文春文庫）。

タカ派とハト派の違いもあってか、後藤田は中曽根をそれほど評価していなかった。

田中角栄を長とする田中派の中には中曽根嫌いが多く、鈴木善幸《すずきぜんこう》の後に中曽根を推すことに反対する者が少なくなかった。筆頭が金丸信である。幹部が集まった席で金丸は、中曽根を〝ボロみこし〟として、

「あんなボロみこしは担げない」

と言った。

しかし、田中自身が今度は中曽根だと譲らないと聞いていた後藤田は、

「ボロみこしは担げないと言っても、誰もおらなきゃ担いだらいいじゃないか」

と発言し、

「修繕して担いだらどうだ。修繕が利《き》かなくなったら捨てたらいいよ」

と付け加えた。

金丸ラッパが大きいので、「ボロみこし」と後藤田が言ったように伝えられているが、口火を切ったのは金丸である。

もちろん、この発言も中曽根は知っていたに違いないが、中曽根は後藤田を官房長官に指名した。

中曽根と宮澤を比較して後藤田はこう語っている。

「宮澤喜一さんというのは、本当は政治家として見た場合には、ともかく真面目すぎるわな。今の日本の政治風土ではね。あまり頭が良すぎて先が見え過ぎるんですね。だから、やろうとすることに勢いがないんだよ。頭は素晴らしい。この人は本当に頭がいい。その点、中曽根さんというのは頭よくないですよ。それだけに、非常に馬力があるんです。どうも宮澤さんの場合には先が見えすぎるんじゃないかな。しかし、素晴らしい頭脳だな」

のちに後藤田は宮澤に望まれて副総理兼法務大臣として宮澤内閣を支えることになるが、「自民党の中のリベラル派」「中道左派」という点で共感を抱《いだ》いていた。

多分、後藤田は私を「リベラル」のつかない「左派」と見ていただろう。ために、対談を申し入れて断られた。『反‐憲法改正論』に取り上げた十人の中で断られたのは後藤田だけである。ただ、後藤田の旧制水戸高校の後輩で、革新左翼のフィクサーだった安東仁兵衛《あんどうじんべえ》のお別れの会で会って、言葉をかわした。

その後しばらくして、後藤田の甥孫《おいまご》(兄の孫)の正純《まさずみ》が三菱商事のエリート社員の地位をなげうって徳島から衆院選に立候補し、当選する。

その正純が拙著『逆命利君』(講談社文庫、岩波現代文庫)を座右の書としていると聞いて、インタビューに行った。

『週刊金曜日』の二〇〇九年七月三十一日号に載った「国家主義でなく国民主義の政治を」というそれで正純は、先代はよく、

「日米安保条約なんて早く日米友好条約にしないといけないんだ」

と言ってました、と語っている。

「先代」とはもちろん、正晴のことだが、そして、憲法改正には反対だとし、こう続けた。

「改正なんて安倍晋三さんとかタカ派の人が言うこと自体危うい。あの人たちに昔の人以上の識見があると思えないし、しかも国家主義的に国を愛せとか冗談じゃない。家族を愛せと強要する親がどこにいるんだ。愛すようにどうするかが親の役目であり、政治家の役目じゃないかと思います」

自民党の中では中国と仲よくしなければという意見とそれに反対する意見ではどちらが多いかという私の

質問に正純は、

「圧倒的に反中国が多いです。町村信孝《まちむらのぶたか》外務大臣のときに感情論で中国へのODA（政府開発援助）をやめてしまいましたね。僕は声をからして部会でも言いましたが、力不足で。あのODAは九割が有償資金協力だってことを知らずに決めたんですよ」

と答えた。私が、

「タカ派ってのは経済がわからず（反共）イデオロギーにこだわるという例証みたいな話ですね」

と続けると、正純は頷《うなず》き、

「そう思います。僕は経済は規制緩和でなく規律重視、外交はリベラル、国民生活は国家主義でなく国民主義です」

と結んだ。

「逆命利君」はまさに後藤田が中曽根に対して実践した行為である。「命に逆らいて君を利する、之を忠と謂《い》う」を略した「逆命利君」は漢の劉向《りゅうきょう》が編纂《へんさん》した『説苑《ぜいえん》』の中にある言葉であり、「主君に逆らっても言うべきことを言うのが忠だ」という意味である。

後藤田は歴代首相では、岸や中曽根、そして小泉純一郎とは肌合いが違った。安倍も含めて名うての改憲主義者である。

たとえば、二〇〇五年八月二十一日朝のTBS系「時事放談」で、後藤田は厳しく刺客選挙を批判した。小泉が郵政民営化ならぬ会社化法案が参議院で否決されたら、衆議院を解散して、自民党の中の反対派を追い出し、そこに刺客をぶつけたのである。

「民主主義は手続きがいちばん大事なんですよ。粗雑すぎるのではないか。郵政法案を否決したら解散して、今度はこの法律案の闘いの選挙だとおっしゃる。立法府で通らなかったのを国民投票に掛けるのと同じ手続きになりつつある。代議制民主主義の上からも行き過ぎだ」

「(刺客選挙は)強引すぎる。極悪非道なやり方ではないか。国民というのは感情で動くから、あんまり強引にやると、しっぺ返しを受ける。もう少し情味のあるやり方をしないといかんなあ」

「自民党というのは奥行きのある、入り口の広い政党なんだよ。まるっきり党の中に怨念《おんねん》の塊《かたまり》を作るようなやり方、私は賛成できない。私も自民党の一員ですから、今日でも」

強面《こわもて》の後藤田にはカミソリとか恐ろしいイメージが強いが、稚気も茶目《ちゃめ》っ気《け》もあった。

宴会が嫌いで、心許した少人数の人との会食を好んだ後藤田は、ある時、鰻で知られる「重箱」での夕食会に臨んだ。

健康を考える夫人の内密の指示で、後藤田の分だけ、一皿、白焼きをぬくと、

「なんでワシだけ白焼、ないんか!!」

と顔を真っ赤にして怒った。

同席した佐々の証言である。

また、佐々がNHKの「クローズアップ現代」に出て、キャスターの国谷裕子《くにやひろこ》と対談したら、翌日、後藤田から電話がかかってきた。

「君、けしからんよ、国谷さんのような美人とテレビ対談して。ワシはあの女性は大変な美人だと思っとる。そのワシがまだ対談したことないのに、君がするなんて……」

佐々によれば、後藤田は「外交ハト」で「治安タカ」派だった。だから、同じ一九一四年生まれの田中派ながら金丸信とは肌が合わず、電々公社民営化法案のスト規制条項をめぐって、やりあっている。

「スト規制をはずすことには問題がある。絶対に反対だ」

と後藤田が声を高くすると、金丸は、

「後藤田クン、キミは人を見れば泥棒と思えという（警察官僚の体質が）習い性になっている。スト規制をはずして不都合だったら、その時に考え直せばいいじゃあないか」

と応じ、なおも後藤田が、

「後藤田はバカだ、アホウだという屈辱を受けながら、あえて言わなければならないのは、それだけの理由がある。共産党が電気通信の中枢を握るようになったらどうするのか」

と迫ると、金丸は、

「そんな事態になった時は、日本が滅びる時だ。そこまで心配したんじゃ、きりがない」

と返した。

この緊迫した応酬は一九八四年七月十八日に開かれた政府・与党首脳会議でのものである。

ここで後藤田が「バカだ、アホウだという屈辱」云々《うんぬん》と言ったのには理由がある。実は、この問題は、後藤田が欠席した二日前の首脳会議でも取り上げられ、

「スト規制は見直してもいいんじゃないか」

という金丸に、

「いや、後藤田が反対しているんだ」

という説明があった。

それで金丸が、

「後藤田のバカは行革の心配をしていればいい。スト権まで口を出すな」

と怒鳴った一幕があり、それが後藤田の耳に入っていたのだった。

「軍人は好かん」と言っていた後藤田は、すでに水戸高時代に「五・一五事件」での青年将校の行動を批判している。

保阪正康《ほさかまさやす》の『後藤田正晴』（中公文庫）にその場面がある。

「義挙だ」と考えた古村幸一郎が、

「この事件は、国を想う軍人や農民が一途《いちず》な気持ちでやったことだ。彼らは立派だ……」

と興奮して言うと、後藤田は、

「おまえ、何を言っているんだ。海軍の軍人が、昼日中軍服を着たまま首相官邸に侵入して、首相を殺害することが、なんで立派な行動なんだ。そんなことが許されると考えるほうがおかしい」

とピシャリとはねつけ、古村が、

「行動は確かにそうかもしれない。でも動機は純粋なのだから、おおいに推奨すべき行動だ。その純粋さを認めなければ……」

と食い下がると、

「とんでもないことを言うな。動機はわからんでもない。でも彼らの行動はまったくの誤りだ。あんなの認めるわけにはいかん」

と却下した。

「動機は純粋ではないか。現下の情勢は疲弊そのものだ。農村には食えない連中がいっぱいいる。僕は長野県出身だけど、農村はめちゃめちゃだ。誰かが救わなければいけないときなんだ」

古村が負けずに言い募ると、後藤田は、

「だからといって、首相を殺していいのか。法を破っていいのか」

と返す。激しい言い争いは、教室に教師が入って来るまで続いた。

「護民官」の後藤田にとって、秩序、あるいは法秩序が優先すべきものだったのだろう。そのために平和が尊重されなければならなかった。

後藤田は一九八七年度予算編成に当たって「今後の防衛力整備について」をまとめ、こう謳《うた》った。

「わが国は、平和憲法のもと、専守防衛に徹し、他国に脅威を与えるような軍事大国とならないとの基本理念に従い、日米安保体制を堅持するとともに、文民統制を確保し、非核三原則を守りつつ、節度ある防衛力を自主的に整備してきたところであるが、かかるわが国の方針は、今後とも引き続き堅持する」

いかなる形にせよ軍事要員の海外派遣や武力行使には反対するという後藤田に、では社会党の委員長になればいい、という皮肉が投げつけられたことがある。

それについて保坂正康は、戦後の歴史を言論だけでしかつくりえなかった社会党に対し、後藤田はその行動において「事実」をつくり、それを現実社会に定着させてきた、だから、その発言は重いのだ、と指摘している。

ただ、社会党に親近感は持っていて、村山富市が首相になった時も、いろいろと力になっている。

阪神・淡路大震災で自衛隊派遣などでもたつく村山内閣に対して佐々淳行がテレビなどで烈《はげ》しく批判していると、後藤田から電話が入った。

「君は村山の悪口をいいまくっているようだが、外に向かっていうのはやめろ。いうなら内に向かっていえ」

佐々が、

「内に向かってって、誰にですか？」

と言うと、後藤田は、

「村山によ」

と答える。

「ひとの命よりイデオロギー優先、自衛隊派遣は違憲、緊急災害対策本部の設置は戒厳令なんていってるのが十重二十重《とえはたえ》、村山さんをとりまいているんですよ。私が近づけるわけがない。どうやって官邸に行くんです」

と尋ねる佐々を、後藤田は、

「社会党でも日本の総理は日本の総理、総理を助けるのがワシらの仕事じゃ。ワシが話しておく。呼出しがあったら官邸に行き、村山に向かっていいたいこといえ」

と諭した。

まもなく呼出しがかかり、官邸に赴いた佐々は、後藤田が、

「村山はいーい男だよ」

という意味を実感するようになる。

後藤田の甥が井上普方《いのうえひろのり》で社会党の議員だった。同じ選挙区で、後藤田としてはやりにくい面もあったのだが、最初の選挙の時に田中角栄は、

「後藤田君、姉さん（井上の母親）が生きている間は井上君を落としてはならんよ」

と言ったという。角栄の面目躍如たる話だろう。

座談の名手で、寸鉄人を刺す人物評も天下一品だった後藤田が、心から頭を下げた先輩が最後の沖縄県官選知事、島田叡《しまだあきら》である。後藤田は語った。

「旧内務省には偉い人がおった。たとえば米軍上陸がわかっとるのに最後の沖縄県知事として赴任した、島田叡さんという人がいる。前任者は病気とかなんとかいうて逃げて本土に帰ってきてしもうた。内務省は困ってしまっていろんな人に打診するが、引き受けるものがおらん。そこで大阪府の総務部長をしとった島田さんに白羽の矢が立ったんじゃ。島田さんは断わらなかった。行けば死ぬの分かってるのに単身赴任して、上陸作戦が始まるまでに一人でも多くの県民を救おうと、学童疎開やったり、台湾から食糧調達したり一生懸命働いた。米軍上陸の直前、非戦闘員の撤収が行われたんだが、島田さんは県民と一緒に残る、いうて脱出せなんだ。そして摩文仁《まぶに》の丘で死ぬんよ。戦死とも自決ともいわれとる。

ああいう人が戦前の内務省の、本当の知事だな。戦後は知事たちは戦争責任問われて追放になってしもうた。未亡人になられた島田さんの奥さんは子供を育てるために魚の干物の行商やってな、ワシらも貧乏でどうもならん。せめて少しでも足しになりたいといってみんな申し合せて魚の干物、買ったよ」

後藤田の「お別れの会」で司会をした筑紫哲也《ちくしてつや》は『旅の途中』（朝日新聞社）に、「ハト派」「親中派」とい

うことで身辺への威圧やいやがらせが続いた後藤田は、病弱な夫人への影響を気遣っていたが、その夫人が逆に、

「もう遠慮することも失うこともないはず。言いたいことをどんどん言って下さい」

と迫った、と書いている。さすがと言うべきだろう。

野中広務の日本への遺言

ベストセラーになった野中広務と辛淑玉《シンスゴ》の共著『差別と日本人』（角川新書）にこんな箇所がある。

辛が、

「え？　この人も野中さんのこと好きなの？　と思う時がある」

と言ったのに、野中が、

「二、三回ぐらいしか対談したことないけども、佐高信も案外気が合うんですよ。喧嘩《けんか》もしたけど。土井たか子さんもそうだな」

と応じているのである。

最近では、選挙の応援で続けて野中と同席した。最初は二〇一一年十一月二十三日に、大阪市長選に立った橋下徹を当選させないため、現職の平松邦夫の応援に行った時である。

選挙カーに一緒に乗って、

「久しぶりです」

の挨拶《あいさつ》もそこそこに大阪市民に訴えたのだが、野中は、

「八十六歳の私の遺言だと思って聞いてほしい」

と平松への投票を呼びかけていた。

やはり、ファッショ的な橋下とは体質が合わないのだろう。
次は、二〇一三年三月二十四日に兵庫県宝塚市で開かれた「中川ともこ（市長）を囲むつどい」。

社民党の代議士だった中川智子《なかがわともこ》に頼まれて、選挙前の集いに出かけたら、野中が一緒のゲストだった。

その折り私は、岸井成格《きしいしげただ》と私の共著『保守の知恵』（毎日新聞社）で、岸井が野中に触れているところを示して謹呈したのだが、

「岸井さんにほめられたのは初めてだな」

と野中は笑っていた。

岸井はそこで、先ごろ中国で反日デモが起こり、野中たちの超党派議員の中国訪問が中国から電話で断られた時、野中は、

「われわれを文書で招待して、われわれも礼を尽くして対応してきたのに、電話一本で断ってくるとは、どういうことだ」

と怒り、中国側に文書で断れと要求したという。親中派の頭目のようにいわれる野中だが、直言すべきところは直言するのである。

「きちんと筋を通し合う関係をつくると同時に、そういうことにどう対応するかで中国の現状や権力闘争が見える」

と野中は思ったのではないかと岸井は推測し、のちのちのことまで考えて布石を打った野中の思慮深い知恵に脱帽している。

自民党が完全に右傾化してリベラル保守の棲息《せいそく》が許されなくなったような状況の中で、野中の応援する範

囲は社民党にまで及んでいるのである。その核には憲法がある。

野中が頼みとし、自分の後の自民党幹事長に据えた古賀誠《こがまこと》など、日本共産党の機関紙『赤旗』にまで出て、憲法九十六条改正反対を訴えた。二〇一三年六月十二日付『毎日新聞』の夕刊で古賀は、

「戦争を知らない世代が全人口の80％になってしまった。バッジを外しても政治を志した者の責任として、戦争の犠牲者の中で育った私だからこそ言うべきことがあるのではないか。そう思ったんです」

と語っている。

私は土井たか子や落合恵子らと護憲の「憲法行脚の会」を立ち上げたが、二〇〇四年十二月八日の集会に野中を招き、私が司会をして土井と対談してもらった。

「私は、完全にできあがった軍国少年だった。天皇に命を捧《ささ》げるのが男子の本懐と思っていた」

と一九二五年生まれの野中が言えば、三歳年下の土井も、

「私もやがては戦場に行くのは当たり前だと思っていた軍国少女でした」

と応じ、

「新しい憲法を見て、憲法前文が美しい、輝いているという感動を覚えた。象徴天皇制をみて、天皇がこういうふうになっていくのだなあと思った」

と野中が振り返ったのに、土井は、

「今なぜ憲法を変えなければならないかというときに、それはおしつけ憲法だからという説がある。私が護憲でガンコだと言われるが、新憲法の男女平等規定を今までに誰がおしつけだと反対したのか。聞いたことがないです」

と熱く語った。

「ぼくは憲法は不磨《ふま》の大典《たいてん》ではないと思っている。でもまあ、変えようと思ってもほとんど不可能だと思う。現実に自衛隊はあるし、九条一項は堅持、二項は自衛隊が現実にあるのだから認めるべきでしょう。そうしないと、いつまでも防衛庁を国防省にしろとか、自衛隊を軍隊にしろとか恐《こわ》い方向になってしまう。だが専守防衛に絶対限定しなければならない」

およそ十九年前の時点で野中はこう主張していたが、防衛庁は防衛省になり、自民党の改憲草案では自衛隊を国防軍にすると謳《うた》われている現在、野中もはっきりと護憲を打ち出していた。「恐い方向」が現実のものとなってきたからだった。

この時、私は野中に、

「いま何が一番、戦前と似ていると思いますか」

と尋ねた。野中の答はこうだった。

「それは情報統制です。テレビに出ている人は本当に恐い話をしている。厳しい意見をいう評論家などはテレビをいつの間にか降ろされている。雑誌でも同じです。なぜアメリカが始めた戦闘（イラク爆撃）を日本が支持しなければならないのか。

後世、検証してほしい。昨年（二〇〇三年）十一月二十九日、奥克彦《おくかつひこ》ら二人の外交官が殺された。その前に、韓国とスペインの人が殺されているが、このときはイラク人が犯行声明を出しているのに、奥氏らについてはまだ犯行声明はない。しかも米軍の発表も、買い物中に殺されたとか、走行中に殺されたなどと二転三転しています。そして十二月六日に外務省葬、十二月八日に（イラク特措法が）閣議決定され、今年一月には自衛隊が出かけていった。派遣ありきで、進んでいたとしか思えない。

出かけてまもなく、二月にオランダ軍に迫撃砲が撃ち込まれた。不発弾でした。それで自衛隊は、テレビや新聞と協定を結ぶ。マスコミは自ら自殺行為をしたに等しいと私は思います。

特派員の取材の自由と生命を助けたいというのは、それぞれのマスコミの思いでしょう。

しかし、百歩譲っても内閣官房と協定を結ぶべきでした。内閣府が自衛隊を統括しているのです。それを実戦部隊である自衛隊と結んだ。シビリアンコントロールの大切さに気づかなかったのか。それとも気づいていながら、そうしたのか」

大問題だと野中は語気を強めた。

野中がこう批判していた当時の首相は小泉単純一郎だが、靖国《やすくに》神社の参拝についても、野中は小泉に聞かせるように反対論を展開する。

「靖国神社は明治の初め、明治維新を成し遂げた官軍の志士らを、招魂社に祀《まつ》ったのが最初です。それ以来、靖国神社には天皇陛下の軍として戦死した人を祀るようになってきたのです。

したがって、戊辰《ぼしん》の役《えき》で賊軍のレッテルを貼られた会津《あいづ》藩士は、いまだ靖国神社には祀られていません。

また、西南戦争で西郷隆盛さんと一緒に戦った島津《しまづ》藩士も、祀られていません。

さらに、日清戦争の乃木希典《のぎまれすけ》大将や、日露戦争の東郷平八郎《とうごうへいはちろう》海軍元帥も、祀られていません。乃木大将は、明治天皇を追って自ら命を絶たれたからで、東郷元帥は病死されたからです。

昭和二十年の敗戦によって、多くの戦没者を祀るようになってきました。そして、この戦争は、二十八人のA級戦犯の責任とすることを日本も認めて、昭和二十六年、サンフランシスコで講和条約が結ばれ、日本は独立国として再スタートしたのです。

そして昭和二十八年、BC級戦犯を改めて靖国神社に祀ることになった。それ以来、昭和天皇も春秋の例祭にはお参りになっておられました。

ところが昭和五十三年、『戦勝国が裁いた裁判を不当と見て、A級戦犯を祀らないのはおかしい』という意見が一部から出て、A級戦犯が合祀《ごうし》された。このことは、周囲には伏せられていましたが、昭和五十四年、新聞がスクープして報道し、世の中に明らかになったのです。

したがって昭和天皇は、その年の秋の例祭以来、お参りされておりません。

その後、中曽根内閣の時、中曽根康弘さんが公式参拝をおやりになったけれど、国内外からの批判が強く、一度きりでおやめになりました」

野中も述懐しているように、野中とは時にぶつかりあった。

たとえば、一九九九年十二月二十七日の関西テレビである。「アタックこの一年」という恒例の年末回顧番組で、当時、自民党幹事長代理だった野中は自民党本部から中継での参加だった。

そこで私は率直に、

「自由党の小沢一郎氏はもちろん、公明党の神崎武法《かんざきたけのり》氏に対しても、野中さんはかなり厳しい批判者だったのに、自民党と自由党および公明党の、いわゆる自自公連立を推進するとは納得がいかない」

と尋ねた。

野中はそれを予想していたかのように、

「官房長官として政権を運営するためには致し方なかった」

と弁明したので、

「では、役目として連立したのであり、本心では、小沢氏や神崎氏への批判は変えていないということか」

と追及すると、野中は顔を歪《ゆが》ませて、同じような答えを繰り返した。

番組が終わってから、大阪のスタジオで一緒に出ていた弁護士の中坊公平《なかぼうこうへい》（当時は時の人だった）が、

「野中さんは佐高さんにああいう質問をされるのがよほど厭《いや》だったんでしょうね」

と感想をもらしていたから、やはり、歓迎しない質問だったろう。

二〇〇〇年初めの『サンデー毎日』の連載「佐高信の政経外科」で、その後、私は次のような野中への手紙を書いているが、ここまで書いて関係を切らない野中の懐の深さが改めてクローズアップされる。

〈久しぶりの出会いに、あるいはストレート過ぎたかもしれませんが、あの時の野中さんの表情に、私は逆に、野中さんが権力者となって厳しい批判にさらされていないのではないかと思いました。

野中さんは、私が地域振興券など愚策中の愚策だと切り捨てたら、地域に入ればそうではない、と反論していました。しかし、あれは最初、小渕（恵三）首相でさえ反対していたのではありませんか。

ままごと遊びのお札ではあるまいし、その地域だけにしか通用しない券を発行するなど、それこそ、「日の丸」や「君が代」の法制化に熱心で「国家」に執着する野中さんにとっては、自己矛盾ともいうべき国家の権威の否定でしょう。私は、あれは税金を使ってニセ札をつくるようなものと言っていますが、本当に「いい政策」だと思っているのですか？

もうひとつ、時間がなくてあの場では聞けなかったことがあります。それは、自分の親分とはいえ、病気で選挙中も有権者に顔を見せられない竹下登《たけしたのぼる》氏の立候補をどうして止めないのか、ということです。対立候

補の錦織淳《にしこおりあつし》氏を私が応援しているから、そう言うのではありません。一年近く人前に顔を出していない人を、あえて立候補させるのは、選挙民をバカにしているのではないかと思うからです。それとも、竹下登という後盾がなければ、小渕恵三だけでなく野中さんも自立できないのでしょうか。

〝住友の西郷隆盛〟と呼ばれた伊庭貞剛《いばていごう》は、事業の進歩発展を妨げるのは青年の過失ではなく老人の跋扈《ばっこ》だ、と喝破しました。また、後継者を育てないのは死ぬことを知らない人間だ、とも言っていますが、政治の世界でもそれは同じでしょう。

大阪府知事の横山《よこやま》ノック氏の辞職騒ぎで、府議会の自民党と公明党は辞職勧告決議案ではなく、及び腰の問責決議案を提出しました。その時点で私は両党はノック氏と同罪もしくは同類となったと思っています。その悪のイメージをぬぐいさるかのように太田房江《おおたふさえ》という元通産官僚を持って来て、自民党は本部と府連の分裂選挙をやるようですが、あくまでも民の声に支持されての政治であることを野中さんは忘れてしまったのではありませんか。支持されなければ小渕政権はつぶれるのが当然です。それを維持させようとして自自公連立など理に合わないことをやるから、おかしくなるのです。野中さんはそんな政治家だったのでしょうか〉

書き写していても、きついなあと思う詰問に近い手紙である。あるいは、野中はこれを読んで、自分が若き日に京都府議会議員としてワンマン府知事だった蜷川虎三《にながわとらぞう》に迫った時のことを思い出していたかもしれない。

蜷川は京都大学教授として戦争中に学生に、

「鬼畜米英を倒して、神国日本の御楯《みたて》となれ」

とか、

「ペンをとるより銃をとれ」

と呼びかけていた。

それを踏まえて野中は府議会で蜷川にこう質問したのである。

「あなたの先輩である立命館大学総長の末川博《すえかわひろし》先生は、自分が教育者として振り返って、学徒出陣で出ていく学生たちに、生きて帰って来いよ、と声をかけられなかったのが、教育者として一番の痛恨事だという言葉を残している。しかし、あなたは、過去についての反省の言葉をこれまで一言も述べてこなかった。あなたの教えを受けて戦場に行って散っていった若者たちの命は二度と帰ってこない。このことについて、どう考えているのか」

これにはさすがの蜷川も狼狽《ろうばい》し、

「私の日々の活動がその反省であります」

と答弁するのが精一杯だったという。

ちなみに、立命館大で教えていた筑紫哲也に頼まれて、野中はいま、立命館大に関わっている。

講談社ノンフィクション賞を受けた魚住昭《うおずみあきら》の『野中広務　差別と権力』（講談社文庫）の巻末対談「野中広務の去ったあとで」で、佐藤優《さとうまさる》が、

「この本が出たことによって、日本の政治の構造、少なくとも冷戦が崩壊したあと、日本の政治がどう展開したのかということに関するひとつの重要なノンフィクションが残る。それから、被差別部落の問題に関して、部落出身のひとりの政治エリートの軌跡という観点で、この本は読み継がれていくと思うんです。だ

から、野中広務という名前はきちんと三十年後も残る」と語っている。

野中と辛の共著『差別と日本人』で辛は、一九八二年三月三日、全国水平社創立六十周年の記念集会で、京都府副知事だった野中が行った挨拶を引く。

「全水創立から六十年ののち、部落解放のための集会をひらかなければならない今日の悲しい現実を、行政の一端をあずかる一人として心からお詫《わ》びします。私ごとですが、私も部落に生まれた一人であります。私は部落民をダシにして利権あさりをしてみたり、あるいはそれによって政党の組織拡大の手段に使う人を憎みます。そういう運動を続けておるかぎり、部落解放は閉ざされ、差別の再生産がくりかえされていくのであります。六十年後にふたたびここで集会をひらくことがないよう、京都府政は部落解放同盟と力を合わせて、部落解放の道を進むことを厳粛にお誓いします」

二〇〇一年春に、野中はある記者から手紙をもらった。

〈麻生太郎《あそうたろう》が、三月十二日の大勇会《たいゆうかい》の会合で「野中やらAやらBは部落の人間だ。だからあんなのが総理になってどうするんだい。ワッハッハッハ」と笑っていた。これは聞き捨てならん話だと思ったので、先生に連絡しました〉

大勇会とは麻生の属する派閥で、当時、総理候補に名前の挙がっていた野中を総理にしてはいけないと放言したわけである。

その麻生こそが絶対「総理にしてはいけない」人物だったが、その後、総理になり、現在は副総理である。

その放言の場にいた亀井久興《かめいひさおき》に野中が確認した。亀井は、

「残念ながら、その通りでした」

と証言している。

野中は「一国のトップに立つべきじゃない」この「不幸な人」について、こう嘆いていた。

「実際そう思っているんでしょ。朝鮮人と部落民を死ぬほどこき使って、金儲《かねもう》けしてきた人間だから」

現実に麻生鉱業、麻生セメントはそうやって大きくなってきた。

「他の先進国でこんな発言をしたら、たとえ過去の発言であっても一発で首が飛ぶ」

と辛は怒っているが、〝差別大国〟日本では、そんな男でも総理になってしまう。

二〇〇三年春の自民党政調会長当時の麻生の「創氏改名は朝鮮人が望んだ」という発言もひどかった。

東大の学園祭でこう言ったわけだが、学生たちは黙って聞いていたのだろうか。

「麻生鉱業は、強制連行されてきた朝鮮人を強制労働につかせ、消耗品の労働力として、その命を紙くずのように扱った。一九四五年までに麻生系の炭鉱に連行された朝鮮人は一万人を超える。賠償は今に至るまで行われておらず、遺骨さえまだ遺族の元に戻っていない。また、麻生炭鉱は部落民を一般の労働者と分け、部落民専用の長屋に入れて奴隷のように酷使した。」

と辛は告発しているが、麻生は聞く耳を持っていないだろう。

野中は、麻生が初めて選挙に当選した時、福岡県飯塚《いいづか》の駅前で、

「下々の皆さん」

と演説した話を紹介しながら、

「彼はずうっとそういう感覚なんですよね」

と断罪している。

しかし、野中は麻生と同じような差別主義者の石原慎太郎を妙にかばう。

それで辛に、

「どうしてその人を助けるんですか」

と詰め寄られ、

「いやあ、あれはまたいい男だからだ」

と返して、さらに詰め寄られ、

「彼にも、僕のように忠告をできる人間がおらないといかんでしょ」

と逃げているが、私には石原などを助ける野中の方がずっと「いい人」に見える。

しかし、石原はそんな野中に陰湿な厭がらせをしているのである。

石原の『息子たちと私』（幻冬舎）に、石原の息子の伸晃《のぶてる》が行革担当大臣になったとき、首相の小泉純一郎に言われた通りにサンドバッグのように叩《たた》かれているのを見て、「中でも一番えげつないS」という与党の族議員に腹が立ち、

「少林寺拳法《しょうりんじけんぽう》四段の腕力で殴ってしまえ」

と唆《そその》かしたと書いてある。

そして、その後、Sの親分筋の実力者Nに、

「息子にしかじか言っておいたから、Sにはあまりいい気にならぬ方が身のためだと言っておいた方がいいと思うけどね」

と告げたとか。

「間もなくSは外務省の予算関係のスキャンダルで逮捕されてしまい、Nもまた政界から引退してしまいました」

と続くことから、明らかにSは鈴木宗男《すずきむねお》で、Nは野中としか考えられないが、石原がイニシャルにしたのは抗議された場合の逃げか、陰険さ故だろう。

この鈴木宗男への意趣返しには石原の屈辱の思い出がある。

一九八二年夏、当時、衆議院議員だった石原は、中川一郎《なかがわいちろう》の秘書だった鈴木に、

「慎太郎！　五味《ごみ》社長に頭を下げろ！」

と命じられた。

自民党中川グループの幹部だった石原を、『国会タイムズ』という新聞が攻撃し、それを心配した中川が、同紙発行人の五味武に電話をかけ、

「秘書の鈴木が、これから石原を連れてそちらに行くから、会ってやってくれ」

と頼んだのだった。

ひとまわり以上年下で、一介の秘書にすぎなかった鈴木に、

「頭を下げろ」

と命じられて、石原は従ったというが、それを恨みに思っていたのである。これは〝強者〟に弱く、〝弱者〟に強い石原の本領を最もよく表している。

これと正反対な野中は、沖縄の問題にも心を痛めていた。橋本（龍太郎）内閣で、沖縄駐留軍用地特別措

置法改正案（特措法）を扱う特別委員会の委員長になったとき、最後に、

「ひとこと発言をお許しいただければ」

と前置きして、一九六二年に園部《そのべ》町長として初めて沖縄を訪れた時のことを話した。

特措法は委員会で可決されたが、あまりの賛成多数に不安になったからである。

沖縄行きの目的は、沖縄戦で二千五百人もの京都の人たちが命を落とした宜野湾《ぎのわん》市に慰霊碑を建てるためだった。

空港から乗ったタクシーの運転手が途中で車を停め、

「あのサトウキビ畑のあぜ道で私の妹は殺された。アメリカ軍にではないです」

と言った。日本兵に殺されたということだろう。その話を紹介した後で、野中はこう言ったのである。

「この法律が、沖縄を軍靴で踏みにじるような、そんな結果にならないように、辛《つら》い、苦しい時代を生きてきた人間として、国会の審議が大政翼賛会のような形にならないように、若いみなさんにお願いをして、私の報告を終わります」

委員長報告に自分の意見を加えてはならないという規則があるため、この発言はあとで議事録から削除されたが、「大政翼賛会のような形にならないよう」という野中発言は多くのメディアで紹介された。

私は野中という人を、政治家には珍しく大蔵省（現財務省）に対して物が言える人として見ていた。それで『大蔵省分割論』（光文社）を書いたときに、『諸君！』の一九九六年十一月号で対談したのである。大蔵官僚とケンカするに際して、少し味方をふやしておくかという魂胆もあった。

その席で野中は、自民党が野党になった時、与党のボスだった小沢一郎あたりの差し金だったのか、梶山《かじやま》

静六《せいろく》や野中のところに税務調査が入った、と語った。

「大阪の特捜が入りました。私の件じゃなしに他のことで入って、専《もっぱ》ら私のことばっかり調べたんです。あれは私どもの経世会《けいせいかい》が分裂して、暗闘劇を演じたときです。だからターゲットになったのは梶山さんであり、私であった。たまたま私はそれまで京都の長い共産党府政の中で闘ってきて、本当に尻の穴まで調べられとったから、特捜が入ろうが動じることはなかった。銀行、信用金庫、農協全部に入って、私のばかり調べたというんです。しかし、調べたことを絶対言うなと口止めしていったから、私は六、七ヵ月たってはじめてわかったんです」

大蔵省に対する姿勢で、野中と小泉純一郎は正反対である。大蔵族の小泉は、スキャンダルで降格されたり、次官になれなかった武藤敏郎《むとうとしろう》や涌井洋治《わくいようじ》を、それぞれ日本銀行副総裁と日本たばこ産業会長にした。涌井は小渕内閣の官房長官だった野中の反対で次官昇格をストップされたのだから、象徴的である。これだけで、小泉が官僚政治の改革者でなかったことは明らかだろう。その点からも私は野中の引退を惜しんだ。手柄は小泉に取られた形になってしまったが、ハンセン病訴訟の元患者や弁護団が最も頼りにしたのが野中だった。

官房長官時代に原告や弁護団に会い、国の責任を事実上認めた野中に、彼らは「痛みのなかに身体をおける人」と讃辞《さんじ》を惜しまない。

松本《まつもと》サリン事件で警察とマスコミに犯人扱いされた河野義行《こうのよしゆき》さんに、国家公安委員長として率直に謝罪したのも野中だった。

「政敵たちを震え上がらせる恐ろしさと、弱者への限りなく優しい眼差《まなざ》し」の双方を野中は持っているが、誰にとって恐ろしいかは言うまでもないだろう。弱者を虐待し、差別する人間にとって野中は恐ろしい存在なのである。

永六輔《えいろくすけ》は野中を指して、

「あの人が、あちら（権力側）にいてくれるだけで、なぜか気持ちがホッとしていた」

と語ったらしい。

それについて、辛はこう指摘する。

「同じように、この人なら、私たちの気持ちをわかってくれるのでは、と多くのマイノリティが野中氏にすがった。それはマイノリティだからこそわかる『におい』が野中氏にはあるからだ」

そんな野中を辛はまた、「野中広務という政治家は、談合で平和をつくりだそうとする政治家だった」と評している。言い得て妙だろう。談合でだろうが何でだろうが、平和をつくりだしてくれればいい。しかし、野中も『差別と日本人』の刊行時点で八十三歳。それから四年経《た》って、米寿を迎えた。

「このごろもう疲れちゃってるんだ、ほんとに。自分の出生問題の波及の大きさ、日本の閉鎖性と、僕はずっと闘ってきた。誰も手をつけなかった同和利権に関する税の問題などは、自分が政治家でいる間につぶしておかなければ、永久にこれは続いていくと思った。四面楚歌《しめんそか》のときもあったけれども、いろいろな人の力を借りてやってきた。みんなまじめにやろうよと、一生懸命やろうよということを僕は伝えたかったからね」

閉鎖的な日本という国は野中に大きな重い荷物を背負わせてきた。野中が世に知られてくるとともに、夫人も、

「みんながあなたに声かけるから煩わしい」

と一緒に出歩かなくなった。

『差別と日本人』の終章で野中は辛に、

「このごろ余計に寂しくなった、年と共にね。俺の八十三年間の努力は何だったんだろう」

と胸中を打ち明けている。

「一つも日本っていうのは目を開いてないじゃないかと。そして家族は縛られて、こんなかわいそうなことないじゃないかと」

こう嘆く野中だが、差別を排する憲法が改変されたら、日本の閉鎖性はさらに強まるだろう。

この後、野中夫人は亡くなり、野中の寂しさはいっそう深まった。

辛は『差別と日本人』を、被差別部落の中で読みつがれてきた丸岡忠雄《まるおかただお》の次の詩で結んでいる。

〝ふるさと〟をかくすことを
父は
けもののような鋭さで覚えた
ふるさとをあばかれ
縊死《いし》した友がいた
ふるさとを告白し
許婚者《いいなずけ》に去られた友がいた

吾子《あこ》よ
お前には
胸張ってふるさとを名のらせたい
瞳《ひとみ》をあげ何のためらいもなく
〝これが私のふるさとです〟
と名のらせたい

［**初出について**］
本項の論稿は、二〇一九年五月、KADOKAWAより刊行された『反-憲法改正論』の「第3章　宮澤喜一の『新・護憲宣言』」、「第6章　派兵反対に職を賭した後藤田正晴」、「第7章　野中広務の日本への遺言」を収録した。

〔解題〕

宮澤喜一から吉永小百合まで

反共ウイルスに侵されることなく中国との友好を求めてきた政治家と護憲派は重なる。

「護憲派列伝」には、主に保守の政治家を収録したが、原本の『反-憲法改正論』（角川新書）には、宮澤喜一、後藤田正晴、野中広務の他に、次の九人をスケッチした。

澤地久枝、井上ひさし、城山三郎、佐橋滋、三國連太郎、美輪明宏、宮崎駿、吉永小百合、そして中村哲である。

吉永は落合恵子や私と同じ一九四五年生まれだが、解題に代えて、二〇〇七年秋に『サンデー毎日』の連載で書いた彼女への手紙を引用したい。

〈拝啓　吉永小百合様

二年余り前に『週刊金曜日』でインタビューさせていただいて以来、ごぶさたしておりますが、お元気でしょうか。同い年のあなたが、ずっと原爆詩の朗読を続けておられることに敬意を表しています。

今日は、その朗読会で必ず最初に読むという峠三吉の「ちちをかえせ」について、こんな隠れた話があることをお知らせしたくて、ペンをとりました。

『荷車の歌』の作者の山代巴さんはご存じと思いますが、峠三吉と親しかった彼女が、一九八八年三月八日発行の『山代巴を読む会ニュース』に書いているものです。

それによれば、山代さんは前年の秋、峠の甥の家を整理していて、「ちちをかえせ」の原型となる詩を見つけたとして、それを引いています。題名は「生」。

勤めえと　食物あさりえと
出たきり帰らぬ　父をかえせ　母をかえせ。
疎開家屋の材木曳きに
隣組から学校からかり出され
封筒に入れわけた灰になってかえってきた
としよりをかえせ
子供をかえせ。
髪がぬけおち斑点がでて
死ぬときめられながら手当てとてなく
ぢりぢり死なねばならなかった

わしを　わしの命をかえせ。
蛆のように這いよりいざりより
うじにまみれ
救護所の方へ頭をむけ腕をのばし
死んだまま
そのおびただしい死体の群を
かたづけるひとでもなかった
にんげんの　にんげんたちの
都をかえせ　生をかえせ。

これが峠の『原爆詩集』の序の次の詩となったというのです。

ちちをかえせ
ははをかえせ
としよりをかえせ
こどもをかえせ
わたしをかえせ
わたしにつながる

にんげんをかえせ
にんげんの　にんげんのよのあるかぎり
くずれぬへいわを
へいわをかえせ

そしてまた峠は、原子物理学者で戦争中は治安維持法違反で逮捕されていた武谷三男の『弁証法の諸問題』の「言葉（太平洋戦の渦中にて）」を読んで触発されたのだとか。

「人間の理性わ
如何なる困難に面しても、
必ずそれを貫く道を見出すものです。
いま現実は、
私の心を悲しましていますが、
人間の人間に対する愛が、
人間の優れた理性を勇気づけて、
必ずすばらしい道を、
切り拓くでしょを」

一九五二年春、峠は無理が重なって多量の喀血をし、旅の途中、静岡の日赤病院に入院した。しばらくして退院しましたが、よくならないまま、秋を迎えたのです。そこへ武谷が広島に現地視察に来ると山代に教えられ、夫人が猛反対したのに、武谷に会いに行きました。

「先生の『言葉』を読んで、これだ、これが僕の願いのすべてだと感動したことから、ああなったんです」

峠はどうしても武谷にこれを言わなければと思ったというのですが、こうしたことはもう知っていましたか？〉

【著者紹介】佐高 信（さたか・まこと）
一九四五年、山形県酒田市生まれ。慶應義塾大学法学部卒業。高校教師、経済誌編集長を経て、評論家となる。
主な著書に、『佐高信の徹底抗戦』『竹中平蔵への退場勧告』『佐藤優というタブー』『当世好き嫌い人物事典』（以上、旬報社）、『時代を撃つノンフィクション100』『企業と経済を読み解く小説50』（以上、岩波新書）、『なぜ日本のジャーナリズムは崩壊したのか（望月衣塑子との共著）』（講談社＋α新書）、『池田大作と宮本顕治』『官僚と国家（古賀茂明との共著）』（以上、平凡社新書）、『統一教会と改憲・自民党』（作品社）、『総理大臣菅義偉の大罪』（河出書房新社）、『国権と民権（早野透との共著）』『いま、なぜ魯迅か』『西山太吉　最後の告白（西山太吉との共著）』『反戦川柳人　鶴彬の獄死』（以上、集英社新書）、『反-憲法改正論』（角川新書）など多数。

佐高信評伝選4　友好の井戸を掘った政治家

二〇二三年四月二八日　初版第一刷発行

著者………佐高　信
装丁………佐藤篤司
発行者……木内洋育
発行所……株式会社　旬報社
〒一六二-〇〇四一　東京都新宿区早稲田鶴巻町五四四
TEL 03-5579-8973　FAX 03-5579-8975
ホームページ https://www.junposha.com/
印刷・製本　中央精版印刷　株式会社

 ISBN978-4-8451-1782-6